L'OBLIGATION DE PRÊTER

Droit privé et sciences criminelles
Collection dirigée par Yves Strickler

Créée en 2011 en appui du Centre d'études et de recherches en droit privé (devenu le Centre d'études et de recherches en droit des procédures en 2013) de la faculté de droit et science politique de Nice, université Côte d'Azur, la collection "droit privé et sciences criminelles" est ouverte à tout écrit qui constitue une recherche originale. Individuelle ou tirée de travaux de recherche (thèse, mémoire), de manifestations scientifiques ou d'ouvrages collectifs sur les interrogations actuelles que rencontre la science juridique, c'est le domaine du droit privé et des sciences criminelles qui fonde l'apport scientifique de cette collection.

Dernières parutions

L'effacement des dettes, Pierre Cagnoli et Pierre-Michel Le Corre (dir.), 2023.
Résilience, rebond des TPE et PME en difficulté. Faut-il sauver l'entreprise quoi qu'il en coûte ? Regards croisés Droit et Gestion, Karl Lafaurie et Alain Rivet (dir.), 2023.
La nouvelle justice pénale des mineurs, Pascal Oudot et Laurent Sebag (dir.), 2022.
La gestion du risque pénal et de la conformité à 360° : de l'audit à l'audience. Interconnexion conformité/PEIE et droit pénal de l'entreprise, David Marais, 2022.
La notion de promoteur immobilier, Delphine Pelet, dir. scientifique du Professeur Blandine Mallet-Bricout, 2022.
Le divorce du XXIe *siècle* (dir. Laetitia Antonini-Cochin et Marie-Cécile Lasserre), 2022.
Justice et littérature. Nos gloires littéraires et leurs juges. De Chateaubriand à Zola, Marcel Foulon, 2021.
La responsabilité pénale du chef d'entreprise, Victoria Ligny, 2021. *Émotion et sciences. Interactions* (dir. Yves Strickler, Marc Ortolani et Jean-Sylvestre Bergé), 2021.
L'action civile en droit pénal des affaires (dir. Coralie Ambroise-Castérot), 2021.
Les juridictions au cœur des interactions sociales. Approche franco-russe (dir. Xavier Latour et Anne-Sophie Siew-Guillemin), 2021.

Thomas PUECH

L'OBLIGATION DE PRÊTER

CONTRIBUTION À L'ÉTUDE DES OBLIGATIONS DU PRÊTEUR

L'Harmattan

5-7, rue de l'Ecole-Polytechnique, 75005 Paris
http://www.editions-harmattan.fr
ISBN : 978-2-336-40744-9
EAN : 9782336407449

« Chaque évènement vécu est une espèce
de miracle qui ne se renouvellera plus ;
et notre personne entière porte en soi
ce je-ne-sais-quoi d'exceptionnel et
de semelfactif, qui est donné une fois
pour toutes et qui est vraiment
quelque chose d'absolu ».
(V. JANKÉLÉVITCH, Philosophie morale,
Flammarion, 1998, p. 112)

Le présent ouvrage est issu d'une thèse de doctorat en droit soutenue le 14 décembre 2020 à l'Université Toulouse 1 Capitole devant un jury présidé par Madame Céline MANGEMATIN, Professeur à l'Université Toulouse 1 Capitole, et composé de Messieurs Grégoire LOISEAU, Professeur à l'Université Paris 1 Panthéon-Sorbonne (rapporteur), Louis THIBIERGE, Professeur à l'Université d'Aix-Marseille (rapporteur), et Sébastien NEUVILLE, Professeur à l'Université Toulouse 1 Capitole (directeur de thèse).

Les constats exposés et les opinions exprimées dans cet ouvrage sont le fruit d'une analyse strictement personnelle. Par voie de conséquence, ils ne sauraient aucunement refléter la position des institutions (privées ou publiques) auxquelles l'auteur est (ou était) lié d'une manière ou d'une autre, ni les engager de quelque façon que ce soit.

SOMMAIRE

LISTE DES ABRÉVIATIONS

AJ	*Actualité juridique*
AJDI	*Actualité juridique de droit immobilier*
Bull. civ.	Bulletin civil de la Cour de cassation
CA	Cour d'appel
Cass. 1re civ.	Cour de cassation, première chambre civile
Cass. 2e civ.	Cour de cassation, deuxième chambre civile
Cass. 3e civ.	Cour de cassation, troisième chambre civile
Cass. com.	Cour de cassation, chambre commerciale
Cass. crim.	Cour de cassation, chambre criminelle
Cass. soc.	Cour de cassation, chambre sociale
CCC	*Contrats concurrence consommation*
CEPRISCA	Université de Picardie Jules Verne – Centre de droit privé et de sciences criminelles d'Amiens
chron.	chronique
CJCE	Cour de justice des Communautés européennes
CJUE	Cour de justice de l'Union européenne
CNIL	Commission nationale de l'informatique et des libertés
CNRS	Centre national de la recherche scientifique
comp.	comparer
Dictionnaire Féraud	J.-F. FÉRAUD, *Dictionnaire critique de la langue française*, Marseille, 1787-1788
dir.	sous la direction de
éd.	édition
ex.	exemple
exs.	exemples
Grand Larousse	L. GUILBERT, R. LAGANE et G. NIOBEY (dir.), *Grand Larousse de la langue française en sept volumes*, Larousse, 1989
ibid.	*ibidem*
i.e.	*id est*

JCP A	*La Semaine juridique Administrations et Collectivités territoriales*
JCP E	*La Semaine juridique Entreprise et Affaires*
JCP G	*La Semaine juridique Générale*
JCP N	*La Semaine juridique Notariale et Immobilière*
JCP S	*La Semaine juridique Social*
Le Lexis	J. DUBOIS (dir.), *Le Lexis – Le dictionnaire érudit de la langue française*, Larousse, 2014
Le Robert	A. REY (dir.), *Le Robert – Dictionnaire d'aujourd'hui*, Le Robert, 1993
Littré	É. LITTRÉ, *Dictionnaire de la langue française*, Hachette, 1873-1874
LGDJ	Librairie générale de droit et de jurisprudence
n°	numéro(s)
obs.	observations
op. cit.	*opus citatum*
p.	page(s)
Petit Larousse	C. AUGÉ (dir.), *Petit Larousse illustré*, 1922
préf.	préface
PUAM	Presses universitaires d'Aix-Marseille
PUF	Presses universitaires de France
QPC	Question prioritaire de constitutionnalité
rappr.	rapprocher
RDC	*Revue des contrats*
RDI	*Revue de droit immobilier*
RDSS	*Revue de droit sanitaire et social*
RFDA	*Revue française de droit administratif*
RTD civ.	*Revue trimestrielle de droit civil*
RTD com.	*Revue trimestrielle de droit commercial*
s.	et suivant(e)s
spéc.	spécialement
t.	tome
T. com.	Tribunal de commerce
TGI	Tribunal de grande instance
TI	Tribunal d'instance

TLF	CNRS, *Trésor de la langue française – Dictionnaire de la langue du XIXe et du XXe siècle (1789-1960)*
trad.	traduction
v.	voir
Vocabulaire juridique	G. CORNU (dir.), *Vocabulaire juridique*, 13e éd., PUF, 2020
vol.	volume

INTRODUCTION

« Je me donne à saint Babolin [...] si je n'ai toute ma vie considéré les dettes comme cette grande âme de l'univers, laquelle, selon les Académiques, fait vivre toutes choses. Qu'il en soit ainsi, représentez-vous d'un esprit tranquille l'idée et la forme de quelque monde dans lequel il n'y ait aucun débiteur ni créditeur [...] : un monde sans dettes ! Là, parmi les astres, il n'y aura pas un cours régulier, tous seront en désarroi. Jupiter ne s'estimant pas débiteur de Saturne, le dépossédera de sa sphère [...]. La Lune restera sanglante et ténébreuse : à quel propos le Soleil lui départirait-il sa lumière ? Il n'y serait en rien tenu [...]. Entre les éléments, il n'y aura aucune concordance, alternance, ni transmutation, car aucun ne se considérera obligé vis-à-vis de l'autre [...]. Ce monde où rien ne se prête ne sera qu'une chiennerie [...]. Et si sur le modèle de ce monde fâcheux et chagrin, où l'on ne prête rien, vous vous imaginez l'autre petit monde, qui est l'homme, vous y trouverez un terrible tintamarre ! La tête ne voudra prêter la vue de ses yeux pour guider les pieds et les mains. Les pieds ne daigneront la porter ; les mains cesseront de travailler pour elle [...] ; le cœur se fâchera de tant se mouvoir pour l'irrigation des membres et ne leur prêtera plus ; le poumon ne lui fera plus le prêt de ses soufflets [...]. En somme, dans ce monde déréglé, rien ne devant, rien ne prêtant, rien n'empruntant, vous verrez une conspiration, une déroute sans exemple [...]. Il périra sans doute et le corps sera soudain en putréfaction [...]. Au contraire, représentez-vous un monde autre, où chacun prête, où chacun doive, où tous soient débiteurs, où tous soient prêteurs. Ô quelle harmonie dans le mouvement régulier des cieux ! Il me semble l'entendre. Quelle sympathie entre les éléments ! Ô comme la nature s'y délectera en ses œuvres ! Cérès chargée de blés ; Bacchus de vins ; Pomona de fruits [...]. Je me perds en cette contemplation. Entre les humains, paix, amour, délectation, fidélité, repos, banquets,

festins, joie, liesse ; l'or, l'argent, la menue monnaie, les chaînes, les bagues, les marchandises trotteront de main en main. Nul procès, nulle guerre, nul débat [...]. Ce sera l'âge d'or, le règne de Saturne. L'archétype des régions de l'Olympe, dans lesquelles la charité seule régente, domine, triomphe [...]. Ô monde heureux ! Sur ce modèle, figurez-vous notre microcosme, c'est l'homme, avec tous ses membres, prêtant, empruntant, devant ; c'est-à-dire en son naturel, car la nature n'a créé l'homme que pour prêter et emprunter [...]. L'intention du fondateur de ce microcosme est d'y entretenir l'âme, qu'il y a placée comme hôte, et la vie. La vie est faite de sang et le sang est le siège de l'âme ; c'est pourquoi un seul labeur est pénible en ce monde, c'est de forger du sang continuellement. Pour y parvenir, tous les membres ont leur propre office [...] ; et leur hiérarchie est telle que sans cesse l'un de l'autre emprunte, l'un à l'autre prête [...]. Je me noie, je me perds, je m'égare, quand j'entre au profond abîme de ce monde ainsi prêtant, ainsi devant. Croyez que prêter est une chose divine ».

(F. RABELAIS, Le Tiers Livre, 1552, Chapitres III et IV, adapté de l'ancien français par : E. NOËL, Le Rabelais de poche avec un dictionnaire pantagruélique, 2e éd., Paris, 1860, p. 174 s.)

1. Rien n'échappe au règne du prêt[1] : celui-ci est omniprésent, à l'œuvre partout, « *chez tous les peuples, dans tous les âges et sous toutes les législations* »[2] ! C'est dire que l'on rencontre toutes sortes –

---

[1] « *Ne repoussez point celui qui veut emprunter de vous* » (*Évangile de saint Matthieu*, chapitre 5, verset 42).

[2] F.-F.-E. LUCAS, *De l'usure et de la liberté du prêt à intérêt*, Rennes, 1868, p. 8. En outre, v. : G. CORNU, *Droit civil – Les contrats*, Les cours de droit, 1972-1973, p. 464 : « *Le prêt est d'abord un contrat de tous les jours, de tous les temps et de tous les mondes* » ; J. RAYNARD et J.-B. SEUBE, *Droit des contrats spéciaux*, LexisNexis, 10e éd., 2019, n° 385 : « *Est-il besoin de présenter le prêt tant sa pratique est ancienne et quotidienne ?* »

« *races* »[3] – de prêteurs à toute époque et en tous lieux. Ainsi et pour s'en tenir – entre autres exemples – au Moyen Âge occidental, il n'est pas étonnant de constater que tout le monde prêtait[4], en ce compris le roi lui-même – l'on songe particulièrement au prêt « *de six statuettes d'or et une d'argent, de deux couronnes, de trois croix (dont deux d'or et une de cristal) et d'un reliquaire d'or* »[5] consenti, le 5 février 1405[6], par Charles VI[7] à son beau-frère Louis le Barbu « *pour lui aider en certaines grosses besognes [...] et affaires* »[8]. Le constat est d'autant plus remarquable en ce qui concerne le seul prêt de deniers, lequel était le fait de professionnels à « *la réputation sulfureuse* »[9] – cahorsins,

---

[3] G. DE MAUPASSANT, *Contes du jour et de la nuit*, Paris, 1885, p. 87 : « *Loisel [...] emprunterait le reste. Il emprunta, demandant mille francs à l'un, cinq cents à l'autre, cinq louis par-ci, trois louis par-là... Il prit des engagements ruineux, eut affaire [...] à toutes les races de prêteurs* ».

[4] En ce sens, v. notamment : J. CLAUSTRE-MAYADE, « Du crédit à la dette – Remarques sur l'apport de la documentation judiciaire à l'histoire économique du Moyen Âge », *in* D. BARTHÉLEMY et J.-M. MARTIN (dir.), *Richesse et croissance au Moyen Âge – Orient et Occident*, ACHCByz, 2014, p. 225 ; J.-L. GAULIN, « Les registres de bannis pour dettes à Bologne au XIIIe siècle – Une nouvelle source pour l'histoire de l'endettement », *Mélanges de l'École française de Rome*, 1997, n° 109-2, p. 479 ; M. SCHERMAN, « Le crédit : une obligation de tous les jours (ou presque) – Aperçus depuis une économie urbaine de la fin du Moyen Âge (Trévise au XVe siècle) », *Histoire urbaine*, 2018, n° 51, p. 111.

[5] Ph. HENWOOD, « Administration et vie des collections d'orfèvrerie royales sous le règne de Charles VI », *Bibliothèque de l'École des Chartes*, 1980, n° 138, p. 179, spéc. p. 199.

[6] V. DE VIRIVILLE, « Documents relatifs aux joyaux de Charles VI, roi de France, engagés, par les suggestions de la reine Isabelle », *Revue Archéologique*, XIIIe année, n° 2 (octobre 1856 à mars 1857), p. 710, spéc. p. 711 ; *Revue Archéologique*, XIVe année, n° 2 (octobre 1857 à mars 1858), p. 599, spéc. p. 601.

[7] Sur lequel, v. : F. AUTRAND, *Charles VI – La folie du roi*, Fayard, 1986.

[8] L. MIROT, « Études lucquoises – Galvano Trenta et les joyaux de la Couronne », *Bibliothèque de l'École des Chartes*, 1940, n° 101, p. 116, spéc. p. 128.

[9] A. FURIÓ, « Crédit, endettement et justice : prêteurs et débiteurs devant le juge dans le royaume de Valence du XIIIe au XVe siècle », *in* J. CLAUSTRE-MAYADE (dir.), *La dette et le juge. Juridiction gracieuse et juridiction contentieuse du XIIIe au XVe siècle (France, Italie, Espagne, Angleterre, Empire)*, Éditions de la Sorbonne, 2006, p. 19, spéc. p. 21.

lombards[10] et juifs[11] –, mais aussi et surtout (!) de prêteurs en tout genre[12] : des hommes et des femmes[13], des citadins et des ruraux[14],

---

[10] Sur lesquels on consultera : M. BOONE, « Le crédit financier dans les villes de Flandre (XIVe-XVe siècles) – Typologie des créditeurs et des techniques de financement », *Barcelona Quaderns d'Història*, 2007, n° 13, p. 59 ; G. SCARCIA, « La typologie des actes de crédit – Les mutua des Lombards dans les registres notariés du XIVe siècle », *in* F. MENANT et O. REDON (dir.), *Notaires et crédit dans l'Occident méditerranéen médiéval*, École française de Rome, 2004, p. 149.

[11] Sur lesquels on consultera : C. DENJEAN, « Le crédit juif dans les campagnes cerdanes de 1260 à 1493 », *in* M. BERTHE (dir.), *Endettement paysan et crédit rural dans l'Europe médiévale et moderne*, Presses universitaires du Mirail, 1998, p. 185 ; J. FERNANDEZ-CUADRENCH, « Crédit juif et solidarité villageoise dans les campagnes barcelonaises au XIIIe siècle », *in* M. BERTHE (dir.), *Endettement paysan et crédit rural dans l'Europe médiévale et moderne*, Presses universitaires du Mirail, 1998, p. 169 ; G. NAHON, « Le crédit et les Juifs dans la France du XIIIe siècle », *Annales. Économies, Sociétés, Civilisations*, 1969, n° 5, p. 1121 ; R. MUELLER, « Les prêteurs juifs de Venise au Moyen Âge », *Annales. Économies, Sociétés, Civilisations*, 1975, n° 6, p. 1277.

[12] En ce sens, v. notamment : M. ZERNER, « La question du crédit dans les campagnes du Comtat Venaissin au début du XVe siècle », *in* M. BERTHE (dir.), *Endettement paysan et crédit rural dans l'Europe médiévale et moderne*, Presses universitaires du Mirail, 1998, p. 199 ; M. BOMPAIRE et A. FURIÓ, « Monnaie, crédit et fiscalité dans le monde rural autour de 1300 – Réflexions introductives », *in* M. BOURIN, F. MENANT et L. TO FIGUERAS (dir.), *Les dynamiques du monde rural dans la conjoncture de 1300 – Échanges, prélèvements et consommation en Méditerranée occidentale*, École française de Rome, 2014, p. 367 ; C. DENJEAN, « Le commerce et le crédit : une réhabilitation sous condition », *in* M.-M. DE CEVINS et J.-M. MATZ (dir.), *Structures et dynamiques religieuses dans les sociétés de l'Occident latin (1179-1449)*, Presses universitaires de Rennes, 2010, p. 469 ; G. BOYER, « Le crédit à Toulouse avant le XIIIe siècle », *Bulletin de l'Université de Toulouse*, 1948, p. 247 ; J.-L. BIGET, « Aspects du crédit dans l'Albigeois à la fin du XIIIe siècle », *Revue du Tarn*, 1972, p. 1 ; K. REYERSON, « Notaires et crédit à Montpellier au Moyen Âge », *in* F. MENANT et O. REDON (dir.), *Notaires et crédit dans l'Occident méditerranéen médiéval*, École française de Rome, 2004, p. 241 ; J. DRENDEL, « Le crédit dans les archives notariales de Basse-Provence au début du XIVe siècle », *in* F. MENANT et O. REDON (dir.), *Notaires et crédit dans l'Occident méditerranéen médiéval*, École française de Rome, 2004, p. 279 ; C. GUILLERÉ, « Notariat et crédit – Gérone et ses campagnes dans les années 1330-1340 », *in* F. MENANT et O. REDON (dir.), *Notaires et crédit dans l'Occident méditerranéen médiéval*, École française de Rome, 2004, p. 207 ; A. CHÉDEVILLE, « Le rôle de la monnaie et l'apparition du crédit dans les pays de l'ouest de la France du XIe au XIIIe siècle », *Cahiers de civilisation médiévale*, 1974, n° 68, p. 305 ; G. LE DANTEC, « Crédit et source notariale à Cavaillon (XIVe-XVe siècles) – Essai de typologie », *in* F. MENANT et O. REDON (dir.), *Notaires et crédit dans l'Occident méditerranéen médiéval*, École française de Rome, 2004, p. 307 ; H.-J. GILOMEN, « L'endettement paysan et la question du crédit dans

des orphelins[15], des chrétiens[16], des templiers[17], des couturiers[18], des savetiers[19], des teinturiers[20], des tabletiers[21], des aubergistes[22],

---

les pays d'Empire au Moyen Âge », *in* M. BERTHE (dir.), *Endettement paysan et crédit rural dans l'Europe médiévale et moderne*, Presses universitaires du Mirail, 1998, p. 99 ; C. DENJEAN, « Crédit et notariat en Cerdagne et Roussillon du XIIIe au XVe siècle », *in* F. MENANT et O. REDON (dir.), *Notaires et crédit dans l'Occident méditerranéen médiéval*, École française de Rome, 2004, p. 185 ; Ph. AMBLARD LAROLPHIE, « Le crédit à Toulouse et dans le Toulousain (1140-1208) », *Annales du Midi*, 1994, n° 106-205, p. 5.

[13] V. ainsi : F. CHARTRAIN, « Neuf cents créances des Juifs du Buis (1327-1344) », *Cahiers de la Méditerranée*, 1986, Hors-série n° 9, p. 11, spéc. p. 19.

[14] V. ainsi : P. R. SCHOFIELD, « L'endettement et le crédit dans la campagne anglaise au Moyen Âge », *in* M. BERTHE (dir.), *Endettement paysan et crédit rural dans l'Europe médiévale et moderne*, Presses universitaires du Mirail, 1998, p. 69.

[15] V. ainsi : C. BILLEN et M. C. HOWELL, « Le crédit au quotidien. Introduction », *Histoire urbaine*, 2018, n° 51, p. 5, spéc. p. 6.

[16] V. ainsi : A. FURIÓ, « Endettement paysan et crédit rural dans la péninsule ibérique au Bas Moyen Âge », *in* M. BERTHE (dir.), *Endettement paysan et crédit rural dans l'Europe médiévale et moderne*, Presses universitaires du Mirail, 1998, p. 139.

[17] V. ainsi : Ph. GROUVELLE, *Mémoires historiques sur les Templiers*, Paris, 1805, p. 202 s. ; L. DELISLE, *Mémoire sur les opérations financières des Templiers*, Mémoires de l'Institut national de France, 1889, p. 14 s. ; M. AUGIER, *Du crédit public et de son histoire depuis les temps anciens jusqu'à nos jours*, Paris, 1842, p. 75 s.

[18] V. ainsi : J. CLAUSTRE-MAYADE, « Vivre à crédit dans une ville sans banque (Paris XIVe-XVe siècle) », *Le Moyen Âge*, 2013, n° 3-4, p. 567, spéc. p. 579.

[19] V. ainsi : J.-L. GAULIN et F. MENANT, « Crédit rural et endettement paysan dans l'Italie communale », *in* M. BERTHE (dir.), *Endettement paysan et crédit rural dans l'Europe médiévale et moderne*, Presses universitaires du Mirail, 1998, p. 35.

[20] V. ainsi : M. C. HOWELL, « Un réseau de crédit à Ypres au XIIIe siècle », *Histoire urbaine*, 2018, n° 51, p. 19, spéc. p. 37.

[21] V. ainsi : J. CLAUSTRE-MAYADE, « Vivre à crédit dans une ville sans banque (Paris XIVe-XVe siècle) », *op. cit.*, p. 567, spéc. p. 579.

[22] V. ainsi : J.-L. GAULIN et F. MENANT, « Crédit rural et endettement paysan dans l'Italie communale », *op. cit.*, p. 35.

des forgerons[23], des juges mages[24], des avocats[25], des notaires[26], des maîtres rationaux[27], des bouchers[28], des boulangers[29], des établissements ecclésiastiques – églises[30], abbayes[31], monastères[32], évêchés[33], couvents[34], chapitres[35], fabriques[36], collégiales[37], etc. – et

---

[23] V. ainsi : F. MENANT, « Notaires et crédit à Bergame à l'époque communale (XIe siècle – XIIIe siècle) », *in* F. MENANT et O. REDON (dir.), *Notaires et crédit dans l'Occident méditerranéen médiéval*, École française de Rome, 2004, p. 31.

[24] V. ainsi : J. DRENDEL, « Gens d'église et crédit dans la vallée de Trets au XIVe siècle », *Provence historique*, 1994, vol. 175, p. 77, spéc. p. 81.

[25] V. ainsi : J. CLAUSTRE-MAYADE, « Vivre à crédit dans une ville sans banque (Paris XIVe-XVe siècle) », *op. cit.*, p. 567, spéc. p. 577.

[26] V. ainsi : O. REDON, « Quatre notaires et leurs clientèles à Sienne et dans la campagne siennoise au milieu du XIIIe siècle (1221-1271) », *Mélanges de l'École française de Rome*, 1973, n° 85-1, p. 79, spéc. p. 98.

[27] V. ainsi : J. DRENDEL, « Gens d'église et crédit dans la vallée de Trets au XIVe siècle », *op. cit.*, p. 77, spéc. p. 81.

[28] V. ainsi : J.-L. GAULIN et F. MENANT, « Crédit rural et endettement paysan dans l'Italie communale », *op. cit.*, p. 35.

[29] V. ainsi : J. CLAUSTRE-MAYADE, « Vivre à crédit dans une ville sans banque (Paris XIVe-XVe siècle) », *op. cit.*, p. 567, spéc. p. 579.

[30] V. ainsi : F. MENANT, « Pour une histoire de l'information sur le crédit rural au Moyen Âge. Esquisse de problématique et études de cas en Italie du Nord (aux XIIe - XIVe siècles) », *in* C. BOUDREAU, K. FIANU, C. GAUVARD et M. HÉBERT (dir.), *Information et société en Occident à la fin du Moyen Âge*, Éditions de la Sorbonne, 2004, p. 135.

[31] V. ainsi : T. LACOMME, « Gager sa dette avec le mobilier liturgique : Thibaud IV de Champagne, l'abbaye de Saint-Denis et la collégiale Saint-Étienne de Troyes (XIIIe siècle) », *E-CRINI*, 2017, n° 9, p. 1.

[32] V. ainsi : R. GÉNESTAL, *Le rôle des monastères comme établissements de crédit étudié en Normandie du XIe à la fin du XIIIe siècle*, Paris, 1901.

[33] V. ainsi : F. BOUGARD, « Le crédit dans l'Occident du Haut Moyen Âge – Documentation et pratique », *in* J.-P. DEVROEY, L. FELLER et R. LE JAN (dir.), *Les élites et la richesse au Haut Moyen Âge*, Turnhout, 2010, p. 439, spéc. p. 467.

[34] V. ainsi : R. FOSSIER, « Mort-gage et autres prêts en Picardie au XIIe siècle », *in* M. BERTHE (dir.), *En-dettement paysan et crédit rural dans l'Europe médiévale et moderne*, Presses universitaires du Mirail, 1998, p. 23.

[35] V. ainsi : H. SÉE, *Les origines du capitalisme moderne (Esquisse historique)*, Armand Colin, 1926, n° 8.

[36] V. ainsi : S. BRUNET, « Fondation de messes, crédit rural et marché de la terre dans les Pyrénées centrales (XVe-XVIIIe siècle) – Les communautés de prêtres du Val d'Aran », *in* M. BERTHE (dir.), *Endettement paysan et crédit rural dans l'Europe médiévale et moderne*, Presses universitaires du Mirail, 1998, p. 217.

[37] V. ainsi : F. BOUGARD, « Le crédit dans l'Occident du Haut Moyen Âge – Documentation et pratique », *op. cit.*, p. 439, spéc. p. 467.

leurs membres – chanoines[38], curés[39], prêtres[40], diacres[41], etc. –, des établissements hospitaliers[42], des seigneurs[43] ou encore des bourgeois[44].

2. Pourtant, la littérature non-juridique ne cesse curieusement d'appréhender uniquement le prêteur sous les traits caricaturaux et répulsifs d'un odieux « *scélérat* »[45] qui se livre à l'usure – « *le métier le plus détestable de tous les métiers...* »[46] – et qui « *ne vit que pour l'intérêt [et...] par l'intérêt* »[47]. Plus exactement, le portrait qui en est

---

[38] V. ainsi : J. DRENDEL, « Gens d'église et crédit dans la vallée de Trets au XIVe siècle », *op. cit.*, p. 77, spéc. p. 78.

[39] V. ainsi : L. FONTAINE, « Introduction », *in* M. BERTHE (dir.), *Endettement paysan et crédit rural dans l'Europe médiévale et moderne*, Presses universitaires du Mirail, 1998, p. 7.

[40] V. ainsi : C. VIOLANTE, « Les prêts sur gage dans la vie économique et sociale de Milan au XIe siècle », *Cahiers de civilisation médiévale*, 1962, n° 18, p. 147 ; « Les prêts sur gage dans la vie économique et sociale de Milan au XIe siècle (fin) », *Cahiers de civilisation médiévale*, 1962, n° 20, p. 437.

[41] V. ainsi : R. FOSSIER, « Mort-gage et autres prêts en Picardie au XIIe siècle », *op. cit.*, p. 23.

[42] V. ainsi : D. KUSMAN, « Les hôpitaux et le crédit dans le duché de Brabant (XIIIe-XIVe-XVe siècles) », *in* M. PAULY (dir.), *Institutions de l'assistance sociale en Lotharingie médiévale*, Publications du CLUDEM, 2008, p. 355 (également, et du même auteur, v. : « Le rôle de l'Église comme institution dans la contractualisation des opérations de crédit en Brabant (XIIIe-XVe siècle) », *in* F. AMMANNATI (dir.), *Religione e istituzioni religiose nell'economia europea. 1000-1800*, Firenze University Press, 2012, p. 227, spéc. p. 228).

[43] V. ainsi : J. CLAUSTRE-MAYADE, « Donner ou prêter ? – Un dossier des accords du Parlement de Paris au début du XVe siècle », *Hypothèses*, 2002, n° 5, p. 259.

[44] V. ainsi : G. BIGWOOD, « Les Financiers d'Arras : contribution à l'étude des origines du capitalisme moderne », *Revue belge de Philologie et d'Histoire*, 1924, n° 3-3, p. 465, spéc. p. 467 s.

[45] MOLIÈRE, *Œuvres complètes*, vol. 3, Paris, 1910, p. 34 (*L'Avare*, acte II, scène I).

[46] D. NISARD (dir.), *Théâtre complet des latins comprenant Plaute, Térence et Sénèque le Tragique*, Paris, 1879, p. 343 (PLAUTE, *Le Revenant*, acte III, scène I).

[47] C. MARCHAL, *Physiologie de l'usurier*, Paris, 1841, p. 12. *Rappr.* : S. PIRON, « Le devoir de gratitude : émergence et vogue de la notion d'antidora au XIIIe siècle », *in* D. QUAGLIONI, G. TODESCHINI et G. M. VARANINI (dir.), *Credito e usura fra teologia, diritto e amministrazione – Linguaggi a confronto (sec. XII-XVI)*, École française de Rome, 2005, p. 73, spéc. p. 75, lequel note « *la puissance de fascination et de répulsion que concentre la figure du prêteur* » ; D. GRAEBER, *Dette : 5000 ans d'histoire, traduit par Françoise et Paul Chemla*, Les liens qui libèrent, 2013, p. 18, lequel souligne que, « *dans toute la littérature mondiale, il est pratiquement impossible de trouver un seul exemple de représentation favorable d'un prêteur, du moins professionnel, ce qui signifie, par définition, que cette personne facture des intérêts [...] ! Je ne suis pas sûr qu'il existe un autre métier*

donné est celui d'un « *usurier* »[48] calculateur, rusé, vil, inflexible, cruel, sournois, cupide, avare et maudit. Tout ceci mérite d'être précisément illustré.

De prime abord, le prêteur apparaît comme un habile calculateur : il effectue de tête des calculs « *compliqués et effrayants* »[49] – même pour un percepteur[50] – ; en bref, « *il sait très bien compter, ce qui achève de l'abrutir* »[51]. Et il fait d'ailleurs cela si « *lestement* »[52], que « *s'il lui arrive de se tromper, ce n'est jamais à son désavantage* »[53].

En outre, le prêteur est présenté tel un roublard : « *astucieux [...], malin et rusé* »[54], il parvient notamment « *toujours [à...] trouver quelque biais, quelque faux-fuyant* »[55] pour échapper à l'application des lois que « *le peuple [...] a rendues contre [lui]* »[56]. À suivre Balzac, il tient « *du tigre et du boa* »[57] : « *il sait se coucher, se blottir, envisager longtemps sa proie, sauter dessus* »[58], avant d'ouvrir « *la gueule de sa bourse* »[59], d'y « *engloutir [...] une charge d'écus et de se [coucher]*

---

qui ait eu si continûment mauvaise image (peut-être les bourreaux... ?) ». *Adde* : A. PÉRAUD, « La Comédie humaine comme mise en texte de l'imaginaire social du crédit », *in* A. AGLAN, O. FEIERTAG et Y. MAREC (dir.), *Les Français et l'argent – Entre fantasmes et réalités*, Presses universitaires de Rennes, 2011, p. 235 ; É. JOLIVET-ROCHE, « L'usurier et le banquier : discours et représentations autour de la loi de 1807 », *Histoire, économie & société*, 2015, n° 1, p. 30 ; J. ANDREAU, « Banque grecque et banque romaine dans le théâtre de Plaute et de Térence », *Mélanges de l'École française de Rome*, 1968, n° 80-2, p. 461 ; A. PÉRAUD, « "La panacée universelle, le crédit" – Divers exemples d'inscription narrative du crédit dans la littérature du premier XIXe siècle », *Romantisme*, 2011, n° 151, p. 39 ; H. DE VAUPLANE, « Le banquier dans l'iconographie européenne à travers les âges », *Revue banque*, 2015, n° 784, p. 18.

48 J. VERNE, *Hector Servadac : voyages et aventures à travers le monde solaire*, Paris, 1877, p. 299 (« *Il se souvint [...] qu'il n'était pas seulement commerçant, mais aussi prêteur, ou, pour dire le mot, usurier* »).

49 G. FLAUBERT, *Madame Bovary : mœurs de province*, vol. 1, Alphonse Lemerre, 1857, p. 157.

50 *Ibid.*, p. 157 (« *Monsieur Binet* » le cas échéant).

51 C. MARCHAL, *Physiologie de l'usurier*, *op. cit.*, p. 24.

52 *Ibid.*, p. 24.

53 *Ibid.*, p. 24.

54 *Dictionnaire de l'Académie française*, 8e éd., v. *Roublard*.

55 D. NISARD (dir.), *Théâtre complet des latins comprenant Plaute, Térence et Sénèque le Tragique*, *op. cit.*, p. 178 (PLAUTE, *Le Curculion*, acte IV, scène II).

56 *Ibid.*, p. 178.

57 H. DE BALZAC, *Œuvres complètes*, vol. 5, Paris, 1855, p. 211.

58 *Ibid.*, p. 211.

59 *Ibid.*, p. 211.

tranquillement »[60], à l'image du « *serpent qui digère, impassible, froid, méthodique* »[61].

De plus, le prêteur est dépeint comme un être au physique abject : il est « *exécrable [et...] immonde* »[62] ; « *son abord est repoussant, quoique ses yeux attirent* »[63]. Les œuvres de Verne et de Balzac fourmillent de descriptions en ce sens : dans *L'Archipel en feu*, c'est un homme de « *cinquante ans [avec] des cheveux ras, un nez recourbé, de petits yeux faux mais vifs, des mains aux doigts crochus [et...] de longs pieds dont on [pourrait...] dire que l'orteil est en Macédoine quand le talon est encore en Béotie* »[64] ; dans *Un billet de loterie*, c'est « *un homme ayant dépassé la soixantaine, maigre, un peu courbé, de moyenne taille, une tête osseuse, [une...] face glabre, un nez pointu, de petits yeux avec un regard perçant derrière de grosses lunettes [...], un front le plus souvent plissé [et] des lèvres trop minces pour qu'il [puisse] s'en échapper de bonnes paroles* »[65] ; dans *Les mirifiques aventures de Maître Antifer*, c'est « *un homme de moyenne taille [âgé] d'une soixantaine d'années, nerveux et maigre, les yeux vifs, durs et émerillonnés d'un regard fuyant, la figure glabre sans un poil de barbe, le teint parcheminé, les cheveux grisonnants [et] feutrés, les mains ridées munies de doigts longs et crochus [...], le dos légèrement arrondi* »[66] ; dans *Hector Servadac*, c'est « *un homme de cinquante [ans] qui [paraît...] en avoir soixante, petit, malingre, les yeux vifs mais faux, le nez busqué, la barbiche jaunâtre, la chevelure inculte, les mains longues et crochues [et] les pieds grands* »[67] ; dans *Illusions perdues*, c'est « *un petit vieillard sec, tâché de nombreuses plaques vertes ou jaunes* »[68], à « *la physionomie sinistre* »[69] et qui « *porte une perruque dont le noir pousse au rouge et sous laquelle se [redressent...]*

---

[60] *Ibid.*, p. 211.
[61] *Ibid.*, p. 211.
[62] D. NISARD (dir.), *Théâtre complet des latins comprenant Plaute, Térence et Sénèque le Tragique*, *op. cit.*, p. 343 (PLAUTE, *Le Revenant*, acte III, scène I).
[63] C. MARCHAL, *Physiologie de l'usurier*, *op. cit.*, p. 10.
[64] J. VERNE, *L'Archipel en feu*, Paris, 1884, p. 59.
[65] J. VERNE, *Un billet de loterie : le numéro 9672*, Paris, 1886, p. 42.
[66] J. VERNE, *Les mirifiques aventures de Maître Antifer*, Paris, 1894, p. 225.
[67] J. VERNE, *Hector Servadac : voyages et aventures à travers le monde solaire*, *op. cit.*, p. 146.
[68] H. DE BALZAC, *Œuvres complètes*, vol. 8, Paris, 1855, p. 353.
[69] *Ibid.*, p. 353.

des cheveux blancs »[70] ; et dans *Gobseck*, c'est « *un homme [d'environ] soixante-seize ans [...] à la figure pâle et blafarde* »[71], au nez « *pointu et grêlé* »[72], aux lèvres « *minces* »[73] et aux cheveux « *plats et d'un gris cendré* »[74].

Aussi, le prêteur apparaît tel « *une colonne de marbre* »[75] : « *dur, froid* »[76] et « *plat de cœur* »[77]. Rien ne semble l'affecter : « *si l'humanité [et] la sociabilité sont une religion, il peut être considéré comme un athée* »[78]. Il suit « *qu'il reste inflexible et inébranlable* »[79] à la vue d'un malheureux « *que la nécessité courbe à ses genoux et qui le supplie* »[80] de lui prêter gratuitement quelques oboles. De même, il peut sans difficulté assister à « *un prêche contre l'usure* »[81] à la messe et, dès sa sortie de la cérémonie, reprendre son activité d'usurier tout en tressant les louanges du prédicateur : « *il a parfaitement traité sa matière [...] ; c'est un savant homme ; il a fort bien fait son métier, allons-nous-en faire le nôtre* »[82].

Également, le prêteur est représenté comme « *un terrible monsieur* »[83] : « *rien n'est plus tyran, plus roi, plus despote, plus enclin à devenir croque-mort de l'intelligence et des belles pensées* »[84]. Sa cruauté n'a, semble-t-il, point de limites : pour preuve, il n'hésite pas à « *poursuivre le remboursement d'un [emprunt...] jusqu'au suicide*

---

[70] *Ibid.*, p. 353.
[71] H. DE BALZAC, *Œuvres complètes*, vol. 2, Paris, 1853, p. 379.
[72] *Ibid.*, p. 377.
[73] *Ibid.*, p. 377.
[74] *Ibid.*, p. 377.
[75] *Ibid.*, p. 400.
[76] *Ibid.*, p. 400.
[77] J. VERNE, *Hector Servadac : voyages et aventures à travers le monde solaire*, *op. cit.*, p. 146.
[78] H. DE BALZAC, *Œuvres complètes*, vol. 2, *op. cit.*, p. 380 (« *Son cœur [est] impénétrable* »).
[79] Saint Basile, *Homélie contre les usuriers traduite et annotée par Édouard Sommer*, Paris, 1853, p. 8.
[80] *Ibid.*, p. 8.
[81] A.-R. LESAGE, *Le Diable boiteux, illustré par Tony Johannot*, Paris, 1840, p. 134.
[82] *Ibid.*, p. 134.
[83] É. ZOLA, *Les Rougon-Macquart – II. La curée*, Paris, 1872, p. 194.
[84] C. MARCHAL, *Physiologie de l'usurier*, *op. cit.*, p. 6. *Adde* D. NISARD (dir.), *Théâtre complet des latins comprenant Plaute, Térence et Sénèque le Tragique*, *op. cit.*, p. 344 : « *Il n'y a pas de race plus abominable, plus tyrannique que la race usurière* » (PLAUTE, *Le Revenant*, acte III, scène I).

de [l'emprunteur] »[85] ou à nouer des pactes singuliers et diaboliques – tel ce pacte par lequel il se réserve le droit de « *choisir* »[86] puis de « *couper* »[87] une « *livre de chair* »[88] dans « *n'importe quelle partie du corps* »[89] de l'emprunteur si celui-ci venait à ne pas rembourser « *au jour de l'échéance [...], lieu dit, argent en main, la somme ou les sommes convenues* »[90]. Partant, les animaux eux-mêmes s'en méfient : « *ainsi, à Castres, [un...] porc cherchant sa nourriture de maisons en maisons, ne veut accepter ni pain, ni son, ni farine de la main d'un usurier* »[91].

Qui plus est, le prêteur est décrit tel un « *fripon* »[92] qui agit sournoisement, traîtreusement. C'est pourquoi il se plaît à ourdir de sombres machinations : il en va ainsi lorsqu'il se résout à prêter « *mille écus [...] à cinq pour cent d'intérêt* »[93] à l'amant de son épouse – « *un beau garçon, à l'œil vif et à la voix sonore* »[94] –, tout en faisant le nécessaire pour que ce dernier ne puisse rendre les fonds le moment venu et soit, par contrecoup, « *pris au saut du lit et conduit en prison* »[95] en exécution d'une « *condamnation par corps* »[96].

En outre, le prêteur apparaît comme obsédé par l'appât du gain – « *il ne pense qu'à l'argent et aux moyens d'en amasser* »[97] ! En d'autres mots, « *l'argent attire un pareil être comme l'aimant attire le fer* »[98], à telle enseigne que certains n'hésitent pas à le comparer à « *une sorte*

---

[85] É. ZOLA, *Les Rougon-Macquart – II. La curée, op. cit.*, p. 194.
[86] W. SHAKESPEARE, *Le Marchand de Venise, traduit par Léon DAFFRY DE LA MONNOYE*, Paris, 1866, p. 25 (acte I, scène III).
[87] *Ibid.*, p. 25 (acte I, scène III).
[88] *Ibid.*, p. 25 (acte I, scène III).
[89] *Ibid.*, p. 25 (acte I, scène III).
[90] *Ibid.*, p. 25 (acte I, scène III).
[91] T. WELTER, « Un nouveau recueil franciscain d'Exempla de la fin du XIIIe siècle », *Études franciscaines*, 1930, n° 241, p. 432, spéc. p. 441.
[92] DANCOURT, *Œuvres choisies*, t. 3, Paris, 1810, p. 42 (*Les Agioteurs*, acte II, scène V).
[93] L. JOUSSERANDOT, « L'usurier », *in Les Français peints par eux-mêmes*, t. II, Paris, 1861, p. 102, spéc. p. 106.
[94] *Ibid.*, p. 102, spéc. p. 106.
[95] *Ibid.*, p. 102, spéc. p. 106.
[96] *Ibid.*, p. 102, spéc. p. 106.
[97] STENDHAL, *Lucien Leuwen*, vol. I, Le Divan, 1929, p. 58.
[98] J. VERNE, *Hector Servadac : voyages et aventures à travers le monde solaire, op. cit.*, p. 146.

de vampire »[99] ou de « *sangsue* »[100]. Du reste, son désir insatiable « *d'entasser écus sur écus* »[101] l'amène à commencer sa patenôtre de la manière suivante : « *Notre père, beau sire Dieu, donnez-moi du bonheur [...] et faites-moi la grâce de si bien prospérer que je devienne le plus riche de tous les prêteurs du monde* »[102].

De plus, le prêteur est présenté tel un avare[103] « *rongé par le goût de la lésine* »[104] : « *possédé par la soif de l'or, il dépense pour lui-même avec parcimonie, prenant une nourriture insuffisante, ne changeant ses habits ni pour leur vétusté ni selon ses besoins et ne fournissant pas à ses enfants le nécessaire même...* »[105] ; et « *"donner" est un mot pour qui il a tant d'aversion, qu'il ne dit jamais : je vous donne, mais : je vous prête le bonjour* »[106]. En toute hypothèse, « *il ne conçoit pas que sa fortune [puisse...] être détenue par d'autres que lui* »[107]. Celle-ci est si importante pour lui que, d'après saint Dominique, « *son cœur ne peut être que dans le coffre-fort où son argent est enfermé* »[108] ! Au surplus, elle est si bien cachée que, « *quittant soudainement la vie sans avoir révélé à aucun de ses proches le lieu où son or [est...] enfoui* »[109], il lui arrive souvent de laisser « *ses enfants sans maison, sans foyer, pauvres et maudissant chaque jour la sottise de leur père* »[110].

Enfin, le prêteur est montré comme « *digne des châtiments divins* »[111] : nombreuses sont les histoires d'usuriers qui meurent dans

---

[99] L. JOUSSERANDOT, « L'usurier », *op. cit.*, p. 102, spéc. p. 102.
[100] J. DE LÉRY, *Histoire d'un voyage fait en la terre du Brésil*, La Rochelle, 1578, p. 256.
[101] MOLIÈRE, *Œuvres complètes*, vol. 3, *op. cit.*, p. 37 (*L'Avare*, acte II, scène III).
[102] P. J. B. LEGRAND D'AUSSY, *Fabliaux ou contes, fables et romans du XIIe et du XIIIe siècle – IV*, 3e éd., Paris, 1829, p. 12.
[103] Pour ne pas dire un ladre...
[104] F. MALLET, *Molière*, Éditions Bernard Grasset, 1990, p. 353.
[105] Saint Grégoire, *Homélie contre les usuriers traduite et annotée par Édouard Sommer*, Paris, 1853, p. 46.
[106] MOLIÈRE, *Œuvres complètes*, vol. 3, *op. cit.*, p. 39 (*L'Avare*, acte II, scène V).
[107] H. DE BALZAC, *Œuvres complètes*, vol. 2, *op. cit.*, p. 377.
[108] L. BLOY, *Exégèse des lieux communs*, Paris, 1902, p. 59 (« *Où est ton trésor, là est ton cœur* » ; « *Ubi est thesaurus tuus, ibi est cor tuum* »).
[109] Saint Grégoire, *Homélie contre les usuriers traduite et annotée par Édouard Sommer*, *op. cit.*, p. 48.
[110] *Ibid.*, p. 50.
[111] T. WELTER, « Un nouveau recueil franciscain d'Exempla de la fin du XIIIe siècle », *op. cit.*, p. 432, spéc. p. 441.

des circonstances tragiques – « *foudroyé sur la place publique* »[112] ; « *embarqué sur un vaisseau plein de démons* »[113] ; « *écrasé par la chute d'une statue* »[114] ; « *dévoré par des serpents* »[115] ; « *lapidé par le peuple* »[116] – ou dans de terribles « *souffrances* »[117] – « *entouré de 500 [à...] 1000 diables* »[118] ; « *brûlé par le feu* »[119] ; « *tourmenté par des chiens venus des ténèbres* »[120] ; « *lacéré par une multitude de corbeaux et de corneilles* »[121] ; « *atteint de la peste (c'est-à-dire le mal de la mort)* »[122]. Mêmement, nombreuses sont les histoires d'usuriers dont la dépouille est repoussée « *loin de l'église* »[123] ou chassée « *hors de la ville dans le fumier* »[124]. Pis, le prêteur semble voué à la damnation éternelle : à suivre Dante, « *les usuriers sont assis au bord du gouffre*

---

[112] J. BERLIOZ, « La foudre au Moyen Âge », *in* B. BENNASSAR (dir.), *Les catastrophes naturelles dans l'Europe médiévale et moderne*, Presses universitaires du Mirail, 1996, p. 165, spéc. p. 168.

[113] A. LECOY DE LA MARCHE, *Anecdotes historiques, légendes et apologues tirés du recueil d'Étienne de Bourbon, dominicain du XIIIe siècle*, Paris, 1877, n° 422.

[114] *Ibid.*, n° 420.

[115] *Ibid.*, n° 423.

[116] T. WELTER, « Un nouveau recueil franciscain d'Exempla de la fin du XIIIe siècle », *op. cit.*, p. 432, spéc. p. 441.

[117] J. BERLIOZ, P. COLLOMB et M.-A. POLO DE BEAULIEU, « La face cachée de Thomas de Cantimpré – Compléments à une traduction récente du Bonum universale de apibus », *Archives d'histoire doctrinale et littéraire du Moyen Âge*, 2001, n° 68, p. 73, spéc. p. 80.

[118] F. DUBOST, *Aspects fantastiques de la littérature narrative médiévale, XIIème-XIIIème siècles : l'autre, l'ailleurs, l'autrefois*, Honoré Champion, 1991, p. 637.

[119] C. DENJEAN, *La loi du lucre*, Casa de Velázquez, 2011, p. 225.

[120] J. BERLIOZ, P. COLLOMB et M.-A. POLO DE BEAULIEU, « La face cachée de Thomas de Cantimpré – Compléments à une traduction récente du Bonum universale de apibus », *op. cit.*, p. 73, spéc. p. 80.

[121] J. BERLIOZ et C. RIBAUCOURT, « Mors est timenda. Mort, morts et mourants dans la prédication médiévale : l'exemple de l'Alphabet des récits d'Arnold de Liège (début du XIVe siècle) », *in* D. ALEXANDRE-BIDON et C. TREFFORT (dir.), *À réveiller les morts – La mort au quotidien dans l'Occident médiéval*, préf. J. DELUMEAU, Presses universitaires de Lyon, 1993, p. 17, spéc. p. 28.

[122] M. GREILSAMMER, *L'usurier chrétien, un Juif métaphorique ? Histoire de l'exclusion des prêteurs lombards (XIIIe-XVIIe siècle)*, Presses universitaires de Rennes, 2012, p. 15 (« *il male della morte* »).

[123] C. DENJEAN, *La loi du lucre*, *op. cit.*, p. 238 (« *...comme s'il était montré par là qu'il n'était pas en communion avec l'Église* »).

[124] J. LE GOFF, *La Bourse et la Vie*, Hachette, 1986, p. 68.

[à...] l'extrémité du septième cercle »[125]. Le poète florentin relève que « *la souffrance leur [sort] par les yeux : deçà delà, leurs mains repoussent tantôt le sable brûlant, tantôt les vapeurs. Pas autrement ne font les chiens, ou des pattes ou du museau, quand ils sont mordus en été par des puces ou des taons [...]. Au cou de chacun d'eux pend une bourse, dont leurs yeux semblent se repaître* »[126]. Un texte apocryphe attribué à Saint Paul livre un récit similaire : les usuriers sont installés dans « *un immense château [...], de mille toises de long sur mille de large [...] et composé de mille étages* »[127], qu'ils doivent parcourir « *un à un* »[128]... Or, ajoute l'apôtre, « *chaque étage offre un tourment particulier soumettant au froid, au feu ou à la lacération [...] ; et, après avoir subi chaque tourment, les usuriers échouent dans une douve peuplée de serpents [...] ; alors des diables ailés aux ongles de fer aiguisés se chargent de les ramener en haut de la tour* »[129].

3. Quant à la littérature juridique, elle ne cesse étrangement de négliger délibérément le prêteur et de focaliser son attention (tout entière) sur l'emprunteur ; autrement formulé, elle délaisse autant le prêteur qu'elle se préoccupe de l'emprunteur. C'est qu'en effet ce dernier est considéré comme étant tenu de l'unique – ou, à tout le moins, la principale – obligation qui dérive du contrat de prêt, à savoir l'obligation de restitution[130].

---

[125] DANTE, *La Divine Comédie – L'Enfer, Le Purgatoire, Le Paradis. Traduction par Sébastien Rhéal*, Paris, 1854, p. 52.

[126] *Ibid.*, p. 52.

[127] J. BOURDIER, « Peine et douleurs, la définition sotériologique de l'Au-delà », *TRANS – Revue de littérature générale et comparée*, 2014, n° 17.

[128] *Ibid.*

[129] *Ibid.*

[130] V. par exemple : F. LAURENT, *Principes de droit civil français*, t. XXVI, Paris, 1877, n° 454 ; P. PONT, *Commentaire-traité des petits contrats*, t. 1, Paris, 1877, n° 27 et n° 144 ; G. BAUDRY-LACANTINERIE et A. WAHL, *Traité théorique et pratique de droit civil. De la société, du prêt, du dépôt*, Paris, 1898, n° 599 ; Ph. MALAURIE, L. AYNÈS et P.-Y. GAUTIER, *Droit des contrats spéciaux*, 11e éd., LGDJ, 2020, n° 905 ; G. PIGNARRE, « Prêt », *Répertoire de droit civil*, mai 2018, n° 10 s. ; J. RAYNARD et J.-B. SEUBE, *Droit des contrats spéciaux*, *op. cit.*, n° 385 ; F. COLLART DUTILLEUL et Ph. DELEBECQUE, *Contrats civils et commerciaux*, 11e éd., Dalloz, 2019, n° 604 ; M. FABRE-MAGNAN, « Le mythe de l'obligation de donner », *RTD civ.*, 1996, p. 85, spéc. n° 16. *Adde* : R. DEMOGUE, *Traité des obligations en général*, t. II, Paris, 1923, n° 502 (p. 66), où l'auteur juge que « *l'on a été trop hypnotisé par l'obligation de restituer qui peut s'accompagner de biens d'autres : promesse d'intérêts, etc.* ».

4. Cela dit, et en ce qui concerne la seule littérature juridique, le constat n'est pas sans nuances, étant donné que, depuis plusieurs années, des auteurs entreprennent de réhabiliter le prêteur[131]. Pour ce faire, ils mettent très justement en lumière le fait que prêter, ce n'est pas seulement (et simplement) restituer : c'est aussi et sans doute avant tout, accorder pour un temps à un autre la jouissance d'une chose[132]. En d'autres termes, le contrat de prêt ne peut « *économiquement et rationnellement* »[133] être réduit à une opération de restitution de la chose empruntée, bien que cette réduction soit censément le reflet de la confusion synonymique à laquelle les mots « emprunt » et « prêt » donnent encore lieu…[134] Ce faisant, lesdits auteurs parviennent fatalement à la conclusion que, de son côté, le prêteur est également

[131] F. CHÉNEDÉ, « La cause de l'obligation dans le contrat de prêt réel et dans le contrat de prêt consensuel – À propos de 2 arrêts de la première chambre civile du 19 juin 2008 », note sous Cass. 1re civ., 19 juin 2008, n° 06-19.056, Bull. civ. I, n° 175, et note sous Cass. 1re civ., 19 juin 2008, n° 06-19.753, Bull. civ. I, n° 174, *Recueil Dalloz*, 2008, p. 2555 ; R. LIBCHABER, « Chronique de jurisprudence civile générale », note sous Cass. 1re civ., 27 novembre 2001, n° 99-10.633, Bull. civ. I, n° 297, *Defrénois*, 2002, n° 4, p. 259 ; G. CATTALANO-CLOAREC, *Le contrat de prêt*, préf. G. LOISEAU, LGDJ, 2015 ; P. PUIG, « Prêt consensuel – Cause encore et toujours… », note sous Cass. 1re civ., 19 juin 2008, n° 06-19.753, Bull. civ. I, n° 174, *RDC*, 2009, n° 1, p. 188 ; J. LE BOURG, *La remise de la chose. Essai d'analyse à partir du droit des contrats*, thèse sous la direction de Ph. BRUN et de G. PIGNARRE, Grenoble, 2010 ; É. SAVAUX, « Obligations, protection du consommateur et responsabilité notariale », note sous Cass. 1re civ., 19 juin 2008, n° 06-19.056, Bull. civ. I, n° 175, et note sous Cass. 1re civ., 19 juin 2008, n° 06-19.753, Bull. civ. I, n° 174, *Defrénois*, 2008, n° 17, p. 1967 ; J. HUET, G. DECOCQ, C. GRIMALDI et H. LÉCUYER, *Les principaux contrats spéciaux*, 3e éd., LGDJ, 2012.

[132] Entre autres exemples, v. : J. HUET, G. DECOCQ, C. GRIMALDI et H. LÉCUYER, *Les principaux contrats spéciaux*, *op. cit.*, n° 22001 : « *Dans tous les cas de figure, l'objectif poursuivi par les parties est, principalement, de permettre simplement à l'emprunteur d'avoir l'usage temporaire de la chose* ».

[133] D. DEROUSSIN, « Article 1107 : les contrats réels », *RDC*, 2015, n° 03, p. 734, spéc. n° 2.

[134] À ce sujet, v. notamment : D. ANCELET-NETTER, *La dette, la dîme et le denier. Une analyse sémantique du vocabulaire économique et financier au Moyen Âge*, Presses Universitaires du Septentrion, 2010, p. 256 ; O. BLOCH, « Étymologies franc-comtoises et lorraines », *Romania*, 1912, n° 41-162, p. 171, spéc. p. 177 s.

tenu d'une (véritable) obligation : celle de « *céder* »[135], « *procurer* »[136], « *confier* »[137] ou « *transférer* »[138] la jouissance temporaire d'une chose au profit de l'emprunteur[139].

5. L'obligation ainsi mise au jour constitue une pièce essentielle du prêt, qui peut et doit permettre aux juges[140] et aux rédacteurs de la probable réforme du droit des contrats spéciaux civils et

---

[135] J. LE BOURG, *La remise de la chose. Essai d'analyse à partir du droit des contrats*, *op. cit.*, n° 187.

[136] É. SAVAUX et R.-N. SCHÜTZ, « Quelques enseignements sur le contrat de prêt fournis par la restitution de la chose », *in Au-delà des codes. Mélanges en l'honneur de Marie-Stéphane Payet*, Dalloz, 2012, p. 493, spéc. p. 502.

[137] F. CHÉNEDÉ, *Les commutations en droit privé. Contribution à la théorie générale des obligations*, préf. A. GHOZI, Economica, 2008, n° 171.

[138] G. CATTALANO-CLOAREC, *Le contrat de prêt*, *op. cit.*, n° 333.

[139] *Comp.* : R. LIBCHABER, « Chronique de jurisprudence civile générale », note sous Cass. 1re civ., 27 novembre 2001, n° 99-10.633, Bull. civ. I, n° 297, *op. cit.*, p. 259, lequel souligne que « *le prêteur est obligé de* faire jouir *l'emprunteur de la chose* » (nous soulignons).

[140] Lesquels tendent déjà à se référer de plus en plus fréquemment à « *l'obligation souscrite par le prêteur* » : Cass. 1re civ., 19 juin 2008, n° 06-19.753, Bull. civ. I, n° 174, *JCP E 2008*, n° 30, 1964, note D. LEGEAIS ; *RTD com.*, 2008, p. 602, note D. LEGEAIS ; *Recueil Dalloz*, 2008, p. 2363, spéc. n° 6, chron. P. CHAUVIN et C. CRETON ; *JCP G 2008*, n° 38, II, 10150, note A. CONSTANTIN ; *Recueil Dalloz*, 2008, p. 1825, note X. DELPECH ; *Dalloz actualité*, 24 juin 2008, note X. DELPECH ; *L'ESSENTIEL Droit des contrats*, 2008, n° 03, p. 2, note G. PILLET ; *Gazette du Palais*, 2008, n° 292, p. 13, note S. PIEDELIÈVRE ; *Recueil Dalloz*, 2008, p. 2555, note F. CHÉNEDÉ ; *JCP E 2008*, n° 49, 2461, spéc. n° 1, chron. C. LASSALAS ; *CCC*, 2008, n° 11, comm. 255, note L. LEVENEUR ; *RDC*, 2009, n° 1, p. 188, note P. PUIG ; *RDC*, 2008, n° 4, p. 1129, note Y.-M. LAITHIER ; *Defrénois*, 2008, n° 17, p. 1967, note É. SAVAUX ; Cass. com., 7 avril 2009, n° 08-12.192, Bull. civ. IV, n° 54, *Recueil Dalloz*, 2010, p. 1043, chron. D. R. MARTIN ; RTD com., 2009, p. 598, note D. LEGEAIS ; *Recueil Dalloz*, 2009, p. 2080, note V. AVENA-ROBARDET ; *JCP G 2009*, n° 39, 273, spéc. n° 13, note J. GHESTIN ; *JCP G 2009*, n° 27, 77, note J. LASSERRE CAPDEVILLE ; *Recueil Dalloz*, 2009, p. 2080, note J. GHESTIN ; *L'ESSENTIEL Droit des contrats*, 2009, n° 06, p. 3, note O. DESHAYES ; *Gazette du Palais*, 2009, n° 255, p. 8, note B. BURY ; *Defrénois*, 2009, n° 18, p. 1942, note J. FRANÇOIS ; *Dalloz actualité*, 22 avril 2009, note V. AVENA-ROBARDET ; *JCP E 2009*, n° 44-45, 2020, spéc. n° 14 s., chron. J. STOUFFLET ; Cass. 1re civ., 25 février 2010, n° 09-11.302, Inédit ; Cass. com., 7 avril 2010, n° 09-11.033, Inédit ; Cass. com., 26 mai 2010, n° 09-14.055, Inédit, *JCP E 2010*, n° 47, 2008, spéc. n° 17, chron. A. SALGUEIRO ; Cass. com., 14 mars 2018, n° 16-27.815, Inédit, *L'ESSENTIEL Droit bancaire*, 2018, n° 5, p. 3, note M. MIGNOT ; *JCP E 2018*, n° 47, 1596, spéc. n° 6, chron. D. SENANEDJ ; *L'ESSENTIEL Droit des assurances*, 2018, n° 05, p. 7, note M. LEROY.

commerciaux[141] de mieux en comprendre « *l'économie* »[142], de mieux en saisir le « *but* »[143], de mieux en connaître le « *fonctionnement* »[144] et de mieux en percevoir le « *visage* »[145] et le « *cœur* »[146]. Véritable clé de voûte, elle offre l'occasion de contempler le prêt sous un angle nouveau et d'observer, avec justesse et rigueur, le mouvement interne qui l'anime. C'est dire que ladite obligation est capiteuse et séduisante… : elle enivre, subjugue et ne demande qu'à être exploitée et exaltée.

6. Il reste que les contours de cette obligation, que nous nommerons « obligation de prêter » par la suite, demeurent nébuleux – *i.e.* « *qui manque de clarté, de précision [...] et de netteté* »[147] –, pour ne pas dire énigmatiques – *i.e.* « *dont on ne sait rien ou dont il est très difficile de savoir quelque chose* »[148]. Les interrogations qui l'entourent et la traversent sont innombrables et, somme toute, assez habituelles dans la mesure où elles se présentent également à l'esprit dès lors que l'on s'efforce de scruter une obligation « quelconque » : à qui faut-il prêter ? Qui doit prêter ? Que prêter ? Où prêter ? Quand prêter (à quelle date et pendant combien de temps) ? Et, avant toute chose, comment prêter ? S'agit-il de remettre, de délivrer, de livrer, de mettre à la disposition, … ? Par où l'on voit que ces interrogations – qui tendent à épuiser pleinement le répertoire des adverbes interrogatifs – sont d'une importance redoutable, bien qu'elles semblent, à première vue, relativement élémentaires ou, pour dire le mot, frustes.

---

[141] À ce sujet, v. : Association Henri Capitant, *Offre de réforme du droit des contrats spéciaux*, Dalloz, 2020.
[142] F. CHÉNEDÉ, « La cause est morte… vive la cause ? », *CCC*, 2016, n° 5, dossier 4, spéc. n° 14.
[143] J. MAURY, *Essai sur le rôle de la notion d'équivalence en droit civil français. Tome premier : La notion d'équivalence en matière contractuelle*, Paris, 1920, p. 127.
[144] J.-F. OVERSTAKE, *Essai de classification des contrats spéciaux*, préf. J. BRÈTHE DE LA GRESSAYE, LGDJ, 1969.
[145] F. CHÉNEDÉ, « La cause de l'obligation dans le contrat de prêt réel et dans le contrat de prêt consensuel – À propos de 2 arrêts de la première chambre civile du 19 juin 2008 », note sous Cass. 1re civ., 19 juin 2008, n° 06-19.056, Bull. civ. I, n° 175, et note sous Cass. 1re civ., 19 juin 2008, n° 06-19.753, Bull. civ. I, n° 174, *op. cit.*, p. 2555 (sommaire).
[146] G. CATTALANO-CLOAREC, « Le prêt au milieu du gué. Pour une redécouverte du contrat de prêt », *in* L. ANDREU et M. MIGNOT (dir.), *Les contrats spéciaux et la réforme du droit des obligations*, Institut Uni-versitaire Varenne, 2017, p. 279, spéc. n° 19.
[147] *TLF*, v. *Nébuleux*.
[148] *Ibid.*, v. *Énigmatique*.

7. Au demeurant, lesdites interrogations sont présentement vivifiées par une série d'évolutions et de ruptures profondes. On songe, en premier lieu, aux changements législatifs qui visent « *classique[ment]* »[149] à moderniser, clarifier et simplifier le droit des obligations lui-même[150]. Ces changements sont certes mineurs et s'apparentent plutôt à un bouleversement « tranquille » de la matière. Pourtant, ils ne sont pas sans incidence sur l'obligation de prêter : par exemple, la modification de certaines règles relatives au paiement est de nature à changer son lieu d'exécution[151]. De même, l'introduction de dispositions relatives à la forme du contrat est de nature à préciser les modalités de son avènement[152].

On songe, en deuxième lieu, aux turbulences économiques qui amènent inexorablement les banques centrales des économies développées à inventer de nouveaux instruments de politique monétaire. Les dérèglements qui en résultent et, cela va sans dire, qui en résulteront, sont dramatiques. Le plus notable d'entre eux tient à l'apparition, dans certains contrats de prêt, de taux négatifs. L'obligation de prêter s'en trouve alors nettement fragilisée : pourquoi – ou, plus exactement, « pour quoi » – prêter dans de telles circonstances ?

On songe, en troisième lieu, aux mutations technologiques qui favorisent la numérisation brusque et « *généralisée* »[153] de la société. Ces mutations ouvrent le champ des possibles : outre qu'elles donnent lieu à l'émersion d'une multiplicité d'objets empruntant une forme numérique, elles assurent une circulation infiniment plus rapide des informations qui renouvelle la manière avec laquelle l'on peut parvenir à identifier concrètement le débiteur et le créancier de l'obligation de prêter.

---

149 H. PÉRINET-MARQUET, « Propos conclusifs », *RDI*, 2017, p. 596.

150 V. : Ordonnance n° 2016-131 du 10 février 2016 portant réforme du droit des contrats, du régime général et de la preuve des obligations ; Loi n° 2018-287 du 20 avril 2018 ratifiant l'ordonnance n° 2016-131 portant réforme du droit des contrats, du régime général et de la preuve des obligations.

151 Articles 1342 s. du Code civil.

152 Articles 1172 s. du Code civil.

153 M. SÉNÉCAL, « Numérisation généralisée de la société, un processus inachevé ? », *in* É. GEORGE (dir.), *Numérisation de la société et enjeux sociopolitiques. II. Numérique, information et recherche*, ISTE Éditions, 2019, p. 219, spéc. p. 219.

On songe, en quatrième et dernier lieu, aux transformations idéologiques ou ontologiques qui accompagnent la construction d'un « *nouveau capitalisme* »[154]. Les valeurs qui en sont l'essence concourent à soumettre l'obligation de prêter à des impératifs nouveaux : il n'est plus seulement question de prêter pour rendre service ou recevoir des intérêts, mais aussi et surtout pour pousser l'emprunteur à poursuivre divers objectifs environnementaux, sociaux et de gouvernance[155].

8. Fort de ce qui précède, l'obligation de prêter avance masquée : mystérieuse et sibylline, elle suscite la curiosité et la perplexité. Or, et puisque « *l'esprit voit toujours avec plus de justesse et de clarté les objets qu'il a scrutés sous toutes leurs faces* »[156], l'utilité et l'opportunité d'arracher le masque ne sont pas négligeables, en ce que l'entreprise pourrait (et devrait) permettre de mieux concevoir le prêt dont elle constitue, à proprement parler, la cheville ouvrière. C'est ainsi que la question se pose de savoir quels sont vraiment les contours de l'obligation de prêter. Partant, il nous paraît possible, et éminemment souhaitable, de parachever l'œuvre de réhabilitation du prêteur, en nous efforçant de cerner précisément les contours exacts de l'obligation mise à sa charge.

9. Prétendre donner une image précise des contours de cette dernière semble être une périlleuse entreprise qui ne peut être menée qu'en envisageant l'obligation de prêter en elle-même et pour elle-même quel que soit le prêt dont elle est issue. Par ricochet, ce choix revient, tout d'abord, à écarter les distinctions qui n'ont d'incidence que sur la situation de l'emprunteur ; il en va particulièrement ainsi de la distinction traditionnellement faite entre le prêt à usage – commodat – et le prêt de consommation – *mutuum* –, laquelle n'a d'intérêt

---

[154] Comité Médicis et Institut Montaigne, *Le capitalisme responsable : une chance pour l'Europe*, septembre 2020, p. 14. *Rappr.* : G. LECOINTRE, *L'après-capital*, préf. G. ROUX DE BÉZIEUX, L'Archipel, 2019. Et en dernier lieu, v. : C. NOUEL, « L'Europe, patrie des entreprises qui incarnent un capitalisme responsable », *Bulletin Joly Sociétés*, 2020, n° 11, p. 54 ; « A new standard for a new capitalism – Une nouvelle norme pour un nouveau capitalisme », webinaire organisé à Bercy le 8 décembre 2020.

[155] *Comp.* : J. RIFKIN, *Le New Deal vert mondial*, Les liens qui libèrent, 2019.

[156] R.-T. TROPLONG, *Le droit civil expliqué suivant l'ordre des articles du Code civil. Du prêt*, Paris, 1845, n° 6.

qu'en ce qui concerne la détermination des modalités et de l'étendue de l'obligation de restitution pesant sur ledit emprunteur[157]. Ce choix revient, ensuite, à faire fi des contingences et des vicissitudes qui sont susceptibles d'affecter le bon déroulement de l'obligation : mauvaise exécution liée à la négligence du débiteur-prêteur, perte fortuite de la chose, décès du créancier-emprunteur, etc. Ce choix revient, enfin, à tenir exclusivement compte des dispositions ayant vocation à s'appliquer indistinctement à l'ensemble des prêts.

Aussi la démarche qui sera suivie consistera-t-elle d'abord à tenter de définir l'obligation de prêter. Ce n'est en effet qu'à travers la mise en évidence de ses critères distinctifs qu'il sera possible d'en dévoiler la nature. La démarche qui sera suivie consistera ensuite à essayer de mesurer l'obligation de prêter. Ce n'est en effet qu'à travers la mise en exergue de ses dimensions qu'il sera possible d'en révéler l'envergure. Notre recherche obéira donc à la dynamique suivante : dans un premier temps, il s'agira de définir l'obligation de prêter afin d'en faire saillir les « *caractères constants* »[158] ; puis, dans un second temps, il s'agira de mesurer l'obligation de prêter afin d'en mettre à nu les « *mensurations* »[159].

Partie 1. Dévoiler la nature de l'obligation de prêter
Partie 2. Révéler l'envergure de l'obligation de prêter

---

157 À cet égard, on consultera utilement la thèse suivante : G. CATTALANO-CLOAREC, *Le contrat de prêt*, *op. cit.*

158 F. ROUVIÈRE, « Traiter les cas semblables de façon identique – Un aspect méthodologique de l'idée de justice », *Jurisprudence. Revue critique*, 2012, p. 89, spéc. n° 11.

159 *Dictionnaire de l'Académie française*, 4e éd., v. *Envergure*.

PARTIE 1. DÉVOILER LA NATURE DE L'OBLIGATION DE PRÊTER

« Le défaut de précision dans le langage est la pire infirmité de l'intelligence humaine. Définir, c'est savoir. Aussi la définition juste est-elle la plus rare des denrées. La connaissance des choses se mesure mathématiquement à cette justesse. Où elle manque, il y a ténèbres ». (A. BLANQUI, Critique sociale. I. Capital et travail, Paris, 1885, p. 53)

« Définir [...] est une entreprise de longue haleine dont on sait au départ qu'elle n'aboutira pas à la perfection ». (N. CAYROL et F. GRUA, Méthode des études de droit, 5e éd., Dalloz, 2020, p. 22[160])

10. La définition de l'obligation – la détermination « *précise et concrète* »[161] de sa nature, de ses critères distinctifs[162] – n'est guère

---

[160] *Comp.* : L.-M. SCHMIT, *Les définitions en droit privé*, préf. J. JULIEN, Presses de l'Université Toulouse 1 Capitole, 2017, où l'auteur souligne que définir est un art « *dans lequel la perfection est rarement atteinte* » (n° 397) et « *qui repose [...] sur la conjonction d'une matière, d'un artisan et de règles de l'art. S'agissant, tout d'abord, du "matériau" à façonner, il s'agit du langage du droit, en butte à la polysémie, à la désuétude, à la néologie et, plus encore, à l'ésotérisme de ses termes. S'agissant, ensuite, des "artisans" des définitions, le monopole historique de la doctrine – finalement partagé avec le législateur [...] – cède devant la pluralité d'auteurs : aux contractants s'ajoutent le juge ainsi que divers autres acteurs juridiques... S'agissant, enfin, des "règles de l'art" de définir, elles tendent à la maîtrise par le droit de son langage au moyen de méthodes éprouvées dont les juristes héritent* » (n° 142).

[161] *TLF*, v. *Définition.*

[162] En ce sens : J.-L. BERGEL, *Théorie générale du droit*, 5e éd., Dalloz, 2012, n° 173 : « *La définition d'un concept juridique doit [...] en révéler les critères distinctifs* » ; G. CORNU, « Les définitions dans la loi », *in Mélanges dédiés à Jean Vincent*, Dalloz, 1981, p. 77, spéc. n° 4 : « *Ordonnée à la connaissance de la nature de l'objet, subordonnée à la découverte de ses attributs distinctifs, [la définition...] conduit à la formulation du "concept" qui les unit* » ; N. CAYROL et F. GRUA, *Méthode des études de droit*, *op. cit.*, p. 23 : « *Définir [...], c'est d'abord décomposer la chose en ses éléments constitutifs* » ; Ph. LE TOURNEAU (dir.), *Droit de la responsabilité et des contrats. Régimes d'indemnisation*, 12e éd., Dalloz, 2020, n° 010.43 : « *Une définition est un concentré de pensée, une plénitude essentielle (plus encore qu'une maxime), qui tente de regrouper en une formule concise et abstraite les caractères distinctifs de la notion considérée* ». Aussi, et en dernier lieu, v. : B. BARRAUD, *Qu'est-ce que le droit ? Théorie syncrétique et échelle de juridicité*, L'Harmattan, 2017, p. 30 : « *Définir est un exercice intellectuel*

envisagée dans les textes présentement en vigueur[163], ce pour quoi elle ne cesse de stimuler la réflexion doctrinale et d'engendrer une intense production éditoriale[164]. Aussi l'analyse de l'obligation est-elle

---

consistant à préciser la quiddité d'un signifiant – donc un terme ou une expression plus qu'une chose – en y attachant un signifié, soit un objet (matériel ou abstrait) précisément caractérisé. Celui qui procède à la définition doit donc spécifier le plus finement possible les caractères distinctifs de ce signifié-objet, par rapport au genre supérieur – i.e. à un ensemble plus vaste – ainsi que par rapport aux ensembles connexes [...]. En outre, définir revient à déterminer la signification d'une unité linguistique absconse au moyen d'unités linguistiques explicites, donc au moyen de termes largement acceptés, aux sens suffisamment fixés et consensuels – afin d'éviter de devoir définir la définition ».

[163] En ce sens, v. : M. PLANIOL et G. RIPERT, *Traité élémentaire de droit civil*, t. II, 11e éd., LGDJ, 1931, n° 156 : « *Le Code civil français n'a pas défini l'obligation* » ; G. FOREST, *Essai sur la notion d'obligation en droit privé*, préf. F. LEDUC, Dalloz, 2012, n° 2 : « *En vain chercherait-on la moindre définition de l'obligation dans l'appareil normatif en vigueur* » ; H. BOUCARD, « Responsabilité contractuelle », *Répertoire de droit civil*, juillet 2020, n° 231 : « *Les contours de l'obligation, toujours indéfinie par le Code, apparaissent trompeusement nets* » ; N. HAGE-CHAHINE, *La distinction de l'obligation et du devoir en droit privé*, préf. Y. LEQUETTE, Éditions Panthéon-Assas, 2017, n° 15 : « *Notion fondamentale du droit privé, l'obligation ne fait l'objet d'aucune définition dans les textes* » ; D. DEROUSSIN, *Histoire du droit des obligations*, 2e éd., Economica, 2012, p. 7 : « *Malgré la diversité de ses significations, le Code [civil] n'a jamais défini ce terme essentiel du vocabulaire juridique* » ; D. NEMTCHENKO, *Le droit des sûretés au prisme de la faute*, thèse sous la direction de G. PIETTE, Bordeaux, 2017, n° 39 : « *À l'image des sûretés, le législateur ne s'est jamais risqué à définir une notion aussi fondamentale* ». Pour une opinion contraire, v. : F. ROUVIÈRE, « L'obligation comme garantie », *RTD civ.*, 2011, p. 1, spéc. n° 5 : « *À suivre la lettre de [l'article 2284 du Code civil], l'obligation est la garantie que les biens présents et à venir du débiteur répondent de son engagement* ».

[164] A) En dernier lieu, et à titre d'exemple, v. S. PIMONT, « L'obligation civile, entre droit et économie. Des nombres aux normes », *in Mélanges offerts à Geneviève Pignarre. Un droit en perpétuel mouvement*, LGDJ, 2018, p. 705 ; K. BELLIS, *Système de l'obligation naturelle*, thèse sous la direction de L. LEVENEUR, Paris II, 2018, mis à jour le 15 juin 2019, n° 435 s., spéc. n° 441 ; N. HAGE-CHAHINE, « La notion d'obligation dans le projet d'ordonnance portant réforme du droit des contrats, du régime général et de la preuve des obligations », *Petites affiches*, 2015, n° 219, p. 7. Au-delà, v. les références citées par J. GHESTIN, M. BILLIAU et G. LOISEAU, *Le régime des créances et des dettes*, LGDJ, 2005, n° 1 s.
B) *Comp.* les difficultés soulevées par la détermination des critères distinctifs de l'obligation dans le domaine financier depuis l'arrêt suivant : Cass. 2e civ., 23 novembre 2017, n° 16-22.620, Bull. civ. II, n° 1511, *Dalloz actualité*, 30 novembre 2017, note F. MÉLIN ; *RTD com.*, 2018, p. 389, note J. MOURY ; *Revue générale du droit des assurances*, 2018, n° 1, p. 52, note L. MAYAUX ; *Revue*

régulièrement « *remise sur le métier, qu'il s'agisse, notamment, d'en affiner les critères de définition ou d'en proposer, plus généralement, une lecture renouvelée* »[165]. Pourtant, la « *plupart* »[166] – si ce n'est la « *quasi-totalité* »[167] – des manuels contemporains de droit se réfèrent à une seule et même définition : celle de Justinien[168], émise au VIe siècle

---

de Droit bancaire et financier, 2018, n° 1, comm. 11, note N. LEBLOND ; *Recueil Dalloz*, 2018, p. 757, chron. O. BECUWE et N. TOUATI ; *Recueil Dalloz*, 2018, p. 270, note T. DE RAVEL D'ESCLAPON et M. STORCK ; *Revue des sociétés*, 2018, p. 392, note J.-M. MOULIN ; *JCP E 2018*, n° 38, 1461, spéc. n° 14, note P.-G. MARLY ; *JCP G 2018*, n° 22, doctr. 624, spéc. n° 16, note L. MAYAUX ; *Bulletin Joly Bourse*, 2018, n° 1, p. 47, note G. ENDRÉO ; *L'ESSENTIEL Droit des assurances*, 2017, n° 11, p. 5, note P.-G. MARLY ; *Bulletin Joly Sociétés*, 2018, n° 1, p. 37, note A. COURET ; *Petites affiches*, 2018, n° 11, p. 4, note F. PERROTIN ; *L'ESSENTIEL Droit des contrats*, 2018, n° 1, p. 7, note S. PELLET ; *Petites affiches*, 2018, n° 39, p. 12, note A. ARANDA VASQUEZ. Également, v. M. ROUSSILLE, « Les produits structurés, produits à haut risque », *JCP E 2018*, n° 38, 1462. *Adde* A. COURET, note sous Cass. 2e civ., 23 novembre 2017, n° 16-22.620, Bull. civ. II, n° 1511, *op. cit.*, p. 37 : « *Qu'est-ce qui, dans la définition de l'article L. 213-5 du Code monétaire et financier, singularise l'obligation [...] ? La définition est extrêmement vague. En d'autres termes, si nous avons un régime juridique pour les obligations, sommes-nous bien sûrs d'avoir aujourd'hui une notion ?* ». Plus généralement, v. A. COLIN, *Les obligations financières*, thèse sous la direction de A.-C. MULLER, Paris XIII, 2015.

[165] V. MONTEILLET, *La contractualisation du droit de l'environnement*, préf. A. PÉLISSIER, Dalloz, 2017, n° 241. *Comp.* Ch. ATIAS, « Restaurer le droit du contrat », *Recueil Dalloz*, 1998, p. 137, spéc. n° 2 : « *Quel juriste serait prêt à aller plus loin et à reconnaître son incapacité à définir et caractériser la notion juridique d'obligation ?* » ; J. JIANG, *Essai sur la notion de situation juridique et son extension en droit administratif*, thèse sous la direction de J.-A. MAZÈRES, Toulouse, 1992, p. 191 : « *Notion cruciale de la théorie générale du droit, l'obligation juridique n'a en-soi rien de clair... ; elle nous force à cheminer dans le vertige* ». *Adde* J. CARBONNIER, *Flexible droit. Pour une sociologie du droit sans rigueur*, 10e éd., LGDJ, 2001, p. 327, où l'auteur « *tente de redessiner le visage de l'obligation* ».

[166] D. DEROUSSIN, *Histoire du droit des obligations*, *op. cit.*, p. 13, ainsi que : B. FRELETEAU, *Devoir et incombance en matière contractuelle*, préf. L. SAUTONIE-LAGUIONIE, LGDJ, 2017, n° 39.

[167] G. FOREST, *Essai sur la notion d'obligation en droit privé*, *op. cit.*, n° 6.

[168] À cet égard, v. : R. DEMOGUE, *Traité des obligations en général*, t. I, Paris, 1923, n° 2 : « *La définition des Institutes a fait fortune. Pothier la reproduit. Le Code civil s'en est inspiré dans l'article 1101 [(ancien)] en définissant les contrats. Tous les auteurs modernes la reproduisent ou se contentent de la traduire* » ; J.-L. GAZZANIGA, *Introduction historique au droit des obligations*, PUF, 1992, n° 9 : « *Héritée du droit romain, la définition justinienne de l'obligation a traversé les siècles ; par les juristes d'Ancien Régime, elle est parvenue jusqu'à nous* » ;

de notre ère[169], et aux termes de laquelle « *obligatio est iuris vinculum, quo necessitate adstringimur alicuius solvendae rei secundum nostrae civitatis iura* » (« *l'obligation est un lien de droit qui* nous astreint à une prestation envers autrui »[170] – nous soulignons). Il faut donc

---

Y. PICOD, « Obligations », *Répertoire de droit civil*, janvier 2019, n° 17 : « *Les Institutes de Justinien avaient donné une définition qui reste actuelle* » ; N. HAGE-CHAHINE, *La distinction de l'obligation et du devoir en droit privé*, *op. cit.*, n° 15 : « *Cette définition [justinienne...] de l'obligation a été reçue à la manière d'un dogme, et est systématiquement enseignée aux étudiants* » ; R.-M. RAMPELBERG, « L'obligation romaine : perspective sur une évolution », *in L'obligation. Tome 44*, Archives de philosophie du droit, Dalloz, 2000, p. 51, spéc. p. 67 : « *La définition de l'obligation des Institutes de Justinien a dominé toute l'histoire juridique européenne jusqu'à nos jours* ». *Adde* notamment : V. FORRAY, « À la croisée du droit des obligations et de l'ingénierie financière : remarques sur la nécessité sociale de l'analyse juridique », *Les Cahiers de Droit*, 2016, n° 1, p. 25, spéc. p. 37 : « *La vieille définition [justinienne...] demeure* une sorte de code-source *pour le droit positif des obligations partout où il est lié à la tradition romaniste* » (nous soulignons).

[169] A) *Institutes*, 30 décembre 533, sur lesquelles on consultera à profit : J. GAUDEMET et E. CHEVREAU, *Les institutions de l'Antiquité*, 8e éd., LGDJ, 2014, p. 478 ; J. GAUDEMET, « La codification justinienne », *Revue française d'administration publique*, 1997, n° 82, p. 233.
B) Plus largement, et en ce qui concerne les origines de la conception romaine et justinienne de l'obligation, v. J. GAUDEMET, « Naissance d'une notion juridique. Les débuts de l'"obligation" dans le droit de la Rome antique », *in L'obligation. Tome 44*, Archives de philosophie du droit, Dalloz, 2000, p. 19, où l'auteur s'évertue à comprendre « *quand, comment, pourquoi apparaît à Rome une notion "d'obligation"* ». *Rappr.* la conclusion dressée par R.-M. RAMPELBERG, « L'obligation romaine : perspective sur une évolution », *op. cit.*, p. 51, spéc. p. 67 s. : « *L'apport romain à l'univers obligationnel est incontournable [...]. Rome a développé une multitude de concepts fondamentaux, qui ne sont peut-être pas tous de pure création romaine, mais que l'ars iuris romain a marqué d'une empreinte indélébile, et qui tous, à défaut de constituer des modèles intangibles, n'en restent pas moins d'éternels repères* ».

[170] F. CHABAS, H. MAZEAUD, J. MAZEAUD et L. MAZEAUD, *Leçons de droit civil*, t. II, vol. I, 9e éd., par F. CHABAS, Montchrestien, 1998, n° 4 ; F. VERN, *Les objets juridiques. Recherches en droit des biens*, préf. Ph. JACQUES, Dalloz, 2020, n° 206 s. *Comp.* : Ch. BEUDANT, *Cours de droit civil français. Les contrats et les obligations*, 2e éd., Paris, 1936, n° 2 : « *La définition de l'obligation est classique, presque sacramentelle, et vient du droit romain [...]. L'obligation est un rapport juridique entre deux personnes, par suite duquel l'une, appelée débiteur, est astreinte à quelque chose envers l'autre, appelée créancier* ». *Contra*, v. : S. PRIGENT, « Le dualisme dans l'obligation », *RTD civ.*, 2008, p. 401, spéc. n° 2 : « *Il faudra attendre les 16e et 17e siècles, marqués par l'influence de l'école du droit naturel, préparée par l'humanisme juridique du 16e siècle, pour voir la prestation*

conclure que, « *dans sa forme la plus pure* »[171] ou la plus simple, et pour les besoins de cette étude, l'obligation peut être définie par la combinaison de deux critères distinctifs : une prestation, qui en est l'objet, et plusieurs personnes, qui en sont les sujets.

Le dévoilement de la nature de l'obligation de prêter – la découverte de ses critères distinctifs – suppose, ce faisant, de déterminer « *exactement et complètement* »[172] son objet (Titre 1) ainsi que ses sujets (Titre 2).

---

entrer dans la définition de l'obligation ». *Adde* la difficulté relevée justement par E. JEULAND, « L'énigme du lien de droit », *RTD civ.*, 2003, p. 455, spéc. n° 30 s. : « *Si l'on considère que le contrat et l'obligation créée par le contrat sont des liens de droit, alors un lien de droit engendre un lien de droit, ce qui peut étonner. Deux liens entre deux mêmes personnes ayant le même objet, ne constituent, en réalité, qu'un seul lien. Pourtant, il est possible de maintenir que contrat et obligation sont des liens de droit. Deux arguments sont de nature à appuyer cette assertion. (i) Il existe des hypothèses dans lesquelles on rencontre tout d'abord un lien de droit qui est source d'obligation, c'est le cas en particulier [...du lien de filiation, lequel] entraîne des obligations de part et d'autre. Il n'y a donc pas d'impossibilité à ce qu'un lien de droit crée d'autres liens de droit. (ii) Un deuxième argument peut être tiré d'un lien non juridique, le lien d'amitié. Lorsque deux personnes sont amies, on dit qu'elles sont liées [...]. Or, dans le cadre de leur amitié, il peut exister des obligations morales, telles que celle de rendre une invitation [...]. Un individu lié à un ami de manière générale peut ainsi avoir une obligation particulière d'inviter* ».

[171] F. CHÉNEDÉ, *Les commutations en droit privé. Contribution à la théorie générale des obligations*, préf. A. GHOZI, Economica, 2008, n° 523. *Comp.* F. ROUVIÈRE, « L'obligation comme garantie », *op. cit.*, p. 1, spéc. n° 2, où l'auteur s'attache à « *saisir l'obligation en général et, pour ainsi dire, à l'état pur* ».

[172] *Grand Larousse*, v. *Définition.*

TITRE 1. LA DÉTERMINATION DE L'OBJET DE L'OBLIGATION DE PRÊTER

11. Toute obligation a pour objet une prestation[173], laquelle s'entend « *soit [...] de la chose due, par exemple la somme prêtée, le logement assuré ou le meuble vendu, soit de l'activité attendue du débiteur relativement à cette chose, par exemple le versement de [... la somme], la fourniture du logement [ou] la livraison du meuble* »[174].

La détermination de l'objet de l'obligation de prêter commande, par suite, de préciser la prestation correspondante, par la description de « *l'activité attendue* » (Chapitre 1) et de la « *chose due* » (Chapitre 2).

---

[173] En ce sens, v. : L. THIBIERGE, *Le contrat face à l'imprévu*, préf. L. AYNÈS, Economica, 2011, n° 116 ; B. STARCK, H. ROLAND et L. BOYER, *Droit civil. Les obligations. 2. Contrat*, 6e éd., Litec, 1998, n° 1152. En outre, v. : D. HIEZ, « La nature juridique de la dation en paiement », *RTD civ.*, 2004, p. 199, spéc. n° 18 : « *Il est certain qu'une obligation ne se conçoit pas sans une prestation* ».

[174] *Vocabulaire juridique*, v. *Prestation*. Aussi, et pour une étude de la notion de « prestation » en droit civil, v. T. TAURAN, « Les potentialités de la notion de prestation ou les services rendus par une notion mûrie par le droit civil », *Revue de la recherche juridique*, 2007, p. 631.

CHAPITRE 1. LA DESCRIPTION DE L'ACTIVITÉ ATTENDUE

12. D'après la jurisprudence, l'activité – le « *programme d'action* »[175] ou la « *mission* »[176] – objet de l'obligation de prêter, est une activité de « *mise à disposition* »[177].

Cette description prétorienne de l'activité attendue par référence à la notion de mise à disposition, est fidèle à la racine étymologique du verbe « prêter », lequel est tiré du latin *praestare*[178] qui signifie

---

[175] M. MIGNOT, « La nature juridique du paiement », *in* J. LASSERRE CAPDEVILLE et M. MIGNOT (dir.), *Le paiement*, L'Harmattan, 2014, p. 9, spéc. n° 12. En outre, et pour une référence au seul « *programme* », v. G. ROUHETTE, « Regard sur l'avant-projet de réforme du droit des obligations », *RDC*, 2007, n° 4, p. 1371, spéc. n° 27.

[176] G. FOREST, *Essai sur la notion d'obligation en droit privé, op. cit.*, n° 300, à propos de « *l'activité objet de la dette* ».

[177] A) Cass. com., 24 mai 2016, n° 14-25.921 et n° 14-28.111, Bull. civ. IV, n° 489, *RTD com.*, 2016, p. 539, note B. BOULOC ; *Droit des sociétés*, 2016, n° 10, comm. 168, note R. VABRES ; *Gazette du palais*, 2016, n° 32, p. 22, note D. HOUTCIEFF ; *JCP G 2016*, n° 38, 986, note D. HOUTCIEFF.
B) Plus largement, v. notamment Cass. 1re civ., 20 novembre 1974, n° 72-13.117, Bull. civ. I, n° 311, retenant que « *la cause de l'obligation de l'emprunteur résidait dans la mise à sa disposition des fonds* » ; Cass. com., 5 mars 1996, n° 93-20.778, Bull. civ. IV, n° 75, *Recueil Dalloz*, 1996, p. 327, note R. LIBCHABER ; *Recueil Dalloz*, 1997, p. 343, note O. TOURNAFOND, jugeant que « *la cause de l'obligation de l'emprunteur réside dans la mise à sa disposition du montant du prêt* » ; Cass. com., 10 juillet 2001, n° 98-11.536, Inédit, *Revue de Droit bancaire et financier*, 2001, n° 6, 220, note D. LEGEAIS, considérant que « *la cause de l'obligation de l'emprunteur réside dans la mise à disposition des fonds* ». Enfin, v. F. GRUA, « Le prêt d'argent consensuel », *Recueil Dalloz*, 2003, p. 1492, spéc. n° 10 : « *Ce que doit le prêteur [(d'argent)] n'est pas exactement une somme d'argent, mais la mise à disposition d'une somme d'argent pendant un certain temps* ».

[178] En ce sens, v. notamment D. ANCELET-NETTER, *La dette, la dîme et le denier. Une analyse sémantique du vocabulaire économique et financier au Moyen Âge*, *op. cit.*, p. 249 ; A. REY, *Dictionnaire historique de la langue française*, Le Robert, 2016, v. *Prêter* ; P. PONT, *Commentaire-traité des petits contrats*, t. 1, Paris, 1877, n° 2 ; O. BLOCH et W. VON WARTBURG, *Dictionnaire étymologique de la langue française*, PUF, 2008, v. *Prêter*. Au surplus, v. G. PIGNARRE, « L'obligation de donner à usage dans l'avant-projet Catala », *Recueil Dalloz*, 2007, p. 384, spéc. n° 10, où l'auteur constate que, « *étymologiquement, le lien entre le praestare et le prêt à usage est très fort* ».

« *fournir, donner, livrer, offrir, mettre à la disposition* »[179]. Ladite description a d'ailleurs été reprise aux articles 103[180] et 117[181] de l'avant-projet de réforme du droit des contrats spéciaux publié le 26 juin 2017 par l'Association Henri Capitant. Elle n'en demeure pas moins perfectible, dans la mesure où la mise à disposition est une notion plurielle et multiforme qui ne rend qu'approximativement compte de l'activité attendue[182].

---

179 A) A. GARIEL, *Dictionnaire latin-français*, Hatier, 1964, v. *Praesto, as, are, stiti, stitum ou statum. Adde* dans le même sens : F. GAFFIOT, *Dictionnaire latin-français*, Hachette, 1934, v. *Praesto, stiti, statum, are.*
B) Du reste, cette fidélité atteste de ce que les étymologies « *servent [...à donner] de la justesse dans le choix de l'expression* » (DUMARSAIS, *Œuvres*, t. I, 1797, p. 6), tant et si bien que « *percer le secret étymologique, ce n'est pas seulement satisfaire une curiosité, c'est donner aux mots un surcroît de sens et une énergie nouvelle* » (J. BOUFFARTIGUE et A.-M. DELRIEU, *Trésors des racines grecques*, Belin, 1985).

180 « *Le prêteur doit* mettre à disposition *de l'emprunteur le bien dans son état actuel* » (nous soulignons).

181 « *Le prêteur doit* mettre à disposition *de l'emprunteur les choses prêtées [...]* » (nous soulignons).

182 En ce sens, et en dernier lieu, v. S. COUDERT, *La mise à disposition d'une chose*, thèse sous la direction de D. FERRIER, Montpellier, 2016, n° 20 : « *Bien que la mise à disposition soit une notion jeune qui semble correspondre à un besoin de la pratique contemporaine, son emploi au sein de la loi, de la jurisprudence et de la doctrine, comme au sein de la pratique commune est confus. Le terme de mise à disposition est employé dans tous les domaines, sans qu'aucune définition n'en soit donnée et sans cohérence apparente. Que ce soit dans des domaines spécifiques comme le nantissement de créance en droit bancaire, ou dans des mécanismes plus transversaux comme la possession, la délivrance ou la remise, le terme de mise à disposition est employé tantôt en lieu et place du terme usuel, tantôt comme simple composante de l'opération. Dans un cas comme dans l'autre, une même locution, la mise à disposition, est utilisée pour désigner des réalités juridiques différentes, ce qui renforce l'impression de confusion qui ressort de l'étude de la notion* ». Dans un même sens, v. G. CATTALANO-CLOAREC, *Le contrat de prêt, op. cit.*, n° 187, pour qui « *la mise à disposition d'un bien n'a [...] pas un sens univoque* » ; M. GARNIER, *Le prêt à usage*, thèse sous la direction de G. GOUBEAUX, Nancy, 2002, n° 11, pour qui « *la notion est une véritable "anguille" se faufilant partout, que ce soit dans les textes de loi ou dans les décisions de jurisprudence, celles-ci utilisant souvent l'expression pour éviter d'avoir à qualifier un contrat* » ; G. PIGNARRE, « À la redécouverte de l'obligation de praestare », *RTD civ.*, 2001, p. 41, spéc. n° 8, pour qui la mise à disposition constitue une « *expression neutre [...et] générique empruntée au langage courant* » ; N. DECOOPMAN, « La notion de mise à disposition », *RTD civ.*, 1981, p. 300, spéc. n° 47, pour qui « *l'expression mise à disposition [...] n'informe ni sur la nature précise, ni sur le contenu du contrat ou de l'obligation mise à la charge d'une personne* ». *Adde* P. LE CANNU, « Le prêt

Dans ce contexte, un éclaircissement de la notion de mise à disposition s'impose[183]. Il implique de recourir à l'approche « classique »[184] – entendue comme l'ensemble des travaux dédiés à l'examen de la mise à disposition à l'œuvre en matière de prêt, et formant un matériau d'une inépuisable richesse livré à l'effort du chercheur –, approche classique dont la présentation (Section 1) et la restauration (Section 2) aboutiront à dépeindre avec netteté l'activité objet de l'obligation de prêter.

13. Cela étant, et au préalable, la question de savoir ce que recouvre le terme « activité » du point de vue européen, appelle une brève digression. En effet, la Cour de justice de l'Union européenne décide, avec constance[185], que l'accomplissement d'une « *activité* » rémunérée constitue une « *fourniture de services* » au sens de l'article 7.1 b) du Règlement européen « Bruxelles I bis » n° 1215-2012 du 12 décembre 2012[186] relatif à la compétence judiciaire, la reconnaissance et l'exécution des décisions en matière civile et commerciale. Or, nombreux sont les auteurs à avoir soutenu que la « *simple* »[187] mise à disposition d'une chose ne saurait être assimilée à l'exercice d'une

---

d'une clientèle civile à une société », note sous Cass. com., 12 novembre 1986, n° 85-10.617, Bull. civ. IV, n° 210, *Bulletin Joly Sociétés*, 1987, n° 3, p. 161, qui déplore la « *maladresse* » de l'expression ; J. LACHAUD, « Le contrat de mise à disposition », *Gazette du palais*, 1997, p. 572, qui souligne que « *même au nombre des utilisations du mot "mise" en Jurisprudence, le LITTRÉ ne cite pas "mise à disposition"...* » ; D. VEAUX et P. VEAUX-FOURNERIE, « Contrats de mise à disposition », *JurisClasseur Contrats-Distribution*, 20 juin 2013, n° 6 s., qui relèvent que « *l'appellation "Contrat de mise à disposition" est inconnue du Code civil et de la jurisprudence du XIX*e *siècle* ».

183 *Rappr.* : B. FRELETEAU, *Devoir et incombance en matière contractuelle*, *op. cit.*, n° 20, où l'auteur note que « *la précision sémantique est particulièrement chère à l'activité du juriste* ».

184 *Grand Larousse*, v. *Classique* : « *Qui est conforme à ce qu'on a l'habitude de voir, de penser, de faire* ».

185 V. particulièrement CJCE, 4e chambre, 23 avril 2009, n° C-533/07, *Europe*, 2009, n° 6, comm. 263, note L. IDOT ; *Revue Lamy droit des affaires*, 2009, n° 39, note G. CAVALIER ; *RDC*, 2009, n° 4, p. 1558, note É. TREPPOZ ; *Procédures*, 2009, n° 8-9, comm. 276, note C. NOURISSAT ; *Recueil Dalloz*, 2009, p. 2384, chron. S. BOLLÉE ; *Recueil Dalloz*, 2010, p. 1585, chron. F. JAULT-SESEKE.

186 Anciennement article 5.1 b) du Règlement européen « Bruxelles I » n° 44/2001 du 22 décembre 2000.

187 A. CAYOL, « La fourniture de services au sens de l'article 5-1 b) du règlement Bruxelles I : De nouvelles précisions », *JCP E 2010*, n° 47, 2009, spéc. n° 14.

activité constitutive, le cas échéant, d'une fourniture de services[188] : sur un plan européen, le débiteur-prêteur ne se livrerait donc pas à une « activité » en mettant une chose à la disposition du créancier-emprunteur[189].

---

[188] V. ainsi : S. BOLLÉE, chron. sous CJCE, 4e chambre, 23 avril 2009, n° C-533/07, *Recueil Dalloz*, 2009, p. 2384, où l'auteur estime que « *devraient être exclus du domaine de l'article [7.1...] b), faute d'avoir pour objet une activité que l'une des parties s'engagerait à effectuer, les contrats portant sur la mise à disposition d'un bien (prêt, bail) ou faisant naître une simple obligation de ne pas faire* » ; D. SINDRES, « Compétence judiciaire, reconnaissance et exécution des décisions en matière civile et commerciale - Compétence - Règles ordinaires de compétence - Option de compétence en matière contractuelle - Article 7, §1, du règlement (UE) n° 1215/2012 », *JurisClasseur Droit international*, 22 juin 2018, n° 46, où l'auteur considère que « *l'absence d'activité exercée par le prêteur de deniers, lequel n'assume qu'une obligation de praestare, c'est-à-dire de mise à disposition de la chose prêtée [...], devrait aboutir à exclure du domaine d'application de l'article 7.1 b) les contrats de prêt* ». *Contra* : P. BERLIOZ, « La notion de fourniture de services au sens de l'article 5-1 b) du règlement Bruxelles I », *Journal du droit international*, 2008, n° 3, doctr. 6, spéc. n° 55 s., où l'auteur soutient que « *l'activité exigée du débiteur* » peut consister en « *la mise à disposition d'une chose* », ce pour quoi « *le prêt doit être qualifié de fourniture de services* » : « *dans plusieurs arrêts rendus en application de l'article 50 du traité CE, la CJCE a, d'ailleurs, qualifié de prestation de services la mise à disposition d'une chose. Ainsi, dans un arrêt du 21 septembre 1999, la Cour a jugé qu'une législation qui "empêche les opérateurs des autres États membres, directement ou indirectement, de mettre eux-mêmes des machines à sous à la disposition du public en vue de leur utilisation [...], constitue une entrave à la libre prestation des services". De même, dans un arrêt du 21 octobre 1999, elle a décidé que "l'activité qui consiste à mettre à la disposition de tiers, contre rémunération et sous certaines conditions, un plan d'eau pour y pratiquer la pêche constitue une prestation de services". Dans le même sens, la CJCE a considéré que "l'article 3, §2, [de la Directive du 20 mai 1997 concernant la protection des consommateurs en matière de contrats à distance], doit être interprété en ce sens que la notion de "contrats de fourniture de services de transports [...]" inclut les contrats de fourniture de services de location de voitures"* » (n° 68) ; F. BASTIAT, *Capital et rente*, Paris, 1849, p. 120, où l'auteur retient que « *celui qui prête une maison, un sac de blé, un rabot, une pièce de monnaie, un navire, en un mot une valeur, pour un temps déterminé, rend un service* » ; G. DE MOLINARI, *Les soirées de la rue Saint-Lazare – Entretiens sur les lois économiques et défense de la propriété*, Paris, 1849, p. 136, où l'auteur considère que « *le travail du prêt, c'est-à-dire la peine que se donne le prêteur en prêtant, [constitue] un travail réel* » ; N. KILGUS, « La gratuité en droit de la consommation – Quelques réflexions sur la nature onéreuse du crédit », *AJ contrat*, 2020, p. 465 : « *Prêter de l'argent est un travail qui mérite salaire* ».

[189] *Comp.* notamment : P.-Y. GAUTIER, « Halte à la déformation des catégories : le bail n'est pas un contrat de services (suite) », note sous Cass. 1re civ., 19 juin 2019,

Si cette position a étonnamment reçu le plein assentiment de la Haute juridiction[190], elle encourt néanmoins la critique en ce qu'elle conduit à priver le terme « activité » de son principal « *attrait* »[191], à savoir son « *inévitable neutralité* »[192], qui l'amène à recouvrir des « *situations marquées par l'hétérogénéité* »[193]. Peut-être, d'ailleurs, est-ce le motif pour lequel la Cour de justice de l'Union européenne a nouvellement retenu que la « *remise d'une somme d'argent* » dans un « *contrat de crédit conclu entre un établissement de crédit et un emprunteur* », est une activité incluse dans le champ de l'article 7.1 b) susmentionné[194].

---

n° 18-10.424, Bull. civ. I, n° 590, *RTD civ.*, 2019, p. 605 : « *La mise à disposition d'une chose contre un prix n'est pas un travail matériel ou intellectuel [...]. La mise à disposition du bien n'est pas un service, c'est-à-dire une activité quelconque* ».

[190] Cass. com., 1 mars 2017, n° 14-25.426, Inédit, *RDC*, 2017, n° 3, p. 529, note A. TENENBAUM ; *Gazette du Palais*, 2017, n° 22, p. 85, note J. MOREL-MAROGER ; *Recueil Dalloz*, 2017, p. 1011, chron. F. JAULT-SESEKE, où la chambre commerciale reproche à une Cour d'appel (la Cour d'appel de Paris le cas échéant) d'avoir qualifié de « *fourniture de services* » un « *contrat de prêt* », et ce sans avoir « *caractérisé l'existence d'une activité du fournisseur de services [(du prêteur le cas échéant)] en contrepartie d'une rémunération* ».

[191] D. GARDES, *Essai et enjeux d'une définition juridique du travail*, *op. cit.*, p. 161.

[192] *Ibid.*, p. 160.

[193] F. GAUDU, « Travail et activité », *Droit social*, 1997, p. 119, spéc. n° 3. Dans le même sens, v. surtout : D. GARDES, « Le bénévolat, un "véritable" travail ? Aspects juridiques », *Empan*, 2009, n° 74, p. 136, spéc. n° 4 s. à propos de « *l'activité* » : « *C'est sans aucun doute la notion qui apparaît comme étant la plus large. En effet, que l'on soit sociologue, économiste ou juriste, cette particularité semble acquise. Elle regroupe un éventail de situations extrêmement diverses : activités économiques, sociales, culturelles, activités physiques, intellectuelles, activités de production, de création, ... Elle recouvre les activités de travail : activité salariée, activité indépendante [et] activité rémunérée. Mais aussi des activités de travail gratuit : l'activité bénévole, l'activité volontaire, l'activité d'intérêt général, etc. Puis elle fait également référence aux activités exercées dans la sphère privée et pour soi-même : activités amicales, amoureuses, familiales, de loisirs, ... Cette liste n'est évidemment pas exhaustive* ».

[194] CJUE, 3e chambre, 15 juin 2017, n° C-249/16, *Dalloz actualité*, 22 juin 2017, note F. MÉLIN ; *RTD com.*, 2017, p. 743, note A. MARMISSE-D'ABBADIE D'ARRAST ; *Procédures*, 2017, n° 8-9, comm. 191, note C. NOURISSAT ; *L'ESSENTIEL Droit bancaire*, 2017, n° 8, p. 7, note N. MATHEY ; *Recueil Dalloz*, 2017, p. 2054, chron. S. BOLLÉE ; *Europe*, 2017, n° 8-9, comm. 334, note L. IDOT.

Section 1. La présentation de l'approche classique

14. La doctrine enseigne – à quelques nuances près[195] – que la mise à disposition à l'œuvre en matière de prêt, se décompose en une « mise » à disposition – le fait de remettre la chose entre les mains du créancier-emprunteur – et en une mise à « disposition » – le fait de respecter le droit du créancier-emprunteur sur cette chose « *tout au long* »[196] de la durée du contrat[197]. C'est dire que la notion comporte, « *intrinsèquement* »[198], une face matérielle – « *la délivrance du bien* »[199] – et une face intellectuelle – « *le maintien en jouissance* »[200]. Partant, ces deux facettes – distinctes, quoiqu'étroitement complémentaires[201] – de la mise à disposition à l'œuvre en matière de prêt, seront mobilisées en vue d'ordonner l'exposé de l'approche classique.

---

195 V. les références citées par les auteurs mentionnés *supra* aux notes 195, 196, 197, 198 et 199.

196 J. LE BOURG, *La remise de la chose. Essai d'analyse à partir du droit des contrats*, *op. cit.*, n° 187.

197 En ce sens, v. : A. SÉRIAUX, « Le prêt sans la cause, un prêt sans cause ? », *in* V. ÉGÉA, G. LARDEUX et A. SÉRIAUX (dir.), *Le droit spécial des contrats à l'épreuve du nouveau droit commun. Actes du colloque du 16 décembre 2016 à Aix-Marseille Université*, PUAM, 2017, p. 43, spéc. p. 46. *Rappr.* G. CATTALANO-CLOAREC, *Le contrat de prêt*, *op. cit.*, p. 124, note 8, où l'auteur souligne que « *la mise à disposition inclut et la remise du bien et le maintien de l'accès au bien jusqu'au terme du contrat* » ; n° 185, où l'auteur précise que « *l'obligation de mise à disposition se manifeste dans le prêt doublement. Le prêteur remet la chose [...] et il respecte le droit de l'emprunteur pendant toute la durée du contrat* ».

198 M. GARNIER, *Le prêt à usage*, *op. cit.*, n° 12.

199 J. LE BOURG, *La remise de la chose. Essai d'analyse à partir du droit des contrats*, *op. cit.*, n° 187.

200 *Ibid.*, n° 187. L'auteur en conclut que la « *mise à disposition à la charge du prêteur [...] recouvre l'octroi du bien, mais également la pérennisation de la situation sous les traits de l'obligation de laisser la jouissance à l'emprunteur* » (*Ibid.*, n° 187). *Rappr.* S. COUDERT, *La mise à disposition d'une chose*, *op. cit.*, n° 190 s., où l'auteur soutient que toute mise à disposition revêt « *deux visages* » en ce qu'elle se décline en une « *mise à disposition matérielle* » et en une « *mise à disposition juridique* », c'est-à-dire en un « *dessaisissement* » et en une « *licence ou autorisation d'utilisation* ».

201 *Rappr.* le constat de C. NOBLOT, « Philosophie du droit. L'opposition des activités intellectuelles et matérielles en droit privé », *JCP G 2010*, n° 3, doctr. 69, spéc. n° 15 : « *L'opposition des activités intellectuelles et matérielles souffre d'avoir perdu son substrat et de n'avoir jamais offert une ligne claire de démarcation. Mais une séparation étanche est-elle concevable ?* ».

§1. La mise à disposition matérielle

15. Signification. Envisagée sous son aspect strictement matériel, la mise à disposition à l'œuvre en matière de prêt, désigne la remise « *ponctuelle* »[202] de la chose entre les mains du créancier-emprunteur, qui permet de lui en transférer l'usage[203].

16. Appréhension. Du reste, l'analyse doctrinale de l'aspect matériel de la mise à disposition, révèle l'existence d'une querelle « *profonde et durable* »[204] qui repose schématiquement sur les termes « *pour le moins obscurs* »[205] utilisés par le législateur pour définir

---

[202] F. CHÉNEDÉ, « La cause de l'obligation dans le contrat de prêt réel et dans le contrat de prêt consensuel – À propos de 2 arrêts de la première chambre civile du 19 juin 2008 », note sous Cass. 1re civ., 19 juin 2008, n° 06-19.056, Bull. civ. I, n° 175, et note sous Cass. 1re civ., 19 juin 2008, n° 06-19.753, Bull. civ. I, n° 174, *op. cit.*, p. 2555, spéc. n° 14. *Comp.* : D. DEROUSSIN, *Histoire du droit des obligations*, *op. cit.*, p. 300, où l'auteur souligne que la mise à disposition matérielle est « *l'acte par lequel la chose est* mise en la puissance *de l'emprunteur* » (nous soulignons) (dans le même sens, et du même auteur, v. : « Retour sur l'obligation et le contrat re », *in Études d'histoire du droit privé en souvenir de Maryse Carlin*, La Mémoire du Droit, 2008, p. 273, spéc. p. 294).

[203] *Rappr.* notamment : Cass. 1re civ., 20 mai 2010, n° 09-65.835, Inédit, *Revue de droit des transports*, 2010, n° 10, comm. 194, note Ph. DELEBECQUE ; *CCC*, 2010, n° 8-9, comm. 201, note L. LEVENEUR ; *Revue générale du droit des assurances*, 2010, n° 3, p. 801, note F. TURGNÉ, où les juges retiennent, s'agissant du prêt d'un « *aéronef* », que « *la mise [dudit] aéronef à la disposition des [...emprunteurs, avait eu] pour effet d'en* transférer l'usage » (nous soulignons).

[204] N. MOULIGNER, « Le contrat réel dans l'évolution du droit des contrats », *Revue de la recherche juridique*, 2004, p. 2233, spéc. n° 2.

[205] A) G. CATTALANO-CLOAREC, « Le prêt au milieu du gué. Pour une redécouverte du contrat de prêt », *op. cit.*, p. 279, spéc. n° 10. Dans le même sens : P. PUIG, « Prêt d'argent, les contrats réels existent encore », note sous Cass. 1re civ., 7 mars 2006, n° 02-20.374, Bull. civ. I, n° 138, *RDC*, 2006, n° 3, p. 778, où l'auteur souligne que « *les stigmates [de la catégorie des contrats réels] encore présents dans le Code civil manquent singulièrement de netteté* ».
B) À cet égard, la consultation des travaux préparatoires n'est malheureusement d'aucun secours : « *cela fait longtemps que les auteurs, qui les ont analysés de manière approfondie, nous ont appris qu'il n'y avait rien à en tirer, ni dans un sens ni dans un autre* » (C. JAMIN, « L'incertaine qualification de l'ouverture de crédit », note sous Cass. com., 21 janvier 2004, n° 01-01.129, Bull. civ. IV, n° 13, *Recueil Dalloz*, 2004, p. 1149, spéc. n° 8). De plus, et dans le même sens, v. : A. DE GUILLENCHMIDT-GUIGNOT, « Typologie des contrats », *JurisClasseur Contrats-Distribution*, 16 août 2016, n° 47, lequel considère que « *rien dans*

le contrat de prêt. Les articles 1875 et 1892 du Code civil précisent, en effet, que le prêt est « *un contrat par lequel [le prêteur] livre* »[206] – et non « *s'oblige à livrer* »[207] – une chose à l'emprunteur[208].

Dès le début du XIXe siècle, une part importante de la doctrine y a vu la volonté du législateur d'ériger la facette matérielle de la mise à disposition en une condition de formation du contrat[209] afin

les travaux préparatoires du Code civil ne permet d'attribuer aux rédacteurs du Code l'intention de défendre le caractère réel du prêt ».

[206] *Comp.* ancien article 2071 (« *Le nantissement est un contrat par lequel un débiteur* remet *une chose à son créancier pour sûreté de la dette* » – nous soulignons) et actuel article 1915 (« *Le dépôt, en général, est un acte par lequel on* reçoit *la chose d'autrui, à la charge de la garder et de la restituer* » – nous soulignons) du Code civil.

[207] *Comp.* actuels articles 1709 (« *Le louage des choses est un contrat par lequel l'une des parties* s'oblige à faire jouir *l'autre d'une chose pendant un certain temps et moyennant un certain prix que celle-ci s'oblige de lui payer* » – nous soulignons) et 1582 (« *La vente est une convention par laquelle l'un* s'oblige à livrer *une chose, et l'autre à la payer* » – nous soulignons) du Code civil.

[208] À cet égard, v. : S. BROS, « Le dualisme du prêt en question », *in Au-delà des codes. Mélanges en l'honneur de Marie-Stéphane Payet*, Dalloz, 2012, p. 101, spéc. p. 104.

[209] V. ainsi J. FLOUR, J.-L. AUBERT et É. SAVAUX, *Droit civil. Les obligations. Tome 1. L'acte juridique*, 16e éd., Sirey, 2014, n° 304, à propos des « *contrats de restitution* » : « *Le droit positif commande le maintien de l'analyse traditionnelle. Les textes (art. 1875, 1892, 1919) les définissent, en effet, comme des contrats par lesquels on "remet", on "livre" ou on "reçoit" une chose* » ; S. PIEDELIÈVRE, « Vers la disparition des contrats réels ? », note sous Cass. 1re civ., 28 mars 2000, n° 97-21.422, Bull. civ. I, n° 105, *Recueil Dalloz*, 2000, p. 482 : « *L'article 1892 impose nettement le caractère réel [du prêt de consommation] par l'emploi de l'expression "livre [...]". La même remarque vaut pour le prêt à usage où l'article 1875 utilise également le mot de "livrer", pour le nantissement où l'article 2071 emploie l'expression "remet une chose" et peut être encore de manière plus nette pour le dépôt où l'article 1919 dispose qu'il "n'est parfait que par la tradition réelle ou feinte de la chose déposée"* » ; G. BAUDRY-LACANTINERIE et A. WAHL, *Traité théorique et pratique de droit civil. De la société, du prêt, du dépôt*, *op. cit.*, n° 613 : « *Le prêt à usage est un contrat réel. C'était déjà la règle adoptée par le droit romain et les termes de l'article 1875 montrent que le code civil s'y est rangé* » ; C. LARROUMET et S. BROS, *Les obligations. Le contrat*, 8e éd., Economica, 2016, n° 492 : « *Le Code civil français a conservé la notion de contrat réel. Cela résulte, pour le prêt de consommation, de l'article 1892 et, pour le prêt à usage, de l'article 1875* » ; F. LAURENT, *Principes de droit civil français*, t. XXVI, *op. cit.*, n° 486 : « *L'article 1892 est formel ; pour qu'il y ait prêt de consommation, il faut que l'une des parties livre à l'autre... ; donc le contrat ne se parfait que par la livraison ; par conséquent, et tant que le prêteur n'a pas fait la délivrance de la chose, il n'y a point prêt* » ; Ph. LE TOURNEAU (dir.), *Droit de la responsabilité et des contrats. Régimes d'indemnisation*, *op. cit.*, n° 3381.21 :

de perpétuer le réalisme du prêt sous l'empire du Code civil[210]. Subséquemment, la mise à disposition matérielle se situerait en dehors du contrat de prêt ; elle ne participerait donc pas de l'activité objet de l'obligation de prêter. Ce courant doctrinal a été longuement controversé parmi les auteurs réalistes eux-mêmes[211], et vivement

---

« *Le contrat de prêt est traditionnellement considéré comme un contrat réel, ainsi que le Code civil le donne à entendre (article 1875 du Code civil, faisant état d'une chose livrée par une partie à l'autre, et article 1892 dudit Code, reprenant une expression voisine à propos du prêt de consommation)* » ; J.-P. BUYLE, T. MALENGREAU et T. METZGER, « Ouverture de crédit et prêt : De l'importance du moment de la remise », *Journal des tribunaux*, 2019, n° 6758, p. 61, spéc. n° 7, à propos du droit belge : « *Le caractère réel du prêt découle du libellé même des articles 1875 et 1892 du Code civil* ». En sens contraire, v. F. COMBESCURE, « Existe-t-il des contrats réels en droit français ? », *Revue critique de législation et de jurisprudence*, 1903, p. 477, spéc. p. 484 : « *Les art. 1875 et 1892 (C. civ.) nous disent que le commodat et le mutuum sont des contrats "par lesquels une partie livre à l'autre". Faut-il voir dans cette manière de s'exprimer une allusion à la tradition [(la remise)] matérielle ? Nous le croyons, mais tandis que la presque unanimité des auteurs voient dans [cette] tradition [(cette remise)] une condition de la formation du contrat, nous y voyons une simple conséquence de cette formation* ».

[210] Le caractère réel du prêt plonge ses racines dans le droit romain et dans l'ancien droit français : à ce sujet, v. V. FORRAY, *Le consensualisme dans la théorie générale du contrat*, préf. G. PIGNARRE, LGDJ, 2007, n° 63 s. (à propos du droit romain) et n° 97 s. (à propos de l'ancien droit). Il s'ensuit que les contrats réels du Code civil « *sont une survivance des contrats réels de l'ancien droit français qui, à son tour, les tient – avec quelques différences – du droit romain* » (C.-C. PLESNILA, *Analyse critique de la théorie des contrats réels*, Paris, 1910).

[211] A) Lesquels ont notamment invoqué des fondements (métajuridiques) concurrents au soutien du réalisme, tels que (à titre d'exemple) : la nature des choses (R.-T. TROPLONG, *Le droit civil expliqué suivant l'ordre des articles du Code civil. Du prêt*, *op. cit.*, n° 6 ; C. DEMOLOMBE, *Traité des contrats ou des obligations conventionnelles en général*, t. I, Paris, 1868, n° 32) ; la tradition historique (G. CATTALANO-CLOAREC, *Le contrat de prêt*, *op. cit.*, n° 45 ; N. CAYROL et F. GRUA, « Article 1874. Distinction entre le prêt à usage et le prêt de consommation », *JurisClasseur Code civil*, 6 novembre 2019, n° 33 s.) ; la protection du prêteur (J. GHESTIN, G. LOISEAU et Y.-M. SERINET, *La formation du contrat. Tome 1. Le contrat - Le consentement*, 4e éd., LGDJ, 2013, n° 959 ; J.-L. AUBERT, note sous Cass. 1re civ., 28 mars 2000, n° 97-21.422, Bull. civ. I, n° 105, *Defrénois*, 2000, n° 11, p. 720).

B) Il peut être utile de remarquer que la multiplicité des fondements invoqués au soutien du réalisme, révèle la variété des fonctions assignées au formalisme *de jure*, à savoir : « *certifier la réalité des consentements* » ; « *rapporter avec précision et constance le contenu des accords les plus complexes* » ; « *attirer l'attention du débiteur sur l'importance de l'engagement* » ; « *assurer l'opposabilité aux tiers* » ; « *limiter, en compliquant leur formation [...], les contrats jugés les plus dangereux*

contesté par les auteurs consensualistes[212], comme en témoignent une littérature très – « *Trop* »[213] ? – abondante[214] et une jurisprudence fort mouvante[215].

---

et les moins utiles économiquement » (A. POSEZ, *L'inexistence du contrat*, thèse sous la direction de D. BUREAU, Paris II, 2010, n° 296).

212 Lesquels ont surtout reproché au réalisme de « *compliquer inutilement l'analyse juridique* » (X. HENRY, *La technique des qualifications contractuelles*, thèse sous la direction de B. GROSS, Nancy II, 1992, n° 295), l'échange des consentements préalable à la livraison de la chose emportant d'ores et déjà la formation d'une convention obligatoire – une promesse consensuelle de prêt le cas échéant (M.-N. JOBARD-BACHELLIER, « Existe-t-il encore des contrats réels en droit français ? – Ou la valeur des promesses de contrat réel en droit positif », *RTD civ.*, 1985, p. 1). À ce sujet, on consultera à profit : J. HUET, G. DECOCQ, C. GRIMALDI et H. LÉCUYER, *Les principaux contrats spéciaux*, *op. cit.*, n° 22129 ; R. DEMOGUE, *Traité des obligations en général*, t. II, *op. cit.*, n° 502 ; H. LÉCUYER, « Le contrat : acte de prévision », *in L'avenir du droit. Mélanges en hommage à François Terré*, Dalloz, 1999, p. 643, spéc. p. 649 s. ; F. COMBESCURE, « Existe-t-il des contrats réels en droit français ? », *op. cit.*, p. 477 ; H. CAPITANT, *De la cause des obligations (contrats, engagements unilatéraux, legs)*, Dalloz, 1923, n° 22 s.

213 M. CABRILLAC, note sous Cass. 1re civ., 28 mars 2000, n° 97-21.422, Bull. civ. I, n° 105, *RTD com.*, 2000, p. 991.

214 Sur laquelle, v. les nombreuses références citées par : G. CATTALANO-CLOAREC, *Le contrat de prêt*, *op. cit.*, n° 27 s. ; X. HENRY, *La technique des qualifications contractuelles*, *op. cit.*, n° 278 s.

215 Cette mouvance peut – nous semble-t-il – être opportunément illustrée par la mention (chronologique) des décisions rendues par la Cour de cassation en la matière :

(α) Cass. 1re civ., 8 novembre 1960, Bull. civ. I, n° 480, qui décide qu'un prêt « *fait à la vue du notaire* », se « *trouve réalisé dès la signature de l'acte* » notarié lorsque l'emprunteur a implicitement donné mandat audit notaire pour percevoir les fonds empruntés.

(β) Cass. 1re civ., 12 juillet 1977, n° 75-11.925, Bull. civ. I, n° 330, qui décide que « *si un prêt d'argent n'est réalisé que par la tradition de la somme prêtée, cette tradition est réputée faite lorsque le prêteur a remis les fonds à un tiers, sur la demande de l'emprunteur, pour payer une dette de ce dernier* ».

(γ) Cass. 1re civ., 20 juillet 1981, n° 80-12.529, Bull. civ. I, n° 267, *RTD civ.*, 1982, p. 427, note Ph. RÉMY ; *Les grands arrêts de la jurisprudence civile*, t. 2, 13e éd., Dalloz, 2015, n° 284-285, note H. CAPITANT, F. CHÉNEDÉ, Y. LEQUETTE et F. TERRÉ, qui juge qu'un « *prêt de consommation, contrat réel, ne se réalise que par la remise de la chose prêtée à l'emprunteur lui-même* ».

(δ) Cass. 1re civ., 27 mai 1986, n° 84-12.135, Bull. civ. I, n° 139, qui décide que lorsqu'un « *compte* » ou un « *plan* » d'épargne-logement est « *venu à terme* », la banque est tenue d'accorder au « *souscripteur* » le prêt originellement promis. Dans le même sens, v. : Cass. 1re civ., 3 juin 1997, n° 95-10.593, Bull. civ. I, n° 181,

Defrénois, 1998, n° 2, p. 125, note S. PIEDELIÈVRE ; *RDI*, 1997, p. 614, note F. SCHAUFELBERGER et H. HEUGAS-DARRASPEN ; *Recueil Dalloz*, 1998, p. 245, note H. HEUGAS-DARRASPEN.

(ε) Cass. 1re civ., 27 mai 1998, n° 96-17.312, Bull. civ. I, n° 186, *Defrénois*, 1999, n° 1, p. 21, note S. PIEDELIÈVRE ; *Petites affiches*, 1999, n° 141, p. 23, note V. DEPADT-SEBAG ; *Defrénois*, 1998, n° 17, p. 1054, note Ph. DELEBECQUE ; *Recueil Dalloz*, 2000, p. 50, note J.-P. PIZZIO ; *Recueil Dalloz*, 1999, p. 194, note M. BRUSCHI ; *Recueil Dalloz*, 1999, p. 28, note M.-N. JOBARD-BACHELLIER, qui décide que « *les prêts régis par les articles L. 312-7 et suivants du Code de la consommation, n'ont pas la nature de contrat réel* ».

(ζ) Cass. com., 9 mars 1999, n° 96-14.259, Bull. civ. IV, n° 56, *Recueil Dalloz*, 2000, p. 769, note J. BEAUCHARD, qui évoque « *la délivrance d'une somme d'argent en exécution d'un contrat de prêt* ».

(η) Cass. 1re civ., 28 mars 2000, n° 97-21.422, Bull. civ. I, n° 105, *Defrénois*, 2000, n° 11, p. 720, note J.-L. AUBERT ; *Revue de Droit bancaire et financier*, 2000, n° 3, 100, note F.-J. CRÉDOT et Y. GÉRARD ; *JCP G 2000*, n° 17, II, 10296, conclusions J. SAINTE-ROSE ; *RTD com.*, 2000, p. 991, note M. CABRILLAC ; *CCC*, 2000, n° 7, comm. 106, note L. LEVENEUR ; *Recueil Dalloz*, 2000, p. 482, note S. PIEDELIÈVRE ; *Recueil Dalloz*, 2000, p. 358, note Ph. DELEBECQUE ; *Recueil Dalloz*, 2002, p. 640, note D. R. MARTIN ; *Recueil Dalloz*, 2000, p. 239, chron. J. FADDOUL ; *Recueil Dalloz*, 2001, p. 1615, chron. M.-N. JOBARD-BACHELLIER, qui décide que « *le prêt consenti par un professionnel du crédit, n'est pas un contrat réel* ». Dans le même sens : Cass. 1re civ., 2 mai 2001, n° 98-21.187, Inédit ; Cass. 1re civ., 27 novembre 2001, n° 99-10.633, Bull. civ. I, n° 297, *Droit de la famille*, 2002, n° 1, comm. 9, note B. BEIGNIER ; *Defrénois*, 2002, n° 15, p. 1019, note G. CHAMPENOIS ; *Revue Lamy droit des affaires*, 2002, n° 45, note M.-A. RIBEYRE ; *JCP G 2002*, n° 13, II, 10050, note S. PIEDELIÈVRE ; Cass. 1re civ., 27 juin 2006, n° 05-16.905, Inédit, *CCC*, 2006, n° 11, comm. 221, note L. LEVENEUR ; *Recueil Dalloz*, 2007, p. 753, chron. D. R. MARTIN ; Cass. 1re civ., 5 juillet 2006, n° 04-12.588, Bull. civ. I, n° 358, *op. cit.* ; Cass. 1re civ., 19 juin 2008, n° 06-19.753, Bull. civ. I, n° 174, *op. cit.* ; Cass. com., 7 avril 2009, n° 08-12.192, Bull. civ. IV, n° 54, *op. cit.* ; Cass. com., 26 mai 2010, n° 09-14.055, Inédit, *op. cit.* ; Cass. 1re civ., 18 juin 2014, n° 12-29.116 et n° 13-13.312, Inédit ; Cass. com., 14 mars 2018, n° 16-27.815, Inédit, *op. cit.*

(θ) Cass. com., 21 janvier 2004, n° 01-01.129, Bull. civ. IV, n° 13, *Petites affiches*, 2004, n° 28, p. 5, rapport M. COHEN-BRANCHE ; *Recueil Dalloz*, 2004, p. 498, note V. AVENA-ROBARDET ; *RDI*, 2004, p. 367, note H. HEUGAS-DARRASPEN ; *Recueil Dalloz*, 2004, p. 1149, note C. JAMIN ; *RDC*, 2004, n° 3, p. 743, note D. HOUTCIEFF ; *JCP G 2004*, n° 16, II, 10062, note S. PIEDELIÈVRE ; *RTD com.*, 2004, p. 352, note D. LEGEAIS ; *Revue de Droit bancaire et financier*, 2004, n° 3, 108, chron. F.-J. CRÉDOT et Y. GÉRARD ; *Revue de Droit bancaire et financier*, 2004, n° 2, étude 10014, note D. R. MARTIN, qui décide qu'une « *ouverture de crédit [...] donne naissance à un prêt, à concurrence des fonds utilisés par le client* ».

(ι) Cass. 1re civ., 28 septembre 2004, n° 03-10.810, Bull. civ. I, n° 214, *Revue des sociétés*, 2005, p. 371, note D. LEGEAIS ; *Bulletin Joly Sociétés*, 2005, n° 5, p. 586, note M.-L. COQUELET ; *RDC*, 2005, n° 3, p. 691, note I. DAURIAC ; *JCP G 2005*,

En définitive, et puisque « *le sens lexical des [articles 1875 et 1892] est loin d'être univoque, plusieurs possibilités, toutes valides, s'offrent à l'interprète* »[216]. Dans ce contexte, affirmer que la mise à disposition matérielle se situe – ou ne se situe pas – en dehors du contrat de prêt,

---

n° 7, doctr. 114, note A.-S. BARTHEZ, qui juge qu'une ouverture de crédit octroyée par une banque à un lotisseur au titre d'une « *garantie d'achèvement de travaux de voirie et réseaux divers* », « *ne peut revêtir le caractère de prêt qu'à compter de la mise en jeu de cette garantie* ».

(κ) Cass. 2e civ., 18 novembre 2004, n° 00-19.693, Bull. civ. II, n° 501, *Revue de Droit bancaire et financier*, 2005, n° 1, 5, note F.-J. CRÉDOT et Y. GÉRARD ; *Revue de Droit bancaire et financier*, 2005, n° 1, 23, note S. PIEDELIÈVRE ; *RTD com.*, 2005, p. 154, note D. LEGEAIS, qui décide qu'une « *ouverture de crédit en compte courant, à concurrence de sa partie non utilisée, ne constitue qu'une promesse de prêt* ».

(λ) Cass. 1re civ., 7 mars 2006, n° 02-20.374, Bull. civ. I, n° 138, *Revue Lamy Droit civil*, 2006, n° 33, chron. M.-P. VIRET ; *RDC*, 2006, n° 3, p. 778, chron. P. PUIG ; *CCC*, 2006, n° 7, comm. 128, note L. LEVENEUR ; *Recueil Dalloz*, 2007, p. 753, chron. D. R. MARTIN ; *JCP G 2006*, n° 27, II, 10109, note S. PIEDELIÈVRE ; *RTD com.*, 2006, p. 460, note D. LEGEAIS, qui décide que « *le prêt qui n'est pas consenti par un établissement de crédit est un contrat réel qui suppose la remise d'une chose* ». Dans le même sens, v. : Cass. 1re civ., 25 juin 2009, n° 08-11.931, Inédit.

(μ) Cass. 1re civ., 19 juin 2008, n° 06-19.056, Bull. civ. I, n° 175, *Recueil Dalloz*, 2008, p. 2363, spéc. n° 5 s., chron. P. CHAUVIN et C. CRETON ; *Defrénois*, 2008, n° 17, p. 1967, note É. SAVAUX ; *RDC*, 2009, n° 1, p. 183, note P. PUIG ; *Recueil Dalloz*, 2008, p. 2555, note F. CHÉNEDÉ ; *RTD com.*, 2008, p. 603, note D. LEGEAIS ; *Dalloz actualité*, 30 juin 2008, note X. DELPECH ; *Recueil Dalloz*, 2008, p. 1827, note X. DELPECH, qui décide que la remise de la chose est « *une condition de formation du prêt demeuré un contrat réel lorsque celui-ci a été consenti par un particulier* ». Et dans le même sens, v. : Cass. 1re civ., 30 octobre 2008, n° 07-12.638, Inédit, *op. cit.* ; Cass. 1re civ., 19 février 2014, n° 12-35.275, Inédit.

(ν) Cass. 1re civ., 14 janvier 2010, n° 08-13.160, Bull. civ. I, n° 6, *op. cit.*, qui juge que « *le prêt consenti par un professionnel du crédit est un contrat consensuel* ».

(ξ) Cass. com., 1 octobre 2013, n° 12-25.392, Inédit, *Gazette du Palais*, 2013, n° 313, chron. B. BURY, qui juge que « *le prêt d'argent consenti par un professionnel est un contrat consensuel* ».

[216] C. JAMIN, « Éléments d'une théorie réaliste des contrats réels », *in Droit et actualité – Études offertes à Jacques Béguin*, LexisNexis, 2005, p. 381, spéc. n° 33. Également, et dans le même sens, v. R. DEMOGUE, *Traité des obligations en général*, t. II, *op. cit.*, n° 502 : « *Les articles 1875 et 1892 [du Code civil], en disant que les contrats de prêt sont ceux "par lesquels, etc.", peuvent fort bien s'entendre comme visant non pas une condition essentielle, mais un effet du contrat* » ; ce pour quoi l'auteur estime « *qu'il ne faut pas donner trop de valeur à ces textes* ».

n'est qu'une question de politique juridique[217]. En d'autres mots, « *doctrine et jurisprudence restent libres* »[218] d'attribuer « *une valeur uniquement descriptive ou [...] une valeur prescriptive* »[219] au texte des articles susvisés ; cette liberté est, de surcroît, accrue en l'absence de règle générale formellement incorporée au cœur du Code Napoléon

[217] À ce propos, v. : C. JAMIN, « L'incertaine qualification de l'ouverture de crédit », note sous Cass. com., 21 janvier 2004, n° 01-01.129, Bull. civ. IV, n° 13, *op. cit.*, p. 1149, spéc. n° 8, où l'auteur constate que, « *en matière de prêt du moins, toutes les interprétations sont à la fois admissibles et valides, pour cette raison que le sens de l'article 1892 [du Code civil] n'étant pas univoque, l'interprète est face à un choix qui relève de la politique juridique* ». Et pour un constat identique, v. : A. DE GUILLENCHMIDT-GUIGNOT, « Typologie des contrats », *op. cit.*, n° 47 ; G. CATTALANO-CLOAREC, « Le prêt au milieu du gué. Pour une redécouverte du contrat de prêt », *op. cit.*, p. 279, spéc. n° 25 (note 67).

[218] J. MAURY, *Essai sur le rôle de la notion d'équivalence en droit civil français. Tome premier : La notion d'équivalence en matière contractuelle*, *op. cit.*, p. 138.

[219] D. DEROUSSIN, *Histoire du droit des obligations*, *op. cit.*, p. 295.

sur ce point[220], et dont l'application serait à même de pallier les lacunes du droit spécial[221].

§2. La mise à disposition intellectuelle

17. Signification. Considérée sous son aspect purement intellectuel, la mise à disposition à l'œuvre en matière de prêt, désigne cette fois-ci le respect « *continu* »[222] du droit du créancier-emprunteur

---

[220] V. ainsi : G. CATTALANO-CLOAREC, *Le contrat de prêt, op. cit.*, n° 35 : « *On notera que le Code civil n'affirme pas plus directement le consensualisme qu'il n'abandonne le réalisme. Ce principe est simplement déduit des articles 1101 et 1108 qui n'énoncent jamais le respect d'une forme parmi les conditions de validité des contrats* » ; J. GHESTIN, G. LOISEAU et Y.-M. SERINET, *La formation du contrat. Tome 1. Le contrat - Le consentement, op. cit.*, n° 899 : « *Le principe du consensualisme n'a pas été consacré lors de la rédaction du Code civil, si ce n'est de façon indirecte [...]. Certains auteurs ont [d'ailleurs] contesté qu'il ait constitué le droit positif. On a observé que, loin d'être aussi exceptionnel dans le Code civil qu'il est coutume de l'affirmer, le formalisme concernait l'ensemble du domaine des contrats à titre gratuit, contrats solennels, ainsi que tous les contrats réels, qui permettent des opérations aussi importantes que le prêt, le dépôt ou la constitution de gage* » ; V. FORRAY, *Le consensualisme dans la théorie générale du contrat, op. cit.*, n° 10 : « Aucun texte du Code civil *ne peut revendiquer le titre de fondement textuel [du consensualisme]* » (nous soulignons) ; J. FLOUR, « Quelques remarques sur l'évolution du formalisme », *in Le droit privé français au milieu du XXe siècle – Études offertes à Georges Ripert*, t. 1, LGDJ, 1950, p. 93, spéc. n° 3 : « *Les auteurs classiques ont voulu découvrir dans le droit positif la pleine consécration du consensualisme alors qu'un examen objectif des règles légales est loin de confirmer ce sentiment* ». *Contra* : M. DEMOULIN et É. MONTERO, « La formation du contrat depuis le Code civil de 1804 – Un régime en mouvement sous une lettre figée », *in* P. WÉRY (dir.), *Le droit des obligations contractuelles et le bicentenaire du Code civil*, La Charte, 2004, p. 61, spéc. n° 9, lesquels estiment que « *le principe du consensualisme était, semble-t-il, tellement bien acquis dans l'Ancien droit que le Code civil n'a pas jugé utile de le consacrer expressément [...]. Il n'est d'ailleurs proclamé nulle part dans les travaux préparatoires* ».

[221] *Rappr.* article 1105 du Code civil : « *Les contrats, qu'ils aient ou non une dénomination propre, sont soumis à des règles générales [...]. Les règles particulières à certains contrats sont établies dans les dispositions propres à chacun d'eux. Les règles générales s'appliquent sous réserve de ces règles particulières* ».

[222] F. CHÉNEDÉ, « La cause de l'obligation dans le contrat de prêt réel et dans le contrat de prêt consensuel – À propos de 2 arrêts de la première chambre civile du 19 juin 2008 », note sous Cass. 1re civ., 19 juin 2008, n° 06-19.056, Bull. civ. I, n° 175, et note sous Cass. 1re civ., 19 juin 2008, n° 06-19.753, Bull. civ. I, n° 174, *op. cit.*, p. 2555, spéc. n° 14.

sur la chose, qui permet de lui en laisser « *durablement* »[223] et sereinement – « *tranquillement* »[224] – l'usage pendant la durée du contrat.

18. Appréhension. Au reste, l'analyse doctrinale de la branche intellectuelle de la mise à disposition, révèle, là encore, l'existence d'un débat lancinant qui s'appuie sur l'imprécision « *regrettable* »[225] des termes employés par le législateur pour détailler les « *engagements* »[226] et « *obligations du prêteur* »[227]. Les articles 1888 et 1899 du Code civil énoncent, en effet, que ce dernier « *ne peut retirer la chose prêtée qu'après le terme convenu* », et « *ne peut pas redemander les choses prêtées avant le terme convenu* ».

Dès les premières années qui suivirent la promulgation du Code Napoléon, certains auteurs y ont vu l'intention du législateur de rappeler la nécessité, pour le débiteur-prêteur, de se plier aux règles de « *l'équité* »[228], de « *l'honnêteté* »[229] et de la « *loyauté* »[230] qui sont communes à tous les hommes, c'est-à-dire de se conformer à la bonne foi qui doit « *régner [...] dans les conventions* »[231]. Conséquemment, et pour reprendre la distinction faite par le professeur Pascal Ancel entre la « *force obligatoire* » d'un contrat et son « *contenu obligationnel* »[232],

---

[223] Cass. 1re civ., 10 juillet 2013, n° 12-18.082, Inédit.

[224] N. KANAYAMA, « Donner et garantir – un siècle après ou une autre histoire », *in Le contrat au début du XXIe siècle. Études offertes à Jacques Ghestin*, LGDJ, 2001, p. 473, spéc. p. 480. *Rappr.* : P.-Y. GAUTIER, « Des ricochets profitables, provoqués par le droit des sociétés sur les autres contrats spéciaux : à propos des concepts "d'immixtion" et de "contrôle" », *RTD civ.*, 1994, p. 881.

[225] M. GARNIER, *Le prêt à usage*, *op. cit.*, n° 181.

[226] Intitulé de la section 3, du chapitre I, du titre X, du livre III du Code civil.

[227] Intitulé de la section 2, du chapitre II, du titre X, du livre III du Code civil.

[228] R.-T. TROPLONG, *Le droit civil expliqué suivant l'ordre des articles du Code civil. Du prêt*, Paris, 1845, n° 7.

[229] J. DOMAT, *Œuvres complètes*, t. I, Paris, 1828, p. 230.

[230] T. HUC, *Commentaire théorique et pratique du Code civil*, t. XI, Paris, 1898, n° 164.

[231] A. DURANTON, *Cours de droit français suivant le Code civil*, t. XVII, 4e éd., Paris, 1844, n° 578.

[232] A) P. ANCEL, « Force obligatoire et contenu obligationnel du contrat », *RTD civ.*, 1999, p. 771. En outre, et du même auteur, v. : « La force obligatoire du contrat dans le nouveau droit français des obligations », *in Mélanges offerts à Geneviève Pignarre. Un droit en perpétuel mouvement*, LGDJ, 2018, p. 15. Également, et en dernier lieu, v. : L.-F. PIGNARRE, « Les effets du contrat. Réflexion sur l'obligatoire et l'obligationnel », *in La réforme du droit des contrats*, Presses de la Faculté

la mise à disposition intellectuelle s'inscrirait dans la force obligatoire du contrat de prêt[233], et ne participerait donc pas de l'activité objet de l'obligation de prêter. Cette opinion a été vivement combattue par une frange de la doctrine, qui privilégie une conception obligationnelle de la facette intellectuelle de la mise à disposition[234] ; mais elle n'a que rarement été discutée en jurisprudence[235].

En somme, une conclusion similaire à celle retenue au sujet de la mise à disposition matérielle, s'impose[236] : l'inscription de la mise

---

de Montpellier, 2015, p. 53 ; D. NEMTCHENKO, *Le droit des sûretés au prisme de la faute*, *op. cit.*, n° 97 s.

B) À vrai dire, cette distinction n'est pas récente : elle était déjà faite par H. TANDOGAN (*Notions préliminaires à la théorie générale des obligations*, Genève, 1972) ou G. WICKER (*Les fictions juridiques. Contribution à l'analyse de l'acte juridique*, préf. J. AMIEL-DONAT, LGDJ, 1996).

C) Au demeurant, elle est nécessaire, car « *prise dans le sens technique spécifique du droit civil,* l'obligation *apparaît paradoxalement moins large que* l'obligatoire » (nous soulignons) (G. FOREST, *Essai sur la notion d'obligation en droit privé*, *op. cit.*, n° 8). Pour une opinion contraire, v. L. TODOROVA, *L'engagement en droit – L'individuation et le Code civil au XXIe siècle*, Éditions Publibook Université – E.P.U., 2007, n° 549, où l'auteur juge que « *les effets pouvant résulter d'un engagement se ramènent toujours à la création d'obligations* ».

D) Plus largement, et au-delà de la matière contractuelle, on consultera utilement l'étude de C. THIBIERGE, « Les "normes sensorielles" », *RTD civ.*, 2018, p. 567.

233 V. ainsi : G. BAUDRY-LACANTINERIE et A. WAHL, *Traité théorique et pratique de droit civil. De la société, du prêt, du dépôt*, *op. cit.*, n° 605 : « *Si l'on va au fond des choses, on voit que l'obligation de ne pas retirer la chose avant le terme convenu n'est autre que l'obligation, qui s'impose à tout homme, de respecter le contrat qu'il a conclu* » ; P. WÉRY, *Droit des obligations. I. Théorie générale du contrat*, 2e éd., Larcier, 2011, n° 7 : « *[C'est...] à tort que la doctrine parle d'"obligation" pour le prêteur de ne pas retirer la chose avant le terme convenu [...]. En employant ce terme, on veut tout simplement dire que [le prêteur...] est tenu par la force obligatoire du contrat* ».

234 V. particulièrement : X. HENRY, *La technique des qualifications contractuelles*, *op. cit.*, n° 315 s. ; J. LE BOURG, « De l'importance de la qualification du contrat dans l'obtention d'une indemnité d'expropriation pour cause d'utilité publique », note sous Cass. 3e civ., 12 janvier 2011, n° 09-16.549, Inédit, *Petites affiches*, 2011, n° 77, p. 17, spéc. n° 4 et 5 ; J. HUET, G. DECOCQ, C. GRIMALDI et H. LÉCUYER, *Les principaux contrats spéciaux*, *op. cit.*, n° 22151.

235 *Rappr.* M. GARNIER, *Le prêt à usage*, *op. cit.*, n° 30 : « *On ne peut cependant s'appuyer sur la jurisprudence, quasi-inexistante sur le respect de l'usage en cours de contrat. Les prêteurs sont-ils des "contractants modèles", ou bien les emprunteurs n'osent-ils pas se plaindre du comportement de quelqu'un qui, au départ, leur a rendu service ?* ».

236 *Supra*, n° 16.

à disposition en cause dans la force obligatoire ou le contenu obligationnel du contrat de prêt, est tributaire de considérations d'ordre politique, puisque le texte précité des articles 1888 et 1899 n'est pas « *suffisamment précis pour interdire toute interprétation* »[237]. Au surplus, la liberté dont l'interprète se trouve investi, est ici renforcée par le silence assez « *assourdissant* »[238] du droit positif relativement à la définition de l'obligation civile[239].

19. Conclusion de section. À suivre la doctrine dominante, la mise à disposition à l'œuvre en matière de prêt, est une notion à double facette en ce qu'elle comporte une face matérielle et une face intellectuelle.

Si le sens (la « signification ») de ces deux facettes est dépourvu d'équivoque – à la remise instantanée ou ponctuelle de la chose au bénéfice du créancier-emprunteur (branche matérielle) succède le respect prolongé ou continu du droit de celui-ci sur celle-là durant le temps du contrat (branche intellectuelle) –, leur localisation (leur « appréhension ») suscite, en revanche, l'attention et l'embarras des auteurs[240]. En effet, l'amphibologie de différents articles du Code civil (1875, 1892, 1888, 1899), permet à l'interprète d'obtenir une « *large part de liberté* »[241] et, chemin faisant, de prendre parti sur la situation de la mise à disposition matérielle à l'intérieur ou à l'extérieur du contrat de prêt, et sur l'inscription de la mise à disposition intellectuelle à l'intérieur ou à l'extérieur du contenu obligationnel dudit contrat. Le rattachement de chacune des faces de la mise à disposition à l'activité attendue, est ainsi placée dans la dépendance de motivations de politique juridique.

---

[237] J.-L. AUBERT, note sous Cass. 1re civ., 28 mars 2000, n° 97-21.422, Bull. civ. I, n° 105, *Defrénois*, 2000, n° 11, p. 720.

[238] G. FOREST, *Essai sur la notion d'obligation en droit privé*, *op. cit.*, n° 2.

[239] A) Sur ce silence, v. *supra*, n° 10.

B) *Comp.* F. GÉNY, « La Technique législative dans la Codification civile moderne (à propos du centenaire du Code civil », *in Le Code civil – 1804-1904 – Livre du centenaire*, t. II, Paris, 1904, p. 989, spéc. p. 1016 : « *Faut-il rappeler l'indétermination où notre Code a laissé certains des termes les plus essentiels du langage juridique, tels que les mots : droits, actions, exceptions, actes, titres, billets, contre-lettres, ayant-cause, tiers, biens, choses, dol, faute, fraude, lésion, déconfiture, capacité, pouvoir, autorisation, assistance, règlements, etc., etc.* ».

[240] Sur l'idée de localisation, v. notamment : M. LATINA, « Contrat : généralités », *Répertoire de droit civil*, février 2020, n° 117.

[241] X. HENRY, *La technique des qualifications contractuelles*, *op. cit.*, n° 287.

Aussi une localisation (une « appréhension ») renouvelée de ces deux facettes de la mise à disposition à l'œuvre en matière de prêt, au moyen d'une restauration[242] de l'approche classique, s'impose.

Section 2. La restauration de l'approche classique

20. Une restauration de l'approche classique est, à notre sens, concevable à propos des deux facettes de la mise à disposition à l'œuvre en matière de prêt : plus concrètement, elle *doit* être envisagée à propos de la face matérielle de la mise à disposition, dont la localisation mérite d'être revisitée à l'aune de l'Ordonnance du 10 février 2016 portant réforme du droit des contrats, du régime général et de la preuve des obligations[243] (telle que ratifiée par la Loi n° 2018-287 du 20 avril 2018) ; elle *peut* être envisagée à propos de la face intellectuelle de la mise à disposition, dont la localisation mérite d'être repensée à l'aune d'une dissociation entre la consistance et la durée du droit du créancier-emprunteur sur la chose.

§1. Une nécessité

21. Réforme. L'attention portée à la « forme du contrat » lors de la « réforme »[244] du droit des contrats, du régime général et de la preuve des obligations[245], contribue à jeter un éclairage nouveau sur la mise

---

[242] « *Une restauration, c'est un ancien tableau poussé au noir qu'on revernit* » (V. HUGO, *L'Homme qui rit*, t. II, Paris, 1869, p. 28).
[243] Sur laquelle, v. notamment : L. AYNÈS et A. BÉNABENT, « Réforme du droit des contrats et des obligations : aperçu général », *Recueil Dalloz*, 2016, p. 434 ; L. ANDREU et L. THIBIERGE, « Présentation générale », *AJ contrat*, 2018, p. 252.
[244] « *L'étymologie renseigne suffisamment : la réforme est une "re-forme", autrement dit une nouvelle forme. Qui parle de nouveauté évoque – aussi implicitement que nécessairement – un temps passé, celui de la forme ancienne* » (W. DROSS, « Enseigner la réforme », *in* « Le nouveau discours contractuel », *RDC*, 2016, n° 3, p. 622).
[245] V. article 8 de la Loi (n° 2015-177) du 16 février 2015 relative à la modernisation et à la simplification du droit et des procédures dans les domaines de la justice et des affaires intérieures, aux termes duquel « *le Gouvernement est autorisé à prendre [...] les mesures relevant du domaine de la loi nécessaires pour modifier la structure et le contenu du livre III du code civil, afin de moderniser, de simplifier, d'améliorer la lisibilité, de renforcer l'accessibilité du droit commun des contrats, du régime des obligations et du droit de la preuve, de garantir la sécurité juridique et l'efficacité de la norme et, à cette fin, [...] 3° affirmer le principe du consensualisme et présenter ses exceptions, en indiquant les principales règles applicables à la forme du contrat* ».

à disposition matérielle. En effet, et d'une part, le nouvel article 1109 du Code civil dispose – en ses trois alinéas… – que le contrat est « *consensuel lorsqu'il se forme par le seul échange des consentements quel qu'en soit le mode d'expression […], solennel lorsque sa validité est subordonnée à des formes déterminées par la loi […], réel lorsque sa formation est subordonnée à la remise d'une chose* ». La consécration textuelle de cette tripartition a pour vertu d'ôter tout doute quant à la rémanence – la « *survivance* »[246] – du réalisme sous l'égide du Code civil ; les objectifs « *de modernisation, de simplification, d'accessibilité et d'efficacité du droit commun des contrats et du régime des obligations* »[247] poursuivis par la réforme, n'auront donc pas eu raison de ce « *reliquat mal digéré* »[248] – pour ne pas dire « *périmé* »[249] – de l'époque romaine[250].

D'autre part, et surtout, le nouvel article 1172 du Code civil prend soin d'ordonner cette tripartition en distinguant un principe et ses (deux) exceptions[251] : ainsi, « *les contrats sont* par principe

---

Adde : F. ANCEL, B. FAUVARQUE-COSSON et J. GEST, *Aux sources de la réforme du droit des contrats*, Dalloz, 2017, n° 22.53.

[246] « *Désuète et inutile* » (J. HUET, G. DECOCQ, C. GRIMALDI et H. LÉCUYER, *Les principaux contrats spéciaux*, *op. cit.*, n° 22129).

[247] Rapport au Président de la République relatif à l'Ordonnance du 10 février 2016 portant réforme du droit des contrats, du régime général et de la preuve des obligations, sur lequel on consultera utilement : P. PUIG, « L'autorité des rapports relatifs aux ordonnances », *RTD civ.*, 2017, p. 84.

[248] A. SÉRIAUX, *Manuel de droit des obligations*, 4e éd., PUF, 2020, n° 19.

[249] J.-F. OVERSTAKE, *Essai de classification des contrats spéciaux*, *op. cit.*

[250] En ce sens, v. principalement : T. DOUVILLE (dir.), *La réforme du droit des contrats, du régime général et de la preuve des obligations. Commentaire article par article*, 2e éd., Gualino, 2018, p. 43 ; M. MIGNOT, « Commentaire article par article de l'ordonnance du 10 février 2016 portant réforme du droit des contrats, du régime général et de la preuve des obligations (I) », *Petites affiches*, 2016, n° 41, p. 8. *Rappr.* : P. SIMLER, *Commentaire de la réforme du droit des contrats et des obligations*, 2e éd., LexisNexis, 2018, n° 18, d'après lequel « *on peut regretter que la réforme n'ait pas été l'occasion de la suppression de la catégorie résiduelle des contrats réels ; mais il est vrai qu'il aurait fallu [pour ce faire] modifier des dispositions qui n'entraient pas dans le périmètre de l'habilitation [donnée au Gouvernement]* ».

[251] En ce sens, v. particulièrement : Y. BUFFELAN-LANORE et V. LARRIBAU-TERNEYRE, *Droit civil. Les obligations*, 17e éd., Sirey, 2020, n° 952 s. ; D. HOUTCIEFF, *Droit des contrats*, 5e éd., Bruylant, 2020, n° 113 s. ; R. CABRILLAC, *Droit des obligations*, 14e éd., Dalloz, 2020, n° 97 s. Également, et à ce propos, on consultera utilement : S. TISSEYRE, « Le renouvellement du formalisme en droit commun des contrats », *in* N. LAURENT-BONNE et

consensuels » (alinéa premier) (nous soulignons) ; « par exception, *la validité des contrats solennels est subordonnée à l'observation de formes déterminées par la loi à défaut de laquelle le contrat est nul, sauf possible régularisation* » (alinéa deuxième) (nous soulignons) ; « en outre, *la loi subordonne la formation de certains contrats à la remise d'une chose* » (alinéa troisième) (nous soulignons). Le réalisme se voit conférer, de la sorte, une valeur indéniablement exceptionnelle ; plus précisément, l'exception que constitue le réalisme, se vérifie tant sous un angle formel[252] – au regard de la structure grammaticale de l'énoncé normatif[253] – que sous un angle substantiel[254] – eu égard à la nette dérogation apportée au principe selon lequel les conventions se forment « *solo consensu* ». Aussi, et puisque seule « *la loi* » peut subordonner la formation de « *certains contrats à la remise d'une chose* », le législateur paraît s'être octroyé « *le monopole de la création des contrats réels* »[255]. Par là même, il faut comprendre que celui-ci a eu la volonté[256] de promouvoir le principe du consensualisme en assurant son application systématique dans toutes les hypothèses où une disposition législative expresse – un texte « *clair, et non équivoque* »[257] – ne s'y oppose pas[258].

S. TISSEYRE (dir.), *Le formalisme. Sources et technique en droit privé positif*, LGDJ, 2017, p. 97.

[252] *Rappr.* : M. LEBEAU, *De l'interprétation stricte des lois. Essai de méthodologie*, préf. P.-Y. GAUTIER, Defrénois, 2012, n° 28 : « *Le critère formel est établi dès lors que la norme, non pas constitue une exception, mais en a l'apparence. Elle se présente sous une forme telle que l'interprète peut penser qu'il est en présence d'une exception* ». *Adde* T. H. NGUYEN, *La notion d'exception en droit constitutionnel français*, thèse sous la direction de B. MATHIEU, Paris I, 2013, p. 54.

[253] L'exception est ici introduite par la forme linguistique suivante : « *par exception* ».

[254] *Rappr.* : M. LEBEAU, *De l'interprétation stricte des lois. Essai de méthodologie*, *op. cit.*, n° 262 s.

[255] N. DISSAUX, « Contrat : formation », *Répertoire de droit civil*, septembre 2020, n° 207.

[256] Pour un exposé critique de la conception volontariste de la loi, v. J.-C. BÉCANE, M. COUDERC et J.-L. HÉRIN, *La loi*, 2e éd., Dalloz, 2010, p. 59 s.

[257] A. BÉNABENT, *Droit des obligations*, 18e éd., LGDJ, 2019, n° 120.

[258] A) *Rappr.* notamment N. DISSAUX, « Contrat : formation », *op. cit.*, n° 207, où l'auteur affirme que « *ne pas reconnaître ce monopole, c'est faire vaciller sur ses bases le principe du consensualisme* ». Néanmoins, v. B. ALIDOR, *L'incertitude et le contrat en droit privé*, thèse sous la direction de D. KRAJESKI, Toulouse, 2019, n° 430 : « *Il reviendrait à la loi "de subordonner la formation" de certains contrats à la remise d'une chose. Ce point suscite des difficultés : à quels articles la loi*

Concernant la restauration envisagée de l'approche classique, cette donnée restreint « *immédiatement* »[259] la liberté de l'interprète car « *les exceptions sont de droit étroit* »[260] – *exceptio est strictissimae interpretationis*… Partant, le réalisme doit être « *confiné dans les étroites limites du texte qui l'institue* »[261], ce qui revient à dire qu'il convient de l'appliquer « *dans la mesure commandée par son domaine d'application* »[262] et « *dans cette seule mesure* »[263]. À défaut, l'extension du réalisme au-delà du strict cadre textuel dans lequel il est circonscrit, aboutirait à une violation, « *par fausse application* »[264], de l'alinéa troisième de l'article 1172 du Code civil (exception réaliste)

---

conditionne-t-elle la formation de tels contrats ? Peut-il y avoir des contrats réels en dehors de ce que la loi prévoit ? ».

B) D'une manière générale, « *le formalisme paraît être une prérogative exclusive du législateur, parce qu'il paraît seul en position de concevoir ses avantages et ses inconvénients de façon générale* » : D. LANZARA, *Le pouvoir normatif de la Cour de cassation à l'heure actuelle*, préf. Y. STRICKLER, LGDJ, 2017, n° 200. *Rappr.* sur ce point : C. BOUIX, « Le juge face au formalisme légal. L'exemple du droit du cautionnement », *Revue de Droit bancaire et financier*, 2013, n° 2, étude 8 ; J. GHESTIN, G. LOISEAU et Y.-M. SERINET, *La formation du contrat. Tome 1. Le contrat - Le consentement*, *op. cit.*, n° 900.

[259] D. LANZARA, *Le pouvoir normatif de la Cour de cassation à l'heure actuelle*, *op. cit.*, n° 33.

[260] Ph. JACQUES, « D'adage en général et de l'interprétation stricte en particulier », *RTD civ.*, 2008, p. 431.

[261] H. ROLAND, *Lexique juridique des expressions latines*, 7e éd., LexisNexis, 2016, p. 102-103, v. *Exceptio est strictissimae interpretationis.*

[262] N. BALAT, *Essai sur le droit commun*, préf. M. GRIMALDI, LGDJ, 2016, n° 805.

[263] A) *Ibid.*, n° 805. *Adde* G. CHANTEPIE et M. LATINA, *Le nouveau droit des obligations : Commentaire théorique et pratique dans l'ordre du Code civil*, 2e éd., Dalloz, 2018, n° 455, où les auteurs considèrent que, « *puisque le respect d'une formalité n'est imposé qu'à titre d'exception, il ne peut [sans doute…] résulter que d'un texte exprès* ».

B) Il convient de noter que l'application « stricte » n'est pas synonyme d'interprétation « restrictive », ce qui signifie que la mise en œuvre de l'adage « *exceptio est strictissimae interpretationis* », ne doit jamais aboutir à une réduction du domaine d'élection « normal » du texte exceptionnel. C'est dire que « *rien ne commande [d'assécher] la signification [d'une exception…] au prétexte qu'elle serait une exception* » (Ph. JACQUES, « D'adage en général et de l'interprétation stricte en particulier », *op. cit.*, p. 431). Il en résulte, par exemple, qu'en visant la « *remise d'une chose* » sans autres précisions, le texte des articles 1109 et 1172 du Code civil est susceptible de recouvrir des formalités fort variées (remise d'une attestation, d'un morceau de bois, etc.). Sur ce dernier point, v. V. FORRAY, *Le consensualisme dans la théorie générale du contrat*, *op. cit.*, n° 257.

[264] N. BALAT, *Essai sur le droit commun*, *op. cit.*, n° 167.

et – simultanément – à une violation, « *par refus d'application* »[265], de l'alinéa premier dudit article (principe consensualiste). En conséquence, la simple obscurité des articles 1875 et 1892 – aux termes desquels le prêt est un « *contrat par lequel le prêteur livre [(et non s'oblige à livrer)] une chose* » à l'emprunteur – ne peut désormais suffire à fonder le réalisme du contrat de prêt, si bien que la reconnaissance de son caractère consensuel, et le rattachement subséquent de la face matérielle de la mise à disposition à l'activité attendue, apparaît à tout le moins inéluctable... D'ailleurs, et pour cela, la mention explicite du consensualisme du « *prêt à usage* »[266] et du « *prêt translatif* »[267] dans l'avant-projet Capitant de réforme du droit des contrats spéciaux[268], peut être jugée superfétatoire[269].

---

[265] *Ibid.*, n° 167.

[266] « *Le prêt à usage est un contrat consensuel. Il est valablement formé dès que les parties sont convenues du bien* ».

[267] « *Le prêt translatif est un contrat consensuel. Il est valablement formé dès que les parties sont convenues du bien* ».

[268] Sur la présentation duquel, v. notamment : Association Henri Capitant, « Avant-projet de réforme du droit des contrats spéciaux », *Recueil Dalloz*, 2017, p. 1660.

[269] *Rappr.* les développements de : M. POUMARÈDE, « La vente immobilière au prisme de l'avant-projet de réforme du droit des contrats spéciaux », *RDI*, 2017, p. 560 : « *L'article 14 de l'avant-projet Capitant dispose en son premier alinéa que "la vente est un contrat consensuel". D'ailleurs, la lecture du projet nous apprend aussi que la location, le contrat de prestation de service, le prêt à usage, le prêt translatif, le mandat, la rente viagère, la tontine sont des contrats consensuels..., tandis que la nature des contrats de jeu, de commission, de prête-nom n'est, étonnamment, pas précisée. Toutefois, dès lors que l'article 1172 prévoit que les contrats sont par principe consensuels, l'on en conclura, malgré le silence gardé par l'avant-projet à leur propos, que telle est leur nature... Mais alors, précisément, quel est l'objectif des rédacteurs de l'avant-projet, lorsqu'ils rappellent expressément que la vente est consensuelle ? Cette "redite" est-elle réellement nécessaire ? Quel est son sens ? Sans doute, dans l'imaginaire juridique, l'affirmation selon laquelle la vente, y compris immobilière, demeure un contrat consensuel est-elle rassurante : le seul accord des parties sur la chose et le prix [...] est suffisant à la formation de la vente [...]. Il paraît dès lors vain d'affirmer que le contrat de vente est un contrat consensuel, l'article 1172 du code civil prévoyant de manière générale que "les contrats sont par principe consensuels" étant suffisant* ». Plus largement, v. l'étude de N. BALAT, *Essai sur le droit commun*, *op. cit.*, n° 761 : « *S'il existe deux règles, l'une commune et l'autre spéciale, qui prévoient la même solution,* l'une des deux apparaît de trop. *Et il semble que ce soit la règle spéciale, puisque son domaine d'application est limité [...].* Les règles spéciales qui se contentent de reproduire servilement une règle de droit commun se révèlent superflues. *Elles se bornent à créer un doublon, qui n'apporte ni ne retire rien à la solution*

22. Résistances[270] **?** La reconnaissance du caractère consensuel du contrat de prêt, pourrait cependant se heurter à deux obstacles qu'il importe, le cas échéant, d'écarter. Tout d'abord, une fraction de la doctrine postule en faveur d'un « *rejet de l'engagement consensuel gratuit* »[271], lequel nécessiterait d'être « *formalisé* »[272] en vue d' « *accéder à la vie juridique* »[273]. À cet égard, « *formalisme scriptural comme réalisme* »[274] seraient, tous deux, des éléments formels permettant « *véritablement d'ancrer, dans le domaine juridique* »[275], un accord de volontés dénué de contrepartie[276]. Une telle assertion est d'après nous exacte, mais elle ne saurait faire échec au consensualisme des emprunts consentis bénévolement… En effet, l'article 1109 (nouveau) du Code civil indique, en son alinéa premier, et pour mémoire, que « *le contrat est consensuel lorsqu'il se forme par le seul échange des consentements* quel qu'en soit le mode d'expression »[277] (nous soulignons) : « *la volonté interne ne peut donc suffire à elle seule pour former le contrat ; il faut encore qu'elle soit perceptible par autrui* »[278]. Si bien que la forme employée pour

---

du droit commun » (nous soulignons). L'auteur ajoute : « *La justification d'opportunité de ces règles de reproduction apparaît* introuvable » (nous soulignons).

[270] « *Que de résistances vaincues, de doutes éclaircis par un excellent ragoût de truffes ! Qui pourrait résister au pouvoir de cette composition qui charme le goût, et enivre l'odorat ?* » (A. DUMAS, *Grand dictionnaire de cuisine*, Alphonse Lemerre, 1873, v. *Ragoûts*).

[271] G. CATTALANO-CLOAREC, *Le contrat de prêt*, *op. cit.*, n° 98 s.

[272] *Ibid.*, n° 110.

[273] *Ibid.*, n° 98.

[274] *Ibid.*, n° 110.

[275] *Ibid.*, n° 108.

[276] *Comp.* les développements de G. LOISEAU, « Le contrat de don d'éléments et produits du corps humain, un autre regard sur les contrats réels », *Recueil Dalloz*, 2014, p. 2252 ; O. DESHAYES, « Gratuité et contrat – L'acte à titre gratuit est-il un contrat ? », *in* N. MARTIAL-BRAZ et C. ZOLYNSKI (dir.), *La gratuité : un concept aux frontières de l'économie et du droit*, LGDJ, 2013, p. 133, spéc. p. 146.

[277] *Adde* articles 1113 (« *Le contrat est formé par la rencontre d'une offre et d'une acceptation par lesquelles les parties* manifestent leur volonté *de s'engager. Cette volonté peut résulter d'une déclaration ou d'un comportement non équivoque de son auteur* » – nous soulignons), 1114 (« *L'offre […]* exprime la volonté *de son auteur d'être lié en cas d'acceptation […]* » – nous soulignons) et 1118 (« *L'acceptation est la* manifestation de volonté *de son auteur d'être lié dans les termes de l'offre […]* » – nous soulignons) du Code civil.

[278] O. DESHAYES, T. GENICON et Y.-M. LAITHIER, *Réforme du droit des contrats, du régime général et de la preuve des obligations – Commentaire article par article*, *op. cit.*, p. 87.

« exprimer » un consentement – quelle qu'elle soit – revêt « *une portée essentielle : c'est le seul moyen pour la volonté d'accéder à la vie juridique et de former le contrat* »[279]. En d'autres mots, la formation d'un contrat – indépendamment de sa gratuité ou de son onérosité – requiert (i) que les parties aient la volonté de contracter, et (ii) qu'elles aient « *formalisé* »[280] celle-ci d'une façon quelconque[281] – versement d'une somme d'argent par un établissement bancaire au profit de deux époux, et remboursement partiel de cette somme « *pendant plus d'un an* »[282] (prêt à la consommation) ; souscription par l'occupant d'une partie d'un immeuble d'une assurance multirisque habitation « *garantissant [cette] partie contre le risque de ne pouvoir la restituer* »[283] (prêt à usage), etc. Dès lors, le consensualisme « *ne doit pas se comprendre comme l'absence de forme mais plutôt comme la liberté de la forme* »[284], en sorte que la nécessité de formaliser

---

[279] L. LESAGE et B. NUYTTEN, « Formation des contrats – Regards sur les notions de consensualisme et de formalisme », *Defrénois*, 1998, n° 8, p. 497, spéc. n° 9.

[280] *Ibid.*, p. 497, spéc. n° 5.

[281] Ce pour quoi il peut s'agir – entre autres illustrations – « *d'un écrit, d'une parole, d'un geste, d'un signe, voire d'un silence s'il est circonstancié* » (J. GHESTIN, G. LOISEAU et Y.-M. SERINET, *La formation du contrat. Tome 1. Le contrat - Le consentement, op. cit.*, n° 911). Cependant, et comme le souligne un auteur, « *prenons garde de ne pas limiter les diverses formes matérielles au cas où justement existe un instrumentum matérialisé et individuel. L'esprit, inévitablement attiré par le concret, pourrait délaisser les cas où les pièces matérielles sont moindres (échange de lettres) voire inexistantes. Ces derniers cas sont en réalité du consensualisme, lequel constitue lui-même une forme, dont le support est ordinairement l'air qui transmet les vibrations porteuses d'un message (la propagation du son dans l'air est de 331 m/s... ; tous les milieux matériels – gaz, solides et liquides – sont des supports des ondes sonores : le consensualisme a donc inévitablement un support)* » (H. CAUSSE, *Les titres négociables*, préf. B. TEYSSIÉ, Litec, 1993, n° 969).

[282] Cass. 1re civ., 4 juin 2002, n° 99-15.672, Bull. civ. I, n° 159, *RTD com.*, 2003, p. 154, note B. BOULOC.

[283] Cass. 1re civ., 22 juin 2017, n° 16-19.864, Inédit, *Responsabilité civile et assurances*, 2017, n° 11, comm. 278, note H. GROUTEL.

[284] M. DEMOULIN et É. MONTERO, « La formation du contrat depuis le Code civil de 1804 : un régime en mouvement sous une lettre figée », *op. cit.*, p. 61, spéc. n° 8. En outre, et dans le même sens, v. : L. LESAGE et B. NUYTTEN, « Formation des contrats – Regards sur les notions de consensualisme et de formalisme », *op. cit.*, p. 497, spéc. n° 10 : « *Dans la mesure où le recours à une forme est toujours nécessaire pour qu'un consentement prospère, le consensualisme doit être bien plus exactement défini comme la liberté de la forme plutôt que comme l'absence de forme* » ; T. REVET et F. ZENATI-CASTAING, *Cours de droit civil – Contrats – Théorie générale – Quasi-contrats*, PUF, 2014, n° 84 : « *Le consensualisme*

les emprunts consentis bénévolement, ne peut être exclusive de leur consensualisme[285].

De plus, la doctrine postérieure à l'Ordonnance n° 2016-131 du 10 février 2016, est à peu près unanime pour maintenir la « donation manuelle »[286] au cœur de la catégorie des contrats réels[287], lors même que ce maintien – à notre connaissance – ne s'évince d'aucune disposition législative. On pourrait en inférer que le monopole légal édicté par le troisième alinéa de l'article 1172 (nouveau) du Code civil, n'est qu'un « *mensonge* »[288] qui ne saurait empêcher l'interprète

---

[commande] d'admettre toute voie, tout support, tout symbole à même d'extérioriser d'une façon suffisamment signifiante l'adhésion à un projet prescriptif identifié » ; É. CHARPENTIER, « Un paradoxe de la théorie du contrat : l'opposition formalisme/consensualisme », *Les Cahiers de Droit*, 2002, n° 2, p. 275, spéc. p. 277 : « *Dans la mesure où le recours à une forme est toujours nécessaire, le consensualisme pourrait donc être défini comme la liberté de la forme plutôt que comme l'absence de forme* » ; V. FORRAY, *Le consensualisme dans la théorie générale du contrat*, *op. cit.*, n° 231 s., spéc. n° 235 : « *[Qu'il soit] consensuel ou formaliste, tout contrat suppose une forme – entendue comme sa manifestation extérieure – pour être pris en compte par le droit* » ; J. GHESTIN, G. LOISEAU et Y.-M. SERINET, *La formation du contrat. Tome 1 : Le contrat - Le consentement*, *op. cit.*, n° 911 : « *Dans un sens (plus) précis, le principe du consensualisme peut se comprendre comme un principe d'indifférence des modes d'expression de la volonté* ». En dernier lieu, v. : B. MORON-PUECH, *L'acte juridique, une réponse à la crise du contrat*, préf. D. FENOUILLET (et postface J. COMBACAU), LGDJ, 2020, n° 130 ; Q. GUIGUET-SCHIELÉ, *La distinction des avantages matrimoniaux et des donations entre époux. Essai sur une fiction disqualificative*, préf. M. NICOD, Dalloz, 2015, n° 204 s.

285 *Rappr.* G. CATTALANO-CLOAREC, *Le contrat de prêt*, *op. cit.*, n° 60 (note 119), où l'auteur reconnaît la nécessité de formaliser le bail – qui est pourtant un contrat à titre onéreux – afin de lui conférer une valeur juridique contraignante.

286 *Rappr.* A. POSEZ, *L'inexistence du contrat*, *op. cit.*, n° 314 : « *On parle plus couramment de don manuel. Mais, en droit, le don se qualifie de donation dès lors qu'il porte sur une chose objet d'appropriation, si bien que le vocabulaire juridique gagnerait à ne pas désigner différemment une seule et même réalité. Si l'expression de don manuel a survécu jusqu'à aujourd'hui, on peut penser que c'est parce qu'elle s'applique le plus souvent à des opérations qui ne se laissent guère voir sous un jour immédiatement juridique, comme le sont les dons d'usage ou tous ceux que l'on préfère soustraire au regard du droit. Il reste pourtant que toutes lui sont directement soumises, le transfert de propriété constituant un effet (proprement) juridique, et que toutes répondent donc à la qualification de donation, qu'elles soient indirectes ou déguisées, manuelles ou authentiques* ».

287 V. ainsi B. PETIT et S. ROUXEL, « Classification des contrats », *JurisClasseur Code civil*, 31 août 2019, n° 43.

288 « *Un pieux mensonge* » : N. DISSAUX, « Contrat : formation », *op. cit.*, n° 207.

de perpétuer également le réalisme du prêt. L'erreur commise – nous semble-t-il – par les auteurs, est de raisonner sur la forme manuelle de la donation aux fins de sélectionner sa catégorie d'appartenance. Ce raisonnement était sans nul doute cohérent avant la réforme, où les contrats réels se distinguaient des contrats solennels par la teneur – substance – du formalisme prescrit : s'agit-il de la remise d'une chose ? Dans l'affirmative, le contrat était réel ; dans la négative, le contrat était solennel[289]. Il en découle que la forme manuelle de la donation commandait son appartenance à la catégorie « *limitative* » – et non pas « *résiduelle* »[290] – des contrats réels. Mais ce raisonnement est suranné depuis la réforme, étant donné que l'article 1109 (nouveau) distingue, dorénavant, les contrats réels et les contrats solennels en fonction de la portée du formalisme prescrit : s'agit-il d'une condition de « formation », exigée à peine d'inexistence, ou d'une condition de « validité », exigée à peine de nullité ? Le contrat sera réel dans le premier cas, tandis qu'il sera solennel dans le second cas[291]. En d'autres mots, « *la spécificité des contrats réels par rapport*

---

[289] En ce sens, v. particulièrement : L. ANDREU et N. THOMASSIN, *Cours de droit des obligations*, 5e éd., Gualino, 2020, n° 187 ; V. FORRAY, *Le consensualisme dans la théorie générale du contrat*, *op. cit.*, n° 149 s. En outre, v. : J. GHESTIN, G. LOISEAU et Y.-M. SERINET, *La formation du contrat. Tome 1. Le contrat - Le consentement*, *op. cit.*, n° 952, où les auteurs en déduisaient que les contrats réels n'avaient « *d'unité que formelle* » : « *c'est la formalité qui les conçoit ; c'est la formalité qui les distingue [...]. De là s'explique que cette catégorie soit fragile et mouvante, et que des contrats puissent en être sortis lorsqu'il n'est plus requis, pour leur constitution, la remise de la chose qui en est l'objet* » (qui plus est, v. : G. LOISEAU, « Le contrat de don d'éléments et produits du corps humain, un autre regard sur les contrats réels », *op. cit.*, p. 2252).

[290] J.-L. BERGEL, « Différence de nature (égale) Différence de régime », *RTD civ.*, 1984, p. 255, spéc. n° 21.

[291] A) En ce sens, v. notamment : L. ANDREU et N. THOMASSIN, *Cours de droit des obligations*, *op. cit.*, n° 190 s. ; F. CHÉNEDÉ, *Le nouveau droit des obligations et des contrats*, 2e éd., Dalloz, 2018, n° 121.61 ; M. GRIMALDI et Ch. VERNIÈRES (dir.), *Un an d'application de la réforme des contrats (Quel impact sur la pratique notariale ?)*, Defrénois, 2017, n° 262.

B) Partant, l'article 1172 du Code civil mériterait d'être rapproché des articles 1113 et 1128 du même Code : « *le contrat est* formé *par la rencontre d'une offre et d'une acceptation [...]* » (article 1113) ; par exception, « *la loi subordonne* la formation *de certains contrats à la remise d'une chose* » (article 1172). De plus, « *sont nécessaires à* la validité *d'un contrat le consentement des parties, leur capacité de contracter [et] un contenu licite et certain* » (article 1128) ; par exception, « la validité *des contrats solennels est subordonnée à l'observation de formes déterminées par la loi [...]* » (article 1172) (nous soulignons).

aux contrats solennels ressort de la finalité même de l'exigence de la remise, requise pour la formation, et non la validité du contrat »[292] ! Dès lors, comment ne pas voir que la donation manuelle, où la remise est exigée « *ad validitatem* » et non « *ad existentiam* », appartient aujourd'hui à la catégorie des contrats solennels, en sorte que le monopole légal édicté par l'alinéa troisième de l'article 1172, ne peut être tenu pour « mensonger ». Plus largement, cette constatation concourt, partiellement, au rétablissement de l'unité des donations entre vifs[293], conventions « formées » au jour de la rencontre des volontés[294], et dont la « validité » est fatalement subordonnée à l'observation d'une forme donnée (manuelle ou notariée)[295].

Fort de ces précisions, il ne fait guère de doute que la facette matérielle de la mise à disposition participe désormais, et en toute hypothèse, de l'activité attendue[296].

---

[292] G. CHANTEPIE et M. LATINA, *Le nouveau droit des obligations – Commentaire théorique et pratique dans l'ordre du Code civil*, *op. cit.*, n° 454. Dans le même sens, v. surtout : C. GRIMALDI, « Proposition de modification de l'article 1589 du Code civil : La promesse synallagmatique de contrat, abrogation de l'alinéa 1er et article à créer (C. civ., art. 1124-1) », *RDC*, 2017, n° 1, p. 213 ; Ph. MALINVAUD, M. MEKKI et J.-B. SEUBE, *Droit des obligations*, 15e éd., LexisNexis, 2019, n° 380 ; O. DESHAYES, T. GENICON et Y.-M. LAITHIER, *Réforme du droit des contrats, du régime général et de la preuve des obligations – Commentaire article par article*, *op. cit.*, p. 313 ; É. UMBERTO GOÛT, « Conditions d'existence et conditions de validité, une distinction inutile ? », *Petites affiches*, 2018, n° 172-173, p. 6 ; M. FABRE-MAGNAN, *Droit des obligations. 1. Contrat et engagement unilatéral*, 5e éd., PUF, 2019, n° 204.

[293] *Rappr.* article 894 du Code civil : « *La donation entre vifs est un acte par lequel le donateur se dépouille actuellement et irrévocablement de la chose donnée en faveur du donataire qui l'accepte* ».

[294] *Rappr.* article 932 du Code civil : « *La donation entre vifs n'engagera le donateur, et ne produira aucun effet, que du jour qu'elle aura été acceptée en termes exprès* ».

[295] *Rappr.* article 931-1 du Code civil : « *En cas de vice de forme, une donation entre vifs ne peut faire l'objet d'une confirmation. Elle doit être refaite en la forme légale. Après le décès du donateur, la confirmation ou exécution volontaire d'une donation par les héritiers ou ayant cause du donateur emporte leur renonciation à opposer les vices de forme ou toute autre cause de nullité* ».

[296] Pour une opinion contraire, v. : G. CATTALANO-CLOAREC, « Le prêt au milieu du gué. Pour une redécouverte du contrat de prêt », *op. cit.*, p. 279, spéc. n° 10, où l'auteur juge que « *rien ne change pour le prêt* » après la réforme du droit des contrats, du régime général et de la preuve des obligations – même si, « *d'après l'article 1172 C. civ., la loi détient [désormais] le monopole de la création des contrats réels* ».

23. Raffinements[297]. La participation de l'aspect matériel de la mise à disposition à l'activité objet de l'obligation de prêter, n'est au demeurant pas sans incidence quant à sa signification. En effet, et lorsque ledit aspect se situe à l'extérieur du contrat de prêt (hypothèse réaliste rejetée), il doit être compris extensivement telle la « *succession* »[298] d'un acte de dessaisissement de la chose par le *tradens* (le prêteur) et d'un acte de retirement de cette chose par l'*accipiens* (l'emprunteur)[299] ; en revanche, et lorsque ledit aspect se situe à l'intérieur du contrat de prêt (hypothèse consensualiste retenue), il doit être compris exclusivement tel l'acte de dessaisissement de la chose par le *tradens* (le prêteur)[300]. C'est dire qu'il y a lieu de lui assigner une étendue variable, selon qu'il participe de l'activité attendue (solution consensualiste approuvée) – auquel cas il n'englobe que l'acte de dessaisissement –, ou qu'il ne participe pas de l'activité attendue (solution réaliste désapprouvée) – auquel cas il englobe le « *double* »[301] acte de dessaisissement et de retirement.

Si la remarque ainsi formulée tend à affiner la signification de la mise à disposition matérielle en l'identifiant à un acte de dessaisissement, elle ne permet pas pour autant d'en cerner

[297] « *Les avocats [...] poussent jusqu'aux raffinements et jusqu'à la sensualité le plaisir de parler juste, et de donner au langage la couleur, l'harmonie, la nouveauté, le mouvement, toutes ces forces secrètes que le prestige de la forme peut ajouter à l'expression exacte de la pensée* » (E. ROUSSE, *Préface aux discours et plaidoyers de M. Chaix d'Est-Ange*, Paris, 1880, p. 38).
[298] J. LE BOURG, *La remise de la chose. Essai d'analyse à partir du droit des contrats*, *op. cit.*, n° 4 et 148.
[299] En effet, « *une remise ne saurait être caractérisée qu'autant qu'elle concerne au moins deux personnes : l'une initiant le mouvement de la chose et l'autre le finalisant. Partant, bien que la remise soit une opération unique, elle semble inéluctablement se décomposer en deux mouvements* » (*Ibid.*, n° 4).
[300] En effet, « *n'y aurait-il [...] pas quelque paradoxe à considérer que la remise, impliquant nécessairement deux personnes – l'une remettant, et l'autre recevant – puisse être une obligation ? Autrement dit, la remise étant envisagée comme la combinaison d'un double mouvement, considérer une obligation de remise reviendrait à obliger les deux parties... : la première serait obligée à se démettre de la chose, alors que la seconde devrait se mettre en possession. Assurément [...], cette présentation n'est pas tenable. Partant, la conception de l'obligation de remise doit évoluer afin de prendre en compte la réalité matérielle de la remise. Dès lors, seul le premier des deux mouvements – celui du tradens – pourrait avoir vocation à être saisi par le droit en tant qu'obligation* » (*Ibid.*, n° 5).
[301] *Ibid.*, n° 148.

l'exacte étendue[302]. À cet effet, encore faut-il se référer aux articles 1342-6 et 1343-4 du Code civil : le premier pose un principe de quérabilité des obligations en vertu duquel « *le paiement doit être fait au domicile du débiteur* »[303] ; le second y apporte une exception tenant aux obligations de « sommes d'argent »[304], dont le lieu de paiement est « *le domicile du créancier* ». Il s'ensuit que le débiteur-prêteur n'a pas (du tout) à faire parvenir la chose chez le créancier-emprunteur[305] – si ce n'est en présence d'une somme d'argent, et au titre d'une activité distincte de transport[306]. Autrement dit, la face matérielle de la mise à disposition contraint le premier à adopter « *une attitude [...] plus passive que dynamique* »[307] en ne s'opposant pas au retirement de cette chose par le second.

24. Synthèse. L'adoption de l'Ordonnance n° 2016-131 du 10 février 2016, a mis en exergue l'effort taxinomique (ou « taxonomique »[308]) auquel s'est livré le législateur en distinguant

---

[302] Pour un essai de définition du dessaisissement, v. : P. CHAUMETON, *Le dessaisissement en droit privé*, projet de thèse sous la direction de C. SAINT-ALARY-HOUIN, Toulouse.

[303] *Comp.* ancien article 1247 du même Code, aux termes duquel « *Le paiement doit être exécuté dans le lieu désigné par la convention. Si le lieu n'y est pas désigné, le paiement, lorsqu'il s'agit d'un corps certain [...], doit être fait dans le lieu où était, au temps de l'obligation, la chose qui en fait l'objet. Les aliments alloués en justice doivent être versés, sauf décision contraire du juge, au domicile ou à la résidence de celui qui doit les recevoir. Hors ces cas, le paiement doit être fait au domicile du débiteur* ».

[304] Ou de « somme d'argent », les deux expressions étant également utilisées par le législateur.

[305] Remarquons qu'en tout état de cause, le déplacement physique de la chose serait inconcevable en présence d'un immeuble, et difficilement concevable en présence d'un macro-meuble (*cf.* J. GHESTIN, G. LOISEAU et Y.-M. SERINET, *La formation du contrat. Tome 1. Le contrat - Le consentement*, *op. cit.*, n° 951).

[306] Les éventuels frais de déplacement alors supportés par le débiteur-prêteur en application du nouvel article 1342-7 du Code civil, seront néanmoins compensés par la faculté dont il se trouve investi de choisir le mode de déplacement : ainsi « *il peut [par exemple] adresser des espèces, ordonner un virement, signer un chèque, ...* » (O. DESHAYES, T. GENICON et Y.-M. LAITHIER, *Réforme du droit des contrats, du régime général et de la preuve des obligations – Commentaire article par article*, *op. cit.*, p. 733).

[307] A.-F. EYRAUD, *Le contrat réel – Essai de renouveau par le droit des biens*, *op. cit.*, n° 168.

[308] À ce sujet : C. TARDIEU, « La bonne orthographe du mot taxinomie. Un concept important dont l'orthographe est malmenée », *PALEO*, 2011, n° 22, p. 331.

formellement un principe – le consensualisme – et une exception – le réalisme. Par suite, et compte tenu de la remarquable équivocité du texte des articles 1875 et 1892 du Code civil, le contrat de prêt ne peut qu'être consensuel ; de ce fait, la face matérielle de la mise à disposition ne peut qu'être rattachée à l'activité objet de l'obligation de prêter.

Au demeurant, cette localisation renouvelée de la mise à disposition matérielle s'est accompagnée d'un (r)affinement de son véritable sens, ladite mise à disposition devant être davantage comprise telle l'absence d'opposition au retirement de la chose par le créancier-emprunteur, et non simplement telle la remise ponctuelle de celle-ci au profit de celui-là.

§2. Une possibilité

25. Intuition. L'Ordonnance relative à la réforme du droit des contrats, du régime général et de la preuve des obligations, n'a pas « *brisé* »[309] le silence gardé par la loi sur la définition de l'obligation civile[310]. Ce faisant, il serait pour le moins présomptueux de vouloir délimiter, avec certitude, le contenu obligationnel du contrat de prêt et, par ricochet, de prétendre circonscrire, avec netteté, les véritables contours de sa force obligatoire. Cela dit, une scrutation scrupuleuse de l'approche classique laisse à penser que les discordances qui émaillent l'appréhension de la mise à disposition intellectuelle, ne sont que le résultat d'un profond malentendu tenant à sa signification.

26. Démonstration. En effet, une partie des auteurs associe implicitement l'aspect intellectuel de la mise à disposition, au respect

---

[309] N. HAGE-CHAHINE, « La notion d'obligation dans le projet d'ordonnance portant réforme du droit des contrats, du régime général et de la preuve des obligations », *op. cit.*, p. 7.

[310] A) En ce sens, v. : M. LATINA, « L'obligation de ponctualité de la SNCF est une obligation de résultat », note sous Cass. 1re civ., 14 janvier 2016, n° 14-28.227, Bull. civ. I, n° 24, *RDC*, 2016, n° 3, p. 462, spéc. n° 3, où l'auteur constate que « *le législateur ne s'est guère appesanti sur la notion d'obligation dans l'ordonnance n° 2016-131 du 10 février 2016* ».

B) Par ailleurs, le projet d'ordonnance portant réforme du droit des contrats, du régime général et de la preuve des obligations, ne comportait également aucune définition de l'obligation civile : en ce sens, v. M. FABRE-MAGNAN, « Critique de la notion de contenu du contrat », *RDC*, 2015, n° 3, p. 639, où l'auteur souligne que « *la notion d'obligation est plutôt une notion abandonnée* » par le projet.

continu – ou prolongé – de la *durée* du droit attribué au créancier-emprunteur. À ce titre, le débiteur-prêteur ne serait tenu qu'au respect du terme prévu, lequel respect s'impose pareillement à toute personne liée par une convention conclue pour une durée déterminée[311] ! Or, l'inscription d'un tel impératif dans le contenu obligationnel du contrat de prêt, risquerait de « *déformer [...] le concept technique de l'obligation [...en l'appliquant] à trop de choses* »[312], ce pour quoi lesdits auteurs prennent le parti de l'inscrire dans sa force obligatoire. Ils en déduisent que le débiteur-prêteur n'est pas, à proprement parler, « obligé » de respecter la durée du droit du créancier-emprunteur, mais est « assujetti » par le contrat qui lui « *tient lieu de loi* »[313], et dont la méconnaissance serait « *vouée à l'échec, sans qu'il soit question de l'inexécution d'une obligation* »[314].

---

[311] Article 1212 du Code civil : « *Lorsque le contrat est conclu pour une durée déterminée, chaque partie doit l'exécuter jusqu'à son terme* ».

[312] J. CARBONNIER, *Droit civil. Les biens. Les obligations*, PUF, 2004, n° 923. Dans le même sens, v. également : B. FRELETEAU, *Devoir et incombance en matière contractuelle*, *op. cit.*, n° 93, où l'auteur déplore « *l'hypertrophie* » de la catégorie des obligations civiles. *Adde* l'important travail de N. HAGE-CHAHINE, *La distinction de l'obligation et du devoir en droit privé*, *op. cit.*, n° 12, où l'auteur se donne pour mission de « *ramener la catégorie de l'obligation à ses dimensions exactes* ».

[313] Articles 1103 (nouveau) et 1134 (ancien) du Code civil, sur lesquels on consultera, avec profit, l'article de J.-P. CHAZAL, « De la signification du mot "loi" dans l'article 1134 alinéa 1er du code civil », *RTD civ.*, 2001, p. 265.

[314] A) H. BOUCARD, « Responsabilité contractuelle », *Répertoire de droit civil*, juillet 2020, n° 228. *Rappr.* les observations de P. ANCEL, « Force obligatoire et contenu obligationnel du contrat », *op. cit.*, p. 771, spéc. n° 31 : « *Nous parlons ici de "méconnaissance" et non "d'inexécution" dans la mesure où [...] le contrat [(la norme contractuelle dotée de force obligatoire, à l'exclusion de son éventuel contenu obligationnel)] n'a pas à être exécuté, simplement il s'impose aux parties. Si elles le méconnaissent, aucune des sanctions qui assortissent l'inexécution des obligations contractuelles n'est susceptible de s'appliquer. Ainsi, on ne peut pas concevoir que le contrat soit résolu [...]. On ne peut pas davantage faire jouer les règles de la responsabilité contractuelle [...]. Surtout, [...] il n'est ni utile ni pertinent de parler d'exécution forcée pour rendre compte de la décision du juge qui déclare irrecevable la demande formée au mépris d'une transaction, d'une clause attributive de compétence ou d'une clause compromissoire, ou qui déclare mal fondée la demande en revendication d'un vendeur contre son acheteur... Le juge, ici, ne condamne pas un débiteur à exécuter, il déclare que le contrat lie les parties* ».
B) À titre d'exemple, v. : E. COLMET DE SANTERRE, *Cours analytique de Code civil*, t. VIII, Paris, 1884, n° 91 bis, à propos du commodat (« *Ce n'est que par un artifice de langage qu'on peut dire : le créancier est obligé à ne pas agir avant*

Inversement, une autre partie des auteurs associe, implicitement là encore, la facette intellectuelle de la mise à disposition, au respect continu – ou prolongé – de la *consistance* du droit concédé au créancier-emprunteur. À ce titre, le débiteur-prêteur serait tenu au respect de l'usage convenu, lequel respect s'impose également (et avec une plus grande intensité) au bailleur sous les traits d'une « obligation » contractuelle codifiée à l'article 1719 3°) du Code civil[315]. Or,

---

le terme ; l'absence d'un droit ne constitue pas une obligation »), et n° 104 bis, à propos du *mutuum* (l'engagement « *qui consiste à ne pas pouvoir agir avant le terme, n'est qu'une restriction conventionnelle du droit du prêteur ; l'amoindrissement ou la négation d'un droit ne constitue pas une obligation* ») ; M. PLANIOL et G. RIPERT, *Traité élémentaire de droit civil*, t. II, 11e éd., LGDJ, 1931, n° 2057, à propos du commodat (« *On ne peut citer comme une obligation à la charge du prêteur la nécessité où il est d'attendre l'expiration du prêt ; ceci tient, tout simplement, à ce que sa créance de restitution est à terme, et que le terme, qui est ici stipulé dans l'intérêt du débiteur (emprunteur), n'est pas encore échu* »), et n° 2066, à propos du *mutuum* (« *Quant à l'obligation de ne pas redemander la chose avant l'échéance du terme, c'est l'effet suspensif du terme, qui empêche le créancier d'agir, mais on ne peut dire qu'il y ait là une obligation, car il y a loin entre la situation d'un créancier dont le droit n'est pas encore échu, et celle d'un débiteur* ») ; Ph. JESTAZ, *Le droit*, 10e éd., Dalloz, 2018, p. 144 : « *Soit une personne qui a prêté 1000 euros à une autre jusqu'au premier juillet prochain. L'emprunteur a, certes, l'obligation de rembourser à la date prévue, obligation qui en cas de manquement pourra faire l'objet d'une exécution forcée, avec dommages et intérêts en sus : les biens du débiteur défaillant seront saisis et vendus au profit de son créancier. En revanche, il va de soi que le prêteur ne pourra pas réclamer le remboursement avant l'échéance : l'article 1899 du Code civil le précise de façon quasi superfétatoire. Mais la notion d'obligation n'explique pas cet effet du contrat. Dira-t-on que l'emprunteur a "l'obligation" de ne pas réclamer... ? Ce serait jouer sur les mots, car cette pseudo-obligation n'a pas de consistance véritable : par la force des choses, elle ne peut pas faire l'objet d'une exécution forcée, et le fait d'y manquer n'appellerait aucune indemnisation. Simplement, celui qui réclamerait son dû de manière anticipée se heurterait au refus de son partenaire et, le cas échéant, du juge. Tout au plus le condamnerait-on à des dommages et intérêts, mais pour procédure abusive, et non pour inexécution d'une prétendue obligation* » ; F. BONNARD, « À propos des emprunts accordés par les établissements de crédit à leurs salariés », *RDC*, 2013, n° 4, p. 1555, à propos du *mutuum* : « *S'il est bien vrai que cet article [(1899 du Code civil)] se situe dans une section intitulée "des obligations du prêteur", on objectera qu'il s'agit là moins d'une véritable obligation que de l'effet suspensif du terme* ».

315 Sur ce point, v. G. CATTALANO-CLOAREC, *Le contrat de prêt*, *op. cit.*, n° 535. *Adde* V. MARCADÉ, *Explication théorique et pratique du Code civil*, t. VI, 7e éd., Paris, 1875, p. 464 s. : « *Le bailleur est tenu de procurer au preneur, pendant la durée du bail, la jouissance paisible de la chose [...]. Il doit le faire jouir de cette chose [...], c'est-à-dire accomplir tous les faits et actes nécessaires pour lui procurer*

l'inscription d'un tel impératif dans la force obligatoire du contrat de prêt, risquerait de rompre l'analogie entre ce dernier et le louage de choses, ce pour quoi lesdits auteurs prennent le parti de l'inscrire dans son contenu obligationnel. Ils en infèrent que le débiteur-prêteur est « obligé », à peine de dommages et intérêts, de respecter la consistance du droit du créancier-emprunteur[316].

Au total, et faute d'analyser un même objet d'étude, les auteurs ne peuvent évidemment parvenir à un consensus[317].

---

constamment une complète et paisible jouissance, et à plus forte raison doit-il s'abstenir de tous ceux qui pourraient entraver, amoindrir ou gêner en quoi que ce soit cette même jouissance ».

[316] À titre d'illustration, v. : G. CHABOT, « Fonds libéral. Location et commodat », *JurisClasseur Entreprise individuelle*, 13 octobre 2016, n° 168 : « *L'obligation incombant au prêteur de respecter l'usage convenu de la chose s'analyse, au premier chef, en une véritable garantie d'éviction du fait personnel [...]. Cette obligation s'évince de l'interprétation des dispositions de l'article 1888 du Code civil [et] s'illustre, concrètement [(dans le cas du prêt d'un fonds libéral)], dans l'interdiction de faire, directement ou indirectement, concurrence à l'emprunteur. Cette obligation d'abstention de toute concurrence s'explique pour les mêmes raisons [...qu'en] matière de location. Elle se développe dans les mêmes conditions et sous des limites identiques* » ; N. CAYROL et F. GRUA, « Prêt à usage. Obligations du prêteur », *op. cit.*, n° 7 : « *Le prêteur garantit l'emprunteur de l'éviction de son fait personnel à la manière d'un bailleur. Il ne peut apporter aucun trouble de fait ni de droit, à peine de dommages-intérêts, qui vienne entamer l'usage qu'il a consenti... Dans le silence du contrat, on peut reproduire, sur ce point, les solutions admises en matière de bail. Par exemple, le prêteur ne saurait concéder l'usage de la chose empruntée à un tiers, ou changer la forme de celle-ci (analogie avec article 1723 du Code civil). Il ne saurait non plus imposer des réparations non urgentes qui troubleraient la jouissance de l'emprunteur (analogie avec article 1724 du Code civil)* ».

[317] *Rappr.* : P. ANCEL, « Force obligatoire et contenu obligationnel du contrat », *op. cit.*, p. 771, où l'auteur note, dans un premier temps (n° 37), et par référence (implicite) à la durée du droit du créancier-emprunteur, que « *l'obligation de respecter le terme n'a rien d'une véritable obligation du prêteur... Le prêteur qui réclamerait le remboursement avant le terme n'encourra aucune des sanctions de l'inexécution d'une obligation, et il ne sera pas à proprement parler condamné à son exécution forcée : simplement il se verra débouté de sa prétention, parce que le terme stipulé lui tient lieu de loi comme il en tient lieu à l'emprunteur, parce que tel est le contenu de la norme contractuelle résultant de l'accord et s'imposant au juge comme aux parties [...]. Ce n'est là que l'application de la force obligatoire du contrat* ». Mais, dans un second temps (n° 38), et par référence (implicite) à la consistance du droit du créancier-emprunteur, l'auteur se montre bien plus nuancé : « *à vrai dire, l'exemple du prêt [...] n'est peut-être pas le plus convaincant. On pourrait en effet, à l'inverse, se servir des articles du Code [civil] pour [...] soutenir que le prêteur a,*

27. Proposition. Fort de ce qui précède, et concernant la restauration envisagée de l'approche classique, nous suggérons d'identifier la mise à disposition intellectuelle au respect continu de la (seule) *consistance* du droit octroyé au créancier-emprunteur et, par contrecoup, de rattacher celle-ci à l'activité objet de l'obligation de prêter. Autrement formulé, nous avançons que l'aspect intellectuel de la mise à disposition participe de l'activité attendue, en ce qu'il astreint le débiteur-prêteur à adopter – une nouvelle fois[318] – une « *attitude plus passive que dynamique* »[319] en ne s'opposant pas, par quelque moyen que ce soit, à l'utilisation de la chose par le créancier-emprunteur – coupure de l'alimentation en eau et en électricité de l'étable prêtée[320], déménagement des meubles entreposés dans la chambre prêtée[321], suppression des inscriptions portées sur le registre prêté[322], soustraction des clefs du logement prêté[323], obstruction de l'accès à la salle polyvalente prêtée[324], affectation forcée de la somme (de 1 500 000 francs…) prêtée au remboursement de dettes antérieures[325], concession à un tiers de la jouissance des terres agricoles prêtées[326], etc.

28. Corroboration. Il n'est d'ailleurs pas sans intérêt de relever que cette proposition peut prendre appui sur l'autorité de Pothier[327],

---

comme un bailleur, l'obligation de procurer la jouissance de la chose prêtée pendant la durée du prêt ».

318 *Supra*, n° 23.

319 A.-F. EYRAUD, *Le contrat réel – Essai de renouveau par le droit des biens*, *op. cit.*, n° 168.

320 Cass. 3e civ., 27 septembre 2011, n° 11-10.127, Inédit.

321 Cass., 9 janvier 1956, cité par : M. GARNIER, *Le prêt à usage*, *op. cit.*, n° 30.

322 POTHIER, *Œuvres*, t. V, Siffrein, 1821-1824, p. 365, n° 78.

323 CA Rouen, 29 juin 1988, JurisData n° 1988-045245.

324 Cass. 3e civ., 16 septembre 2014, n° 13-20.148, Inédit.

325 Notamment : Cass. com., 3 novembre 1992, n° 90-19.304, Bull. civ. IV, n° 336, *RTD com.*, 1993, p. 143, note M. CABRILLAC et B. TEYSSIÉ. *Rappr.* N. ERÉSÉO, J.-Ph. KOVAR, J. LASSERRE CAPDEVILLE, M. MIGNOT et M. STORCK, *Droit bancaire*, 2e éd., Dalloz, 2019, n° 1925 ; R. BOFFA, *La destination de la chose*, préf. M.-L. MATHIEU-IZORCHE, Defrénois, 2008, n° 434.

326 Cass. 1re civ., 18 février 2009, n° 08-11.234, Inédit, *RDC*, 2009, n° 3, p. 1138, note P. PUIG.

327 « *[Ses] traités ont été la lecture habituelle, le pain des jurisconsultes qui devaient rédiger le Code civil* » : P. VIOLLET, *Histoire du droit civil français*, 2e éd., Paris, 1893, p. 233. *Comp.* en outre : P. DUBOUCHET, *La pensée juridique avant et après le Code civil*, *op. cit.*, p. 86 : « *De Pothier on peut dire : il n'invente rien,*

lequel déclare que « *le droit que le prêt donne à l'emprunteur de se servir de la chose qui lui a été prêtée [...], naît de l'obligation que le prêteur a contractée de le laisser se servir de la chose [..., c'est-à-dire] de l'obligation de n'apporter de sa part, ni de celle de son héritier, aucun trouble, ni empêchement, à l'usage que l'emprunteur doit avoir de la chose* »[328]. Elle peut, par surcroît, se prévaloir du sentiment de Duvergier, lequel retient que « *l'article 1888 du Code civil [...] exprime l'obligation que le prêteur a contractée de laisser l'emprunteur jouir de la chose prêtée* »[329].

29. Synthèse. La dissociation effectuée entre la durée et la consistance du droit du créancier-emprunteur, a mis en lumière la polysémie qui affecte la mise à disposition intellectuelle. Par suite, et compte tenu de l'identification préconisée de celle-ci au respect de la (seule) consistance de ce droit, l'aspect intellectuel de la mise à disposition ne doit pas être simplement compris comme le respect continu dudit droit durant le temps du contrat, mais, plus exactement, comme l'absence d'opposition à l'utilisation de la chose par le créancier-emprunteur ; de ce fait, il doit être rattaché à l'activité objet de l'obligation de prêter.

30. Conclusion de section. Une restauration de l'approche classique a, en premier lieu, été rendue nécessaire par la consécration aux articles 1109 et 1172 du Code civil d'un principe – le consensualisme – et d'une exception – le réalisme. Il s'ensuit qu'en l'absence de dérogation claire et univoque apportée par les textes spéciaux au principe du consensualisme, le contrat de prêt ne peut qu'être consensuel ; par voie de conséquence, l'aspect matériel de la mise à disposition ne peut que participer de l'activité attendue. Cette appréhension renouvelée de la mise à disposition matérielle a d'ailleurs abouti à affiner sa signification, celle-ci désignant l'absence d'opposition du débiteur-prêteur au retirement de la chose par

---

mais découvre tout. C'est pourquoi il reste dressé comme un géant à l'aube de l'histoire du droit moderne ». *Adde* : L. THÉZARD, « De l'influence des travaux de Pothier et du chancelier d'Aguesseau sur le droit civil moderne », *Revue historique de droit français et étranger*, 1866, n° 12, p. 5 et p. 229.

[328] POTHIER, *Œuvres*, t. V, *op. cit.*, p. 364 s., n° 76 s.

[329] J.-B. DUVERGIER, *Le droit civil français, suivant l'ordre du Code*, t. VI, Paris, 1843, n° 105 s.

le créancier-emprunteur – et non sa remise instantanée ou ponctuelle entre les mains de celui-là.

Une restauration de ladite approche a, en second lieu, été rendue possible par la dissociation opérée entre la *consistance* et la *durée* du droit concédé au créancier-emprunteur. Il s'ensuit qu'en raison de l'assimilation proposée de la mise à disposition intellectuelle au respect de la seule consistance, la facette intellectuelle de la mise à disposition désigne plus rigoureusement l'absence d'opposition du débiteur-prêteur à l'utilisation de la chose par le créancier-emprunteur ; par conséquent, elle ne peut que participer de l'activité attendue.

Somme toute, l'activité objet de l'obligation de prêter, renferme les deux aspects de la mise à disposition à l'œuvre en matière de prêt : de sorte qu'elle consiste à s'abstenir de tout ce qui pourrait empêcher le retirement (aspect matériel) et l'utilisation (aspect intellectuel) de la chose par le créancier-emprunteur[330].

---

[330] Par où l'on voit qu'en matière bancaire, cette activité se cache derrière le « devoir de non-ingérence », qui est le produit d'une construction jurisprudentielle (en ce sens : J. CHOSSIS, *Le refus du banquier*, thèse sous la direction de R. BONHOMME, Montpellier, 2015, n° 213 s.), et qui interdit aux établissements de crédit de s'immiscer dans les affaires de leurs clients (en ce sens : S. PIEDELIÈVRE et E. PUTMAN, *Droit bancaire*, Economica, 2011, n° 191) « *quelle que soit l'opération passée... : encaissement de chèque, retraits de fonds, opération de crédit, etc. etc.* » (N. ERÉSÉO, J.-Ph. KOVAR, J. LASSERRE CAPDEVILLE, M. MIGNOT et M. STORCK, *Droit bancaire*, *op. cit.*, n° 268 s.). Ce faisant, et conformément à ce devoir, « *le banquier doit se contenter d'avoir une attitude passive, [une] attitude de neutralité* » (D. LEGEAIS, *Opérations de crédit*, 2e éd., LexisNexis, 2018, n° 621). Pour une présentation de ce devoir, v. particulièrement : D. R. MARTIN, *Éléments de droit bancaire*, 2e éd., CFPB, 1993, p. 35 ; T. BONNEAU, *Droit bancaire*, 13e éd., LGDJ, 2019, n° 546 s. ; S. NEUVILLE, *Droit de la banque et des marchés financiers*, PUF, 2005, n° 145 s. ; J. ATTARD, « Analyse du principe de non-ingérence sous l'angle de la protection des droits fondamentaux des cocontractants du banquier », *RTD com.*, 2017, p. 1 ; J. LASSERRE CAPDEVILLE, « Que reste-t-il au XXIe siècle du devoir de non-ingérence du banquier ? », *Banque & Droit*, 2005, n° 100, p. 11. De plus, et en ce qui concerne la caractérisation de l'immixtion, on consultera (notamment) les travaux suivants : M. MEHANNA, *La prise en compte de l'intérêt du cocontractant*, thèse sous la direction de D. MAZEAUD, Paris II, 2014, n° 278 s. ; A.-L. CAPOEN, *La responsabilité bancaire à l'égard des entreprises en difficulté*, thèse sous la direction de C. SAINT-ALARY-HOUIN, Toulouse, 2008, n° 148 s. ; J.-F. RIFFARD, « Le banquier, le compte et le contrôle : retour sur une notion fondamentale, mais négligée », *Revue de droit bancaire et financier*, 2018, n° 6, dossier 40, spéc. n° 23 à 27 ; Y. MARJAULT, « Les covenants dans les opérations de capital investissement à l'épreuve de la gestion de fait », *Revue des sociétés*, 2019, p. 503 ; V. DEBRUT, *Le banquier actionnaire*, préf. H. CAUSSE, Faculté de droit et

Conclusion du chapitre 1

31. Au terme de ce chapitre, il appert que l'activité objet de l'obligation de prêter, est une activité de mise à disposition, à savoir une activité « *allégée* »[331] consistant à ne pas s'opposer au retirement (mise à disposition matérielle) et à l'utilisation (mise à disposition intellectuelle) de la chose par le créancier-emprunteur.

Afin de parvenir à ce résultat, nous avons recouru à « l'approche classique », c'est-à-dire à l'intégralité des travaux consacrés à l'examen de la mise à disposition à l'œuvre en matière de prêt. Un exposé de celle-ci s'est avéré riche en enseignements : notamment, il a mis au jour la signification des deux aspects – matériel et intellectuel – que comporte ladite mise à disposition, ainsi que la pluralité des opinions émises au sujet de leur appréhension, pluralité qui rend incertaine leur rattachement (ou non) à l'activité attendue.

Une restauration de l'approche classique s'est alors imposée en vue de dissiper cette incertitude. Plus précisément, elle est apparue nécessaire eu égard à l'adoption de l'Ordonnance n° 2016-131 portant réforme du droit des contrats, du régime général et de la preuve des obligations, et possible au regard de la dissociation effectuée entre la durée et la consistance du droit concédé au créancier-emprunteur. En effet, l'étude de l'Ordonnance susvisée a montré que le contrat de prêt est désormais consensuel, si bien que l'aspect matériel de la mise à disposition ne peut qu'être rattaché à l'activité attendue, et doit être (mieux) compris comme la non-opposition du débiteur-prêteur au *retirement* de la chose prêtée par le créancier-emprunteur. Qui plus est, l'étude de la durée et de la consistance susmentionnées nous a conduit à prôner l'identification de la mise à disposition intellectuelle au respect de ladite consistance, si bien que l'aspect intellectuel de la mise à disposition doit être (mieux) compris comme la non-opposition du débiteur-prêteur à *l'utilisation* de la chose empruntée par le créancier-emprunteur, et ne peut qu'être rattaché à l'activité attendue.

---

des sciences sociales de Poitiers, 2013, n° 695 s. (spéc. n° 706 et 716) ; A. TERREN et Ph. THOMAS, « Les covenants des contrats de dette font-ils naître un risque de gestion de fait pour les créanciers financiers ? », *Revue de droit bancaire et financier*, 2015, n° 4, étude 11, spéc. n° 8 s.

[331] « *...Le service que rend [le prêteur] n'exige pas de lui* des efforts physiques ou intellectuels particuliers » (nous soulignons) : P. PUIG, *La qualification du contrat d'entreprise*, préf. B. TEYSSIÉ, Éditions Panthéon-Assas, 2002, n° 22.

Plus largement, la restauration entreprise de l'approche classique a été l'occasion de (i) constater la volonté nouvelle du législateur de se réserver le pouvoir de dessiner les bornes du réalisme ; (ii) rappeler que le consensualisme implique la liberté de choisir la forme adoptée pour exprimer une volonté de s'engager, et non l'absence de forme ; (iii) souligner que la donation manuelle est dorénavant un contrat solennel, étant donné que sa validité est subordonnée, à peine de nullité, à l'observation d'un formalisme donné.

CHAPITRE 2. LA DESCRIPTION DE LA CHOSE DUE

32. D'après la loi, la chose objet de l'obligation de prêter, est « *une* »[332] (ou « *une certaine quantité de* »[333]) chose(s) « *dans le commerce* »[334]. Or, « une » est un adjectif numéral qui indique « *l'unité* »[335] de la « chose », tandis que « dans » est une préposition qui indique la commercialité de cette « chose » – étant entendu que le substantif « commerce » qualifie ici « *le circuit* »[336], « *la sphère* »[337], « *le terrain* »[338], « *le cadre symbolique* »[339] ou « *l'univers* »[340] où se « *nouent* »[341] (et se dénouent) les prêts de toutes sortes « *entre des individus que leurs besoins mutuels et certaines convenances rapprochent* »[342].

Cette description législative de la chose due par référence aux notions d'unité et de commercialité, est pour partie conforme à l'historique du verbe « prêter »[343], lequel est employé principalement au sens de fournir, donner, livrer, offrir, mettre à la disposition… une chose depuis la fin du XIIe siècle. Ladite description n'en reste pas moins perfectible, dans la mesure où l'unité est une notion largement

---

332 Article 1875 du Code civil : « *Le prêt à usage est un contrat par lequel l'une des parties livre* une *chose à l'autre pour s'en servir, à la charge par le preneur de la rendre après s'en être servi* » (nous soulignons).

333 Article 1892 du Code civil : « *Le prêt de consommation est un contrat par lequel l'une des parties livre à l'autre* une certaine quantité de *choses qui se consomment par l'usage [...]* » (nous soulignons).

334 Article 1878 du Code civil : « *Tout ce qui est* dans le commerce *[...] peut être l'objet de cette convention* » (nous soulignons).

335 *TLF*, v. *Un*.

336 Y. THOMAS, « La valeur des choses – Le droit romain hors la religion », *Annales. Histoire, Sciences So-ciales*, 2002, n° 6, p. 1431, spéc. p. 1432.

337 R. LIBCHABER, « Biens », *Répertoire de droit civil*, décembre 2019, n° 15.

338 B. LORMETEAU, *Chaleur et droit*, thèse sous la direction de R. ROMI, Nantes, 2014, n° 159.

339 T. REVET et F. ZENATI-CASTAING, *Les biens*, 3e éd., PUF, 2008, n° 36 b).

340 S. CHASSAGNARD-PINET et D. HIEZ (dir.), *Approche critique de la contractualisation*, LGDJ, 2007, p. 26.

341 X. LAGARDE, *Juste capitalisme. Essai sur la volonté de croissance*, Litec, 2009, p. 23.

342 P.-A. FENET, *Recueil complet des travaux préparatoires du Code civil*, t. 1, Paris, 1836, p. 513.

343 Historique sur lequel, v. : A. REY, *Dictionnaire historique de la langue française*, *op. cit.*, v. *Prêter*.

ignorée des juristes[344] et où la commercialité est une notion abandonnée par la réforme du droit commun des contrats[345] et l'avant-projet de réforme du droit des contrats spéciaux.

Dans ces conditions, une clarification des notions d'unité (Section 1) et de commercialité (Section 2) aboutira à dépeindre avec netteté la chose objet de l'obligation de prêter.

33. Cela étant, et au préalable, l'introduction d'une digression succincte quant à la question de la chose, s'impose[346]. Cette question « *ancienne* »[347] et « *fondamentale* »[348] qui « *déroute l'esprit* »[349] et qui « *n'est toujours neuve que parce qu'il faut sans cesse la poser à nouveau* »[350], est « *apparemment [...] la plus simple du monde, puisque nous savons tous ce qu'est une chose et que nous ne savons même rien de mieux. Nous sommes constamment entourés de mille choses familières qui toutes sont choses sans équivoque [...]. Seulement, aussitôt que nous nous essayons à saisir ce qui fait qu'une chose en général est une chose, son être de chose, ce que les philosophes*

[344] *Comp.* cependant l'attention portée à la notion d'unité par quelques constitutionnalistes (v. spécialement : D. GUIGNARD, *La notion d'uniformité en droit public français*, préf. S. REGOURD, Dalloz, 2004, n° 79 s. ; M.-H. FABRE, « L'unité et l'indivisibilité de la République. Réalité ? Fiction ? », *Revue du droit public et de la science politique*, 1982, n° 3, p. 603) et par certains publicistes (v. spécialement : X. BIOY, *Le concept de personne humaine en droit public. Recherche sur le sujet des droits fondamentaux*, Dalloz, 2003, n° 522 s.).

[345] V. notamment : F. BELLIVIER et C. NOIVILLE, « L'adieu à l'article 1128 du Code civil : l'ordre public suffit-il à protéger le corps humain ? », *RDC*, 2016, n° 3, p. 505. *Comp.* : T. GENICON, « Notions nouvelles et notions abandonnées, réflexion sur une révolution des mots », *RDC*, 2015, n° 3, p. 625.

[346] Sur cette question, v. particulièrement : J.-C. GALLOUX, *Essai de définition d'un statut juridique pour le matériel génétique*, thèse sous la direction de J.-M. AUBY, Bordeaux, 1988, p. 150 s. ; F. PAUL, *Les choses qui sont dans le commerce au sens de l'article 1128 du Code civil*, préf. J. GHESTIN, LGDJ, 2002, n° 75 s. ; B. LORMETEAU, *Chaleur et droit*, *op. cit.*, n° 418 s.

[347] T. DEVERGRANNE, *La propriété informatique*, thèse sous la direction de J. HUET, Paris, 2007, n° 149.

[348] F. BELLA, *Les choses dangereuses dans les contrats privés*, thèse sous la direction de J.-P. DESIDERI, Versailles Saint-Quentin-en-Yvelines, 2015, n° 1.

[349] F. TERRÉ et P. SIMLER, *Droit civil. Les biens*, 10e éd., Dalloz, 2018, n° 3.

[350] M. HEIDEGGER, *La question de la chose*, cité par G. HARMAN, *L'objet quadruple. Une métaphysique des choses après Heidegger*, PUF, 2010, v. « *Présentation* ».

appellent la choséité, nous sommes horriblement embarrassés »[351]. En effet, « *chose semble être, par excellence, ce qui s'avère le plus indéfinissable* »[352], « *le plus [...] indéterminé* »[353], « *le plus vague* »[354], « *le plus ambigu* »[355] et « *le plus souvent [...] supplée pour un nombre considérable d'autres mots* »[356].

Malgré tout, la doctrine s'accorde pour considérer qu'est chose ce qui n'est pas personne[357] : « *c'est [donc] par défaut de personnalité*

---

[351] J.-L. VULLIERME, « La chose, le bien et la métaphysique », *in Les biens et les choses en droit. Tome 24*, Archives de philosophie du droit, Sirey, 1979, p. 31, spéc. p. 33.

[352] I. MOINE, *Les choses hors commerce. Une approche de la personne humaine juridique*, préf. É. LOQUIN, LGDJ, 1997, n° 281. *Rappr.* : P.-J. DELAGE, *La condition animale. Essai juridique sur les justes places de l'Homme et de l'animal*, préf. J.-P. MARGUÉNAUD, Mare & Martin, 2016, n° 216, où l'auteur affirme que « *la chose donnerait presque une sensation d'impossible : sensation d'impossible définition* » ; T. REVET et F. ZENATI-CASTAING, *Les biens*, *op. cit.*, p. 26 (n° 8), à propos des « choses » : « *Rien n'est plus difficile que de définir l'infini...* » ; M.-A. CHARDEAUX, *Les choses communes*, préf. G. LOISEAU, LGDJ, 2006, n° 57, à propos de la « chose » : « *Rien n'est sans doute plus malaisé à définir* ».

[353] G. ROMEYER-DHERBEY, *Les choses mêmes : la pensée du réel chez Aristote*, L'Âge d'Homme, 1983, p. 29.

[354] J. CARBONNIER, *Droit civil. Les biens. Les obligations*, *op. cit.*, n° 1172.

[355] J. HENRIOT, « De l'obligation comme chose », *in Les biens et les choses en droit. Tome 24*, Archives de philosophie du droit, Sirey, 1979, p. 235, spéc. p. 235. *Rappr.* R. ANDORNO, *La distinction juridique entre les personnes et les choses à l'épreuve des procréations artificielles*, préf. F. CHABAS, LGDJ, 1996, n° 28, où l'auteur souligne que « *le vocabulaire dispose de peu de termes aussi équivoques que celui de chose* ».

[356] *Dictionnaire Féraud*, v. *Chose*.

[357] En ce sens, v. Ph. MALAURIE et L. AYNÈS, *Droit des biens*, 7e éd., LGDJ, 2017, n° 12 : « *La chose est ce qui est distinct de la personne* » ; P. BERLIOZ, *Droit des biens*, Ellipses, 2014, n° 28 : « *Est chose ce qui n'est pas personne* » ; L. CARAYON, *La catégorisation des corps. Étude sur l'humain avant la naissance et après la mort*, thèse sous la direction de G. LOISEAU, Paris I, 2016, n° 145 : « *La chose tout court est la non-personne* » ; E. LAZAYRAT, J.-P. MARGUÉNAUD et J. ROCHFELD, « La distinction des personnes et des choses », *Droit de la famille*, 2013, n° 4, étude 5, spéc. n° 12 : « *Tout ce qui n'est pas reconnu comme une personne tombe sous la qualification de chose* » ; R. ANDORNO, *La distinction juridique entre les personnes et les choses à l'épreuve des procréations artificielles*, *op. cit.*, n° 29 (« *La chose est tout ce qui n'est pas une personne* ») et n° 39 (« *Tout ce qui n'est pas une personne est une chose* ») ; W. DROSS, *Droit civil. Les choses*, LGDJ, 2012, n° 1 : « *Une chose est tout ce qui n'est pas une personne* » ; C. GRIMALDI, *Droit des biens*, 2e éd., LGDJ, 2019, n° 9 : « *Les choses [...] sont tout ce qui n'est pas une personne* » ; I. MOINE, *Les choses hors commerce. Une approche de la personne humaine juridique*, *op. cit.*, n° 283 : « *Tout ce qui n'est pas personne est chose ; tout*

que se définit la res »[358], ce qui revient à affirmer que le « *monde des choses* »[359] réunit en lui « *toutes les entités qui sont*

---

ce qui n'est pas chose est personne » ; J. COUARD, « De quelques choses aux limites du droit », *in* C. REGAD (dir.), *Aux limites du droit*, Mare & Martin, 2016, p. 199, spéc. p. 199 : « *Dans l'univers juridique, tout ce qui n'est pas une personne est une chose* » ; G. BARBIER, *La subjectivisation des choses en droit civil*, thèse sous la direction de J. HAUSER, Bordeaux, 2016, n° 1 : « *La chose ne se définit, en droit, que négativement, en ce qu'elle n'est pas une personne* » ; L. GIARD, « Les parties détachées du corps humain. Des choses et des biens dans la conception contemporaine du droit », *JURISdoctoria*, 2014, n° 11, p. 43, spéc. p. 49 : « *Est chose ce qui n'est pas la personne* » ; J. EXBRAYAT, *La contractualisation en droit des personnes*, thèse sous la direction de J. THÉRON, Toulouse, 2018, n° 152 : « *Tout ce qui n'est pas une personne est une chose [...] ; et tout ce qui n'est pas une chose doit être considéré comme une personne* ». *Rappr.* : N. JOUBERT, « Les choses de peu », *in Recueil de leçons de 24 heures : Agrégation de droit privé et de sciences criminelles 2015*, LGDJ, 2015, p. 199, spéc. p. 200 : « *Le droit se structure grâce à l'opposition entre les personnes et les choses [...]. Les personnes sont les acteurs de la pièce du jeu juridique [...], les choses constituant à la fois le décor et l'enjeu de la pièce* » ; H. DE VAUPLANE, « La personnalité juridique des robots », *in Mélanges en l'honneur de Jean-Jacques Daigre. Autour du droit bancaire et financier et au-delà*, Joly Éditions, 2017, p. 79, spéc. p. 81 : « *Le droit ne reconnaît, fondamentalement, que deux catégories : les objets de droit (les choses) et les sujets de droit (les personnes)* ». *Comp.* pour une approche mésologique de la « chose » en droit, v. les travaux de S. VANUXEM (et spécialement : « Les choses saisies par la propriété. De la chose-objet aux choses-milieux », *Revue Interdisciplinaire d'Études Juridiques*, 2010, n° 64, p. 123 ; « Du propriétaire-souverain au propriétaire-habitant », *in* F. SIIRIAINEN et Y. STRICKLER (dir), *Volonté et biens. Regards croisés*, L'Harmattan, 2013, p. 93 ; « La propriété comme faculté d'habiter la terre », conférence donnée au Collège de France, le 16 février 2017, dans le cadre du séminaire « Les usages de la terre » de Philippe Descola ; « Chose », *in* M. CORNU-VOLATRON, F. ORSI et J. ROCHFELD (dir.), *Dictionnaire des biens communs*, PUF, 2017 ; « Biens », *in* F. COLLART DUTILLEUL, V. PIRONON et A. VAN LANG (dir.), *Dictionnaire juridique des transitions écologiques*, Institut Universitaire Varenne, 2018 ; *La propriété de la terre*, Éditions Wildproject, 2018), où l'auteur propose de concevoir les « choses » comme des « *milieux* » habités par des personnes et, corrélativement, de concevoir la « propriété » telle une « *faculté d'habiter* » ces milieux, proposition qui s'inscrit, nous semble-t-il, dans un mouvement plus général « *d'écologisation du droit civil* » (M. MEKKI, « Écologisation du droit civil des biens à l'aune de la Charte de l'environnement », note sous Conseil constitutionnel, 7 mai 2014, n° 2014-394 QPC, *JCP G 2014*, n° 26, 761).

358 P.-J. DELAGE, *La condition animale. Essai juridique sur les justes places de l'Homme et de l'animal*, *op. cit.*, n° 216.

359 G. LOISEAU, « Typologie des choses hors du commerce », *RTD civ.*, 2000, p. 47, spéc. n° 2.

des non-personnes »[360] – « *un carrosse, un cheval, un livre, une tapisserie [...], un appartement, un grenier, une cave »*[361]... Au demeurant, et comme « *la scène du droit n'a pas grand-chose à voir avec la scène de la nature »*[362], la choséité – « juridique », et non pas

---

[360] P.-J. DELAGE, *La condition animale. Essai juridique sur les justes places de l'Homme et de l'animal*, *op. cit.*, n° 216. Dans le même sens, v. : D. TSARAPATSANIS, *Les fondements éthiques des discours juridiques sur le statut de la vie humaine anténatale*, Presses universitaires de Paris Ouest, 2010, p. 130 : « *Toute entité qui n'est pas une personne a l'aptitude à être juridiquement une chose* ». *Adde* P. BERLIOZ, *Droit des biens*, *op. cit.*, n° 19 : « *La catégorie des choses [...s'étend] pratiquement à l'infini. Elle comprend tout ce que l'on peut concevoir, à l'exception de la personne* » ; Y. STRICKLER, « Droit des biens : évitons la dispersion », *Recueil Dalloz*, 2007, p. 1149 : « *Sur terre, il y a les êtres humains... et le reste. Tout le reste* ».

[361] POTHIER, *Œuvres*, t. V, *op. cit.*, p. 325, n° 14. *Rappr.* : Ph. MALAURIE et L. AYNÈS, *Droit des biens*, *op. cit.*, n° 100 : « *Les richesses de l'univers sont innombrables et les choses constituent un monde bariolé... L'on peut faire de nombreuses classifications. Pêle-mêle : les biens de très grande valeur, ceux qui n'en ont pas beaucoup et ceux qui n'en ont pas du tout ; ceux qui sont durables et ceux qui sont éphémères ; ceux qui sont liés au travail humain et ceux qui ne le sont pas ; les anciens et les nouveaux ; ceux qui bougent et ceux qui sont immobiles ; ceux qui sont individualisés et ceux qui ne le sont pas ; l'argent et le reste ; ceux qui se perçoivent par les sens et ceux qui sont immatériels [...] ; ceux qui ont un caractère familial et ceux qui n'en ont pas ; ceux qui donnent du pouvoir et ceux qui donnent de l'agrément ; le capital et les revenus ; ceux qui sont publics et ceux qui sont privés ; les biens profanes et ceux qui sont sacrés ; les choses belles et celles qui sont laides ; celles qui sont appropriées et celles qui sont à tout le monde ; celles qui sont à la ville et celles qui sont à la campagne [...] ; les choses inanimées et les animaux ; ce qui vit et ce qui est inerte ; les choses naturelles et les biens créés par l'homme ; les biens culturels et ceux qui ne le sont pas ; ceux qui constituent une richesse et ceux qui ont une valeur vénale négative ; etc.* ».

[362] F. BURGAT, « La personne : une catégorie juridique souple propre à accueillir les animaux », *in Vers de nouvelles humanités ? L'humanisme juridique face aux nouvelles technologies. Tome 59*, Archives de philosophie du droit, Dalloz, 2017, p. 175, spéc. p. 178 ; l'auteur ajoute que « *le droit décide et fait plier le réel à ses desseins* » (p. 178), tant et si bien que « *bien des objets du monde réel deviennent méconnaissables dans le droit* » (p. 179) ; autrement dit, et « *par l'étrange rapport qu'il entretient au réel [...], le droit peut parfaitement extraire ou inclure dans telle ou telle catégorie certains objets* » (p. 190). *Rappr.* : M.-L. MATHIEU, *Droit civil. Les biens*, 3e éd., Sirey, 2013, n° 9, où l'auteur observe que « *le droit, et spécialement le droit des biens, n'est [...] qu'une construction humaine, une représentation du monde, avec toutes ses subtilités, mais également ses imperfections, ses approximations, ses distorsions, ses créations* » ; M.-A. FRISON-ROCHE, « Penser le monde à partir de la notion de donnée », *in* M.-A. FRISON-ROCHE (dir.), *Internet, espace d'interrégulation*, Dalloz, 2016, p. 7, spéc. p. 7, où l'auteur note que

« *le droit est une reconstitution du monde à travers des définitions et des catégories, exprimées par des mots, auxquels on impute des corps de règles* » ; M.-A. FRISON-ROCHE, « La distinction "personne/chose" est-elle en train de disparaître ? », *www.mafr.fr*, 2014, où l'auteur relève que « *le droit est certes poreux à la réalité dont il se saisit, mais il a aussi sa propre logique* » ; M.-A. CHARDEAUX, *Les choses communes*, *op. cit.*, n° 58, où l'auteur souligne que « *le monde juridique est un reflet tantôt conforme, tantôt déformant, du monde physique* » ; J.-B. PREVOST, « La fabri-que des données : à propos du codage numérique du droit et de ses limites », *Gazette du Palais*, 2019, n° 03, p. 81, où l'auteur pose que « *l'univers juridique traduit, en son ordre propre, une spécificité, qui justifie son autonomie en tant que champ social déterminé s'émancipant d'autres espaces concurrents – le champ scientifique ou politique par exemple* » ; J. CARBONNIER, *Droit civil. Les biens. Les obligations*, *op. cit.*, n° 707, où l'auteur note que « *si le monde juridique est le reflet du monde physique [...], en fait cependant la coïncidence n'est pas entière. L'univers du juriste n'est pas celui que nous livrent les sens [...]. Il est remodelé par la volonté humaine* ». *Adde* F. ROUVIÈRE, « Robots et mères-porteuses : la confusion des personnes et des choses », *RTD civ.*, 2018, p. 261, où l'auteur se demande si « *le droit, libre de la construction de ses catégories, peut ignorer des différences naturelles ?* ». Enfin, et plus largement, v. J. SOHNLE, « La représentation de la nature devant le juge : Plaidoyer pour une épistémologie juridique du "fictif" », *in La représentation de la nature devant le juge. Approches comparative et prospective*, Vertigo – La revue électronique en sciences de l'environnement, 2015, Hors-série n° 22.

« naturelle »[363] – de certaines entités – telles que le corps de l'homme[364] – ne doit pas « *choquer* »[365], alors même qu'elle serait

---

[363] À cet égard, v. : M.-A. FRISON-ROCHE, « La disparition de la distinction de jure entre la personne et les choses : gain fabuleux, gain catastrophique », *Recueil Dalloz*, 2017, p. 2386 : « *La distinction entre personne et choses n'est pas naturelle, mais juridique* » ; S. GOYARD-FABRE, *Les fondements de l'ordre juridique*, PUF, 1992, p. 275 s., spéc. p. 281 : « *Il n'y a qu'homonymie entre la chose naturelle et la chose juridique* » ; C. GRZEGORCZYK, « Le concept de bien juridique : L'impossible définition ? », *in Les biens et les choses en droit. Tome 24*, Archives de philosophie du droit, Sirey, 1979, p. 259, spéc. p. 261 : « *Certaines choses du monde naturel ne sont pas des choses juridiques [...et réciproquement]. Le monde juridique [...] se recoupe partiellement avec le monde naturel. On dit généralement que le droit reflète le monde, mais il faut se rendre compte de l'imprécision de cette affirmation, car le reflet en question est partiel et imparfait, et, de plus, une partie du droit (des choses juridiques) a une existence tout à fait autonome qui ne reflète aucune réalité extérieure, aucune chose du monde extra-juridique* ». *Adde* : P.-J. DELAGE, « L'animal, la chose juridique et la chose pure », *Recueil Dalloz*, 2014, p. 1097, où l'auteur déplore la confusion faite « *entre la chose juridique, et la chose du sens commun [...], que l'on pourrait dire également la chose pure* » ; D. TSARAPATSANIS, *Les fondements éthiques des discours juridiques sur le statut de la vie humaine anténatale, op. cit.*, p. 132, où l'auteur signale que « *la notion juridique de chose n'est pas réductible à la notion philosophique de chose* » ; M.-A. HERMITTE, « Le droit est un autre monde », *Enquête, anthropologie, histoire, sociologie*, 1999, n° 7, p. 17, spéc. p. 19 s., où l'auteur relève que « *l'univers du droit crée des doubles fantomatiques des choses du vrai monde* ». Plus généralement, v. S. GOYARD-FABRE, « La chose juridique dans l'idéalisme moderne », *in Les biens et les choses en droit. Tome 24*, Archives de philosophie du droit, Sirey, 1979, p. 151.

[364] En ce sens, v. particulièrement : J.-P. BAUD, *L'affaire de la main volée. Une histoire juridique du corps*, Éditions du Seuil, 1993 ; J. GATÉ, « Le corps humain – Bien public hors du commun », *in Bien public, bien commun. Mélanges en l'honneur d'Étienne Fatôme*, Dalloz, 2011, p. 147 ; B. LEMENNICIER-BUCQUET, « Le corps humain : propriété de l'État ou propriété de soi ? », *Droits - Revue française de théorie juridique*, 1991, n° 13, p. 111, et du même auteur : *La morale face à l'économie*, Éditions d'organisation, 2005, p. 33 s. *Rappr.* P. MURAT, « Décès périnatal et individualisation juridique de l'être humain », *RDSS*, 1995, p. 451 : « *Nous ne répugnons pas à voir dans le corps humain une "chose" – une chose hors du commerce, une chose qui ne serait pas une marchandise* » ; X. LABBÉE, « Les reliques sacrées sont hors du commerce », *JCP G 2012*, n° 50, 1322 : « *Que le corps, ses éléments ou ses produits, soient qualifiables de choses ne paraît plus poser aujourd'hui de difficulté tant le droit sépare la personne (le sujet) de l'objet qui l'abrite* » ; T. REVET, « Le corps humain est-il une chose appropriée ? », *RTD civ.*, 2017, p. 587, spéc. n° 3 : « *Il existe – en droit –une différence de nature entre la personne juridique et le corps humain. La personne juridique est un pôle de rattachement de droits et de dettes. Le corps humain [quant à lui] est une instance matérielle qui, d'une part, constitue le déclencheur et le signal d'une personne juridique et, d'autre part,*

malaisément acceptable, voire franchement inacceptable, sur « *un plan philosophique [*[366]*] ou moral* »[367].

À vrai dire, l'exemple du corps humain, s'il est le plus spectaculaire, n'est peut-être pas le plus convaincant, du fait que « *la grande majorité*

---

développe une activité propre sous l'angle des objets de conventions et des lieux de préjudices ».

[365] C. NEIRINCK, « L'embryon humain – Une catégorie juridique à dimension variable ? », *Recueil Dalloz*, 2003, p. 841, à propos de l'embryon : « *Le mot chose est pris dans son sens juridique abstrait. Il ne doit pas choquer [...]. Il n'est pas choquant d'affirmer que l'embryon est juridiquement une chose, mais il appartient au législateur de définir la valeur et donc la protection que la société doit accorder à cette chose humaine* ». *Rappr.* : P. SIMLER, « Les animaux, « êtres vivants doués de sensibilité » : et après ? », *JCP G 2020*, n° 18, 544, spéc. n° 5 : « *Pour le juriste, [le mot "chose"] est d'une totale neutralité* » ; R. LIBCHABER, « Biens », *op. cit.*, n° 100 : « *Si l'on dénie la qualité juridique de "personne" à tel ou tel être humain, on le fait basculer dans le domaine des "choses" [...], quelque malaise que cela emporte* ».

[366] V. essentiellement S. NEUVILLE, *Philosophie du droit*, LGDJ, 2019, n° 553 s., spéc. n° 556 : « *Le corps humain n'est-il pas plus qu'une chose d'un point de vue philosophique ? Lui seul permet d'interagir avec le monde, dès lors qu'une âme dénuée de corporéité serait bien en peine d'avoir la moindre sensation* ». *Adde* le numéro dédié à « *La personne* », par la revue « *Les Cahiers philosophiques de Strasbourg* » (2012, n° 31).

[367] A. CAYOL, « Avant la naissance et après la mort – L'être humain, une chose digne de respect », *Cahiers de la Recherche sur les Droits Fondamentaux*, 2011, n° 9, p. 117, spéc. p. 121, à propos du fœtus : « *Il peut certes paraître gênant de qualifier le fœtus de chose sur un plan philosophique ou moral. La notion de chose est cependant ici purement juridique [...]. Elle ne doit pas choquer, car elle ne conduit aucunement à nier sa qualité de personne humaine* ». *Rappr.* : F. ROUVIÈRE, « L'homme et la bête : De l'être au devoir-être ? », *RTD civ.*, 2017, p. 765 : « *Le législateur a-t-il le pouvoir de statuer sur l'être des choses et des personnes ? Certainement s'il s'agit d'attribuer un régime juridique à une catégorie, mais c'est beaucoup plus douteux à un titre philosophique* ».

des juristes »[368] refuse d'admettre sa choséité[369] et soutient, à l'opposé, qu'il est « *la personne elle-même* »[370] : « *il ne se conjugue pas avec l'auxiliaire "avoir", mais avec l'auxiliaire "être"* »[371] !

---

368 C. NEIRINCK, « Le corps humain », *in* D. TOMASIN (dir.), *Qu'en est-il de la propriété ? L'appropria-tion en débat*, Presses de l'Université des sciences sociales de Toulouse, 2007, p. 117, spéc. p. 117. De plus, et du même auteur, v. « La personnalité juridique et le corps », *in* X. BIOY (dir.), *La personnalité juridique*, Presses de l'Université Toulouse 1 Capitole, 2013, p. 57. Également, et dans le même sens, v. : T. REVET et F. ZENATI-CASTAING, *Manuel de droit des personnes*, PUF, 2006, n° 276 : « *Pour une grande partie des auteurs, le corps étant une personne, il ne saurait en même temps constituer une chose* » ; J.-M. POUGHON, « L'individu : propriétaire de son corps ? Une réponse entre scolastique juridique et réalisme économique », *L'Europe des libertés*, 2003, n° 11 : « *La doctrine est quasiment unanime pour affirmer que le corps humain n'est pas seulement matière : il est certes matière, mais uni à une abstraction [...]. C'est l'idée de personne. Le corps est ainsi rattaché à la personne [...]. Il est indissociable de la personne* » ; R. CABRILLAC (dir.), *Libertés et droits fondamentaux*, 26e éd., Dalloz, 2020, n° 232 : « *L'opinion dominante tend à considérer le corps humain, ensemble de cellules et d'organes, comme le substratum de la personne* ».

369 *Comp.* : J.-P. BAUD, *L'affaire de la main volée. Une histoire juridique du corps*, *op. cit.*, p. 22 : « *En fait, la doctrine française refuse d'avouer la réalité du corps parce qu'elle s'estime investie d'une mission : faire en sorte que le corps ne devienne pas une marchandise* ».

370 J. CARBONNIER, *Droit civil. Introduction. Les personnes. La famille. L'enfant. Le couple*, PUF, 2004, n° 196. Dans le même sens, v. F. TERRÉ et N. MOLFESSIS, *Introduction générale au droit*, 12e éd., Dalloz, 2020, n° 34 : « *Le corps est, en droit, plus que le support de la personne ; il en est une composante même* » ; A. MARAIS, *Droit des personnes*, 3e éd., Dalloz, 2018, n° 236 : « *Le corps humain [...] est le support de la personne : il se confond avec celle-ci* » ; W. DROSS, *Droit civil. Les choses*, *op. cit.*, n° 331 : « *La personne humaine n'existe pas "juridiquement" sans son corps : elle est aussi son corps* » ; J. FIERENS, « Critique de l'idée de propriété du corps humain ou Le miroir de l'infâme belle-mère de Blanche-Neige », *Les Cahiers de Droit*, 2001, n° 3, p. 647, spéc. p. 657 : « *Mon corps c'est moi, et il n'y a pas de distance entre lui et moi. Le corps est le sujet de droit* » ; F. TERRÉ et D. FENOUILLET, *Droit civil. Les personnes*, 8e éd., Dalloz, 2012, n° 54 : « *Le corps de la personne (à le supposer en vie) en est une composante indissociable* » ; S. PRIEUR, *La disposition par l'individu de son corps*, préf. É. LOQUIN, Les Études Hospitalières, 1999, p. 12 : « *Corps et personne... sont liés jusqu'à être juridiquement assimilés* ».

371 J.-R. BINET, « Protection de la personne – Le corps humain », *JurisClasseur Code civil*, 24 juin 2016, n° 124. Dans le même sens, v. : G. CORNU, *Droit civil. Introduction. Les personnes. Les biens*, 12e éd., Mont-chrestien, 2005, p. 211 : « *Le corps humain n'est pas une chose, c'est la personne même. Il s'agit de l'être et non de l'avoir* » ; A. BERTRAND-MIRKOVIC, « La protection de la personne en

Cette « *consubstantialité du corps et de la personne* »[372] est cependant contredite par le texte des articles 16 et suivants du Code civil[373], qui font de lui un « *objet de droits* »[374] sur lequel une « *multitude*

son corps en droit civil », *Droit de la famille*, 2018, n° 6, 12, spéc. n° 1 : « *Le corps relève de l'être de la personne, non de son avoir* ».

[372] J.-R. BINET, « Protection de la personne – Le corps humain », *op. cit.*, n° 124.

[373] V. spécialement articles : 16-1 (« *Chacun a droit au respect de son corps. Le corps humain est inviolable. Le corps humain, ses éléments et ses produits ne peuvent faire l'objet d'un droit patrimonial* ») ; 16-5 (« *Les conventions ayant pour effet de conférer une valeur patrimoniale au corps humain [...] sont nulles* ») ; 16-6 (« *Aucune rémunération ne peut être allouée à celui qui se prête à une expérimentation sur sa personne [ou...] au prélèvement d'éléments de son corps* ») ; 16-7 (« *Toute convention portant sur la procréation ou la gestation pour le compte d'autrui est nulle* »).

[374] T. REVET et F. ZENATI-CASTAING, *Manuel de droit des personnes*, *op. cit.*, n° 270, mais également : n° 275 (« *La proclamation, par l'article 16-1 du Code civil, du droit de chacun au respect de son corps con-sacre un pouvoir du sujet sur son corps, ce qui requiert sa qualité de "chose"* ») et n° 278 (« *En affirmant le droit de chacun au respect de son corps (article 16-1, C. civ.), le législateur a expressément consacré l'existence d'un droit subjectif sur le corps humain* »). Aussi, et dans le même sens, v. O. THOLOZAN, « La réification du corps humain en droit civil français », *Les cahiers de droit de la santé du sud-est*, 2004, n° 2, p. 11, spéc. p. 14 (« *À lire l'intitulé du chapitre II du livre I du Code civil relatif au "Respect du corps humain", on pourrait penser que [...] le législateur a considéré que le corps n'est que le siège du sujet de droit. Pourtant, [...] l'article 16-1 prévoit que chacun a droit au respect de son corps. On peut donc en déduire que le corps est objet de droit et, que de ce fait, il n'est pas totalement exclu d'une certaine forme de circulation. Ceci est d'ailleurs confirmé par les articles 16-5 à 16-7 qui condamne[nt] uniquement certaines utilisations du corps dans les transactions juridiques* ») et p. 35 (« *L'article 16-1 pose les termes d'une aporie dans laquelle s'est enlisé l'homo juridicus moderne. En effet, le corps substrat du sujet de droit est pensé comme objet de droit. Dès lors, la chosification de l'humain qui s'ensuit, ne réduit-elle pas l'homme à l'état de machine désirante, sans cesse menacée par la folie ? Il y aurait à craindre une réification du corps humain dont l'aboutissement serait le stade suprême de la forme marchande du sujet constitué par un asservissement du désir humain aux valeurs marchandes. L'homme des sociétés individualistes serait, alors, condamné à errer dans les limbes de l'empire du vide* »). *Adde* F. BELLIVIER et C. NOIVILLE, « La circulation d'éléments et produits du corps humain : quand la propriété-exclusivité occulte la question de l'accès », *RDC*, 2008, n° 4, p. 1357 : « *Il était essentiel de démontrer que le corps humain, ses éléments et ses produits, tout en attestant la souveraineté du sujet, peuvent (et doivent) être pensés – en droit – comme des choses qui se donnent, circulent et font l'objet de droits divers, patrimoniaux ou non* ».

de conventions »[375] peuvent – « *avec parcimonie, et selon des modalités très strictes* »[376] – porter[377]. De surcroît, elle est malmenée par l'expansion effrénée – « *très rapide* »[378] – des biotechnologies[379],

---

[375] A. JACK, « Les conventions relatives à la personne physique », *Revue critique de législation et de jurisprudence*, 1933, p. 362, spéc. n° 2.

[376] X. HENRY, *La technique des qualifications contractuelles*, *op. cit.*, n° 870.

[377] En ce sens, et entre autres, v. : C. NEIRINCK, « L'indisponibilité du corps humain », *in* G. KOUBI (dir.), *Propriété & Révolution*, Éditions du CNRS, 1990, p. 263, spéc. p. 265 : « *Il est aujourd'hui permis d'affirmer que le corps humain est bien une marchandise* » ; C. LASSALAS, « Le juriste se trouva fort dépourvu quand l'ère de la bioéconomie fut venue », *Petites affiches*, 2017, n° 259, p. 6 : « *Il est très facile de constater que le corps de l'homme est devenu l'objet d'un (vaste) marché* » ; M. DELMAS-MARTY, *Pour un droit commun*, Éditions du Seuil, 1994, p. 45 (« *Le corps est bel et bien dans le commerce juridique* ») et p. 48 (« *Il devient inexact de prétendre que le corps est hors du commerce juridique* ») ; X. AUREY, *La transformation du corps humain en ressource biomédicale. Étude de droit international et européen*, thèse sous la direction de E. DECAUX, Paris II, 2015, p. 214 : « *Sur la scène internationale [...], le corps humain s'inscrit dans le commerce* » ; J. EXBRAYAT, *La contractualisation en droit des personnes*, *op. cit.*, n° 156 : « *Le corps est devenu un haut lieu de ressources humaines appropriables, dont certaines sont aujourd'hui parfaitement négociables* ». *Adde* notamment : L. JOSSERAND, « La personne humaine dans le commerce juridique », *Dalloz. Recueil Hebdomadaire*, 1932, n° 1, p. 1, spéc. p. 1 : « *De nos jours [...], sans pénétrer tout à fait dans le commerce [...], la personne humaine voit s'atténuer le splendide isolement où l'avait placée une longue évolution ; descendue du piédestal où l'avaient hissée la déclaration des Droits de l'homme et le code civil, elle devient volontiers matière à tractations, à abandons, à réparations, à combinaisons ; parfois, elle est traitée comme une valeur économique et juridique, voire comme un colis ; elle se hausse ou elle s'abaisse au niveau d'une chose ; elle se commercialise [...] ; nous serions tentés d'écrire qu'elle s'américanise* » ; X. LABBÉE, « Le corps humain, ses organes et ses produits, source renouvelée de convoitise », *in* L. LEVENEUR (dir.), *Les « nouveaux » biens*, Dalloz, 2020, p. 63, spéc. p. 67 s. : « *Il nous paraît juste de dire que le corps humain fait l'objet d'un commerce restreint [...]. Il est [par exemple] admis, sans que l'on sache vraiment pourquoi, qu'on peut vendre ses cheveux [...]. Les reliques elles-mêmes font l'objet de commerce : on a vendu en toute impunité [...] 450 reliques sacrées (dont un doigt de saint Pierre) à la salle des ventes d'Alençon qui semble spécialisée dans ce commerce spécifique. On a vendu aussi en 2017 un squelette humain à la salle des ventes de Douai pour 900 euros [...]. Et deux têtes de condamnés à mort conservées dans un bocal à l'hôtel Drouot (la photo des bocaux et de leur contenu fut reproduite dans l'annonce de la vente)* ».

[378] Conseil économique et social, « La France face au défi des biotechnologies, quels enjeux pour l'avenir ? », 1999, p. 9.

[379] Sur lesquelles on consultera notamment : (i) les rapports de l'Office parlementaire d'évaluation des choix scientifiques et technologiques portant sur « *La place*

lesquelles font fi de la personne et « *prennent uniquement en compte la réalité biologique du corps humain et de ses composantes* »[380]. Voilà pourquoi un auteur a pu justement déclarer qu'il « *eût certainement mieux valu, pour la clarté du problème, que chaque [personne...] eut un corps entièrement différent de celui de ses voisins... On aurait alors vu que [la personne...] est indépendant[e] aussi bien de la machinerie physiologique qu'inconsciemment [elle...] s'est taillée dans la matière des aliments, [qu'elle...] l'est des machines consciemment manufacturées avec de l'acier ou du bois* »[381].

---

des biotechnologies en France et en Europe » (janvier 2005), ainsi que sur « *Les enjeux économiques, environnementaux, sanitaires et éthiques des biotechnologies à la lumière des nouvelles pistes de recherche* » (avril 2017) ; (ii) le rapport du groupe de travail présidé par Noëlle Lenoir, et intitulé « *Relever le défi des biotechnologies* » (mars 2002) ; (iii) le rapport du Conseil économique et social (aujourd'hui Conseil économique, social et environnemental) relatif à « *La France face au défi des biotechnologies, quels enjeux pour l'avenir ?* » (1999) ; (iv) les diverses contributions rassemblées *in* « *L'humain, l'humanité et le progrès scientifique* » (Dalloz, 2009) ; « *Vers de nouvelles humanités ? L'humanisme juridique face aux nouvelles technologies* » (Archives de philosophie du droit, Dalloz, 2017).

[380] F. DEKEUWER-DÉFOSSEZ (dir.), *Le Lamy Droit des personnes et de la famille*, Wolters Kluwer, 2019, n° 214-3. Aussi, et dans le même sens : X. LABBÉE, « La gueule de l'autre », *Recueil Dalloz*, 2006, p. 801 : « *Les formidables progrès de la médecine nous rappellent quotidiennement que le corps humain n'est jamais qu'une chose que l'on peut entièrement démonter puis remonter* » ; C. NEIRINCK, « L'embryon humain ou la question en apparence sans réponse de la bioéthique », *Petites affiches*, 1998, n° 29, p. 4 : « *Les biotechnologies ne s'encombrent pas de la notion de personne [...]. Elles prennent uniquement en compte la réalité biologique du corps humain et de ses différentes composantes* » ; J.-R. BINET, « Protection de la personne – Le corps humain », *op. cit.*, n° 2 : « *Il [... a fallu] attendre des progrès scientifiques et médicaux importants, pour que la distinction entre le corps et la personne passe de la théorie philosophique à la réalité tangible* ». *Adde* l'article de : A. LECA, « Corpus id est persona ? Réflexions à propos de la situation juridique du corps humain », *Les cahiers de droit de la santé du sud-est*, 2004, n° 2, p. 37, spéc. p. 49 : « *Bien que la science ne dicte aucune loi, l'évolution scientifique nous incite fortement à reconnaître que le corps [...] se distingue de plus en plus de la personne. D'autant qu'il ne paraît plus scientifiquement soutenable que le corps – tout ou partie – s'identifie juridiquement à celle-ci, alors que la biomédecine manipule comme des matériaux biologiques des cellules et leurs dérivés [...] qui apparaissent comme dotés d'une vie propre, indépendamment de la personne dont ils proviennent* ».

[381] A. DAVID, *Structure de la personne humaine. Essai sur la distinction des personnes et des choses*, PUF, 1955, p. 57. Aussi, et du même auteur : « Réflexions pour un nouveau schéma de l'homme : but et moyens », *Dialectica*, 1959, vol. 13, p. 281.

Section 1. « Une » chose

34. À suivre les dictionnaires d'usage courant, l'unité est « *la qualité de ce qui est un* »[382], « *unique* »[383]. L'examen de l'unité qui caractérise la chose objet de l'obligation de prêter, précèdera sa transposition, en guise d'illustration, au livre numérique.

§1. De l'unité en général

35. Une chose – ou une certaine quantité de choses – est *une*, unique, dès lors qu'il est possible de l'individualiser, c'est-à-dire dès l'instant qu'elle peut être isolée grâce à des « *signes distinctifs* »[384] (numéro, poids, volume, emplacement, date de péremption, …)[385].

À cet égard, il faut noter que l'unité – l'aptitude d'une chose à être individualisée – n'est pas incompatible avec la fongibilité – « *l'aptitude objective des [choses...] de même espèce et qualité à se substituer entre elles* »[386] – : en effet, les choses uniques sont celles qui sont individualisables, et s'opposent aux choses qui ne sont guère individualisables ; quant aux choses fongibles, elles sont celles qui sont interchangeables, par opposition aux choses qui ne sont guère interchangeables. Subséquemment, une chose unique ou individualisable peut être (ou ne pas être…) interchangeable, de même qu'une chose fongible ou interchangeable peut être (ou ne pas être…) individualisable[387].

---

382 *Grand Larousse*, v. *Unité*.
383 *Le Robert*, v. *Unité*.
384 *Vocabulaire juridique*, v. *Individualisation*.
385 *Rappr.* : P. RICŒUR, *Soi-même comme un autre*, Éditions du Seuil, 1990, p. 39 à 43.
386 P.-G. MARLY, *Fongibilité et volonté individuelle. Étude sur la qualification juridique des biens*, préf. Ph. DELEBECQUE, LGDJ, 2004, p. 327.
387 En ce sens, v. particulièrement CA Versailles, 11 octobre 2012, n° 10/05550, *Bulletin Joly Sociétés*, 2013, n° 3, p. 220, note V. ALLEGAERT ; *Gazette du Palais*, 2013, n° 054, note S. LEROND ; *Droit des sociétés*, 2013, n° 2, comm. 28, note D. GALLOIS-COCHET, où la Cour considère que « *le fait que les parts sociales [prêtées sur le fondement des articles 1892 et suivants du Code civil]* soient numérotées et peuvent donc être individualisées, ne fait pas obstacle à leur caractère fongible » (nous soulignons). *Adde* R. MORTIER et P. J. SAINT-AMAND, « Pourquoi la numérotation d'actions est utile », *JCP N 2015*, n° 44, 1192, spéc. n° 17 s. : « *Un bien (exemple : billet de banque) peut être fongible tout en étant identifiable [...] ! En d'autres termes, un bien peut être identifiable et fongible* » ;

Du reste, l'idée même qu'une chose ne soit pas individualisable est, à tout le moins, « *assez curieuse* »[388]. Il est pourtant des choses qui ne sont pas individualisables, en raison de leur irrémédiable fusion dans une autre chose. Ainsi en est-t-il de la force de travail[389] – autrement appelée « *force physique et intellectuelle* »[390], « *énergie humaine* »[391], « *énergie intellectuelle et musculaire* »[392], « *force humaine, corporelle et intellectuelle* »[393], « *faculté de travail* »[394], « *force productive* »[395], « *capacité de travail* »[396] ou « *ressources physiques et intellectuelles* »[397] –, laquelle ne peut jamais

---

F.-X. LUCAS, « Appréciation de la fongibilité de médicaments », note sous CA Rennes, 23 octobre 2018, n° 16/02091, *L'ESSENTIEL Droit des entreprises en difficulté*, 2019, n° 4, p. 1 : « *Ce qui fait la fongibilité, ce n'est pas que le bien n'est pas individualisable, mais qu'il est interchangeable...* » ; L. CHATAIN, « Quel prix d'acquisition pour des parts numérotées ? », *Droit fiscal*, 2017, n° 46, comm. 542 : « *Des biens individualisables peuvent être fongibles ou non [...]. Des [titres] individualisables peuvent donc parfaitement être fongibles* ».

388 R. MORTIER et P. J. SAINT-AMAND, « Pourquoi la numérotation d'actions est possible », *JCP N 2015*, n° 44, 1191.

389 Sur laquelle, v. particulièrement T. REVET, *La force de travail. Étude juridique*, préf. F. ZENATI, Litec, 1992 (qui plus est, et du même auteur : « L'objet du contrat de travail », *Droit social*, 1992, p. 859). *Rappr.* : K. MARX, *Le Capital. Livre I. Le développement de la production capitaliste. Traduction de M. Joseph Roy entièrement révisée par l'auteur*, t. I, Éditions sociales, 1969, v. « *Chapitre VI. L'achat et la vente de la force de travail* », et spéc. p. 170, où la « *force de travail* » est définie comme « *l'ensemble des facultés physiques et intellectuelles qui existent dans le corps d'un homme, dans sa personnalité vivante, et qu'il doit mettre en mouvement pour produire des choses utiles* » (*Adde* M. HUSSON, « Le capitalisme contemporain et Marx », *Droit social*, 2008, p. 232). En dernier lieu, v. : C. MANGEMATIN, *La faute de fonction en droit privé*, préf. V. MALABAT, Dalloz, 2014, n° 110.

390 F. ZENATI, « L'immatériel et les choses », *in Le droit et l'immatériel. Tome 43*, Archives de philosophie du droit, Dalloz, 1999, p. 79, spéc. p. 84.

391 ...Ou « *énergie de l'homme* » : R. ANDORNO, *La distinction juridique entre les personnes et les choses à l'épreuve des procréations artificielles*, *op. cit.*, n° 150.

392 M. LAMOUREUX, « Le bien énergie », *RTD com.*, 2009, p. 239, spéc. n° 23.

393 R. SAVATIER, « Conclusion générale », *in Travaux de l'Association Henri Capitant. Le corps humain et le droit (Journées Belges : 1975)*, Tome XXVI, Dalloz, 1977, p. 515, spéc. p. 517.

394 G. SCELLE, *Le droit ouvrier. Tableau de la législation française actuelle*, Armand Colin, 1922, p. 110.

395 G. CORNIL, *Du louage de services ou contrat de travail*, Paris, 1895, p. 5.

396 S. BRISSY, « L'obligation pour l'employeur de donner du travail au salarié », *Droit social*, 2008, p. 434.

397 A. SUPIOT, *Critique du droit du travail*, 3e éd., PUF, 2015, p. 63.

être « *séparée* »[398] du corps qui l'abrite[399] – « *le travail, c'est un œil qui voit, un cerveau qui pense, un muscle qui agit* »[400].

§2. Du livre numérique en particulier

36. Signification. Le livre numérique désigne « *un ensemble contenant des écrits, illustré ou non [...], qui reproduit une œuvre de l'esprit d'un ou de plusieurs auteurs, sous forme [...] numérique* »[401],

---

[398] H. CAPITANT et A. COLIN, *Cours élémentaire de droit civil français*, t. II, Dalloz, 1915, p. 576.

[399] En ce sens, v. particulièrement J.-E. MAES-AUDEBERT, « La réception juridique de la conception marxienne de la force de travail », *Droit & Philosophie*, 2018, vol. 10 (« Marx et le droit »), p. 169, spéc. n° 18 : « *La force de travail est indissociable du corps du travailleur* ». *Contra*, v. notamment : F. ZENATI, « L'immatériel et les choses », *op. cit.*, p. 79, spéc. p. 84, où l'auteur retient que la force de travail est un « *bien [...] immatériel* », et non « *le corps lui-même* » : « *mais qu'est-ce que [la force de travail] sans [le corps] ? Peut-on raisonnablement prétendre que l'une existe sans l'autre !? Certes, il faut saluer la trouvaille, à condition de ne pas prétendre qu'elle est autre chose qu'un subterfuge...* » (M. GOBERT, « Réflexions sur les sources du droit et les "principes" d'indisponibilité du corps humain et de l'état des personnes : À propos de la maternité de substitution », *RTD civ.*, 1992, p. 489, spéc. n° 24). Au surplus, v. : T. LAHALLE, « Le corps humain en droit du travail », *Petites affiches*, 2018, n° 188, p. 7 : « *Malgré la désindustrialisation, le corps [est et...] reste une force de travail une et indivisible même si, pour certaines activités, un organe spécifique est déterminant : la voix du professeur ou les yeux du chirurgien* ».

[400] P. JARDILLIER, *L'organisation humaine des entreprises*, préf. R. BONNARDEL, PUF, 1965, p. 5. *Adde* P. MAINE DE BIRAN, *Journal intime (de l'année 1792 à l'année 1817)*, Plon, 1927, p. 203 : « *Mes facultés intellectuelles et morales sont assujetties à tous les caprices de mes nerfs ; quelquefois mon cerveau se monte par suite de ses anciennes habitudes aux heures de travail accoutumé ; je commence quelque chose et je sens le besoin organique de penser, de travailler d'esprit, comme on sent à certaines heures le besoin de manger ; mais les distractions, les devoirs, les affaires du dehors surviennent, et je suis alors entraîné loin de mon instinct méditatif* » ; S. WEIL, *L'enracinement*, Gallimard, 1990, p. 378 : « *Travailler : c'est mettre son propre être, âme et chair, dans le circuit de la matière inerte [...], en faire un instrument* ».

[401] Direction de l'information légale et administrative (via service-public.fr), 19 février 2016. Également, v. : P.-Y. GAUTIER, *Propriété littéraire et artistique*, 11e éd., PUF, 2019, n° 52, où l'auteur suggère de « *définir "œuvre [de l'esprit]" tout effort d'innovation de l'esprit humain, conduisant à une production intellectuelle, qui peut tendre vers un but pratique, mais doit comporter un minimum d'effet esthétique ou culturel, la rattachant d'une quelconque façon à l'ordre des beaux-arts* ».

et qui est destiné à être lu « *sur un écran* »[402]. En d'autres mots, il s'agit d'un ouvrage représenté, « *de manière binaire* »[403], par une séquence de « *bits* »[404] – une suite de zéros et de uns (ex. : 1010011111010) –, et accessible à l'aide d'un terminal doté d'un écran – une liseuse, une tablette, un ordinateur, un smartphone, etc.

37. Inspection. Aussi importe-t-il de souligner que son unité est mise à mal par le fonctionnement du numérique. En effet, l'affichage du livre à l'écran requiert un traitement préalable de la forme numérique par le terminal d'accès ; ce traitement consiste en une traduction de la séquence de bits correspondante (ex. : 011001110000101)[405], et implique que ledit livre soit stocké « *dans la mémoire vive (RAM) ou dans la mémoire morte (ROM)* »[406] dudit terminal (ex. : le disque dur de l'ordinateur)[407]. D'où il suit que le livre numérique ne fait « qu'un »

---

[402] Commission générale de terminologie et de néologie, *Vocabulaire de l'édition et du livre (liste de termes, expressions et définitions adoptés)*, Journal officiel de la République française, 4 avril 2012, p. 6130.

[403] Conseil d'État, *Le numérique et les droits fondamentaux*, La Documentation Française, 2014, p. 9.

[404] « *Un caractère alphabétique est représenté par 7 ou 8 bits [...]. Un "bit" est l'élément de base du système binaire, il a deux états possibles 0 ou 1. Exemples : la lettre "A" est représentée par la suite binaire 10001 ; le chiffre "3" est représenté par la suite binaire 0110000111 ; le signe ";" est représenté par la suite binaire 1100001. Une page de texte de format A4 peut contenir entre 2000 et 3000 caractères suivant la grandeur de ceux-ci. La quantité d'éléments binaires engendrés par le message contenu sur cette page sera [approximativement] de : 2000 * 8 = 16.000 bits* » (E. GORAY, « Les technologies du multimédia », *in* L. GOFFINET et M. NOIRHOMME-FRAITURE (dir.), *Multimédia*, Presses universitaires de Namur, 1995, p. 19, spéc. p. 25). *Adde* Conseil d'État, *Le numérique et les droits fondamentaux*, *op. cit.*, p. 42 : « *La puissance transformatrice du numérique tient à sa capacité à exprimer des réalités disparates (images, textes, comportements humains, phénomènes naturels, processus industriels, ...) dans un langage commun universel, fait de combinaisons de 0 et de 1 [...]. Le philosophe Bernard Stiegler qualifie ce processus de "grammatisation" du réel* ».

[405] En ce sens, v. : Ph. GAUDRAT, « Forme numérique & propriété intellectuelle », *RTD com.*, 2001, p. 96.

[406] A. CHAIGNEAU et E. NETTER, « Introduction », *in* A. CHAIGNEAU et E. NETTER (dir.), *Les biens numériques*, CEPRISCA, 2015, p. 5, spéc. p. 9. Dans le même sens, v. P. KAMINA, « Le livre numérique », *Communication Commerce électronique*, 2000, n° 12, chron. 23, spéc. n° 14 : « *La lecture du livre [...numérique] implique une reproduction en mémoire vive* ».

[407] En ce sens, v. : Ph. GAUDRAT, « Prêt public & droit de location : l'art et la manière », *RTD com.*, 2008, p. 752, spéc. n° 16.

avec la mémoire dans laquelle il est stocké – …voire avec le terminal auquel cette mémoire est arrimée.

38. Objection. Pourtant, quelques auteurs soutiennent que le livre numérique – en dépit de son absence d'unité – constitue la chose objet de l'obligation de prêter, lorsque les deux conditions suivantes sont cumulativement réunies : d'une part, le détenteur d'un livre (le « prêteur ») en autorise la « duplication »[408] dans la mémoire d'un terminal appartenant au lecteur (« l'emprunteur ») ; d'autre part, la copie créée au profit de ce dernier, comporte des « *instructions* »[409] planifiant son « *auto-destruction* »[410] à l'échéance du terme fixé[411].

---

[408] *Rappr.* : S. COUDERT, *La mise à disposition d'une chose*, *op. cit.*, n° 355 : « *Les choses numériques sont démultipliables à l'infini !* » ; E. NETTER, *Numérique et grandes notions du droit privé*, CEPRISCA, 2019, n° 73 : « *Rien n'est plus facile que de dupliquer des fichiers numériques et de les semer à tout vent* ».

[409] Ph. GAUDRAT, « Prêt public & droit de location : l'art et la manière », *op. cit.*, p. 752, spéc. n° 16. *Adde* E. NETTER, *Numérique et grandes notions du droit privé*, *op. cit.*, n° 233, où l'auteur estime qu'en raison de leur sophistication, ces instructions « *doivent être considérées aujourd'hui tels de véritables systèmes normatifs embarqués : un ensemble complexe de règles les accompagne et possède une capacité à s'auto-exécuter, sans qu'il soit nécessaire de recourir à une assistance extérieure. L'aphorisme "Code is law" […] prend, ici, son sens le plus fort* ».

[410] L. MAUREL, « Le livre numérique en bibliothèque », *in* A. CHAIGNEAU et E. NETTER (dir.), *Les biens numériques*, CEPRISCA, 2015, p. 69, spéc. p. 78.

[411] V. en ce sens Ch. ALLEAUME, « Du prêt numérique », note sous CJUE, 3e chambre, 10 novembre 2016, n° C-174/15, *op. cit.*, p. 747, spéc. n° 24. *Adde* M. GARNIER, *Le prêt à usage*, *op. cit.*, n° 46, au sujet du prêt d'un jeu par téléchargement d'une version de démonstration : « *Entre l'emprunteur qui se déplace pour aller chercher un jeu informatique dans une ludothèque […] et celui qui le télécharge sur son ordinateur, il n'y a qu'une différence physique qui ne justifie pas – à elle seule – un changement de qualification. On objectera qu'il existe une autre différence dans le prêt par téléchargement : il n'y a pas de restitution proprement dite à l'issue du contrat. Il ne faut pas oublier toutefois que l'essentiel dans le commodat est le transfert d'usage, et que la restitution n'est que le moyen matériel de mettre fin à l'usage. Dès lors que le droit d'usage cesse, le contrat prend fin, même sans restitution matérielle… Tel est bien le cas lorsque le système de verrouillage du programme téléchargé le rend inutilisable* » ; G. CATTALANO-CLOAREC, *Le contrat de prêt*, *op. cit.*, n° 140, au sujet du prêt d'un logiciel par téléchargement d'une version d'évaluation : « *Il est fréquent qu'une version dite d'évaluation d'un logiciel payant soit, gratuitement et temporairement, proposée au téléchargement. Il nous semble que […] rien n'interdit de considérer ce type de contrat comme un prêt. Dans une telle hypothèse, la remise est constituée par le téléchargement complet des données numériques [(du logiciel)] et leur inscription sur le disque dur de l'emprunteur. Ce transfert, bien qu'en partie*

La Cour de justice de l'Union européenne a d'ailleurs dernièrement suivi cette analyse, en jugeant que la duplication d'un livre numérique par l'utilisateur d'une bibliothèque accueillant du public, est « *un prêt au sens des dispositions de la Directive 2006/115/CE* », lorsqu'une seule copie peut être créée pendant la période « d'emprunt », période à l'expiration de laquelle la copie ainsi créée « *n'est plus utilisable par cet utilisateur* »[412].

S'il est vrai qu'un tel montage est « *économiquement et culturellement équivalent à un acte de prêt* »[413], il n'en demeure pas moins que la chose remise n'est, à aucun moment, la chose d'autrui : « *le "prêteur" ne perd, ni ne transfère, (matériellement) rien sur ce qu'il prête* »[414]. Si bien qu'il paraît plus exact d'y voir un contrat *sui generis*,

---

au moins, immatériel, nous paraît sans difficulté pouvoir être considéré comme un équivalent [...] de la tradition manuelle. La restitution du bien se réalisera alors par la fin du droit d'accès au bien numérique qui se manifestera par un blocage du droit de l'utilisateur. Il est notable que la restitution émanera du fait du prêteur et non [...] de l'emprunteur. Cette adaptation est toutefois envisageable, car l'esprit de la restitution est de remettre le prêteur dans l'état antérieur au contrat de prêt, c'est-à-dire dans son monopole d'usage du bien ».

412 CJUE, 3e chambre, 10 novembre 2016, n° C-174/15, *Communication Commerce électronique*, 2017, n° 1, comm. 3, note G. LOISEAU ; *JCP E 2017*, n° 35, 1457, chron. M.-E. LAPORTE-LEGEAIS ; *Dalloz IP/IT*, 2017, p. 42, note S. DORMONT ; *L'ESSENTIEL Droit de la propriété intellectuelle*, 2017, n° 1, p. 1, note A. LUCAS ; *Communication Commerce électronique*, 2017, n° 2, comm. 10, note C. CARON ; *Europe*, 2017, n° 1, comm. 27, note A. RIGAUX ; *RTD com.*, 2017, p. 79, note F. POLLAUD-DULIAN ; *RTD civ.*, 2017, p. 173, note P.-Y. GAUTIER ; *Juris art etc.*, 2016, n° 41, p. 12, note É. SCARAMOZZINO ; *Recueil Dalloz*, 2017, p. 747, note Ch. ALLEAUME ; *Cahiers de la documentation*, 2016, n° 4, p. 34, note S. DUSOLLIER ; *Légipresse*, 17 janvier 2017, n° 345, note T. PETELIN.

413 Ch. ALLEAUME, « Du prêt numérique », note sous CJUE, 3e chambre, 10 novembre 2016, n° C-174/15, *op. cit.*, p. 747, spéc. n° 16.

414 Ch. ALLEAUME, *Le prêt des œuvres de l'esprit*, thèse sous la direction de P.-Y. GAUTIER, Caen, 1997, n° 523, cité par : O. PIGNATARI, *Le support en droit d'auteur*, préf. Ph. GAUDRAT, Larcier, 2013, n° 397. Dans le même sens, v. : V. VARET, « Droit d'auteur et dématérialisation », *in Études en l'honneur du Professeur Jérôme Huet*, LGDJ, 2017, p. 377, spéc. p. 394 : « *La mise à disposition [d'une œuvre sous forme déma-térialisée pour une durée temporaire] implique en général une duplication : ce n'est pas le fichier [(incluant l'œuvre)] détenu par celui qui opère la mise à disposition qui est transmis à l'utilisateur, mais une copie de celui-ci : c'est indéniablement le cas dans l'hypothèse d'un téléchargement (à titre temporaire, puisque telle est notre hypothèse) ; mais c'est aussi, au moins partiellement, le cas lorsque l'œuvre est mise à disposition en flux continu (streaming), car cette opération nécessite le plus souvent la duplication temporaire du fichier dans la mémoire du terminal de réception permettant la consultation de*

en vertu duquel un lecteur obtient (momentanément) le droit de dupliquer un livre[415]. Ce sentiment est notamment et étonnamment corroboré par une lecture attentive de l'arrêt précité, dont le point 53 atteste de ce que la juridiction européenne s'est délibérément écartée de la réalité en faisant « comme si »[416] – « *als ob* »[417] – la duplication

---

l'œuvre. Du point de vue strictement technique [...], il n'y a pas mise à disposition temporaire d'un bien [...], comme c'est le cas pour un support matériel tangible, mais création d'un nouveau bien [...] dans le chef de l'utilisateur (le fichier téléchargé ou permettant le streaming), sans que celui qui réalise cette mise à disposition [(c'est-à-dire le "prêteur")] soit dépossédé de son propre fichier ». *Comp.* les difficultés soulevées en matière pénale par l'absence de dépossession du propriétaire d'un fichier numérique indûment dupliqué par un tiers : « *La copie d'un fichier informatique constitue-t-elle [...] une soustraction [(et donc un vol au sens de l'article 311-1 du Code pénal)] ?* » (G. DESGENS-PASANAU, « Copier un fichier, c'est le voler ! », note sous Cass. crim., 28 juin 2017, n° 16-81.113, Bull. crim., n° 191, *Dalloz IP/IT*, 2017, p. 663).

415 *Comp.* particulièrement : Ph. GAUDRAT, « Prêt public & droit de location : l'art et la manière », *op. cit.*, p. 752, spéc. n° 16 : « *Sans être juridiquement un prêt, puisque l'internaute n'est à aucun moment détenteur de la chose d'autrui, l'économie de l'opération est bien celle du prêt (ou du bail quand il y a rémunération). Au regard des catégories civilistes, il s'agit plutôt d'un don (ou d'une vente quand il y a un prix) de consommable destructible* » ; A. LUCAS, « Le contrat de mise à disposition d'une œuvre de l'esprit », *in Mélanges en l'honneur de François Collart Dutilleul*, Dalloz, 2017, p. 491, spéc. p. 504 : « *Le contrat ayant pour objet la mise à disposition d'une œuvre de l'esprit [...] en ligne ne peut être ramené sans dénaturation à une vente, à une location ou à un prêt. Le rapprochement avec le contrat d'entreprise, sans être complètement infondé, comporte, malgré tout, une part d'artifice. Mieux vaut, pour rendre compte de la réalité de l'opération, s'en tenir à la figure du contrat innommé* ».

416 *Rappr.* Q. GUIGUET-SCHIELÉ, « Les présomptions et fictions (dis)qualificatives », *in* M. NICOD (dir.), *Les affres de la qualification juridique*, Presses de l'Université Toulouse 1 Capitole, 2015, p. 203, spéc. n° 22 s., où l'auteur examine successivement les « *fictions qualificatives* » et les « *fictions disqualificatives* ».

417 H. VAIHINGER, *La philosophie du comme si – Système des fictions théoriques, pratiques et religieuses, sur la base d'un positivisme idéaliste – Édition populaire de 1923*, préf. et trad. Ch. BOURIAU, Kimé, 2008, d'après lequel le recours à des fictions – c'est-à-dire des constructions qui s'écartent de la réalité – est nécessaire au traitement de multiples problèmes théoriques et pratiques : « *par exemple, si le juge utilise la fiction du libre arbitre, c'est uniquement pour parvenir à formuler une sanction. Le but est de prononcer une sanction, et la fiction selon laquelle l'homme (en l'espèce le criminel) est libre de ses actes, est ce qui lui permet d'atteindre ce résultat. Il est alors indifférent que l'homme soit libre en vérité [...]. Le syllogisme du juge est le suivant : parce que tout homme est libre de ses actes, tout homme est punissable s'il a enfreint la loi. A est un homme, un homme libre, et*

valait prêt : « *[le prêt d'un livre sous forme numérique]* doit être considéré comme présentant des caractéristiques comparables *à celles des prêts d'ouvrages imprimés* » (nous soulignons)[418].

---

il a enfreint la loi. Donc A est punissable. A est tout d'abord subsumé sous le concept d'"homme libre" et, par voie de conséquence, sous celui de "punissable". Mais le concept de liberté s'efface dans la conclusion ; il n'a servi qu'à rendre possible le jugement. L'homme est-il réellement libre ? Cette prémisse n'est pas examinée par le juge : elle ne vaut que comme une fiction qui lui sert à tirer sa con-clusion. S'il n'était pas possible de punir les hommes (les criminels), aucun gouvernement ne serait possible, et c'est en vue de cette fin pratique que la fiction théorique de la liberté a été inventée. Il en va de même avec la fiction du contrat social : celle-ci ne sert aussi qu'à donner un fondement au droit pénal [...]. On imagine que chaque habitant d'un pays a fait tacitement un contrat avec la collectivité : celui de respecter les lois, et que la [méconnaissance] du contrat elle-même est punissable d'après ces lois. Dès lors, si A transgresse ces lois, il rompt le contrat et, conformément à la loi, mérite une sanction. La fiction théorique du contrat ne sert donc qu'à fonder la pratique du droit pénal. Que ce dernier ne puisse se justifier autrement que par une telle fiction, c'est là un secret de polichinelle de la science politique... ! En effet, abstraction faite de cette fiction, d'où la collectivité (ou l'un de ses représentants) pourrait-elle tirer le droit de punir les autres hommes ? La réponse ne va absolument pas de soi. Puisqu'on ne saurait réduire la punition à un simple rapport de forces (l'idée que le plus puissant ou la collectivité a le droit de punir les simples particuliers est dépourvue de tout fondement juridique ou moral), on cherche à fonder théoriquement l'exercice du droit pénal sur la fiction du contrat social. C'est en invoquant cette fiction que, jadis (et partiellement aujourd'hui encore), on a cherché à fonder théoriquement le droit du monarque ou, plus récemment, le droit de révolution du peuple... Encore une fois, absolument rien ne permet d'affirmer que l'État détient, de quelque source que ce soit, un droit de punir, que le gouverneur possède un droit de gouverner, et que le peuple a le droit d'engager une révolution. C'est l'idée de contrat qui fournit le moyen [...] grâce auquel on peut déduire, théoriquement, les droits que nous venons d'énumérer. Dans la conclusion elle-même, toutefois, le moyen (la fiction du contrat) disparaît ; une fois achevé le processus de pensée, il s'éclipse » (p. 179 s.).

[418] « *La fiction repose sur une contradiction assumée : la qualification ne s'applique pas, mais elle sera tout de même appliquée. Par exemple, [un] bien n'est pas immeuble, mais on appliquera pourtant la qualification d'immeuble [...]. De même, la qualification peut bien s'appliquer, mais on ne l'appliquera pas. Par exemple, [une] obligation a été payée, mais elle ne sera pas éteinte : tel est le cas prévu par le paiement subrogatoire, hypothèse de paiement de la dette d'autrui [...]. La fiction écarte ainsi délibérément des éléments de faits qui viendraient faire obstacle à l'application de la qualification visée. Peu importe que la personne soit unique : elle pourra disposer d'un second patrimoine. Peu importe que l'enfant ne soit pas encore né : il peut hériter [...]. Peu importe que la chose se déplace : elle sera immeuble* » (F. ROUVIÈRE, « Critique des fonctions et de la nature

39. Conclusion de section. L'unité – le caractère unique – de la chose due, tient à son « individuabilité »[419] ; ce qui revient à dire que l'unité de la chose objet de l'obligation de prêter, tient à son aptitude à être séparée « *du reste de l'amalgame* »[420] – des choses qui l'entourent.

Or, cette aptitude fait défaut au livre numérique, lequel ne peut être individualisé en raison de son inévitable ancrage au sein de la mémoire du terminal de lecture (smartphone, ordinateur, etc.) – ancrage dont la Cour de justice de l'Union européenne fait délibérément fi, en retenant que la reproduction d'un livre sous format numérique, est un prêt dans le cas où la copie fabriquée par le lecteur est chrono-dégradable. Au demeurant, il n'en va pas de même en ce qui regarde les « *actifs numériques* »[421] (ex. : Bitcoin[422]), qui sont des « *objets juridiques non identifiés* »[423] dont le trait le plus remarquable est d'être individualisable[424], ce pour quoi ils peuvent commodément « se mouvoir »[425] « *sans duplication* »[426] et constituer, le cas échéant,

des fictions », *in* A.-B. CAIRE (dir.), *Les artifices du droit : les fictions. Actes du colloque du 20 mai 2014*, Centre Michel de l'Hospital, 2015, p. 83, spéc. n° 12 s.).

419 J.-L. SECONDS, *De l'art social ou des vrais principes de la société politique*, Paris, 1792, p. 88 : « *Il n'y a ni gouvernement sans pouvoir, ni véritable pouvoir sans unité, ni véritable unité sans individuabilité* ».

420 P.-G. MARLY, *Fongibilité et volonté individuelle. Étude sur la qualification juridique des biens*, *op. cit.*, n° 125.

421 Ou « *crypto-actifs* » : F. DRUMMOND, « Loi PACTE et actifs numériques », *Bulletin Joly Bourse*, 2019, n° 4, p. 60 ; M. JULIENNE, « Les actifs numériques, entre droit et technologie », *Bulletin Joly Bourse*, 2020, n° 1, p. 64 ; D. LEGEAIS, « L'avènement d'une nouvelle catégorie de biens – Les actifs numériques », *RTD com.*, 2019, p. 191. Aussi, et en tout dernier lieu, v. : M. JULIENNE, « Premières vues sur les crypto-actifs », *in* L. LEVENEUR (dir.), *Les « nouveaux » biens*, Dalloz, 2020, p. 109.

422 Créé par un informaticien surnommé « Satoshi Nakamoto », le Bitcoin (BTC) est le plus célèbre et ancien crypto-actif. Pour une présentation de celui-ci, v. J. LASSERRE CAPDEVILLE, « Le bitcoin », *JCP E 2014*, n° 3, 25.

423 M. ROUSSILLE, « Le bitcoin, objet juridique non identifié », *Banque & Droit*, 2015, n° 159, p. 77. *Adde* M. JULIENNE, « Les crypto-monnaies : Régulation et usages », *Revue de Droit bancaire et financier*, 2018, n° 6, étude 19, spéc. n° 12.

424 Et interchangeable : H. DE VAUPLANE, « Le débat sur la fongibilité du Bitcoin », *Revue Banque*, 2018, n° 825, p. 60.

425 Sur cette idée de « mouvement », v. : S. COUDERT, *La mise à disposition d'une chose*, *op. cit.*, n° 309.

426 A. LOURIMI, « Fiscalité de l'open finance, le traitement fiscal des intérêts de prêts sur actifs numériques », *Droit fiscal*, 2019, n° 30-35, 345, spéc. n° 5.

la chose objet de l'obligation de prêter[427] – « *Lorsque "A" envoie un Bitcoin à "B", aucune copie du Bitcoin n'est créée [...], et "A" ne le possède plus* »[428].

Section 2. Une chose « dans le commerce »

40. À suivre les dictionnaires d'usage courant, la commercialité est « *la qualité de ce qui est commercial* »[429] ou, pour emprunter un terme vieilli, « *commerçable* »[430]. L'examen de la commercialité qui caractérise la chose objet de l'obligation de prêter, devancera sa transposition, en guise d'illustration, au corps humain.

§1. De la commercialité en général

41. Une chose – ou une certaine quantité de choses – est *dans le commerce*, commerçable, au moment même où il est possible de la prêter, c'est-à-dire aussitôt qu'elle peut être « *donnée à titre de prêt* »[431].

---

[427] En ce sens, et en dernier lieu, v. T. com. Nanterre, 26 février 2020, JurisData n° 2020-002798, *AJ contrat*, 2020, p. 296, note J. MOREAU ; *Communication Commerce électronique*, 2020, n° 6, comm. 52, note É. A. CAPRIOLI ; *Revue Banque*, 2020, n° 843, note S. OUDJHANI-ROGEZ ; *Revue Banque*, 2020, n° 844, note P. STORRER ; *Revue Lamy Droit civil*, 2020, n° 182, chron. F. JULIENNE ; *Gazette du Palais*, 2020, n° 21, p. 61, note S. MOREIL ; *JCP E 2020*, n° 19, 1201, note M. JULIENNE ; *JCP E 2020*, n° 21-22, 1211, spéc. n° 32 s., chron. M. BOURGEOIS et L. THIBIERGE ; *Revue Lamy Droit de l'Immatériel*, 2020, n° 168, note G. MARRAUD DES GROTTES ; *Les Échos*, 5 mars 2020, note É. BENHAMOU ; *La lettre juridique*, 2020, n° 817, note J. LASSERRE CAPDEVILLE ; *Revue de Droit bancaire et financier*, 2020, n° 3, étude 7, note D. LEGEAIS ; *L'ESSENTIEL Droit bancaire*, 2020, n° 04, p. 1, note N. MATHEY, où les juges considèrent qu'un prêt de Bitcoins est un prêt de consommation. *Rappr.* : H. DE VAUPLANE, « Fongibilité du Bitcoin : l'exemple du "Bitcoin Fork" et des contrats de prêt de Bitcoin », *Revue trimestrielle de droit financier*, 2018, n° 2/3, p. 89.

[428] C. JEANNEAU, *L'âge du web décentralisé*, Digital New Deal Foundation, 2018, p. 4.

[429] *Petit Larousse*, v. *Commercialité*.

[430] *Grand Larousse*, v. *Commerçable*.

[431] Article 1894 du Code civil : « *On ne peut pas* donner à titre de prêt *de consommation des choses qui [...] sont différentes [...]* » (nous soulignons).

À cet égard, il faut noter que la commercialité – l'aptitude d'une chose à être prêtée – est susceptible de « *degrés* »[432] : en effet, certaines choses sont « *partiellement* »[433] commerçables et sont, en conséquence, « *plus ou moins* »[434] prêtables. Les œuvres appartenant aux collections confiées à la garde des « musées nationaux »[435], en offrent un exemple pertinent, celles-ci ne pouvant être prêtées que « *pour des expositions temporaires à caractère culturel* » organisées par « *des personnes publiques ou des organismes de droit privé à vocation culturelle, agissant sans but lucratif* »[436]. Les œuvres et objets d'art inscrits sur l'inventaire du Fonds national d'art contemporain, en offrent également un exemple pertinent, ceux-ci ne pouvant être prêtés que « *pour l'organisation d'expositions* » analogues par des « *personnes publiques ou des personnes morales de droit privé [...], qui garantissent l'accessibilité au public et valorisent l'œuvre et son auteur* »[437].

---

432 T. REVET et F. ZENATI-CASTAING, *Les biens*, *op. cit.*, n° 36 c) ; W. DROSS, *Droit civil. Les choses*, *op. cit.*, n° 330.
433 J.-C. GALLOUX, « Réflexions sur la catégorie des choses hors du commerce : l'exemple des éléments et des produits du corps humain en droit français », *Les Cahiers de Droit*, 1989, n° 4, p. 1011, spéc. p. 1011.
434 M. XIFARAS, *La propriété. Étude de philosophie du droit*, PUF, 2004, p. 235.
435 La liste desdits musées est fixée à l'article R. 421-2 du Code du patrimoine ; elle comprend (1°) le musée du Louvre, (2°) le musée de l'Orangerie des Tuileries, (3°) le musée de Cluny, (4°) le musée de la céramique à Sèvres, (5°) le musée des arts asiatiques à Guimet, (6°) le musée des civilisations de l'Europe et de la Méditerranée, (7°) le musée des châteaux de Versailles et de Trianon, (8°) le musée des châteaux de Malmaison et de Bois-Préau, (9°) le musée du château de Pau, (10°) le musée du château de Compiègne, (11°) le musée du château de Fontainebleau, (12°) le musée franco-américain du château de Blérancourt, (13°) le musée Rodin, (14°) le musée Gustave Moreau, (15°) le musée d'Ennery, (16°) le musée d'archéologie nationale au château de Saint-Germain-en-Laye, (17°) le musée Jean-Jacques Henner, (18°) le musée Fernand Léger à Biot, (19°) le musée Clemenceau et de Lattre de Tassigny à Mouilleron-en-Pareds, (20°) le musée Marc Chagall à Nice, (21°) le musée Magnin à Dijon, (22°) le musée Adrien Dubouché à Limoges, (23°) le musée de Vallauris (La Guerre et la Paix de Picasso), (24°) Le musée Eugène Delacroix, (25°) le musée de Port-Royal des Champs à Magny-les-Hameaux, (26°) le musée national de la Renaissance au château d'Ecouen, (27°) le musée Hébert, (28°) le musée Picasso à Paris, (29°) le musée d'Orsay et (30°) le musée de préhistoire des Eyzies-de-Tayac.
436 Article D. 423-6 du Code du patrimoine.
437 Article D. 113-7 du Code du patrimoine. *Adde* les développements consacrés au prêt des œuvres d'art par N. BINCTIN, « Instruments contractuels de mise à disposition des œuvres d'art », *Juris art etc.*, 2015, n° 23, p. 18 ; M. CORNU, « Prêts et dépôts d'œuvres des collections publiques », *Juris art etc.*, 2015, n° 23, p. 28 ; F. DURET-ROBERT (dir.), *Droit du marché de l'art*, 7e éd., Dalloz, 2020, n° 743 s. ;

Au reste, et dans une époque « *aspirant à la liberté des échanges* »[438], l'idée même qu'une chose ne soit pas (du tout) prêtable est surprenante[439]. Il est pourtant des choses qui ne sont pas

---

A. MAFFRE-BAUGÉ, « La mise à disposition des biens des musées », *Tourisme et Droit*, 2007, n° 93, p. 23 ; P. NOUAL, *L'être et l'avoir de la collection. Essai sur l'avenir juridique des corpus artistiques*, thèse sous la direction de B. BEIGNIER et Ch. FERRARI-BREEUR, Toulouse, 2016, n° 506 s. ; P. NOUAL, « La circulation des collections publiques : l'invitation au voyage des œuvres d'art », *in* L. CONDÉ (dir.), *Variations juridiques sur le thème du voyage*, Presses de l'Université Toulouse 1 Capitole, 2015, p. 239 ; P. NOUAL, « Le prêt des collections publiques en eaux troubles », *Juris art etc.*, 2014, n° 11, p. 40 ; H. KINOSHITA, *La diffusion culturelle internationale : Les enjeux de la politique de prêts d'œuvres et d'expositions du MNAM-CCI (Centre Pompidou) pendant la période 2000-2007*, thèse sous la direction de B. DUFRÊNE, Avignon, 2011.

438 Ph. MALAURIE et L. AYNÈS, *Droit des biens*, *op. cit.*, n° 165. Et dans un même sens, v. : T. REVET et F. ZENATI-CASTAING, *Les biens*, *op. cit.*, n° 25, où les auteurs relèvent que « *la libre circulation des biens [est une] valeur primordiale de l'ordre social* ».

439 A) *Comp.* : J.-C. GALLOUX, « Réflexions sur la catégorie des choses hors du commerce : l'exemple des éléments et des produits du corps humain en droit français », *op. cit.*, p. 1011, spéc. p. 1031 : « *La catégorie des choses hors du commerce existe-t-elle encore dans notre droit positif? On serait tenté de répondre par la négative* » ; W. DROSS, *Droit civil. Les choses*, *op. cit.*, n° 335 : « *Existe-il [encore aujourd'hui] des choses qui soient vraiment hors commerce ?* ». *Rappr.* : F. TERRÉ, P. SIMLER, Y. LEQUETTE et F. CHÉNEDÉ, *Droit civil. Les obligations*, 12e éd., Dalloz, 2018, n° 508 (« *On assiste aujourd'hui [...] à une entreprise de refoulement de la catégorie des choses qui sont hors du commerce, afin d'affranchir le marché et la science des entraves que celles-ci leur apportent...* »), et n° 74 b) (« *De manière plus générale, la tendance est nette qui, depuis 2017, cherche à faire sauter tous les freins (loi littorale, protection des monuments historiques...) [...] pour permettre aux puissances d'argent de maximiser leur profit...* ») ; J.-C. HONLET, « Adaptation et résistance de catégories substantielles de droit privé aux sciences de la vie », *in Le droit saisi par la biologie. Des juristes au laboratoire*, LGDJ, 1996, p. 263, spéc. n° 81 : « *La catégorie des choses hors commerce, est singulièrement malmenée sous l'influence des progrès des sciences de la vie et – plus encore que ceux-ci... – sous l'influence du marché* » ; B. OPPETIT, « L'ambivalence de l'argent », *in L'argent et le droit. Tome 42*, Archives de philosophie du droit, Dalloz, 1998, p. 19, spéc. p. 24 : « *La notion de choses hors du commerce, n'a qu'un champ des plus limités [...] : les valeurs non marchandes se réduisent de plus en plus aujourd'hui à quelques références symboliques, alors que l'on assiste, dans leur domaine d'élection, à la financiarisation de l'art et à l'industrialisation de la culture...* » ; T. REVET et F. ZENATI-CASTAING, *Les biens*, *op. cit.*, n° 26 : « *L'expansion incessante des échanges a pour effet que les choses [hors commerce...] se raréfient* » ; N. DISSAUX, « Le nouveau discours sur la servitude volontaire », *Recueil Dalloz*,

prêtables « *en contemplation du bien général* »[440], et dont la réunion évoque un « *inventaire à la Prévert* »[441] et fonde « *la cohésion d'une*

2018, p. 2353 : « *La catégorie des choses "hors commerce" se délite sous la poussée conjuguée du narcissisme et du libéralisme...* » ; E. TRICOIRE, *L'extracommercialité*, préf. B. BEIGNIER, Éditions Universitaires Européennes, 2012, 4e de couverture : « *Tout aujourd'hui semble pouvoir faire l'objet d'actes juridiques* ».

B) En dernier lieu, v. la décision de l'INSEE (Institut National de la Statistique et des Études Économiques) de prendre en compte le trafic de stupéfiants dans le calcul du PIB (Produit Intérieur Brut) depuis mai 2018 : A. SLIM, « PIB, économie de la drogue et territoires. L'intégration de l'économie de la drogue dans le calcul du PIB et ses conséquences », *EchoGéo*, 20 novembre 2018. En effet, et « *suivant la logique d'Eurostat, dès lors qu'une opération économique est réalisée avec le consentement de toutes les parties, peu importe qu'elle soit illicite. Ainsi ce qui n'est pas dans le commerce juridique pourrait être compté comme une richesse pour la société. [Tant et si bien que...] ce qui reste à la porte du droit aurait tout de même une valeur économique évaluable en argent* » (N. MATHEY, « Être dans le commerce », *CCC*, 2015, n° 1, repère 1).

C) En dernier lieu, v. également : C. NOBLOT, « L'industrie législative : Réflexions sur la marchandisation du droit contemporain », *Petites affiches*, 2019, n° 012, p. 3, spéc. n° 3, où l'auteur remarque que « *la loi est devenue une marchandise obéissant à la logique industrielle [...]. Il existe [en effet] un travail de la techno-structure capitaliste sur la production législative et sur la consommation du droit. La force d'attraction de la logique industrielle est si puissante, qu'il n'est pas jusqu'à la loi elle-même qui échappe à son emprise [...]. Sur le marché mondial des normes, dans les rapports "doing business" de la Banque mondiale, les "produits législatifs" issus des droits nationaux ne sont-ils pas mis en compétition ?* ».

[440] J. DABIN, *Le droit subjectif*, préf. Ch. ATIAS, Dalloz, 2007, p. 112. *Adde* « Commerce juridique », *in* D. ALLAND et S. RIALS (dir.), *Dictionnaire de la culture juridique*, PUF, 2003 : « *La possibilité de tout céder [...] serait un facteur de nivellement des êtres et des choses. L'extracommercialité protège, au contraire, des valeurs essentielles. Les réalités sont porteuses de valeurs. Il est important qu'une société accorde une place particulière à certaines de ces valeurs, au lieu de niveler toute chose dans un commerce uniforme, dans une interchangeabilité générale...* » ; G. LOISEAU, « Pour un droit des choses », *Recueil Dalloz*, 2006, p. 3015, spéc. n° 2 : « *Dans leur infinie variété, les choses ont des fonctions sociales distinctes, dont il faut [...] tenir compte pour organiser leur protection plutôt que les livrer dans l'indifférencié à la condition marchande des biens appropriés* » ; I. MOINE-DUPUIS, « Chose hors commerce », *in* M. CORNU-VOLATRON, F. ORSI et J. ROCHFELD (dir.), *Dictionnaire des biens communs*, PUF, 2017 : « *La notion de choses hors commerce cherche à traduire un besoin humain, que le droit prend en compte depuis l'Antiquité : celui de préserver des échanges contractuels certaines réalités, regardées comme devant être protégées* ».

[441] G. LOISEAU, « Typologie des choses hors du commerce », *op. cit.*, spéc. n° 14.

société regroupée autour de son droit »[442]. On en trouve une éclatante illustration dans le Code des douanes, lequel dispose en son article 38 que « *tous titres portant autorisation d'importation ou d'exportation [...] ne peuvent, en aucun cas, faire l'objet d'un prêt* ».

§2. Du corps humain en particulier

42. Signification. Le corps humain désigne une « *association* »[443] de divers « *systèmes* »[444] – à savoir : le système squelettique, le système musculaire, le système cardiovasculaire, le système nerveux, le système respiratoire, le système tégumentaire, le système endocrinien, le système digestif, le système urinaire, le système reproducteur et le système lymphatique et immunitaire – qui « *fonctionnent en étroite collaboration* »[445]. En d'autres mots, il s'agit d'un « *ensemble anatomique, physiologique et psychologique, dont toutes les composantes sont interdépendantes* »[446].

---

[442] R. LIBCHABER, « Biens », *op. cit.*, n° 111. Du reste, v. : G. TUSSEAU, *Les normes d'habilitation*, préf. M. TROPER, Dalloz, 2006, p. 379, où l'auteur considère que « *le fait que le Code civil excepte des rapports contractuels les choses hors du commerce [...], plutôt qu'il n'énumère les choses qui sont dans le commerce, ne traduit pas une nécessité naturelle, mais uniquement un mode de rédaction législative* ».

[443] S. PARKER, *Le Grand Larousse du corps humain*, Larousse, 2015, p. 10.

[444] R. TESSIER et Y. TELLIER (dir.), *Théories de l'organisation. Tome 3 : Personnes, groupes, systèmes et environnements*, Presses de l'Université du Québec, 1991, Chapitre 13.

[445] A) S. PARKER, *Le Grand Larousse du corps humain*, *op. cit.*, p. 23.
B) *Comp.* : J. CLOQUET, *Manuel d'anatomie descriptive du corps humain*, Paris, 1825, p. 7 s., qui énumère 15 systèmes : le système cellulaire, le système adipeux, le système vasculaire, le système nerveux, le système séreux, le système muqueux, le système ligamenteux, le système élastique, le système érectile ou caverneux, le système fibro-cartilagineux, le système cartilagineux, le système corné, le système musculaire, le système osseux et le système glanduleux.

[446] S. DELCENSERIE, « Les médecines non conventionnelles en France, de l'ombre au clair-obscur », *RDSS*, 2008, p. 73. *Rappr.* notamment : J. PENNEAU et E. TERRIER, « Corps humain – Bioéthique », *Répertoire de droit civil*, décembre 2019, n° 1 : « *Le corps humain est un assemblage de cellules, de tissus et d'organes dont la permanence et l'harmonie des fonctions caractérisent la vie* » ; C. KUREK, *Le corps en droit pénal*, thèse sous la direction de P. MISTRETTA, Lyon III, 2017, n° 2 : « *Le corps humain est un assemblage d'éléments organiques en perpétuelle évolution* » ; T. REVET, « Le corps humain est-il une chose appropriée ? », *op. cit.*, p. 587, spéc. n° 1 : « *Le corps humain est un ensemble de ligaments, cellules, organes, liquides, os et autres chairs* ». *Comp.* :

43. Inspection. Aussi importe-t-il de signaler que sa commercialité est mise à mal par la jurisprudence et la loi. En effet, la jurisprudence interdit de « *se prêter à autrui* »[447], en appliquant, avec rigueur[448], les dispositions du Code du travail aux conventions par

---

E. POMPÉRY, *Despotisme ou socialisme*, Paris, 1849, p. 22 : « *Le corps humain est un ensemble de molécules, de tissus, de vaisseaux, de viscères et d'appareils harmonieusement hiérarchisés pour composer un tout* » ; *Dictionnaire raisonné des connaissances humaines*, t. I, Bruxelles, 1842, v. *Corps humain* (p. 181 s.) : « *Le corps humain est un assemblage de parties très différentes, solides et fluides, diversement entremêlées, se tenant toutes les unes les autres, et ayant une disposition, un arrangement à peu près constant* » ; LA METTRIE, *L'Homme machine*, Paris, 1865, p. 140 : « *Le corps humain est une horloge [...] immense et construite avec tant d'artifice et d'habileté, que si la roue qui sert à marquer les secondes vient à s'arrêter, celle des minutes tourne et va toujours son train* ». En outre, v. : E. BUISSIÈRE, « Qu'est-ce qu'un corps humain ? (2005) », *in Cours sur le corps*, PhiloSophie, 2008, p. 355, spéc. p. 371, où l'auteur considère que « *l'on ne peut donner de réponse [à la question : "qu'est-ce qu'un corps humain ?"], car c'est justement le corps humain qu'il s'agit de définir, et chaque fois que je tente de l'objectiver par des définitions physiologiques, scientifiques ou zoologiques, je laisse échapper ce qui fait son humanité* ».

[447] *Comp.* M. DE MONTAIGNE, *Les Essais, lus par Paul Galleret*, Au Club du livre du mois, 1957, p. 198 : « *Mon opinion est qu'il faut se prêter à autrui et ne se donner qu'à soi-même* ».

[448] En dernier lieu, v. les arrêts « Take Eat Easy » (Cass. soc., 28 novembre 2018, n° 17-20.079, Bull. civ. V, n° 1737, *Dalloz actualité*, 12 décembre 2018, note M. PEYRONNET ; *Gazette du Palais*, 2019, n° 02, p. 81, note L. BEN CHEIKH-VECCHIONI ; *Gazette du Palais*, 2019, n° 03, p. 15, note P. LE MAIGAT ; *Gazette du Palais*, 2018, n° 43, p. 48, note C. BERLAUD ; *JCP E 2019*, n° 16, 1204, chron. G. DUCHANGE ; *JCP E 2019*, n° 3, 1031, note B. BOSSU ; *JCP G 2018*, n° 51, 1347, note N. DEDESSUS-LE-MOUSTIER ; *JCP G 2019*, n° 3, 46, note V. ROCHE ; *JCP S 2019*, n° 5, 1026, note N. ANCIAUX ; *JCP S 2018*, n° 49, 1398, note G. LOISEAU ; *Droit social*, 2019, p. 57, note L. BENTO DE CARVALHO et S. TOURNAUX ; *Droit social*, 2019, p. 185, tribune Ch. RADÉ ; *Communication Commerce électronique*, 2019, n° 1, comm. 2, note G. LOISEAU ; *Énergie – Environnement – Infrastructures*, 2019, n° 1, comm. 5, note Ph. DELEBECQUE ; *AJ contrat*, 2018, p. 497, note X. DELPECH ; *AJ contrat*, 2019, p. 46, note L. GAMET ; *RDC*, 2019, n° 03, p. 40, note J. HUET ; *Revue de droit du travail*, 2019, p. 36, note M. PEYRONNET ; *Recueil Dalloz*, 2019, p. 963, chron. P. LOKIEC ; *Recueil Dalloz*, 2019, p. 177, note M.-C. ESCANDE-VARNIOL ; *Jurisprudence Sociale Lamy*, n° 468, note J.-P. LHERNOULD ; *RDSS*, 2019, p. 170, note M. BADEL ; *Dalloz IP/IT*, 2019, p. 186, note J. SÉNÉCHAL ; *Revue de droit du travail*, 2018, p. 812, avis C. COURCOL-BOUCHARD puis obs. T. PASQUIER ; *Lettre d'actualité des Procédures collectives civiles et commerciales*, 2019, n° 1, alerte 4, note L. FIN-LANGER ; *L'ESSENTIEL Droit de la distribution et de la concurrence*, 2019, n° 03, p. 7, note L. GAMET ; *Bulletin Joly Travail*, 2019, n° 01,

lesquelles une personne – « l'employé »[449] – place sa force de travail – *i.e.* son corps[450] – sous l'autorité – la « subordination »[451] – d'une autre

p. 15, note J. ICARD ; *L'ESSENTIEL Droit des entreprises en difficulté*, 2019, n° 02, p. 7, note G. DEDESSUS LE MOUSTIER ; *Bulletin Joly Travail*, 2019, n° 1, p. 7, note S. MSADAK ; *Recueil Dalloz*, 2018, p. 2409, note N. BALAT ; *Semaine Sociale Lamy*, 2018, n° 1841, note B. GOMES ; *Revue de droit du travail*, 2019, p. 101, note K. VAN DEN BERGH ; *Recueil Dalloz*, 2019, p. 169, avis C. COURCOL-BOUCHARD ; *Recueil Dalloz*, 2019, p. 326, obs. F. SALOMON ; *Juris tourisme*, 2019, n° 215, p. 12, note C. MINET-LETALLE ; *Petites affiches*, 2019, n° 23, p. 12, note M. RICHEVAUX) et « Uber » (Cass. soc., 4 mars 2020, n° 19-13.316, Bull. civ. V, n° 374, *Gazette du Palais*, 2020, n° 20, p. 71, note R. MARTINIERE ; *Semaine Sociale Lamy*, 2020, n° 1899, note F. CHAMPEAUX ; *Droit social*, 2020, p. 374, note P.-H. ANTONMATTEI ; *Recueil Dalloz*, 2020 p. 490 ; *Juris tourisme*, 2020, n° 229, p. 11, note X. DELPECH ; *Droit social*, 2020, p. 439, note K. VAN DEN BERGH ; *Dalloz actualité*, 01 avril 2020, note N. DIAZ et G. SAINT MICHEL ; *Revue de droit du travail*, 2020, p. 328, note L. WILLOCX ; *Droit social*, 2020, p. 550, chron. R. SALOMON ; *AJ contrat*, 2020, p. 227, note T. PASQUIER ; *Petites affiches*, 2020, n° 114, p. 21, note M. RICHEVAUX ; *Recueil Dalloz*, 2020, p. 1136, chron. S. VERNAC ; *Lettre d'actualité des Procédures collectives civiles et commerciales*, 2020, n° 7, alerte 96 ; *Bulletin Joly Travail*, 2020, n° 04, p. 16, note J. ICARD ; *Gazette du Palais*, 2020, n° 13, p. 49, note C. BERLAUD ; *JCP S 2020*, n° 12, 1080, note G. LOISEAU ; *Jurisprudence Sociale Lamy*, 2020, n° 500, note Ch. RADÉ ; *Droit Administratif*, 2020, n° 5, alerte 63 ; *Communication Commerce électronique*, 2020, n° 4, comm. 33, note G. LOISEAU ; *Gazette du Palais*, 2020, n° 18, p. 20, note G. DUCHANGE ; *L'ESSENTIEL Droit de la distribution et de la concurrence*, 2020, n° 5, p. 6, note L. GAMET ; *JCP S 2020*, n° 18, 2014, note R. SALOMON), arrêts par lesquels la chambre sociale de la Cour de cassation a pris le parti de soumettre la relation unissant un chauffeur ou un livreur à une société utilisant une plateforme numérique, aux dispositions du Code du travail, étant donné que les premiers se trouvaient, dans les faits, sous la subordination de la seconde.

[449] « *L'employé est celui qui se plie aux besoins de l'employeur (cf. étymologie implicare : plier dans), c'est un sujet juridiquement et grammaticalement passif (il est employé...)* »'(A. SUPIOT, « Du bon usage des lois en matière d'emploi », *Droit social*, 1997, p. 229). *Rappr.* A. REY, *À mots découverts*, Robert Laffont, 2006, v. *Emploi* : « *Employer, à l'origine, c'est prendre une chose ou une personne pour la mettre dans une action, autrement dit, utiliser. On emploie son temps, son argent, un mot, pour une activité, et on emploie quelqu'un pour faire quelque chose. C'est vague et général ; ce n'est pas généreux, ni désintéressé... Pas étonnant, car employer vient du latin im-plicare, i.e. "plier dedans, impliquer". Lorsqu'on est employé, qu'on a un emploi, on serait comme plié, emballé, entortillé dans une opération* ».

[450] *Supra*, n° 35.

[451] On ne saurait ramasser ici l'ampleur et la richesse des travaux menés, depuis bientôt un siècle, à son sujet. C'est pourquoi nous nous contenterons de rappeler que : (α) « *L'histoire de la [...] subordination est longue et [surtout] mouvementée* » (D. LANGÉ et V. ROULET, *Droit du travail*, 2e éd., Ellipses, 2012, n° 87) : v. ainsi

– « l'employeur »[452] –, et, chemin faisant, en imposant au second de verser une rémunération mensuelle au premier[453] – « *toute peine*

A. COTTEREAU, « Droit et bon droit – Un droit des ouvriers instauré, puis évincé par le droit du travail (France, XIXe siècle) », *Droit social*, 2019, p. 830.

(β) « *Les interrogations autour du contenu du critère de la subordination, de ses contours semblent sans fin* » (C. NICOD et J.-F. PAULIN, « La subordination en cause », *Semaine Sociale Lamy*, 2011, n° 1494) : v. ainsi J.-M. LATTES, « Subordination juridique et morale dans l'entreprise », *in* J. KRYNEN (dir.), *Le Droit saisi par la Morale*, Presses de l'Université des sciences sociales de Toulouse, 2005, p. 257.

(γ) « *Afin de déceler la subordination, les juges ont recours à la technique du faisceau d'indices. Il s'agit par-là d'apprécier globalement la relation de travail et de rechercher la présence d'un certain nombre d'indices. L'intérêt d'une telle technique est d'introduire de la souplesse dans l'appréciation judiciaire des éléments de preuve. La technique du faisceau d'indices n'impose pas aux juges, en effet, de caractériser tous les éléments de preuve. La liste des indices n'est pas cumulative. À l'inverse, un seul ne peut suffire à démontrer la subordination* » (C. DUPOUEY-DEHAN, « La qualification de contrat de travail », *in* M. NICOD (dir.), *Les affres de la qualification juridique*, Presses de l'Université Toulouse 1 Capitole, 2015, p. 79, spéc. p. 88) : v. ainsi P. PUIG, *La qualification du contrat d'entreprise*, *op. cit.*, n° 150 s.

452 « *Celui qui demande le travail et qui emploie les travailleurs* » (*Littré*, v. *Employeur*).

453 V. articles L. 3242-1 (« *La rémunération des salariés est mensuelle [...]. Le paiement de la rémunération est effectué une fois par mois* ») et R. 3246-1 (« *Le fait de méconnaître les modalités de paiement du salaire prévues aux articles [...] L. 3242-1 [...] est puni de l'amende prévue pour les contraventions de la troisième classe* ») du Code du travail. Dans le même sens : T. TAURAN, « Les potentialités de la notion de prestation ou les services rendus par une notion mûrie par le droit civil », *op. cit.*, p. 631, spéc. n° 29 : « *L'ordre public social interdit au salarié de renoncer à sa rémunération [...] et à l'employeur de ne pas verser cette rémunération* ». Qui plus est, v. : T. PASQUIER, « Le travail gratuit saisi par le droit du travail », *in* N. MARTIAL-BRAZ et C. ZOLYNSKI (dir.), *La gratuité, un concept aux frontières de l'économie et du droit*, LGDJ, 2013, p. 223 : « *Le non-paiement des heures de travail expose l'employeur à une action en justice diligentée par le salarié – en rupture de son contrat aux torts de l'employeur pour manquement grave à l'exécution de payer le salaire, ou encore en paiement des heures impayées –, cette action pouvant être accompagnée d'une condamnation pénale sur le fondement de l'infraction de travail dissimulé* ». *Rappr.* Vatican II, *Gaudium et spes – Constitution pastorale sur l'Église dans le monde de ce temps*, 1965, §67 (intitulé : « *Travail, conditions de travail, loisirs* ») : « *Compte tenu des fonctions et de la productivité de chacun, de la situation de l'entreprise et du bien commun, la rémunération du travail doit assurer à l'homme des ressources qui lui permettent [...] une vie digne sur le plan matériel, social, culturel et spirituel* » (et pour une analyse de la doctrine sociale de l'Église sur le travail, v. L. GAMET, « L'Église catholique, le travail et les travailleurs », *Droit social*, 2018, p. 293).

mérite salaire »[454] ! Quant à la loi, elle interdit mêmement de « *prêter autrui* »[455], en réprimant, avec une certaine vigueur[456], la « *traite des êtres humains* »[457], et, ce faisant, en condamnant

---

Plus largement, v. G. LYON-CAEN, *Droit du travail. Tome II. Le salaire*, 2e éd., Dalloz, 1981, ainsi que les observations suivantes : G. COUTURIER, « De quoi le salaire est-il la contrepartie ? », *Droit social*, 2011, p. 10 ; P. RODIÈRE, « Le salaire dans les écrits de Gérard Lyon-Caen », *Droit social*, 2011, p. 6.

454 VOLTAIRE, *Lettres choisies*, t. I, Paris, 1867, p. 124 : « *Mais ce salaire doit être proportionné* ». *Rappr.* : J. ATTALI, *Dictionnaire du XXIe siècle*, Fayard, 2014, v. *Activité* : « *À la revendication "Toute peine mérite salaire" se substituera le principe "Toute activité mérite rémunération" dès l'instant où elle a une utilité collective, et même si elle ne crée pas de valeur marchande [...]. C'est déjà le cas pour plusieurs d'entre elles : soigner, enseigner, chercher, découvrir, distraire, etc. Cela le deviendra pour d'autres telles que : apprendre, consoler, soutenir* ».

455 *Comp.* L. REYBAUD, *Histoire scientifique et militaire de l'expédition française en Égypte*, vol. X, Paris, 1836, p. 128 : « *Nulle tribu ne vint lui prêter ses cavaliers et ses chameaux* » ; MONTESQUIEU, *De l'Esprit des lois*, Paris, 1845, p. 337 : « *À Rome, il fut permis au mari de prêter sa femme à un autre* » ; G. LEROUX, *Le Parfum de la dame en noir*, Éditions Pierre Lafitte, 1910, p. 209 : « *Le maître de la police avait résolu de prier le journal l'Époque de lui prêter son jeune reporter* » ; S. F. DE GENLIS, *Mémoires*, t. IV, Paris, 1825, p. 274 : « *J'avais écrit à la seule amie que j'eusse dans [le] pays, pour lui demander de me prêter un domestique* » ; P. CORNEILLE, *Œuvres choisies*, vol. 3, Paris, 1831, p. 302 : « *Il faut, pour la braver, qu'elle nous prête un homme !* » ; J.-P. CARTIER, *Histoire de la croisade contre les Albigeois*, Éditions Bernard Grasset, 1968, p. 126 : « *Aimery promet de lui prêter, pour le temps du siège, un important contingent de soldats* ».

456 V. notamment M. FABRE-MAGNAN, « Les nouvelles formes d'esclavage et de traite, ou le syndrome de la ligne Maginot », *Recueil Dalloz*, 2014, p. 491.

457 M.-L. RASSAT, *Droit pénal spécial. Infractions du Code pénal*, 8e éd., Dalloz, 2018, n° 443 : « *L'infrac-tion de traite d'êtres humains [...] figure à une Section 1bis, nouvelle, insérée entre les discriminations et le proxénétisme, au Chapitre des atteintes à la dignité de la personne [...]. Il convient de signaler l'impropriété terminologique de l'intitulé de cette Section qui est : "De la traite des êtres humains". S'il s'agissait bien de cela, l'infraction serait, en effet, un crime contre l'humanité, et non pas une infraction contre les personnes. Le texte prévoyant cependant qu'il incrimine [...] les faits commis relativement à "une" personne, il ne s'agit que d'une impropriété terminologique, cette Section ne concernant pas la traite "des" êtres humains, mais la traite "d'êtres" humains* ».

« *l'exploitation* »[458] du corps d'une personne « *contre son gré* »[459]. Il s'ensuit que le corps humain ne peut être donné à titre de prêt.

44. Objection. À cela on pourrait être tenté de rétorquer que le droit positif recèle de dispositifs « *éparpillés* »[460] au moyen desquels une personne peut prêter assistance à un navire en danger de se perdre (« *assistance en mer* »[461]), prêter main-forte à une entreprise (« *stage* »[462]), prêter aide à un agriculteur (« *entraide agricole* »[463]), prêter son appui à une mission reconnue prioritaire pour la Nation

---

[458] Article 225-4-1 du Code pénal : « *L'exploitation est [ici] le fait de mettre la victime à sa disposition ou à la disposition d'un tiers [...], afin soit de permettre la commission contre la victime des infractions de proxénétisme, d'agression ou d'atteintes sexuelles, de réduction en esclavage, de soumission à du travail ou à des services forcés, de réduction en servitude, de prélèvement de l'un de ses organes, d'exploitation de la mendicité, de conditions de travail ou d'hébergement contraires à sa dignité, soit de contraindre la victime à commettre tout crime ou délit* ».

[459] G. BEAUSSONIE, « Loi n° 2013-711 du 5 août 2013 portant diverses dispositions d'adaptation dans le domaine de la justice en application du droit de l'Union européenne et des engagements internationaux de la France », *Revue de science criminelle et de droit pénal comparé*, 2013, p. 861.

[460] D. GARDES, « Travail gratuit et droit(s) du travail », *Droit social*, 2019, p. 584, spéc. n° 4.

[461] Articles L. 5132-1 et suivants du Code des transports. *Adde* Ph. DELEBECQUE, *Droit maritime*, 14e éd., Dalloz, 2020, n° 1007 : « *On peut dire qu'il y a "assistance en mer" chaque fois qu'un secours est porté par un navire à un autre navire en danger de se perdre* ». En dernier lieu, v. notamment K. NERI, « L'Aquarius et l'assistance en mer : quelle(s) obligation(s) pour l'Italie ? », *Recueil Dalloz*, 2018, p. 1376.

[462] « *Plusieurs dispositions du Code du travail prévoient, en effet, la possibilité pour certaines catégories de personnes sans emploi (d'une part, les élèves et étudiants et, d'autre part, les demandeurs d'emploi) d'effectuer un stage au sein d'une entreprise [...] dans le but d'assurer (en ce qui les concerne respectivement) leur orientation et leur (ré)insertion professionnelle* » (Y. AUBRÉE, « Contrat de travail : existence ; formation », *Répertoire de droit du travail*, mars 2020, n° 196). *Rappr.* : L. FLAMENT, « Stages », *JurisClasseur Travail Traité*, 19 novembre 2018, n° 1 : « *Le terme de stage est terriblement polysémique. Il renvoie à des réalités et des régimes juridiques bien différents : fonction publique, professions réglementées, salariat, contrats aidés, etc. [...] La diversité de ces régimes et leur caractère très peu détaillé, se limitant le plus souvent à quelques articles, parfois de surcroît éparpillés dans plusieurs codes, trompe parfois le législateur voire les auteurs* ».

[463] Articles L. 325-1 et suivants du Code rural et de la pêche maritime. *Adde* D. KRAJESKI, *Droit rural*, 2e éd., Defrénois, 2016, p. 337 s. (« *Chapitre 1. La main-d'œuvre* » ; « *Chapitre 2. Les moyens en matériel* »).

(« *service civique* » sous toutes ses formes[464]), prêter la main à un projet d'intérêt général (« *réserve civique* »[465]) ou prêter son concours à une expérimentation sans bénéfice thérapeutique (« *recherche biomédicale* »[466]), et ce sans se soumettre aux dispositions du Code du travail.

Mais l'assimilation de tels dispositifs à de véritables contrats de prêt se heurte, nous semble-t-il, à deux obstacles dirimants : (i) le premier obstacle résulte de la présence d'une rémunération dans le cadre du service civique et de l'entraide agricole, présence qui se matérialise, respectivement, par l'allocation au « prêteur » d'une « *indemnité* »[467]

---

[464] Au 1er janvier 2020, on recensait ainsi dix formes de service civique : (i) service civique – *stricto sensu* – (articles L. 120-1 et suivants du Code du service national) ; (ii) volontariat associatif (articles L. 120-3 et sui-vants du Code du service national) ; (iii) volontariat international en administration ou en entreprise (articles L. 122-1 et suivants du Code du service national) ; (iv) volontariat de solidarité internationale (Loi n° 2005-159 du 23 février 2005 relative au contrat de volontariat de solidarité internationale) ; (v) volontariat dans les armées (articles L. 121-1 et suivants du Code du service national) ; (vi) volontariat pour l'insertion (articles L. 130-1 et suivants du Code du service national) ; (vii) service militaire volontaire-volontariat militaire d'insertion (article 23-1 de la Loi n° 2015-917 du 28 juillet 2015 actualisant la programmation militaire pour les années 2015 à 2019 et portant diverses dispositions concernant la défense) ; (viii) service volontaire européen (Décision n° 1031/2000/CE du Parlement européen et du Conseil du 13 avril 2000 établissant le programme d'action communautaire « Jeunesse », et Décision n° 1719/2006/CE du Parlement européen et du Conseil du 15 novembre 2006 établissant le programme « Jeunesse en action » pour la période 2007-2013) ; (ix) service civique des sapeurs-pompiers (Décret n° 2017-1028 du 10 mai 2017) ; (x) volontariat territorial en entreprise (non codifié).

[465] Loi n° 2017-86 du 27 janvier 2017 relative à l'égalité et à la citoyenneté. *Adde* A. DENIZOT, « La réserve civique ou l'art d'enfoncer les portes ouvertes », *RTD civ.*, 2017, p. 503, où l'auteur déplore que « *beaucoup de réservistes, qu'ils soient de l'éducation nationale ou de l'armée, attendent toujours, après plusieurs mois ou années d'inscription, un courrier ou message téléphonique leur demandant d'intervenir. Beaucoup d'élus et peu d'appelés : tel semble bien être le triste visage de certaines réserves aujourd'hui* ».

[466] Articles L. 1121-1 et suivants du Code de la santé publique. *Adde* S. PARICARD, « Qu'en est-il du droit de la recherche médicale ? », *in* J. LARRIEU (dir.), *Qu'en est-il du droit de la recherche ?*, Presses de l'Université Toulouse 1 Capitole, 2009, p. 65, où l'auteur note que « *la recherche [médicale], par sa nature même pionnière, évolutive, aléatoire, fuyante, fragile, discrète, artisanale, se prête mal à être un objet précisément enserré dans les mailles du filet juridique* » (p. 67).

[467] Article L. 120-18 du Code du service national. *Rappr.* : S. BENILSI, *Essai sur la gratuité en droit privé*, thèse sous la direction de M.-L. MATHIEU-IZORCHE, Montpellier, 2006, n° 582 : « *La qualification d'indemnité donnée par le texte est*

assortie des « *prestations nécessaires à [sa…] subsistance, [son…] équipement, [son…] transport et [son…] logement* »[468], et par l'attribution audit « prêteur » de « *services en travail et en moyens d'exploitation* »[469] ; (ii) le second obstacle découle de l'absence de subordination dans le cadre du stage, de l'assistance maritime, de la réserve civique et de la recherche biomédicale, absence qui se matérialise, s'agissant du stage et de l'assistance en mer, par la nécessité, pour « l'emprunteur », de coopérer pleinement avec le stagiaire « emprunté » afin de parfaire sa formation théorique initiale[470], et avec l'assistant « emprunté » afin de mener à bien le sauvetage du navire[471] ; et, s'agissant de la recherche biomédicale et de la réserve civique, par l'impossibilité, pour ledit « emprunteur »,

---

artificielle [… Elle] est fondée par le seul souci de rendre les sommes versées au volontaire non imposables. Mais d'un point de vue civiliste, elles correspondent à un véritable salaire ».

468 Article L. 120-19 du Code du service national (sauf à « *estimer que le fait de recevoir les moyens élémentaires de subsistance en contrepartie de son travail permet encore de dire qu'on travaille gratuitement…* » : S. BENILSI, *Essai sur la gratuité en droit privé*, *op. cit.*, n° 582). Pour une opinion contraire : D. GARDES, *Essai et enjeux d'une définition juridique du travail*, *op. cit.*, p. 571 s., où l'auteur juge que « *l'indemnité* » et les « *prestations* » susvisées ne constituent pas une véritable « *rémunération* », alors même leur « *versement ne paraît pas forcément incompatible avec l'accès à des moyens de vie corrects et suffisants* ».

469 A) Article L. 325-1 du Code rural et de la pêche maritime.
B) À ce propos, l'affirmation de la gratuité de l'entraide agricole par le troisième alinéa de l'article L. 325-1 susvisé, « *participe d'une technique législative déplorable* » ayant pour « *seul but de justifier le régime fiscal dérogatoire de l'entraide* » (X. HENRY, *La technique des qualifications contractuelles*, *op. cit.*, n° 1253).

470 En ce sens, v. Y. AUBRÉE, « Contrat de travail : existence ; formation », *op. cit.*, n° 201 ; J.-F. PAULIN, « Stages et stagiaires », *Répertoire de droit du travail*, décembre 2017, n° 9 et n° 105 ; F. HÉAS, « Statut du stagiaire, obligations des organismes de formation et des entreprises d'accueil », *op. cit.*, p. 112.

471 En ce sens, v. article L. 5132-11 du Code des transports, dont le 1°) impose à l'assisté (« emprunteur ») de « *coopérer pleinement avec l'assistant pendant les opérations d'assistance* ».

d'enclencher la responsabilité du cobaye[472] et du réserviste[473] « empruntés » si l'un d'eux venait à ne pas se soumettre – « *se plier...* »[474] – à « *ses ordres, ses directives, ses instructions ou ses consignes* »[475].

45. On pourrait également être tenté de rétorquer que le droit positif recèle de dispositifs « *multiples* »[476] au moyen desquels

---

[472] Sur ce point, v. article L. 1122-1 du Code de la santé publique (alinéa 3), aux termes duquel le cobaye est investi du « *droit de refuser de participer à la recherche, ou de retirer son consentement ou son autorisation à tout moment,* sans encourir aucune responsabilité ni aucun préjudice de ce fait » (nous soulignons). *Rappr.* C. LABRUSSE-RIOU, « Aux frontières du contrat : l'expérimentation biomédicale sur des sujets humains », *in* J. CLAM et G. MARTIN (dir.), *Les transformations de la régulation juridique*, LGDJ, 1998, p. 335, spéc. n° 20 : « *La volonté législative de protection des personnes a conduit à l'énoncé d'une règle qui les autorise à se retirer de l'essai sans motif et sans encourir de responsabilité. Cette règle confère à [leur] engagement [...] un caractère purement potestatif* » ou, en d'autres mots, « *une force obligatoire théoriquement faible* » ; S. GROMB, *Le droit de l'expérimentation sur l'homme*, préf. J. MICHAUD, Litec, 1992, n° 116 : « *La personne qui se prête à une recherche, se voit reconnaître par la loi la possibilité de retirer, à tout moment, son consentement sans encourir aucune responsabilité [...]. À nos yeux, il n'y a [donc] aucune appropriation du corps humain par les médecins-expérimentateurs, et la maîtrise de l'individu sur son corps [...] est garantie par la possibilité de révoquer ad nutum ce contrat* » ; R. GASSIN, « La structure juridique de l'opération de recherche biomédicale », *in La recherche biomédicale. Loi du 20 décembre 1988*, PUAM, 1989, p. 29, spéc. n° 96 : « *On pourrait être tenté de penser que du moment qu'elles y ont consenti, les personnes qui se prêtent à la recherche assument l'obligation de respecter leur engagement. Mais le droit au retrait du consentement vient ruiner ce schéma. L'article [L. 1122-1...] prévoit, en effet, que la personne qui a consenti, a le droit de retirer son consentement, sans encourir aucune responsabilité. Il est [donc] certain que les personnes qui se prêtent à la recherche émettent un consentement qui n'engage pas... – en ce sens qu'il peut être retiré à tout moment. Il en résulte que si celles-ci – usant de leur droit de retrait – arrêtent la recherche avant son terme, [...] elles n'encourent aucune responsabilité* ».

[473] Sur ce point, v. Charte de la réserve civique annexée au Décret n° 2017-930 du 9 mai 2017, aux termes de laquelle le « *manquement [du réserviste] aux principes et engagements énoncés par la présente Charte* », ne peut aboutir qu'à une cessation de la mission.

[474] *Supra*, note 448.

[475] Y. AUBRÉE, « Contrat de travail : existence ; formation », *op. cit.*, n° 77.

[476] F. ROSA, « Les techniques de mise à disposition alternatives à l'embauche : Quels risques juridiques ? », *Juris tourisme*, 2019, n° 219, p. 20.

une personne peut prêter un salarié – voire plusieurs salariés[477] – qu'elle emploie (« *prêt de main-d'œuvre* » sous toutes ses formes[478]), et ce sans se rendre coupable de traite d'êtres humains[479].

Mais l'assimilation de tels dispositifs à de véritables contrats de prêt se heurte, nous semble-t-il, à un obstacle dirimant tiré de l'article L. 8241-2 du Code du travail, lequel impose au « prêteur » de recueillir « *l'accord du salarié concerné* » et ajoute : « *un salarié ne peut être sanctionné, licencié ou faire l'objet d'une mesure discriminatoire, pour avoir refusé une proposition de mise à disposition [(comprendre : une offre de prêt)]* »[480].

---

[477] Et ce depuis la Loi n° 2020-734 du 17 juin 2020 relative à diverses dispositions liées à la crise sanitaire, à d'autres mesures urgentes ainsi qu'au retrait du Royaume-Uni de l'Union européenne, dont l'article 52 autorise provisoirement – jusqu'au 31 décembre 2020 – « *la mise à disposition de plusieurs salariés* ». À ce sujet, v. : D. BAUGARD et A. FABRE, « L'adaptation temporaire du droit des contrats de travail. Loi n° 2020-734 du 17 juin 2020, art. 41 et 52 », *Revue de droit du travail*, 2020, p. 536.

[478] Articles L. 8241-1 et suivants du Code du travail, sur lesquels on consultera : G. AUZERO, D. BAUGARD et E. DOCKÈS, *Droit du travail*, 33e éd., Dalloz, 2020, n° 281 s.

[479] *Comp.* notamment : F. COLLART DUTILLEUL et Ph. DELEBECQUE, *Contrats civils et commerciaux*, 11e éd., Dalloz, 2019, n° 601 : « *Le prêt de "main-d'œuvre" est devenu une pratique courante ([par exemple] en matière maritime, il est très fréquent que l'équipage soit recruté par une société spécialisée – gestionnaire d'équipage –, avant d'être mis à la disposition de l'armateur). La situation se présente lorsqu'un employeur [("prêteur")] met à la disposition d'un tiers au contrat de travail [("l'emprunteur")] le droit d'utiliser à son profit la force de travail d'un salarié. Le salarié "prêté" va accomplir son travail dans une entreprise autre que celle qui l'a recruté, mais conserve sa qualité de salarié vis-à-vis de son employeur* ».

[480] À ce propos, v. : F. FAVENNEC-HÉRY, « Prêt de main-d'œuvre à but non lucratif : un texte décevant », *Droit social*, 2011, p. 1200 : « *Remarquons également que [l'article L. 8241-2] met l'accent sur le caractère nécessairement "volontaire" de la mise à disposition, et ceci que le prêt de main-d'œuvre occasionne ou non une modification du contrat de travail. L'accord du salarié est requis et formalisé [...]. Le salarié peut donc exprimer un refus sans craindre aucune sanction...* » ; A. DUPAYS (dir.), *Le Lamy Social*, Wolters Kluwer, 2019, n° 688 : « *Le législateur a tenu à affirmer que la mise à disposition ne pouvait être imposée au salarié. L'article L. 8241-2 du Code du travail le précise en toutes lettres [...]. Le consentement du salarié est requis quelles que soient les circonstances* » ; D. CASTEL, « Une relation triangulaire », *Juris associations*, 2020, n° 617, p. 24 : « *La mise à disposition d'un salarié par son employeur [(prêteur)] à une entreprise d'accueil, dans le cadre d'un prêt de main-d'œuvre, requiert donc l'accord du salarié concerné, qui doit être formalisé dans un avenant au contrat de travail, ainsi*

46. Conclusion de section. La commercialité de la chose due – son caractère commerçable –, tient à sa « prêtabilité »[481] ; ce qui revient à déclarer que la commercialité de la chose objet de l'obligation de prêter, tient à son aptitude à faire l'objet d'un prêt.

Or, et bien que la société[482] dans laquelle nous vivons cherche à promouvoir le prêt des choses, cette aptitude fait défaut au corps humain, lequel ne peut être prêté en raison de la jurisprudence et de la loi. De ce point de vue, l'article 33 de l'Ordonnance n° 2017-1387 du 22 septembre 2017 relative à la prévisibilité et la sécurisation des relations de travail[483], est une source d'inquiétude, dans la mesure où il autorise les entreprises – et les entreprises appartenant à un groupe – d'au moins 5 000 salariés[484], à « *mettre à disposition de manière temporaire* » et simplifiée leurs salariés auprès d'une « *jeune entreprise* »[485], d'une « *petite ou moyenne entreprise* »[486] ou d'un organisme d'intérêt général[487], et ce tout en étant muet quant au consentement des salariés concernés[488].

---

qu'une convention de mise à disposition [(de prêt)] entre l'entreprise prêteuse et l'entreprise utilisatrice ».

[481] J.-E. HORN, *La liberté des banques*, Paris, 1866, p. 104 s. (« *Chapitre 2 – Le crédit* ») : « *Lorsqu'il s'agit du crédit, les esprits les plus intelligents tombent parfois dans d'étranges méprises, par le fait seul de ne pas distinguer entre les capitaux suivant leur prêtabilité ou non-prêtabilité, suivant leur degré de prêtabilité* ».

[482] « *Technicienne, mercantile et hédoniste* » selon : Ph. MALAURIE, « Respecter la vie humaine : œuvre de Dieu ou de la Nature ? », *Petites affiches*, 2002, n° 243, p. 35, spéc. n° 24.

[483] Ordonnance modifiée par la Loi n° 2018-217 du 29 mars 2018 ratifiant diverses ordonnances prises sur le fondement de la loi n° 2017-1340 du 15 septembre 2017 d'habilitation à prendre par ordonnances les mesures pour le renforcement du dialogue social.

[484] Article L. 8241-3, I, 2°, du Code du travail.

[485] C'est-à-dire une entreprise ayant moins de huit ans d'existence au moment de la mise à disposition (article L. 8241-3, I, 1°, du Code du travail).

[486] C'est-à-dire une entreprise comportant un effectif « *d'au maximum* » deux cent cinquante salariés (article L. 8241-3, I, 1°, du Code du travail).

[487] C'est-à-dire une association, un établissement, une fondation ou un organisme mentionné aux a à g du 1 de l'article 238 bis du Code général des impôts et pouvant, le cas échéant, bénéficier d'un mécénat d'entreprise ouvrant droit à la réduction d'impôt sur les bénéfices au taux de 60% – D. HIEZ, « Extension du bénéfice du prêt de main-d'œuvre aux organismes à but non lucratif », *RTD com.*, 2018, p. 406.

[488] Sur cet article 33, v. notamment : L. BENTO DE CARVALHO, « Contrats de travail et petite entreprise », *Les Cahiers Sociaux*, 2018, n° 309, p. 359 ; A. CASADO, « Ordonnance Macron : Recours au prêt de main-d'œuvre à but

Conclusion du chapitre 2

47. À l'issue de ce chapitre, il apparaît que la chose objet de l'obligation de prêter, est une chose dans le commerce, à savoir une entité dépourvue de personnalité et caractérisée par son aptitude à être individualisée (unité) et à être prêtée (commercialité).

Afin de parvenir à ce résultat, nous nous sommes livrés, d'une part, à un examen de l'unité et de la commercialité qui caractérisent la chose due ; cet examen a mis en évidence le fait que l'unité et la commercialité visent « *l'aptitude* », et non « *l'état* »[489], d'une chose susceptible, respectivement, d'être isolée des choses qui l'entourent et d'être donnée à titre de prêt.

Nous nous sommes livrés, d'autre part, à une transposition au livre numérique et au corps humain, de l'unité et de la commercialité qui caractérisent la chose due. Il en est ressorti que le livre numérique n'est pas individualisable : la technologie numérique implique, en effet, que celui-ci soit stocké dans la mémoire du terminal de lecture (smartphone, ordinateur, etc.) avec lequel il ne fait, le cas échéant, « qu'un ». Il en est également ressorti que le corps humain n'est pas prêtable : en effet, la jurisprudence et la loi soustraient nettement celui-ci du commerce, en requérant que la concession de l'usage de son corps soit salariée, et en retenant que la concession de l'usage du corps d'autrui est pénalement répréhensible.

Plus largement, la radioscopie du livre numérique a été l'occasion de signaler l'avènement soudain de choses numériques nouvelles – les actifs numériques ou crypto-actifs – qui sont, quant à elles, individualisables, ce qui explique censément leur succès grandissant.

---

non lucratif », *Les Cahiers Sociaux*, 2017, n° 300, p. 485 ; G. DUCHANGE, « Le prêt de main-d'œuvre », *JCP S 2017*, n° 41, 1322.

489 P.-G. MARLY, *Fongibilité et volonté individuelle. Étude sur la qualification juridique des biens*, *op. cit.*, n° 35, d'après lequel « *l'aptitude d'un bien est inscrite en lui-même : soit le bien possède cette aptitude, soit il ne la possède pas [...]. Au contraire, l'état [...] d'une chose est variable, susceptible de modifications* ».

CONCLUSION DU TITRE 1

48. Les recherches menées sur l'objet de l'obligation de prêter, nous ont conduit à décrire tour à tour l'activité attendue et la chose due. Concernant la première, et à suivre la jurisprudence, il s'agit d'une activité de mise à disposition. Dès lors, un éclaircissement de la notion de mise à disposition nous a permis de parvenir aux résultats suivants :

- La mise à disposition à l'œuvre en matière de prêt, est une notion à double face en ce qu'elle comporte une facette dite « matérielle » et une facette dite « intellectuelle » ;
- La facette matérielle de la mise à disposition à l'œuvre en matière de prêt, doit être comprise comme l'absence d'opposition, de la part du débiteur-prêteur, au retirement de la chose par le créancier-emprunteur ;
- La facette intellectuelle de la mise à disposition à l'œuvre en matière de prêt, doit être comprise comme l'absence d'opposition, de la part du débiteur-prêteur, à l'utilisation de la chose par le créancier-emprunteur.

Pour parvenir à ces résultats, nous avons pris le parti d'exploiter les travaux dédiés à l'examen de la mise à disposition à l'œuvre en matière de prêt, en en proposant successivement une présentation et une restauration.

49. En ce qui concerne la seconde, et à suivre la loi, il s'agit d'une chose unique et commerçable. Dès lors, une clarification de la notion d'unité et de la notion de commercialité nous a permis d'aboutir aux résultats suivants :

- L'unité qui caractérise la chose objet de l'obligation de prêter, tient à son aptitude à être isolée grâce à des signes distinctifs ;
- La commercialité qui caractérise la chose objet de l'obligation de prêter, tient à son aptitude à être donnée à titre de prêt.

Pour aboutir auxdits résultats, nous avons pris le parti de nous livrer à un examen de l'unité et de la commercialité en général, en en observant la transposition, en guise d'illustration, au livre numérique et au corps humain.

TITRE 2. LA DÉTERMINATION DES SUJETS DE L'OBLIGATION DE PRÊTER

50. Toute obligation a pour sujets « *au moins* »[490] deux personnes, lesquelles s'entendent de la personne qui en est le titulaire actif (« *créancier, creditor, reus credendi* »[491]) et de la personne qui en est le titulaire passif (« *débiteur, debitor, reus debendi* »[492])[493].

La détermination des sujets de l'obligation de prêter commande, par suite, de préciser les personnes correspondantes, en les (dé)nombrant (Chapitre 1) et en les (dé)nommant (Chapitre 2)[494].

---

[490] P. WÉRY, *Droit des obligations. I. Théorie générale du contrat*, 2e éd., Larcier, 2011, n° 5 ; G. BAUDRY-LACANTINERIE et L. BARDE, *Traité théorique et pratique de droit civil. Des obligations. Tome premier*, Paris, 1897, n° 2 ; M. FABRE-MAGNAN, *Droit des obligations. 1. Contrat et engagement unilatéral*, 5e éd., PUF, 2019, n° 1.

[491] P.-F. GIRARD, *Manuel élémentaire de droit romain*, 5e éd., Paris, 1911, p. 388.

[492] *Ibid.*, p. 388.

[493] V. notamment : R. DE SÉGOGNE et E. VERGÉ (dir.), *Nouveau répertoire de droit*, t. III, 2e éd., Dalloz, 1964, p. 462, n° 8 : « *L'obligation ne se conçoit que si elle unit l'une à l'autre deux personnes : la personne du "créancier" et la personne du "débiteur". Le créancier est la personne qui est en mesure de réclamer une certaine prestation, et c'est pourquoi l'obligation s'appelle une "créance" lorsqu'on la considère du côté du créancier ; le débiteur est la personne qui est tenue de fournir cette prestation, et c'est pourquoi l'obligation s'appelle une "dette" lorsqu'on l'envisage du côté du débiteur* » ; POTHIER, *Œuvres*, t. I (*Traité des obligations*), Siffrein, 1821-1824, p. 162, n° 124 : « *Il ne peut y avoir d'obligation sans deux personnes ; l'une qui ait contracté l'obligation et l'autre envers qui elle soit contractée. Celui au profit duquel elle a été contractée s'appelle créancier ; celui qui l'a contractée s'appelle débiteur* ». *Comp.* : E. JEULAND, « L'énigme du lien de droit », *RTD civ.*, 2003, p. 455, spéc. n° 9 : « *L'obligation est un lien de droit entre deux personnes qui se reconnaissent autres, ce qui se traduit par des appellations différentes (le débiteur s'oppose au créancier) et par des fonctions différentes (l'un doit payer, c'est le solvens, l'autre reçoit le paiement, c'est l'accipiens)* » ; L. ANDREU, *Du changement de débiteur*, préf. D. R. MARTIN, Dalloz, 2010, n° 63 (p. 85) : « *L'obligation a [...] un avers et un revers : le devoir est le pendant de l'avoir ; et si le premier se rattache à l'être (c'est le débiteur qui doit ; il est le sujet passif de l'obligation), le second s'y rattache pareillement (c'est le créancier [...] qui a ; il est le titulaire actif de l'obligation [...]). En somme, "j'ai ou je dois, car je suis" : on en revient nécessairement, dans les deux cas, à l'être* ».

[494] *Comp.* notamment : P. ISMARD, « Dénombrer et identifier les esclaves dans l'Athènes classique », *in* R. GUICHARROUSSE, P. ISMARD, M. VALLET et A.-E. VEÏSSE (dir.), *L'identification des personnes dans les mondes grecs*, Éditions de la Sorbonne, 2019, p. 51, où l'auteur adopte une démarche similaire.

CHAPITRE 1. LE NOMBRE DES TITULAIRES

51. La numération des titulaires – l'action de (dé)nombrer – consiste à en indiquer le nombre[495], c'est-à-dire à « *compter* »[496] ou « *recenser* »[497] les personnes entre lesquelles l'obligation de prêter existe (exs. : deux, quatre, sept, etc.).

À cet effet, il semble qu'un principe « *élémentaire* »[498], « *nécessaire* »[499], « *universel* »[500], « *traditionnel* »[501], « *directeur* »[502], « *fondateur* »[503] et « *évident* »[504] de relativité – aux termes duquel le nombre des titulaires « correspond »[505] à celui des parties au contrat

---

495 *TLF*, v. *Numération.* Du reste, et sur la place considérable que le droit accorde aux nombres : A. SUPIOT, *La Gouvernance par les nombres – Cours au Collège de France (2012-2014)*, Fayard, 2015 ; M. BROSSET BRIAND, A. CRINON, É. DELACOURE et É. DELCHER (dir.), *Le nombre et le droit*, L'Harmattan, 2020.

496 *Dictionnaire de l'Académie française*, 9e éd., v. *Nombrer.*

497 *Dictionnaire de l'Académie française*, 9e éd., v. *Dénombrer.*

498 B. FAGES, *Droit des obligations*, 10e éd., LGDJ, 2020, n° 220. Dans le même sens, v. C. DEMOLOMBE, *Traité des contrats ou des obligations conventionnelles en général*, t. II, Paris, 1869, n° 39, soulignant que ce principe est « *si élémentaire qu'il paraît presque naïf* ».

499 J.-S. BORGHETTI, « Les effets du contrat à l'égard des tiers », *in* J. CARTWRIGHT, B. FAUVARQUE-COSSON et S. WHITTAKER (dir.), *La réécriture du Code civil – Le droit français des contrats après la réforme de 2016 avec la traduction en anglais de l'Ordonnance et des modifications introduites en 2018 par la loi de ratification*, Société de législation comparée, 2018, p. 239, spéc. p. 245.

500 C. LARROUMET et S. BROS, *Les obligations. Le contrat*, 9e éd., Economica, 2018, n° 741.

501 J.-S. BORGHETTI, « Les effets du contrat à l'égard des tiers », *op. cit.*, p. 239, spéc. p. 241.

502 A. COURRÈGES, *Les contrats pour autrui*, thèse sous la direction de L. MINIATO, Toulouse, 2016 (mis à jour le 20 janvier 2017), n° 8.

503 M. GOUBINAT, *Les principes directeurs du droit des contrats*, *op. cit.*, n° 2.

504 B. STARCK, H. ROLAND et L. BOYER, *Droit civil. Les obligations. 2. Contrat*, *op. cit.*, n° 1446 ; aussi, un auteur prend soin d'ajouter que « *nul ne songerait à discuter la réalité de ce principe* » (D. DE BÉCHILLON, « Le contrat comme norme dans le droit public positif », *RFDA*, 1992, p. 15).

505 V. notamment C. BRENNER et S. LEQUETTE, « Acte juridique », *Répertoire de droit civil*, février 2019, n° 200 : « *Dans la généralité des cas, il y a correspondance entre le nombre de parties à l'acte et le nombre de volontés créatrices* ».

– gouverne, « *avec force* »[506], la matière[507] : « *les contractants sont souverains, mais ils ne le sont que sur eux-mêmes* »[508]. C'est qu'il est « *normal que chacun organise ses affaires* »[509] et « *souhaitable qu'on [ne] puisse s'ingérer dans celles d'autrui* »[510].

---

506 N. DAMAS, « Les baux d'habitation à l'épreuve de la loi "Logement et exclusion" du 25 mars 2009 », *in* « Gestion immobilière et "Loi logement et exclusion" », *AJDI*, 2009, p. 274. *Adde* M. BOUDOT, « La relativité du contrat – Archéologie d'un concept récent », *in* M. BOUDOT, M. FAURE-ABBAD et D. VEILLON (dir.), *L'effet relatif du contrat*, Presses universitaires juridiques de Poitiers, 2015, p. 47, spéc. p. 48, d'après lequel ce principe constitue « *un pilier de ce qui reste de l'architecture du Code civil* » ; L. AYNÈS (cité par C. BROCHE, « La cession conventionnelle de contrat existe-t-elle ? », *Revue de la recherche juridique*, 2012, p. 1271, spéc. n° 31), selon lequel ledit principe constitue l'une des « *colonnes du temple contractuel* ».

507 *Rappr.* : L. MARIGNOL, *La prévisibilité en droit des contrats*, thèse sous la direction de J. JULIEN, Tou-louse, 2017, n° 443, pour qui « *la nature même du contrat est de dresser un mur protecteur entre les contractants et le reste du monde* ». Toutefois, v. F. CHEVALLIER, *Les principaux généraux du droit des contrats*, mémoire sous la direction de N. MOLFESSIS, Paris II, 2014-2015, n° 5, où l'auteur interroge « *l'étendue de la généralité inhérente à la notion de principe : à partir de quel degré de généralité une proposition devient-elle un principe ? On serait tenté, pour apporter une réponse, de procéder par la méthode inductive [...], en recherchant, par voie d'induction, les propositions plus générales qui fondent les règles. Mais jusqu'où doit-on remonter dans le processus inductif ? Quel est le degré de généralité inhérent à la notion de principe ? [... L'exemple de la relativité des contrats] illustre bien la difficulté que suscite cette question [...]. L'effet relatif des contrats est le plus souvent présenté par la doctrine comme un principe. La généralité de la disposition – qui vient d'ailleurs fonder certaines règles du droit positif d'une généralité moindre – plaide en faveur de sa qualification de principe [...]. Pourtant, et à bien regarder, l'idée selon laquelle on ne peut être engagé par la volonté d'un tiers, apparaît aussi comme une application plus précise de la liberté contractuelle envisagée dans sa dimension négative, comme la liberté de ne pas contracter... Admettre que l'effet relatif des contrats est un "principe", revient à rompre l'induction amplifiante alors d'une part, que rien ne s'oppose à sa continuation jusqu'à un plus haut degré de généralité, et d'autre part, que la définition du principe invite à caractériser, comme tel, les propositions qui revêtent ce caractère de généralité élevé. D'un point de vue logique, le principe peut en effet être défini comme une "proposition posée au début d'une déduction, ne se déduisant elle-même d'aucune autre dans le système considéré". À cet égard, il est incohérent de qualifier de principe, une proposition qui peut trouver un fondement plus général dans une autre* ».

508 J. FLOUR, J.-L. AUBERT et É. SAVAUX, *Droit civil. Les obligations. Tome 1. L'acte juridique*, *op. cit.*, n° 422.

509 *Ibid.*, n° 423.

510 *Ibid.*, n° 423. *Adde* les références citées par : M. THIOYE, « L'élargissement du cercle des "parties" dans le bail d'habitation », *AJDI*, 2002, p. 432.

Ceci posé, il paraît opportun de se livrer à un examen de ce principe en interrogeant sa réception en droit (Section 1) et dans les faits (Section 2).

Section 1. La réception juridique du principe de relativité

52. D'un point de vue juridique, le principe de relativité est, d'après nous, affirmé par la loi, confirmé par la jurisprudence et approuvé par la doctrine. En effet, et pour ce qui est de la loi, il s'avère, à la lecture des dispositions du titre X du livre III du Code civil, que le contrat de prêt génère des obligations entre les « *parties* »[511] contractantes, à savoir entre celui (ou ceux) « *qui emprunte(nt)* »[512] et celui (ou ceux) « *qui prête(nt)* »[513]. En outre, et à la lecture des dispositions consacrées au droit commun des contrats, il s'avère pareillement que « *les contrats légalement formés tiennent lieu de loi à ceux qui les ont faits* »[514] et « *ne créent d'obligations* qu'entre les parties »[515] (nous soulignons). C'est dire qu'à suivre la loi et à s'y cantonner, le nombre des titulaires correspond – sans nul doute – à celui des parties au contrat[516].

53. Quant aux juges, ils rappellent sans relâche qu'une personne ne peut échapper à la titularité des obligations qui s'évincent d'un contrat de prêt à la conclusion duquel elle a participé. Ainsi, et dans un arrêt du 17 novembre 1999, la première chambre civile a jugé qu'un emprunteur « *reste tenu vis-à-vis du prêteur au remboursement des sommes dues au titre de [...] l'opération de prêt* », alors même qu'il n'a guère bénéficié desdites sommes – les fonds ayant été entièrement

---

[511] Articles 1875 (« *Le prêt [...] est un contrat par lequel l'une des* parties *livre [...] à l'autre* » – nous soulignons) et 1892 (« *Le prêt [...] est un contrat par lequel l'une des* parties *livre à l'autre* » – nous soulignons) du Code civil. Au surplus : J. FLOUR, J.-L. AUBERT et É. SAVAUX, *Droit civil. Les obligations. Tome 1. L'acte juridique*, *op. cit.*, n° 425, au sujet de la « *notion de partie* » : « *Le mot [partie] vient du verbe "partir" avec son sens de partage : la partie est la personne qui "prend part" au contrat* ».

[512] Article 1879 du Code civil.

[513] *Ibid.*

[514] Article 1103 du Code civil.

[515] Article 1199 du Code civil. *Comp.* article 5.106 de l'avant-projet de réforme du Code civil belge, en vertu duquel « *le contrat ne fait naître des obligations qu'entre les parties* ».

[516] *Comp.* F. CHÉNEDÉ, *Le nouveau droit des obligations et des contrats*, *op. cit.*, n° 125.151 : « *Les tiers ne peuvent se prétendre créanciers ou être déclarés débiteurs, d'obligations nées de contrats auxquels ils n'ont pas été parties* ».

« *remis* » à un tiers pour « *les besoins de sa profession* »[517]. Semblablement, et dans un arrêt rendu le 27 novembre 2001, la Cour de cassation a décidé qu'un emprunteur est, « *par l'effet de l'accord de volontés, obligé au remboursement de la somme due* », lors même qu'il n'a point « *reçu ou profité* » de cette somme[518]. Par ailleurs, les juges n'ont de cesse de rappeler qu'une personne ne peut qu'échapper à la titularité des obligations qui s'évincent d'un contrat de prêt à la conclusion duquel elle n'a pas pris part. Ainsi, la première chambre civile a déclaré, le 22 juin 2004, que « *l'affectation donnée aux fonds prêtés* » ne rend pas le tiers qui a « *reçu* » lesdits fonds, « *débiteur aux lieux et place des époux* » signataires de « *l'acte authentique de prêt* »[519]. De même, la Cour de cassation a décidé, le 27 juin 2018, qu'un tiers n'est pas tenu de « *rembourser le prêt souscrit par sa sœur auprès de la société BNP Paribas* » du « *simple fait* » qu'elle lui ait transmis par « *virement* » la somme de « *15.000 euros* » équivalent au montant emprunté[520]. Mieux encore, la troisième chambre civile de la Cour de cassation a jugé, le 30 juin 2004, que les annuités d'un prêt destiné à financer l'exécution de divers « *travaux de drainage* » sur une parcelle, n'ont pas à être supportées par le tiers ayant « *acquis* » cette parcelle[521]. D'où il suit que la jurisprudence conforte

---

[517] Cass. 1re civ., 17 novembre 1999, n° 97-16.749, Bull. civ. I, n° 311, *CCC*, 2000, n° 3, comm. 42, note L. LEVENEUR.

[518] A) Cass. 1re civ., 27 novembre 2001, n° 99-10.633, Bull. civ. I, n° 297, *op. cit.*, ainsi que les observations de : F. BRUNEL, *L'abstention du titulaire d'une prérogative. Ébauche d'une norme de comportement*, thèse sous la direction de J.-F. RIFFARD et J. THÉRON, Clermont Auvergne, 2017, n° 137.

B) *Rappr.* : Cass. com., 19 septembre 2018, n° 16-21.443, Inédit, *Gazette du Palais*, 2019, n° 02, p. 65, note A.-S. SIEW-GUILLEMIN, où la Cour a retenu que « *le fait que les fonds prêtés par la Caisse [(le prêteur)] [aient] été appréhendés par le liquidateur, n'est pas de nature à dispenser [l'emprunteur] de son obligation de paiement [(comprendre : de son obligation de rembourser les fonds)]* ».

[519] Cass. 1re civ., 22 juin 2004, n° 01-14.165, Bull. civ. I, n° 175, *CCC*, 2004, n° 11, comm. 153, note L. LE-VENEUR.

[520] Cass. 1re civ., 27 juin 2018, n° 17-14.823, Inédit.

[521] A) Cass. 3e civ., 30 juin 2004, n° 02-17.491, Bull. civ. III, n° 133, et les observations de : M. GRIMALDI, « Le contrat et les tiers », *in Mélanges en l'honneur de Philippe Jestaz. Libres propos sur les sources du droit*, Dalloz, 2006, p. 163, spéc. n° 12.

B) *Rappr.* : Cass. 1re civ., 25 février 2010, n° 09-11.302, Inédit, où la Cour a retenu que « *l'obligation […] de laisser l'usage du bien [(une maison le cas échéant)] à l'emprunteur jusqu'au terme convenu* », ne pèse pas sur les tiers ayant été « *déclarés adjudicataires* » dudit bien.

manifestement la correspondance entre le nombre des titulaires et le nombre des parties contractantes.

54. De leur côté, les rares auteurs à s'être intéressés explicitement au sujet, retiennent que le nombre des titulaires correspond à celui des parties au contrat, sous réserve que le prêt ne soit pas réel[522]. En ce dernier cas, les titulaires des obligations nées d'un prêt réel seraient plus exactement le (ou les) personne(s) ayant procédé au « dessaisissement », et le (ou les) personne(s) ayant procédé au « retirement »[523]. Sur ce point, et « malgré que »[524] le réalisme du prêt soit condamné par l'Ordonnance n° 2016-131 portant réforme du droit des contrats, du régime général et de la preuve des obligations[525], l'on remarquera que les actes de dessaisissement et

---

[522] V. particulièrement : D. LEGEAIS, *Opérations de crédit*, 2e éd., LexisNexis, 2018, n° 157 : « *Dans le cas où le prêt est qualifié de contrat réel, l'emprunteur est celui qui se fait remettre les fonds [(empruntés)] à sa disposition. Lorsque la qualification de contrat réel est écartée, la qualité d'emprunteur peut être attribuée à toute personne qui signe un contrat de prêt. L'emprunteur, de son côté, ne peut pas se prévaloir du fait qu'il n'a pas personnellement reçu les fonds pour contester la validité du contrat. L'hypothèse envisagée est celle d'un emprunt contracté à plusieurs qui ne profite pas à tous. L'emprunteur qui n'a pas bénéficié du prêt est, néanmoins, tenu au remboursement de celui-ci* » ; J. FRANÇOIS, « La cause et le contrat de prêt d'argent », note sous Cass. com., 7 avril 2009, n° 08-12.192, Bull. civ. IV, n° 54, *Defrénois*, 2009, n° 18, p. 1942, spéc. n° 7 : « *La remise [de la chose prêtée...] ne détermine pas [...] les débiteurs qui seront tenus [de l'obligation de restitution] lorsque le prêt est consensuel. Dans ce cas, sera tenu de restituer toute partie au contrat – peu importent qu'elle n'ait pas personnellement reçu les fonds. Au contraire, lorsque le prêt est réel, la remise de la chose qualifie les parties au contrat* » (dans un article récent, ledit auteur considère cependant que lorsque « *le prêt d'argent est un contrat réel, la remise des fonds est certes nécessaire à sa formation, mais elle n'est pas un mode de désignation des parties à l'acte. Il importe donc peu que les fonds [empruntés] soient remis à l'une plutôt qu'à l'autre* » – J. FRANÇOIS, « La qualification de l'engagement de codébiteur solidaire adjoint », note sous Cass. com., 8 juin 2017, n° 15-28.438, Bull. civ. IV, n° 862, *Recueil Dalloz*, 2017, p. 1689, spéc. n° 8).

[523] Sur le dessaisissement et le retirement, v. *supra*, n° 23.

[524] *Comp.* M. GREVISSE, *Problèmes de langage*, PUF, 1961, p. 223 : « *Il y a, dans le monde des mots et des tournures, des espèces de têtes de Turc sur lesquelles certaines gens sont tout de suite disposés à asséner des coups de massue... ; au nombre de ces expressions qu'on accable, je vois le malheureux "malgré que". Est-il si affreux, si condamnable que les gardiens du bon langage se sont plu à le dire ?* »

[525] *Supra*, n° 21.

de retirement sont uniquement des « *faits matériels* »[526] qui « ne renseignent pas *sur le negotium accompli* »[527] (nous soulignons) et qui doivent, le cas échéant, demeurer sans incidence sur la numération des titulaires des obligations qui en dérivent[528].

55. Conclusion de section. La loi, la jurisprudence et la doctrine assurent complètement la réception juridique du principe de relativité. En particulier, les juges refusent systématiquement de prendre en considération les évènements qui jalonnent la vie du contrat – transmission des fonds empruntés, aliénation de la maison financée, … – et qui auraient pu tenir en échec ledit principe.

Section 2. La réception pratique du principe de relativité

56. Difficulté. D'un point de vue pratique, le principe de relativité est, selon nous, apparemment et seulement perturbé par la technique de la titrisation[529]. En effet, cette technique – qui ne se retrouve

---

[526] G. CATTALANO-CLOAREC, *Le contrat de prêt*, *op. cit.*, n° 122.

[527] D. DEROUSSIN, « Article 1107 : les contrats réels », *op. cit.*, p. 734, spéc. n° 2.

[528] *Comp.* la position de M. MIGNOT, « Régime général des obligations - Pluralité de sujets de l'obligation - Principe de division », *JurisClasseur Code civil*, 28 février 2017, n° 78, lequel soutient que, « *pour savoir si une personne est ou non partie au contrat, donc codébiteur ou simple garant des obligations d'autrui, il faut examiner si elle profite ou ne profite pas de la contrepartie fournie par le créancier. Si elle n'en profite pas, elle n'est pas partie mais garant, et si elle en profite, elle est partie et codébiteur. Par exemple, pour savoir si une personne est coemprunteur d'une somme d'argent avec d'autres, il faut simplement savoir si elle a effectivement reçu une part – même infime – de l'argent versé par le prêteur et si elle l'a utilisée pour son propre compte. En somme, il faut savoir si elle s'est réellement enrichie d'une part de l'argent versé par le prêteur. Si elle en reçoit une fraction et l'utilise comme [convenu], elle est réellement partie au contrat de prêt et agit donc en qualité de codébiteur (coemprunteur). Dans le cas contraire, elle n'est pas partie au contrat de prêt et agit alors comme garant de la dette de ceux qui sont réellement parties au contrat de prêt. On ne voit pas comment quelqu'un pourrait être emprunteur d'une somme d'argent sans en recevoir du prêteur la moindre fraction et, surtout, en profiter en s'enrichissant de celle-ci […]. Ce qui compte est la réalité économique, et non l'apparence résultant du montage des parties* ».

[529] A) Le terme est emprunté à : G. FOREST, *Essai sur la notion d'obligation en droit privé*, *op. cit.*, n° 594. Il est ici employé dans un sens distinct de l'opération de titrisation connue en droit financier (sur laquelle, v. : notamment : T. GRANIER et C. JAFFEUX, *La titrisation. Aspects juridique et financier*, préf. Y. GUYON, 2e éd., Economica, 2004).
B) Ladite technique a, semble-t-il, été mise en évidence par la doctrine au XIXe siècle, afin de rendre compte des titres financiers au porteur, dont la transmission échappait

concrètement qu'en matière de prêts consentis à une multiplicité d'emprunteurs – consiste schématiquement à introduire une clause sur la preuve au sein de l'acte de prêt, en vue d'interdire à chacun des coemprunteurs de démontrer qu'il est le titulaire actif de l'obligation de prêter, autrement que par la présentation d'un original de l'*instrumentum*[530] – un ticket, un billet, un bon, etc. En d'autres termes, il s'agit d'exclure toute faculté, pour chaque coemprunteur, d'obtenir le paiement de l'obligation de prêter en l'absence – même fortuite – de présentation d'un *instrumentum* original : « pas de titre original, pas de droit de retirer et d'utiliser la chose » (exs. : un espace de travail, un court de tennis, un parking, une aire de jeux, un centre culturel, une salle de musculation, etc.)[531]. Dès lors, toute la question est

---

au formalisme contraignant de l'ancien article 1690 du Code civil. *Adde* L. COTRET, *La négociabilité des instruments financiers*, thèse sous la direction de H. CAUSSE, Reims, 2004, n° 44 : « *Apparus au milieu du XVIII*e *siècle, [ces...] titres financiers au porteur étaient des documents écrits, représentés par une feuille de papier. [Leur] fabrication ressemblait à celle des billets de banque : formule pré-imprimée sur laquelle figurait un dessin en filigrane censé éviter toute falsification. Ils se décomposaient en deux volets : (i) le premier (nommé talon) comportait le titre proprement dit, avec ses éléments d'identification – son intitulé (action, obligation, part fondateur), le nom et les caractéristiques de la société émettrice, son numéro d'ordre, sa valeur nominale [et] la signature des administrateurs ; (ii) le second composé d'un ensemble de coupons, découpés [lors] de l'exercice des droits attachés au titre : paiement des dividendes ou des intérêts, souscription préférentielle, etc.* ».

530 *Rappr.* : V. MALASSIGNÉ, *Les titres représentatifs – Essai sur la représentation juridique des biens par des titres en droit privé*, préf. A. GHOZI, Dalloz, 2016, n° 772, au sujet du ticket de métro, du billet de train, des bons cadeaux et du billet du Loto : « *Pour chacun de ces titres [...], le débiteur retient une modalité très simple pour déterminer la personne entre les mains de laquelle il devra procéder au paiement. Il conditionne (au moyen d'une stipulation contractuelle) l'existence du droit d'exiger l'exécution de la prestation promise, c'est-à-dire la créance, à l'intégrité matérielle de l'écrit remis à son cocontractant. Ainsi, la créance née de la conclusion d'un acte juridique forme un tout indivisible avec l'écrit la constatant, [et ce...] en vertu d'une stipulation contractuelle excluant toute faculté d'obtenir le paiement en l'absence de remise de l'original* ».

531 *Comp.* : *Ibid.*, n° 773, à propos du billet de train : « *Les stipulations applicables ont, en quelque sorte, fait de l'instrumentum une règle de fond entre les parties : pas de titre original, pas de droit à être transporté* » ; E. THALLER, *Traité élémentaire de droit commercial*, Paris, 1898, n° 720, à propos des valeurs mobilières : « *Ce que porte le titre est réputé l'expression de la vérité juridique ; là où est le titre, là se trouve le véritable ayant droit* » ; C. LASSALAS, *L'inscription en compte des valeurs. La notion de propriété scripturale*, préf. J. STOUFFLET, Presses universitaires de la Faculté de droit de Clermont-Ferrand, 1997, n° 542, à propos des valeurs mobilières : « *Le titre et les droits qu'il exprime*

de savoir si une telle clause est licite, auquel cas sa stipulation conduirait inéluctablement à rompre la correspondance entre le nombre des titulaires et le nombre des parties au contrat, en réservant la titularité active de l'obligation de prêter à chacun des porteurs d'un original de l'*instrumentum* (ex. : un fabricant de véhicules électriques offre à l'ensemble de ses clients un badge permettant d'accéder gratuitement, et durant trois mois, aux bornes de recharge lui appartenant, étant précisé qu'aucun *duplicata* ne sera délivré en cas de perte, de vol ou de dysfonctionnement ; le dénombrement des titulaires doit alors se faire comme suit : « nombre des titulaires = 1 fabricant + *x* porteurs de badge » ; *x* pouvant évoluer, entre autres illustrations, si certains porteurs parvenaient à réunir plusieurs badges entre leurs mains, ou encore si certains badges venaient à disparaître[532]).

57. Liberté. Sous l'empire du droit antérieur à l'Ordonnance n° 2016-131, et dans le silence du Code Napoléon[533], la jurisprudence admettait la licéité des clauses de preuve, en retenant que les règles légales de preuve n'étaient pas d'ordre public[534]. Ainsi les parties

---

sont si intimement liés qu'ils ne peuvent être séparés. Il s'ensuit [...] que seul celui qui détient le titre peut exercer les droits que le titre traduit [...] et que la perte du titre entraîne la disparition [des droits] » ; J. LARGUIER, *La notion de titre en droit privé*, Dalloz, 1951, n° 164, à propos des titres au porteur et des effets de commerce : « *Qui a le titre a le droit ; qui donne le titre donne le droit ; et qui vole le titre vole le droit* » ; F. LEPLAT, *La transmission conventionnelle des créances*, thèse sous la direction de T. BONNEAU, Paris X, 2001, n° 603, à propos des titres négociables : « *Le créancier et son débiteur s'accordent pour reconnaître la qualité d'ayant cause à la (seule) personne désignée par le titre. L'unité du titre et de la créance interdit la preuve [de la qualité d'ayant cause], par d'autres moyens que la présentation du titre [...]. Dès lors, le titre négociable est la manière d'identifier aux yeux du débiteur le créancier envers lequel il est obligé [...]. Vis-à-vis du débiteur, le véritable créancier subit l'incorporation du droit dans le titre [...]. Le véritable créancier ne peut exiger du débiteur le paiement entre ses mains de la créance lorsqu'il est dépourvu du titre* » ; D. R. MARTIN, « Du titre et de la négociabilité », *Recueil Dalloz*, 1993, p. 20, à propos des titres de créance négociables : « *L'alchimie fictive et délibérée de la titrisation [...] rend le droit consubstantiel du titre dressé pour le constater* ».

532 Exemple librement inspiré de : www.nissan.fr/avantages-electrique/zero-emission-charge-pass.html

533 V. ainsi : R. SCABORO, *Les conventions relatives à la preuve*, thèse sous la direction de B. BEIGNIER, Toulouse, 2013, n° 68 : « *Rien n'était prévu dans le Code civil sur la modification conventionnelle des règles de preuve* ».

534 V. ainsi : F. TERRÉ, P. SIMLER, Y. LEQUETTE et F. CHÉNEDÉ, *Droit civil. Les obligations*, *op. cit.*, n° 1825 ; J. FLOUR, J.-L. AUBERT et É. SAVAUX,

pouvaient-elles valablement déroger aux prescriptions de l'article 1331[535], en convenant de s'en remettre, pour le règlement de leurs comptes réciproques, aux inscriptions portées par l'une d'elles sur ses livres[536]. De même, pouvaient-elles valablement renoncer aux dispositions de l'article 1341[537], en acceptant de « *prouver par témoins un marché d'avoine d'une valeur supérieure à 150 francs* »[538].

Cela étant, le sort des clauses restreignant les procédés de preuve que permet la loi, suscitait de vives réserves en doctrine[539]. En effet, la restriction conventionnelle des procédés de preuve légalement admissibles, risquait de compromettre « *les pouvoirs [et...] l'office du juge, dans l'appréciation de la force de conviction de la preuve produite* »[540]. Par suite, d'aucuns souhaitaient que les clauses de preuve ne puissent aller « *jusqu'à museler le juge, en anéantissant son pouvoir d'appréciation* »[541] ; en bref, il semblait hardi de « *laisser aux parties*

Droit civil. Les obligations. Tome 3. Le rapport d'obligation, 9e éd., Sirey, 2015, n° 5 ; V. DEPADT-SEBAG, « Les conventions sur la preuve », *in* C. PUIGELIER (dir.), *La preuve*, Economica, 2004, p. 13 ; F. TERRÉ, *Introduction générale au droit*, 10e éd., Dalloz, 2015, n° 569 ; F. FERRAND, « Preuve », *Répertoire de procédure civile*, décembre 2019, n° 33.

[535] D'après lequel : « *Les registres et papiers domestiques ne font point un titre pour celui qui les a écrits. Ils font foi contre lui : 1°) dans tous les cas où ils énoncent formellement un paiement reçu ; 2°) lorsqu'ils contiennent la mention expresse que la note a été faite pour suppléer le défaut du titre en faveur de celui au profit duquel ils énoncent une obligation* ».

[536] Cass. req., 20 mars 1876, sur lequel on consultera : R. SCABORO, *Les conventions relatives à la preuve*, *op. cit.*, n° 83 s.

[537] D'après lequel : « *Il doit être passé acte devant notaires ou sous signatures privées, de toutes choses excédant la somme ou valeur de 150 F, même pour dépôts volontaires, et il n'est reçu aucune preuve par témoins contre et outre le contenu aux actes, ni sur ce qui serait allégué avoir été dit avant, lors ou depuis les actes, encore qu'il s'agisse d'une somme ou valeur moindre de 150 F. Le tout sans préjudice de ce qui est prescrit dans les lois relatives au commerce* ».

[538] Cass. civ., 1 juin 1893, et sur lequel on consultera : R. SCABORO, *Les conventions relatives à la preuve*, *op. cit.*, n° 87.

[539] Pour une vue d'ensemble sur ce point : C. MOULY-GUILLEMAUD, « La sentence "nul ne peut se constituer de preuve à soi-même" ou le droit de la preuve à l'épreuve de l'unilatéralisme », *RTD civ.*, 2007, p. 253, spéc. n° 10 ; M. COTTET, « Les conventions sur la preuve », *in Hommage à Robert Le Balle*, Dalloz, 2016, p. 47, spéc. p. 55 s.

[540] G. VIRASSAMY, note sous Cass. 1re civ., 8 novembre 1989, n° 86-16.196 et n° 86-16.197, Bull. civ. I, n° 342, *JCP G 1990*, n° 46, II, 21576, spéc. n° 17.

[541] M. LAMOUREUX, « Les limites des clauses de preuve », *Revue Lamy Droit civil*, 2010, n° 71 ; l'auteur ajoute : « *Il y a donc une part incompressible du rôle du juge,*

toute latitude pour canaliser les moyens de faire sortir la vérité lors du procès »[542]. Les juges faisaient cependant fi de ces réserves, comme l'illustre un arrêt du 30 juillet 1884 énonçant « *qu'en déclarant inadmissible la preuve testimoniale interdite par la convention souverainement interprétée par lui, l'arrêt attaqué, loin de violer les articles 1341, 1347 et 1348 [...] dont l'application dans la cause est repoussée par cette convention, n'a fait qu'obéir à l'article 1134* »[543]. En l'espèce, la solution conduisit les magistrats du Quai de l'Horloge à donner effet à une clause du règlement et des statuts de la caisse de retraites de la Compagnie des mines de Roche-la-Molière, rédigée de la manière suivante : « *[pour] recevoir la pension de retraite, l'ouvrier devra prouver qu'il compte trente ans de services effectifs dans les exploitations de la compagnie par des documents écrits, tels qu'un extrait [...] des registres de la compagnie [...],* aucun autre moyen de preuve n'étant admissible » (nous soulignons). En témoigne également un arrêt du 8 novembre 1989, où était en cause une ouverture de crédit utilisable par fractions au moyen d'une carte magnétique, précision faite que « *seul* »[544] l'enregistrement du recours à ladite carte dans le système informatique de la banque, ferait foi de l'éventuelle utilisation de cette ouverture. Le Tribunal d'instance de Sète considéra

---

auquel les parties ne sauraient porter atteinte sans faire de la justice un mirage [...]. C'est pourquoi les clauses de preuve, et en particulier celles relatives aux procédés de preuve et à leur force probante, ne devraient pas pouvoir créer un mécanisme permettant de [...] s'abstenir de tout contrôle judiciaire de vraisemblance, par exemple par la création conventionnelle de présomptions irréfragables ».

542 C. GRIMALDI, « La preuve en droit des contrats », *in* L. CADIET, C. GRIMALDI et M. MEKKI (dir.), *La preuve, regards croisés*, Dalloz, 2015, p. 79, spéc. p. 83. Dans le même sens, v. Y. FLOUR et A. GHOZI, « Les conventions sur la forme », *Defrénois*, 2000, n° 15-16, p. 911, spéc. n° 4 : « *On peut douter [...] qu'une convention entre personnes privées puisse conférer à telle forme qu'elles auront choisie une force probante absolue, allant jusqu'à priver le juge de tout pouvoir d'appréciation sur les preuves qui lui sont soumises* » ; spéc. n° 16 : « *Les parties peuvent-elles, par une clause portant sur l'instrument de la preuve, lui attribuer la plénitude de la force probante, voire la rendre incontestable ? On peut tout de même en douter. D'une part, la force probante de l'instrumentum est directement liée [à] la substance des droits qui naissent du contrat. D'autre part, elle met nécessairement en cause la mission du juge* ».

543 Cass. req., 30 juillet 1884, *Revue de la législation des mines*, 1885, n° 1, p. 205.

544 J. HUET, « Des documents de sortie d'ordinateur peuvent-ils faire preuve de l'utilisation d'une carte de paiement au moyen d'un code confidentiel ? », note sous Cass. 1re civ., 8 novembre 1989, n° 86-16.196 et n° 86-16.197, Bull. civ. I, n° 342, *Recueil Dalloz*, 1990, p. 327.

alors que, « *quelles que soient les conventions des parties [...], la simple production [d'un enregistrement informatique] émanant de la [banque...] est inopérante à constituer la preuve de [...] l'utilisation [...] de l'ouverture de crédit* »[545]. Par contrecoup, la première chambre civile exerça sa censure sous le double visa des articles 1134 et 1341 : « *attendu qu'en statuant ainsi, alors que la [banque] invoquait l'existence, dans le contrat, d'une clause déterminant le procédé de preuve [de l'utilisation de l'ouverture de crédit...] et que pour les droits dont les parties ont la libre disposition, ces [clauses...] relatives à la preuve sont licites, le Tribunal a violé les textes susvisés* »[546].

À la lumière de ce qui précède, « *aucune limite n'était apposée à la liberté contractuelle en matière probatoire* »[547] sous l'égide du droit ancien, de sorte que la liberté laissée aux parties de « titriser » l'obligation de prêter ne faisait – à notre sens – guère de doute[548]. Un arrêt rendu le 10 janvier 1995 en fournit d'ailleurs une remarquable illustration[549] : une personne inscrite à une loterie organisée par « *la société Française des jeux* », réclama son gain après avoir joué les bons numéros. Or, une clause du contrat prévoyait que, « *quel que*

---

[545] TI Sète, 14 mai 1986.

[546] Cass. 1re civ., 8 novembre 1989, n° 86-16.196 et n° 86-16.197, Bull. civ. I, n° 342, *RTD civ.*, 1990, p. 79, note J. MESTRE ; *JCP G 1990*, n° 46, II, 21576, note G. VIRASSAMY ; *Recueil Dalloz*, 1990, p. 327, note J. HUET ; *Recueil Dalloz*, 1990, p. 369, note C. GAVALDA ; *RTD com.*, 1990, p. 78, note M. CABRILLAC et B. TEYSSIÉ ; *Recueil Dalloz*, 1991, p. 38, note M. VASSEUR.

[547] G. LARDEUX, « La liberté contractuelle en matière probatoire entre sécurité juridique et vérité judiciaire », note sous Cass. com., 6 décembre 2017, n° 16-19.615, Bull. civ. IV, n° 1517, *Recueil Dalloz*, 2018, p. 327.

[548] En ce sens, v. : Ph. DELEBECQUE, chron. sous Cass. 1re civ., 10 janvier 1995, n° 92-18.013, Bull. civ. I, n° 26, *Defrénois*, 1995, n° 11, p. 746 : « *Le droit des preuves n'est pas d'ordre public. Il peut être aménagé par les parties et par de solides combinaisons [...] contractuelles. Rien ne s'oppose dans ces conditions à ce que l'on exige d'un cocontractant qu'il prouve ses droits en produisant un titre particulier* ». *Rappr.* : D. R. MARTIN, « Du billet au porteur », note sous Cass. com., 15 janvier 2002, n° 99-15.370, Bull. civ. IV, n° 10, *Recueil Dalloz*, 2003, p. 341 : « *Il est permis à quiconque de titriser (au sens propre) sa dette, par l'engagement pris dans un document (un support) apte à révéler, littéralement, l'intention du souscripteur d'y incorporer le droit qu'il constate* » ; H. CAUSSE, *Les titres négociables*, préf. B. TEYSSIÉ, Litec, 1993, n° 619 : « *[Les parties] peuvent écarter les règles de preuve au profit de la seule présentation de l'instrumentum* ».

[549] Cass. 1re civ., 10 janvier 1995, n° 92-18.013, Bull. civ. I, n° 26, *Defrénois*, 1995, n° 11, p. 746, chron. Ph. DELEBECQUE.

soit leur montant, les gains [ne seraient...] payables [que] contre remise » de l'original du « *bulletin* » gagnant – « *sans que le requérant ait à justifier de son identité* ». Partant, et au visa de l'article 1134, la Cour de cassation cassa la décision d'appel[550] qui avait « *dénaturé les termes clairs et précis du contrat* », en ayant permis au joueur de rapporter la preuve du « *droit au gain réclamé* par tous moyens » (nous soulignons)[551].

58. Nouveauté. Depuis l'Ordonnance du 10 février 2016 portant réforme du droit des contrats, du régime général et de la preuve des obligations, l'article 1356 proclame que « *les contrats sur la preuve sont valables* » et – surtout – « *qu'ils ne peuvent contredire les présomptions irréfragables établies par la loi, ni [...] établir au profit de l'une des parties une présomption irréfragable* ». C'est dire que la faculté d'aménager les règles probatoires du Code civil est formellement consacrée, tout en étant dorénavant assortie de limites, dont tout particulièrement l'impossibilité d'instituer, d'un commun accord, une présomption qui « *ne supporterait pas la preuve contraire* »[552].

Cela dit, l'arrêt rendu le 6 décembre 2017 par les juges de cassation avec le dessein d'appliquer le nouveau droit à une convention relevant

---

[550] CA Bordeaux, 10 juin 1992, JurisData n° 1992-043630.

[551] Comme le remarque un auteur, « *la Cour de cassation protégea la société Française des jeux [en retenant cette solution]* » (R. SCABORO, *Les conventions relatives à la preuve, op. cit.*, n° 800) : à défaut, « *à partir de combien de témoignages concordants pourrait-on [...] obtenir le "gros lot" ?* » (*Ibid.*, n° 592).

[552] J. MESTRE, « La vérité est-elle juridiquement disponible ? », note sous Cass. com., 6 décembre 2017, n° 16-19.615, Bull. civ. IV, n° 1517, *Revue Lamy Droit civil*, 2018, n° 158. *Adde* notamment : D. HOUTCIEFF, *Droit des contrats, op. cit.*, n° 728 ; B. MERCADAL, *Réforme du droit des contrats*, Francis Lefebvre, 2016, n° 1305 ; M. FABRE-MAGNAN, *Droit des obligations. 1. Contrat et engagement unilatéral, op. cit.*, n° 224 ; G. CHANTEPIE et M. LATINA, *Le nouveau droit des obligations : Commentaire théorique et pratique dans l'ordre du Code civil, op. cit.*, n° 1116 ; A. BÉNABENT, *Droit des obligations, op. cit.*, n° 130 ; J. DEVÈZE, « La non réforme du droit de la preuve », *JCP G 2017*, n° 14, doctr. 389 ; A. AYNÈS et J.-D. BRETZNER, « Droit de la preuve », *Recueil Dalloz*, 2016, p. 2535 ; G. LARDEUX, « Commentaire du titre IV bis nouveau du livre III du code civil intitulé "De la preuve des obligations" ou l'art de ne pas réformer », *Recueil Dalloz*, 2016, p. 850 ; L. PAILLER, « Les conventions sur les présomptions », *AJ contrat*, 2019, p. 378.

du droit ancien[553], nous donne l'occasion de circonscrire la portée de cette impossibilité. Au cas d'espèce, une clause figurant dans « *un contrat de licence et de distribution* » d'un progiciel, stipulait que le client « *dispose[rait] d'un délai de quinze jours à compter de la livraison du progiciel pour dénoncer tout dysfonctionnement [...], en remplissant une fiche individuelle d'identification écrite* », et ajoutait que le progiciel serait « *considéré comme tacitement recetté à défaut de réserves respectant [ce] formalisme* »[554]. À la suite de « *dysfonctionnements* » dénoncés hors délai, un client mit fin au contrat ; il se vit – par ricochet – assigné en responsabilité pour rupture illégitime. La Cour d'appel de Versailles décida alors « *qu'au vu des nombreuses observations émises sur son fonctionnement, il ne pouvait être considéré que le progiciel avait fait l'objet d'une recette tacite* »[555]. Devant la Haute juridiction[556],

---

[553] A) Ce qui fait dire à un auteur que la Cour de cassation « *continue de s'inspirer de la sève des textes de la réforme de 2016, même lorsqu'ils ne sont pas directement applicables à l'espèce pour des raisons d'application de la loi dans le temps* » (H. BARBIER, « La conversion en présomption simple d'une présomption irréfragable établie par une clause de preuve », note sous Cass. com., 6 décembre 2017, n° 16-19.615, Bull. civ. IV, n° 1517, *RTD civ.*, 2018, p. 123). *Comp.* C.-É. BUCHER, « Le nouveau droit des contrats : un an déjà », *CCC*, 2017, n° 10, alerte 57, quant à l'influence du droit nouveau sur la jurisprudence.
B) *Adde* Cass. com., 14 mars 2018, n° 16-26.678, Inédit, *L'ESSENTIEL Droit bancaire*, 2018, n° 5, p. 2, note J. LASSERRE CAPDEVILLE ; *JCP E 2018*, n° 47, 1596, spéc. n° 5, chron. N. MATHEY, où était en cause une clause figurant sur un bordereau de remise d'espèces, et aux termes de laquelle « seule *la reconnaissance des espèces effectuées en différé par les services [de la banque] faisait foi* » (nous soulignons). Cependant, et au cours du litige, le débat se concentra sur l'opposabilité de ladite clause, et non sur sa licéité.

[554] « *Précisons qu'en matière informatique, la "recette" constitue la réception d'un matériel ou d'un logiciel et en même temps son acceptation, mais également les tests qui ont précédé cette réception* » (X. DELPECH, « Validation sous réserve des conventions portant sur la preuve », note sous Cass. com., 6 décembre 2017, n° 16-19.615, Bull. civ. IV, n° 1517, *Dalloz actualité*, 18 décembre 2017).

[555] CA Versailles, 29 mars 2016, n° 14/00494.

[556] Cass. com., 6 décembre 2017, n° 16-19.615, Bull. civ. IV, n° 1517, *Revue Lamy Droit civil*, 2018, n° 158, note J. MESTRE ; *L'ESSENTIEL Droit des contrats*, 2018, n° 1, p. 1, note M. LATINA ; *Gazette du Palais*, 2018, n° 1, p. 34, note D. HOUTCIEFF ; *Dalloz actualité*, 18 décembre 2017, note X. DELPECH ; *RTD civ.*, 2018, p. 123, note H. BARBIER ; *CCC*, 2018, n° 3, comm. 40, note L. LEVENEUR ; *Recueil Dalloz*, 2018, p. 327, note G. LARDEUX ; *Recueil Dalloz*, 2019, p. 157, chron. A. AYNÈS ; *Recueil Dalloz*, 2018, p. 371, note M. MEKKI ; *AJ contrat*, 2018, p. 37, note T. DOUVILLE ; *RDC*, 2018, n° 2, p. 205, note J. KLEIN.

l'arrêt frappé de pourvoi fut confirmé, motif pris que « *si les contrats sur la preuve sont valables, ils ne peuvent établir au profit de l'une des parties une présomption irréfragable, ce dont il découle que le client avait renversé la présomption de recette tacite résultant de l'absence de réserve respectant le formalisme [...] prévu* », en démontrant que son cocontractant « *ne lui avait pas livré un progiciel qui pouvait fonctionner et être commercialisé* ». Somme toute, les juges ont donc fait montre d'une grande sévérité, en acceptant de recourir à l'interdiction de créer contractuellement une présomption irréfragable, lors même que la clause litigieuse « *ne privait ici nullement le client de la possibilité d'établir les dysfonctionnements* »[557] et se contentait de l'enserrer dans un cadre étriqué[558].

Fort de ce qui précède, la condamnation des présomptions conventionnelles irréfragables sous l'égide du droit nouveau, annihile la liberté jusqu'à présent laissée aux parties, de fixer une vérité qui s'imposera aux tribunaux en cas de contentieux. Elle s'oppose, chemin faisant, à la « titrisation » de l'obligation de prêter, à une époque où les avancées technologiques les plus modernes concourent pourtant à l'émersion de droits[559] ancrés dans un registre distribué et sécurisé – une « *blockchain* »[560] –, c'est-à-dire de droits dont la preuve ne peut

---

[557] J. KLEIN, « Contrats sur la preuve : sur la portée de l'interdiction d'établir une présomption irréfragable », note sous Cass. com., 6 décembre 2017, n° 16-19.615, Bull. civ. IV, n° 1517, *RDC*, 2018, n° 2, p. 205, spéc. n° 9.

[558] « *On le voit, l'ordre public probatoire n'est pas nécessairement là où on l'attend et il se peut qu'à l'avenir, l'enthousiasme de certaines parties à l'égard des contrats sur la preuve, soit refroidi par une jurisprudence moins libérale que le Code civil* » (É. VERGÈS, « Droit de la preuve : une réforme en trompe-l'œil », *JCP G 2016*, n° 17, 486).

[559] V. les exemples cités dans le dossier : « Blockchain et preuve », *Dalloz IP/IT*, 2019, p. 72.

[560] « *Il s'agit d'un registre sur lequel sont inscrits chronologiquement des faits et des actes (documents, transactions, actifs, ...) de manière immuable. Ce registre, qui se présente sous la forme d'algorithmes, peut être rapproché d'un livre comptable décentralisé dont les différentes pages sont présentes sur tous les ordinateurs du réseau. Pour l'expliquer simplement, une personne utilise une plateforme qui lui donne accès au réseau de la blockchain. Elle écrit une page, à laquelle on ne peut rien ajouter, dont on ne peut rien corriger, au cœur de laquelle rien ne peut être effacé. Pour sécuriser l'opération, les "parties" à cet échange disposent chacune d'une clé privée – personnelle et secrète – et d'une clé publique (sorte d'adresse mail permettant d'être contacté). Après qu'une page a été écrite, données algorithmées, elle est reliée à la page qui la précède et prend son empreinte numérique la rendant ainsi infalsifiable et inaltérable. En reliant la page écrite à celle qui la précède,*

être rapportée qu'au moyen de « *la possession [...] d'un titre digital* »[561] prétendument « *infalsifiable* »[562] et « *incorruptible* »[563].

---

on crée une chaîne de blocs. Cependant, pour obtenir une telle chaîne de blocs, la page ainsi écrite ne sera reliée qu'après avoir été "authentifiée" (vérifiée). Si, par le passé, un tiers de confiance se chargeait d'une telle vérification, elle est désormais opérée par les "mineurs" du réseau, les ordinateurs du réseau, qui peuvent se trouver aux quatre coins du monde... Sans entrer dans le détail d'une technologie très complexe, la page doit être validée par au moins 51% des mineurs. L'un des procédés utilisés est la preuve de travail – proof of work – qui consiste pour les mineurs à résoudre un problème mathématique. Pour inciter les acteurs à participer à ce processus de vérification et encourager l'entrée de nouveaux mineurs, le mineur qui résout le premier l'énigme [...] reçoit une récompense [...] par l'octroi de tokens » (M. MEKKI, « Les mystères de la blockchain », *Recueil Dalloz*, 2017, p. 2160, spéc. n° 4). Aussi, v. : Y. COHEN-HADRIA, « Blockchain : révolution ou évolution ? La pratique qui bouscule les habitudes et l'univers juridique », *Dalloz IP/IT*, 2016, p. 537 ; J.-P. DELAHAYE, « Les blockchains : clefs d'un nouveau monde », *Pour la Science*, 2015, n° 449, p. 80 ; R. BARON, « Aspects techniques de la technologie blockchain », *in* F. MARMOZ (dir.), *Blockchain et droit*, Dalloz, 2019, p. 7 ; J.-M. CANAC et M. TELLER, « De la rule of law à la rule by code – La blockchain, un projet faustien ? », *in Études en la mémoire de Philippe Neau-Leduc. Le juriste dans la cité*, LGDJ, 2018, p. 181.

561 H. DE VAUPLANE, « Des titres papiers aux titres digitaux », *Revue d'économie financière*, 2018, n° 129, p. 89, spéc. p. 96 (également, et du même auteur : « Des titres papiers aux titres digitaux », *in* P. BARBAN et V. MAGNIER (dir.), *Blockchain et droit des sociétés*, Dalloz, 2019, p. 25, spéc. n° 17). *Adde* T. CAHAREL et P. MONTEIL, « Représentation et transmission des titres financiers au temps de la blockchain », *Revue de Droit bancaire et financier*, 2018, n° 4, prat. 4, selon lesquels « *la blockchain marque le premier passage de la dématérialisation à la digitalisation des titres financiers* ».

562 D. LEGEAIS, « Blockchain », *JurisClasseur Commercial*, 1 janvier 2020, n° 62. *Comp.* É. A. CAPRIOLI, « Mythes et légendes de la blockchain face à la pratique », *Dalloz IP/IT*, 2019, p. 429 : « *La blockchain [...] est infalsifiable ? Non, car la sécurité à 100% n'existe pas* ».

563 *Ibid.*, n° 4. *Comp.* D. GUÉVEL, « Les chaînes de blocs déjà dépassées ? », *Recueil Dalloz*, 2018, p. 409 : « *Il faut se garder de trop pécher par optimisme... Nous savons combien l'humain est habile lorsqu'il s'agit d'être malhonnête. Nous avions soupçonné que le procédé des chaînes de blocs pouvait être détourné. Hélas, diverses affaires en cours viennent de nous donner raison (sans parler de la spéculation effrénée et du décrochage complet par rapport à l'économie réelle, on citera : les soupçons de blanchiment d'argent sale, de vol d'argent numérique, de rémunération d'activités coupables, de montages de pyramides de Ponzi, de piratage de plateformes d'échange, de détournement de sites, ...)* ». *Adde* les observations très riches et très actuelles de : D. AMMAR, « Preuve et vraisemblance. Contribution à l'étude de la preuve technologique », *RTD civ.*, 1993, p. 499.

Par où l'on voit que l'Ordonnance n° 2016-131 est « *de nature à affaiblir l'utilité des blockchains lorsque celles-ci ne pourront pas se prévaloir d'un texte spécial [dérogeant au nouvel article 1356]* »[564].

59. Conclusion de section. La réception pratique du principe de relativité est seulement perturbée par la technique de la titrisation. Cette technique est fréquemment utilisée en présence d'une pluralité d'emprunteurs ; elle consiste à insérer une clause sur la preuve, aux termes de laquelle chaque coemprunteur se voit privé de la faculté de prouver qu'il est le titulaire actif de l'obligation de prêter, autrement que par la présentation d'un original de l'*instrumentum*. Dans le silence du Code civil de 1804 relativement aux clauses de preuve, la jurisprudence admettait sans nuance leur validité, quand bien même elles avaient « *pour objet ou pour effet* »[565] « *d'entraver* »[566], « *voire de supprimer* »[567], le pouvoir d'appréciation du juge en restreignant les procédés de preuve légalement admissibles. L'Ordonnance du 10 février 2016 portant réforme du droit des contrats, du régime général et de la preuve des obligations, est néanmoins venue remettre en cause ce libéralisme probatoire, en interdisant aux parties contractantes d'édicter des présomptions irréfragables. Subséquemment, les clauses érigeant un original de l'*instrumentum* – un billet, un coupon, un badge, un bon, un *pass*, etc. – en procédé exclusif de preuve de la titularité active de l'obligation de prêter, sont aujourd'hui prohibées.

Conclusion du chapitre 1

60. La numération des titulaires sujets de l'obligation de prêter, obéit à un principe dit de « relativité », lequel postule la correspondance entre le nombre des titulaires et celui des parties contractantes.

---

[564] B. DONDERO, « Les smart contracts », *in Le droit civil à l'ère numérique. Actes du colloque du Master 2 Droit privé général et du Laboratoire de droit civil – Paris II – 21 avril 2017*, LexisNexis, 2017, p. 19, spéc. n° 29. *Rappr.* les observations de : J. KLEIN, « Repenser le contrat à l'ère numérique », *Revues des Juristes de Sciences Po*, 2019, n° 17, 8.

[565] M. MEKKI, « La gestion contractuelle du risque de la preuve », *RDC*, 2009, n° 2, p. 453.

[566] Ph. STOFFEL-MUNCK, note sous Cass. 2e civ., 10 mars 2004, n° 03-10.154, Bull. civ. II, n° 101, *RDC*, 2004, n° 4, p. 938, spéc. n° 3.

[567] G. LARDEUX, « Preuve : règles de preuve », *Répertoire de droit civil*, juin 2019, n° 269.

Plus précisément, et d'un point de vue juridique, il apparaît que ce principe élémentaire est affirmé par la loi, confirmé par la jurisprudence et approuvé par la doctrine. Aussi, et à suivre les juges, il ne cède devant aucune considération, ce dont il découle qu'une personne ne peut échapper à la titularité des obligations résultant d'un contrat de prêt à la conclusion duquel elle a participé, et, réciproquement, qu'une personne ne peut qu'échapper à la titularité des obligations résultant d'un contrat de prêt à la conclusion duquel elle n'a pas pris part.

D'un point de vue pratique, il appert que ledit principe est perturbé par la technique de la titrisation. Cette technique ne se retrouve qu'en matière de prêts consentis à une multiplicité d'emprunteurs ; elle consiste à stipuler une clause sur la preuve visant à interdire à chacun des coemprunteurs de démontrer qu'il est le titulaire actif de l'obligation de prêter, autrement que par la présentation d'un *instrumentum* original – ex. : un badge. De la sorte, le nombre des titulaires actifs ne correspond alors plus au nombre des parties contractantes, mais à celui des porteurs d'un original de l'*instrumentum*. Si la licéité d'une telle clause ne faisait guère de doute sous l'empire du Code Napoléon, il n'en est plus de même depuis la réforme du droit des contrats, du régime général et de la preuve des obligations opérée par l'Ordonnance n° 2016-131 du 10 février 2016. Celle-ci est, en effet, venue mettre à mal ce libéralisme contractuel, et ce en interdisant la création conventionnelle de présomptions irréfragables.

CHAPITRE 2. LE NOM DES TITULAIRES

61. La (dé)nomination des titulaires – l'action de (dé)nommer – consiste à en indiquer le nom, c'est-à-dire à « *désigner* »[568] – « *faire connaître* »[569] – les personnes entre lesquelles l'obligation de prêter existe, par « *un mot* »[570] ou « *un ensemble de mots* »[571] (exs. : Mme X, française, née le 6 février 1979 à Marseille, comptable, téléphone n° 0011223344, 1m75, etc. ; Société Y, SARL au capital de 100 euros, inscrite au registre du commerce et des sociétés de Boulogne-sur-Mer sous le n° 052838632, etc.) qui en exprime la (ou les) « *propriété(s)* »[572] – sexe, nom patronymique, nationalité, date et lieu de naissance, numéro de téléphone, profession, taille ; dénomination sociale, forme sociale, numéro d'inscription au registre du commerce et des sociétés, montant du capital social[573].

À cet effet, il semble qu'un principe de liberté – aux termes duquel chacun des titulaires est libre de choisir le nom de son (ses) co-titulaire(s) – gouverne la matière. Quoique le droit positif

---

[568] *Dictionnaire de l'Académie française*, 9ᵉ éd., v. *Dénommer*.

[569] *Dictionnaire de l'Académie française*, 9ᵉ éd., v. *Désigner*.

[570] *Dictionnaire de l'Académie française*, 9ᵉ éd., v. *Nom*.

[571] *Ibid.*, v. *Nom*.

[572] *Le Lexis*, v. *Dénomination*. *Rappr.* CNIL, *Rapport au président de la République et au Parlement. 1982 – 1983*, La Documentation Française, 1984, p. 335 : « *Dénommer une personne, c'est lui affecter un ensemble de signes permettant de la distinguer d'une façon non équivoque d'une autre personne* ».

[573] « *Les identifiants ont proliféré avec le temps [...] : au nom [patronymique] ont été ajoutés d'autres signes distinctifs, qu'ils soient physiques (taille, poids, couleur des yeux ou des cheveux, etc.) ou sociaux (formation scolaire, profession, adresse, etc.). L'identité s'est faite plus complexe [...]. Personne ne se contente du nom [patronymique]. Pour les uns, rien ne vaut la date et le lieu de naissance [...] ; certains ne jurent que par les empreintes digitales tandis que d'autres sont pressés d'expérimenter les solutions d'avenir* » (D. POUSSON, « L'identité informatisée », *in* J. POUSSON-PETIT (dir.), *L'identité de la personne humaine. Étude de droit français et de droit comparé*, Bruylant, 2002, p. 371, spéc. p. 371). Également, v. D. R. MARTIN, *Éléments de droit bancaire*, 2ᵉ éd., CFPB, 1993, p. 49 s., quant aux « *éléments d'identification des personnes* » ; J.-M. MOUSSERON, *Technique contractuelle*, 5ᵉ éd., par P. MOUSSERON, J. RAYNARD et J.-B. SEUBE, Francis Lefebvre, 2017, n° 226 s., quant à « *l'identification des parties* » ; B. MERCADAL, *Mémento Droit commercial*, 28ᵉ éd., Francis Lefebvre, 2020, n° 11650 s., quant à la « *connaissance du cocontractant* ». *Comp.* : C. MOATTI, « Reconnaissance et identification des personnes dans la Rome antique », *in* G. NOIRIEL (dir.), *L'identification. Genèse d'un travail d'État*, Belin, 2007, p. 27.

n'en dise rien, ce principe émane vraisemblablement de la liberté « *d'utilisation* »[574] et donc de « *circulation* »[575] internationale des données, qui assure leur disponibilité « *partout [et] par tous* »[576].

---

[574] N. OCHOA, *Le principe de libre-circulation de l'information*, 2016, p. 22.

[575] R. BRASSELET, *La circulation de la donnée à caractère personnel relative à la santé – Disponibilité de l'information et protection des droits de la personne*, thèse sous la direction de B. PY, Lorraine, 2018, n° 12 ; E. TOURNE, *Le phénomène de circulation des données à caractère personnel dans le cloud – Étude de droit matériel dans le contexte de l'Union européenne*, thèse sous la direction de J.-S. BERGÉ, Lyon, 2018, n° 55. *Adde* : Conseil supérieur du travail social, *Le partage d'informations dans l'action sociale et le travail social*, Presses de l'EHESP, 2013, p. 35 : « *La notion de circulation signifie un ensemble de flux et de mouvements, un déplacement, une propagation. La nature et la qualité de la circulation de l'information sont révélatrices des modalités de fonctionnement d'une société, d'une institution, etc. : soit elles contribuent à une meilleure communication [...] entre les parties, permettant des informations communes et réciproques par le dialogue, l'échange ; soit elles rendent difficile la réception de l'information en raison de son insuffisance, d'un mode vertical descendant, ou comme instrument de pouvoir ; soit enfin elles entravent la circulation par ralentissement, déformation, cloisonnement des récepteurs* » ; B. JARROSSON, *Humanisme et technique*, PUF, 1996, p. 68 : « *Quand on parle de "circulation de l'information", on pense bien entendu à la circulation de la connaissance, aux revues scientifiques, aux banques de données, ... Il est certes important que cette information circule. Mais il est une autre circulation d'information plus importante et moins visible, celle qui permet aux agents économiques d'orienter leurs efforts dans la meilleure direction possible. Cette information est véhiculée par les prix : seule la comparaison entre le prix d'échange [et...] le prix de revient d'une marchandise indique quelle est la meilleure solution pour produire cette marchandise. La hausse (ou la baisse) d'un prix oriente l'investissement des capitaux. L'innovation n'est pas l'invention la plus astucieuse mais la plus avantageuse dans un contexte économique. Il lui faut donc une information économique [...]. Les prix constituent le système d'information qui indique aux agents économiques comment orienter leurs efforts. D'où l'importance pour l'innovation et la prospérité de la liberté des prix* » ; J. LE GOFF et S. ONNÉE, *Puissance de la norme. Défis juridiques et managériaux des systèmes normatifs contemporains*, Éditions EMS, 2017, p. 179 : « *Plus que jamais, nous sommes tous, et de toutes parts, mus par les flux : marchands, d'argent, migratoires, de touristes, de désirs, spirituels, météorologiques, astrologiques [...], et aujourd'hui, à l'ère de l'hypertexte et de la condition numérique, des flux de tweets, d'informations, télématiques, RSS, ...* ».

[576] M.-A. FRISON-ROCHE, « Les conséquences régulatoires d'un monde repensé à partir de la "donnée" », *in* M.-A. FRISON-ROCHE (dir.), *Internet, espace d'interrégulation*, Dalloz, 2016, p. 183, spéc. p. 192. *Adde* S. NEUVILLE, *Philosophie du droit*, *op. cit.*, n° 538 : « *À l'heure de l'information en continu et des réseaux sociaux, c'est [...] la transparence qui devient le maître-mot : il faut tout dire, tout dévoiler au risque d'être accusé de vouloir camoufler la vérité, d'être*

C'est qu'il est constant que la (ou les) propriété(s) susmentionnée(s) constitue(nt) une (ou plusieurs) donnée(s)[577] – « *information(s)* »[578].

---

un dangereux conspirationniste, voire un potentiel terroriste » ; J. MARCHAND, « Réflexions sur le principe de transparence », *Revue du droit public*, 2014, n° 03, p. 677 : « *Plus personne ne s'oppose aujourd'hui à la transparence dans la conduite des activités politiques, administratives ou économiques, tant sa négation est presque toujours associée au secret et à la corruption. L'information disponible partout, et tout le temps, nous confère-t-elle néanmoins le droit absolu de tout savoir ?* » ; E. QUILLATRE et J.-B. THOMAS-SERTILLANGES, « Libre circulation des données à caractère personnel au sein du marché intérieur et de l'espace de liberté sécurité justice : vers une diversification des instruments de régulation ? », *Petites affiches*, 2011, n° 24, p. 3 : « *Pour la recherche, la science, l'économie, la culture, les idées, les relations internationales, la finance, l'internet a transformé le monde en organisant techniquement – pour le meilleur et pour le pire – une circulation libre des données* » ; G. LOISEAU, « La tyrannie de la transparence », *Recueil Dalloz*, 2015, p. 153 : « *Poussée à bout, la transparence peut être tyrannique* ».

577 *Rappr.* : M. BOURGEOIS et L. THIBIERGE, « Droit de la donnée – Plaidoyer pour un régime général », *JCP E 2020*, n° 20, 1207, spéc. n° 4 : « *Si l'on s'appuie sur l'étymologie, issue du verbe "donner", la donnée renvoie à l'état brut du réel : d'une part, l'état des organismes vivants (dotés, dès leur naissance, d'un patrimoine de données – le "patrimoine génétique") ; d'autre part, l'état des éléments minéraux (l'eau, les roches, l'air et leurs composants). Cette acception – qui n'autorise, en soi, aucune perception par, ni communication entre les êtres vivants – nous paraît [cependant] devoir être élargie pour intégrer une dimension dynamique. Ainsi, nous proposons de définir la donnée, sous une dimension biologique, comme "la traduction, dans une forme compréhensible par un être vivant, d'une réalité (sécheresse/humidité, chaud/froid, immobilité/mouvement, silence/bruit...), qui est ensuite susceptible de provoquer une réaction (douleur/plaisir, excitation...)". Cette proposition ajoute à la donnée brute – le réel – sa représentation sous une forme – ici biologique – qui permet à l'organisme vivant de la recevoir et de lui donner une signification. Ce sont là les deux caractéristiques essentielles, à nos yeux, de la donnée : l'état du réel et sa perceptibilité par un agent* ».

578 C. DEJEAN-OZANNE, *Économie de la donnée et plateforme en ligne*, thèse sous la direction de J. LARRIEU, Toulouse, 2019, n° 9 ; M.-A. FRISON-ROCHE, « Les conséquences régulatoires d'un monde repensé à partir de la "donnée" », *op. cit.*, p. 183, spéc. p. 188 (et du même auteur, v. « Penser le monde à partir de la notion de donnée », *in* M.-A. FRISON-ROCHE (dir.), *Internet, espace d'interrégulation*, Dalloz, 2016, p. 7, spéc. p. 9 : « *Une donnée peut être définie comme un élément de fait extrait du monde réel [...], c'est-à-dire une information* »). *Comp.* la définition suggérée par l'Arrêté du 22 décembre 1981 relatif à l'enrichissement du vocabulaire de l'informatique, aux termes duquel une donnée est la « *représentation d'une information sous une forme conventionnelle destinée à faciliter son traitement* », et la définition proposée par la Recommandation du Conseil de l'OCDE du 26 novembre 1992 concernant les lignes directrices régissant la sécurité des systèmes d'information, aux termes de laquelle

Ceci posé, il paraît opportun de se livrer à un examen dudit principe en interrogeant les fondements juridiques (Section 1) et métajuridiques (Section 2) de la liberté de circulation internationale des données dont il émane.

---

une « donnée » est « *une représentation de faits, de concepts ou d'instructions, sous une forme adaptée à la communication, à l'interprétation ou au traitement par des êtres humains ou des machines* ». Au surplus, v. les définitions retenues, en dehors du domaine juridique, par H. ISAAC (« La donnée numérique, bien public ou instrument de profit », *Pouvoirs*, 2018, n° 164, p. 75, spéc. p. 77 : « *Une donnée est la description élémentaire d'une réalité – par exemple : le fruit d'une observation (le nombre de véhicules par jour qui passent sur une route) ou d'une mesure (la température d'une maison)* ») ; J.-Y. PRAX (*Manuel de Knowledge Management : Mettre en réseau les hommes et les savoirs pour créer de la valeur*, 4e éd., Dunod, 2019, p. 66 : « *Une donnée est un fait brut ; elle résulte d'une observation, d'une acquisition ou d'une mesure effectuée par un instrument naturel ou artificiel* ») ; J.-D. BOISSONNAT (« Géométrie algorithmique : Des données géométriques à la géométrie des données », Leçon inaugurale dispensée au Collège de France le 23 mars 2017 : « *Une donnée est un ensemble de valeurs associées à certains "paramètres" comme la pression, la température ou le temps* ») ; J. FINET, M. GABASSI et F. RÉGNIER-PÉCASTAING (*MDM : Enjeux et méthodes de la gestion des données*, Dunod, 2008, p. 3 : « *Une donnée est une description élémentaire – souvent codée – d'un objet, d'une transaction d'affaire, d'un événement...* ») ; S. ABITEBOUL et V. PEUGEOT (*Terra Data. Qu'allons-nous faire des données numériques ?*, Éditions Le Pommier, 2017, p. 30 : « *Une donnée est une description élémentaire d'une réalité – c'est, par exemple, une observation ou une mesure* ») ; Administrateur général des données (AGD) (*La donnée comme infrastructure essentielle. Rapport au Premier ministre sur la donnée dans les administrations. 2016-2017*, La Documentation Française, 2018, p. 67 : « *Une donnée est la description élémentaire [...], représentée sous forme codée, d'une réalité – chose, évènement, mesure, transaction, etc.* »). En dernier lieu, v. les développements dédiés aux « *définitions et rôles de la data* » par B. TEBOUL, *Robotariat, critique de l'automatisation de la société*, Éditions Kawa, 2017, p. 35 s.

Section 1. Les fondements métajuridiques de la libre circulation des données sans considération de frontières

62. Les fondements métajuridiques – autrement appelés « *sources officieuses* »[579], « *sources informalisées* »[580], « *sources primaires* »[581], « *sources matérielles* »[582], « *sources profondes* »[583], « *sources substantielles* »[584], « *sources réelles* »[585] ou « *sources brutes* »[586] – de la liberté de circulation des données à travers les frontières nationales, s'entendent des « *facteurs* »[587] extra-juridiques (« *historiques, moraux, éthiques, religieux, psychologiques, philosophiques, idéologiques, sociologiques, économiques ou autres* »[588]) qui lui confèrent

---

[579] Ph. JESTAZ, « Source délicieuse, remarques en cascades sur les sources du droit », *RTD civ.*, 1993, p. 73, spéc. p. 80.

[580] É. MILLARD, *Théorie générale du droit*, 1re éd., Dalloz, 2006, p. 113.

[581] G. GURVITCH, *L'expérience juridique et la philosophie pluraliste du droit*, Pedone, 1935, p. 138.

[582] J. VANDERLINDEN, « Contribution en forme de mascaret à une théorie des sources du droit au départ d'une source délicieuse », *RTD civ.*, 1995, p. 69.

[583] G. RIPERT, *Les forces créatrices du droit*, LGDJ, 1955, p 83.

[584] C. THIBIERGE, « Nature juridique et force normative de la déclaration de Saint-Quentin ? », *Petites affiches*, 2008, n° 168, p. 40.

[585] Ph. JESTAZ, *Les sources du droit*, 2e éd., Dalloz, 2015, p. 1 s.

[586] C. THIBIERGE, « Sources du droit, sources de droit : une cartographie », *in Libres propos sur les sources du droit. Mélanges en l'honneur de Philippe Jestaz*, Dalloz, 2006, p. 519, spéc. p. 539.

[587] Ph. JESTAZ, « Définir le droit... ou l'observer », *RTD civ.*, 2017, p. 775.

[588] B. BARRAUD, « Les nouveaux défis de la recherche sur les sources du droit », *Revue de la recherche ju-ridique*, 2017, p. 1499, spéc. p. 1509. *Comp.* F. GÉNY, *Science et Technique en droit privé positif. Nouvelle contribution à la critique de la méthode juridique – II : Élaboration scientifique du droit positif*, Sirey, 1927, n° 69 (« *Dans quelle mesure [...] pouvons-nous espérer atteindre le "donné" de la vie juridique, substratum essentiel de tout l'édifice du droit positif ? Comment de cet ensemble complexe et mouvant de faits matériels, de forces physiques, de phénomènes économiques, de situations politiques, de sentiments, de désirs, d'idées, de volitions, de croyances, de jugements, de raisonnements, d'aspirations morales et religieuses, de pratiques de toutes sortes..., qui composent le milieu brut où s'agite l'humanité, tirer les directions, qui permettront de tracer les règles de conduite ? Et que pourront être ces directions ?* ») et n° 166 (« *Quelles circonstances de la vie [...] ne sont pas susceptibles d'influer sur la conduite des hommes, pour en postuler une direction qui, suivant le temps et le milieu..., pourra prendre la couleur juridique ? Et, ne risquons-nous pas d'être écrasés sous leur masse, à vouloir composer toutes ces formes multiples, disparates*

une « *légitimité* »[589], ce pour quoi ils recouvrent les impératifs – « *le pourquoi profond* »[590] – qui expliquent *de facto* cette liberté[591].

63. Impérialisme américain[592]. Les facteurs métajuridiques de la libre circulation mondiale des données sont, à notre sens, doubles. Ils peuvent être trouvés, en premier lieu, dans la volonté « *acharnée* »[593] des agences de presse privées américaines –

---

et parfois contradictoires, en vue d'en tirer une résultante dominatrice, que paraît repousser leur hétérogénéité irréductible »).

589 S. OBELLIANNE, *Les sources des obligations*, préf. D. FENOUILLET, PUAM, 2009, n° 31.

590 D. FENOUILLET, préface de la thèse de : S. OBELLIANNE, *Les sources des obligations*, PUAM, 2009, p. 11.

591 « *Il faut insister sur l'opportunité d'étudier les sources matérielles du droit, y compris en tant que juriste. Victor Hugo ne disait-il pas – mais ce propos est peut-être apocryphe... ? – que "le fond travaille à travers la forme, il la traverse, l'anime, la forme est le reflet du fond. Mais le plus important est de voir ce qui se cache derrière la forme, la substance de la forme. La forme, c'est le fond qui remonte à la surface" ? De nouveaux travaux juridiques sur les sources matérielles pourraient être les foyers de grands enseignements [...]. Aussi, le passage d'études portant majoritairement sur les sources formelles (juridiques) à des études portant majoritairement sur les sources matérielles [...], pourrait constituer la "révolution copernicienne de la recherche sur les sources du droit"* » : B. BARRAUD, « Les nouveaux défis de la recherche sur les sources du droit », *op. cit.*, p. 1499, spéc. p. 1516. *Contra*, v. S. TORRICELLI-CHRIFI, *La pratique notariale, source du droit*, préf. B. BEIGNIER, Defrénois, 2015, n° 268 : « *Les seules véritables sources du droit qui méritent l'analyse du juriste, sont les sources dites formelles [(soit les fondements juridiques..., par opposition aux fondements métajuridiques)]* ».

592 *Rappr.* S. RICARD, *Théodore Roosevelt et l'Amérique impériale*, Presses universitaires de Rennes, 2016, p. 13 : « *Les américains ont toujours été excessifs et changeants, dans leurs enthousiasmes comme dans leurs phobies, dans leur défense des libertés individuelles comme dans leurs comportements antidémocratiques... Il en va de même de leurs rapports avec le monde extérieur, qui oscillent de l'isolement affiché à l'internationalisme militant. Mais l'inconstance dans ce domaine ne touche, cependant, qu'à la pratique diplomatique ; les motivations et les justifications de la politique étrangère menée depuis environ deux siècles et demi témoignent, au contraire, d'une remarquable continuité [...] : le plus souvent, l'égoïsme national a dicté attitudes et actions, et l'altruisme servi d'alibi* ».

593 M. PALMER, « L'internationale agencière – La couverture de l'international d'après les archives d'AFP, d'AP, de Thomson-Reuters », *Le Temps des Médias*, 2013, n° 20, p. 108, spéc. p. 114.

l'*United Press* et l'*Associated Press* notamment[594] – de « *briser* »[595] le « *quasi-monopole* »[596] des agences de presse européennes – « *la française Havas [(future : Agence France-Presse[597])], l'allemande Wolff et la britannique Reuters* »[598] – sur le marché transnational de l'information au sortir de la Première Guerre Mondiale : « *il est scandaleux – disaient-elles en substance – que les agences Havas, Wolff et Reuters dirigent à ce point [ce...] marché, et nous imposent leur vision du monde. Nous, Américains, sommes un pays jeune, dynamique, puissant. Nous allons dépasser l'Europe ; rien ne justifie que nous soyons dans une position de colonisés. Non seulement nous demandons notre autonomie, mais nous souhaitons pouvoir exprimer le point de vue de l'Amérique sur le monde* »[599]. D'après Kent Cooper – directeur exécutif de l'*Associated Press* entre 1925 et 1948 –, *Havas, Wolff* et *Reuters* « *atteignaient trois objectifs, en empêchant*

---

[594] « *Fondée en 1848 par six journaux de New York désireux de disposer d'un réseau d'information commun, l'Associated Press (AP) était une coopérative à but non lucratif. Sa politique de développement en fut profondément marquée, nul journal ne pouvant adhérer au réseau sans l'accord des membres déjà inscrits [...]. En créant en 1907 l'United Press (UP), EW Scripps brisa ce monopole. Le poids international des agences américaines s'accrut considérablement à l'occasion de la Première Guerre mondiale, qui leur permit d'occuper les espaces laissés vides par la baisse d'activité des agences européennes* » (P. GRISET, « Fondation et empire – L'hégémonie américaine dans les communications internationales 1919-1980 », *Réseaux*, 1991, n° 49, p. 73, spéc. p. 78).

[595] J. SÉMELIN, *La liberté au bout des ondes*, Nouveau Monde éditions, 2009, « *Diplomatie et brouillage* » (*in* Chapitre 2 de la Partie 1).

[596] A. MATTELART, *Histoire de l'utopie planétaire. De la cité prophétique à la société globale*, La Découverte, 2009, p. 288.

[597] Sur cette évolution, on consultera à profit : P. FRÉDÉRIX, *De l'Agence d'information Havas à l'Agence France Presse. Un siècle de chasse aux nouvelles*, préf. A. SIEGFRIED, Flammarion, 1959.

[598] T. MATTELART, *Le cheval de Troie audiovisuel – Le rideau de fer à l'épreuve des radios et télévisions transfrontières*, Presses universitaires de Grenoble, 1995, p. 14. De plus, v. : A. CHAR, *La guerre mondiale de l'information*, Presses de l'Université du Québec, 1999, p. 57 : « *Jusqu'au début du [XXe] siècle, l'agence Havas avait le monopole de l'information sur tout l'Empire colonial français, toute l'Amérique du Sud et le sud-ouest de l'Europe (le reste de l'Europe était dominé par l'agence allemande Wolff qui devint sous Hitler la Deutsches Nachrichten-Buro). Reuters dominait tout le marché de l'Empire britannique, une grande partie de l'Asie, certains pays du Moyen-Orient et l'Amérique du Nord* ». D'une façon plus générale, v. C. CONSO et M. MATHIEN, *Les agences de presse internationales*, PUF, 1997, p. 26 s.

[599] H. PIGEAT, *Le nouveau désordre mondial de l'information*, Hachette, 1987, p. 31.

l'Associated Press de répandre ses informations à l'étranger. (i) Ils éliminaient la concurrence [...]. (ii) Ils étaient libres de présenter les nouvelles américaines sous un jour défavorable [...]. (iii) Ils pouvaient présenter les nouvelles en provenance de leur propre pays en des termes plus favorables, et sans être contredits »[600].

Dans ce contexte, la Société américaine des rédacteurs de journaux[601] appela démocrates et républicains à soutenir « *la liberté mondiale de l'information* »[602] et l'élimination subséquente de toutes les barrières « *s'opposant [...] à la circulation de l'information* »[603]. Cet appel fut suivi d'effet en septembre 1944, puisque ces deux partis présentèrent et firent voter au Congrès américain une motion proclamant « *le droit mondial à l'information* »[604], et requérant sa protection « *par le droit international public* »[605]. C'est ainsi que la défense de la « *libre circulation intégrale des informations* »[606] – « *free flow of information* »[607] ou « *free flow of data* »[608] – devint – et

[600] K. COOPER, cité et traduit par : Y. EUDES, *La conquête des esprits. L'appareil d'exportation culturelle du gouvernement américain vers le tiers monde*, Paris, 1982, p. 66.

[601] American Society of Newspaper Editors (ASNE).

[602] T. MATTELART, *Le cheval de Troie audiovisuel – Le rideau de fer à l'épreuve des radios et télévisions transfrontières*, *op. cit.*, p. 15.

[603] *Ibid.*, p. 15.

[604] H. I. SCHILLER, « Libre circulation de l'information et domination mondiale », *Le Monde diplomatique*, septembre 1975.

[605] *Ibid.*

[606] Y. EUDES, « Le gouvernement des États-Unis accroît sa maîtrise des flux internationaux d'information », *Revue Française d'Études Américaines*, 1985, n° 24-25, p. 249, spéc. p. 250. Au demeurant, v. J. KAYSER, « La conférence des Nations unies pour la liberté de l'information », *Politique étrangère*, 1848, n° 3, p. 245, spéc. p. 246 : « *Sur le problème général [...] de la liberté de l'information, de l'accès aux sources d'information et de la transmission des informations, la thèse américaine était celle de la liberté intégrale, c'est-à-dire la liberté sans aucune espèce de faille possible, la liberté avec tous les avantages..., mais aussi tous les abus qu'elle peut entraîner* ».

[607] « *Libre flux de l'information* » – C. CODRON, *La surveillance diffuse entre Droit et Norme*, thèse sous la direction de J.-J. LAVENUE, Lille, 2018, n° 124.

[608] « *Libre circulation de la donnée* » – T. GOMART, J. NOCETTI et C. TONON, *L'Europe : Sujet ou objet de la géopolitique des données ?*, Études de l'Institut français des relations internationales, 2018, p. 20.

demeure jusqu'à aujourd'hui[609] – « *l'axe* »[610], « *l'épine dorsale* »[611], la « *base* »[612], la « *clef de voûte* »[613] ou encore le « *pilier* »[614] de

---

[609] V. particulièrement : J.-B. LEGAVRE et R. RIEFFEL, *Les 100 mots des sciences de l'information et de la communication*, PUF, 2017, v. *Free flow of information* : « *La doctrine du "free flow of information" ("libre circulation de l'information") est, à l'heure d'Internet, plus que jamais d'actualité. C'est, en son nom, que le Département d'État américain finance des programmes d'appui en faveur des cyberdissidents évoluant dans les contextes autoritaires. Mais c'est aussi ce principe que Washington défend pour favoriser l'expansion des géants américains de l'Internet – les Google, Facebook ou Youtube...* » ; F. CHOLLEY, P.-M. DUHAMEL, D. PILLET, P. SAUVEPLANE, M. SPORTICHE et G. VANDERHEYDEN, *Accord plurilatéral sur le commerce des services et partenariat transatlantique pour le commerce et l'investissement – Enjeux numériques des négociations*, 2016, p. 24 : « *Initialement liée à la diffusion des idées et à la protection de la liberté d'expression, la notion de "free flow of data/information" a ensuite été reprise, étendue et défendue par les États-Unis pour condamner les restrictions encadrant la circulation des données sur l'internet qu'elles soient liées ou non à un contrôle gouvernemental de l'accès à l'information. Depuis 2009, l'administration Obama a fait de ce principe un enjeu majeur de sa politique de soutien aux entreprises américaines du numérique. [Aussi, ...] le rapport de la commission américaine du commerce international permet d'appréhender la vision américaine du concept de "free flow of data/information". L'US International Trade Commission y souligne que "le premier, et le plus important des enjeux, est que la libre circulation des données et de l'information entre les pays devienne la norme". Elle en précise également deux conditions : d'une part, l'adoption d'un principe de "libre de circulation des données et de l'information" doit garantir [...] l'accès à l'ensemble des données à travers le monde, dans la mesure où "l'accès aux données est primordial pour le succès des salariés et des entreprises" ; d'autre part, les restrictions à la circulation des données et de l'information doivent être cohérentes avec les règles du commerce international, c'est-à-dire non-discriminatoires, proportionnelles, appliquées de manière transparentes, et limitant le moins possible le commerce* » ; S.-Y. LAURENT, « La fin du secret international ? », *Politique Internationale*, 2016, n° 153, p. 219, spéc. p. 222 : « *La Maison-Blanche a indiqué dans sa stratégie cybernétique [(International Strategy for Cyberspace)] dévoilée en mai 2011 [...] : "Les États-Unis d'Amérique s'engagent à mettre en place des initiatives et des standards, en vue d'améliorer la cybersécurité tout en protégeant le libre-échange, ainsi que l'accroissement de la libre circulation de l'information, reconnaissant ainsi leurs responsabilités mondiales autant que leurs besoins nationaux"* ».

[610] A. MATTELART, *Diversité culturelle et mondialisation*, La Découverte, 2010, p. 37.

[611] P. GRISET, « Fondation et empire – L'hégémonie américaine dans les communications internationales », *op. cit.*, p. 73, spéc. p. 80.

[612] Ph. BOULANGER, *Géopolitique des médias. Acteurs, rivalités et conflits*, Armand Colin, 2014, p. 84.

la diplomatie des États-Unis en matière de (télé)communications[615], comme en témoignent – entre autres exemples – les propos tenus par le secrétaire d'État William Benton en 1946 : « *Le Département d'État entend faire tout ce qui est en son pouvoir [...], pour contribuer à éradiquer les barrières qui s'élèvent à l'encontre de l'expansion des journaux, des films et des autres moyens de communication américains partout dans le monde [...]. La liberté de l'échange de l'information [...] fait partie intégrante de notre politique [...] étrangère* »[616] ; ou par le secrétaire d'État John Foster Dulles en 1953 : « *Si on ne devait me laisser accomplir qu'un seul principe de politique étrangère, je choisirais la libre circulation de l'information* »[617].

---

[613] T. MATTELART, « Les enjeux de la libre circulation de l'information », *Revue française des sciences de l'information et de la communication*, 2014, n° 5, spéc. n° 4.

[614] M. OUELLET, *La révolution culturelle du capital. Le capitalisme cybernétique dans la société globale de l'information*, Les Éditions Écosociété, 2016, p. 221.

[615] *Comp.* : H. I. SCHILLER, « Vers un nouveau siècle d'impérialisme américain », *Le Monde diplomatique*, août 1998 : « *Cette doctrine de la libre circulation de l'information a prévalu pendant le demi-siècle écoulé, activement encouragée et soutenue : aide à l'étranger, subventions, pressions économiques et politiques sur les éventuels réfractaires. D'où la domination sans partage des produits informationnels et culturels made in America, ainsi que de la langue anglaise, sur les écrans de télévision (et de cinéma), la production musicale, les lieux de divertissement et la communication des milieux d'affaires* ».

[616] « *The State Department plans to do everything within its power [...] to help break down the barriers to the expansion of American magazines, motion pictures and other media of communications throughout the world [...]. Freedom of exchange of information is an integral part of our foreign policy* » (propos rapportés dans : *The Department of State Bulletin*, vol. XIV, n° 344, 1946, p. 160).

[617] « *If I were to be granted one point of foreign policy and no other, I would make it the free flow of information* » (déclaration rapportée dans : K. NORDENSTRENG, « Free Flow Doctrine in Global Media Policy », *in Global Handbooks in Media and Communication Research. The Handbook of Global Media and Communication Policy*, Wiley-Blackwell, 2014, p. 79, spéc. p. 79).

64. Capitalisme européen[618]**.** Les facteurs métajuridiques du libre « *parcours* »[619] mondial des données peuvent être recherchés, en second lieu, dans la volonté de nombreux européistes de bâtir – sur la base des écrits de l'économiste français Francis Delaisi[620] – un « *vaste marché unique* »[621] au lendemain de la Première Guerre Mondiale : « *si les peuples du vieux continent ne s'accordent pas... et ne s'organisent pas pour travailler en commun, ils éprouveront bientôt*

[618] *Rappr.* B. LE MAIRE, « Le capitalisme du XXe siècle n'est plus viable », *La Croix*, 5 mai 2019, à propos du « *capitalisme européen* » : « *Il fait partie de notre histoire. Mais il a été aspiré par des ambitions spéculatives. Il s'est éloigné de sa propre culture [...]. Le XXI*[e] *siècle doit voir le capitalisme européen affirmer son modèle avec force, en combinant justice, développement durable et ambition technologique... Nous sommes forts. Nous sommes le continent le plus riche de la planète avec 450 millions de consommateurs. Nous avons des technologies de pointe. À nous de rassembler nos forces pour définir ce nouveau modèle économique plus juste et en faire un modèle attractif* » ; « L'entreprise a aussi un rôle social et environnemental », *Les Échos*, 10 avril 2018 : « *Nous voulons être à la pointe de la redéfinition du capitalisme européen [...]. Ce n'est pas le capitalisme chinois, qui est un capitalisme d'État et qui ne correspond pas à nos valeurs économiques ; ce n'est pas le capitalisme anglo-saxon, qui est davantage court-termiste... Le capitalisme européen doit s'inscrire au contraire dans le long terme. Il doit faire des enjeux environnementaux un atout pour sa croissance. Il doit défendre la propriété intellectuelle, et valoriser la finance verte. Plus largement, il doit aussi être responsable socialement, promouvoir une véritable égalité hommes-femmes, se soucier du développement de ses collaborateurs. La réécriture [des articles 1833 et 1835...] du Code civil s'inscrit dans notre volonté de faire du capitalisme européen un des modèles de développement économique de la planète* ».

[619] Direction de l'information scientifique et technique du CNRS, *Livre blanc : Une Science ouverte dans une République numérique*, OpenEdition Press, 2016, p. 186. En outre, v. : N. MALLET-POUJOL, « Appropriation de l'information : l'éternelle chimère », *Recueil Dalloz*, 1997, p. 330, spéc. n° 6, où l'auteur constate que « *le principe de "libre parcours" est souvent réinvesti et invoqué à propos de l'information* ».

[620] « *Francis Delaisi inspirera de ses théories économiques pratiquement tous les mouvements européens* » : J.-L. CHABOT, *Aux origines intellectuelles de l'Union européenne – L'idée d'Europe unie de 1919 à 1939*, Presses universitaires de Grenoble, 2005, p. 79. Dans un même sens : H. BRUGMANS, cité par F. THÉRY, *Construire l'Europe dans les années vingt*, Institut européen de l'Université de Genève, 1998, p. 53 : « *Si l'on veut retrouver dans un livre les principaux motifs économiques des pro-européens d'alors, c'est à un ouvrage de Francis Delaisi qu'il faut se reporter* ».

[621] *Ibid.*, p. 218. *Comp.* : G. BOSSUAT, *La France et la construction de l'unité européenne*, Armand Colin, 2012, p. 5 : « *Le monde économique, sauf celui attaché à l'empire colonial, était désireux d'avoir un marché unique en Europe depuis 1919* ».

de la difficulté à vivre »[622]. D'après Ebed Van der Vlugt – directeur du *Monde Nouveau*[623] –, « *l'Europe [formerait] alors un immense marché d'un seul tenant [...] de 150 à 200 millions d'habitants au moins égal à celui des États-Unis d'Amérique* »[624], et à l'intérieur duquel « *chaque entreprise [pourrait] se développer à son aise* »[625].

Dans ce contexte, une multitude de mouvements pro-européens « *d'une inégale importance par leur audience et leur longévité* »[626] –

---

[622] J. CAILLAUX, cité par : P. BINOUX, *Les pionniers de l'Europe : L'Europe et le rapprochement franco-allemand (Joseph Caillaux, Aristide Briand, Robert Schuman, Konrad Adenauer, Jean Monnet)*, Klincksieck, 1972, p. 73.

[623] Revue bilingue dont le sous-titre annonce « *Revue mensuelle interalliée et internationale* », et sur laquelle on consultera M. LACROIX, *L'invention du retour d'Europe. Réseaux transatlantiques et transferts culturels au début du XXe siècle*, Presses de l'Université Laval, 2014, p. 205.

[624] E. VAN DER VLUGT, « Vers l'union économique européenne », *Le Monde Nouveau*, avril 1926. Aussi, et dans un même sens, v. : W. LEAF, cité par : E. MILHAUD, « L'organisation économique de la paix », *in Recueil des cours de l'Académie de droit international*, t. 15 (année 1926), Paris, 1928, p. 277, spéc. p. 361 : « *Une union économique européenne donnerait au marché un rayon égal à celui du marché des États-Unis et serait ainsi capable d'entrer en compétition en ce qui concerne la production [...] avec ce vaste territoire de libres échanges commerciaux* ».

[625] *Ibid.*

[626] J.-L. CHABOT, *Aux origines intellectuelles de l'Union européenne. L'idée d'Europe unie de 1919 à 1939*, *op. cit.*, p. 16. *Comp.* : L. BADEL, *Un milieu libéral et européen. Le grand commerce français (1925-1948)*, Comité pour l'histoire économique et financière de la France, 1999, p. 131, à propos des « *Mouvements pro-européens de l'entre-deux-guerres* » : « *On ne peut se méprendre sur leur importance quantitative. Par comparaison avec les années 1945-1950, qui connaîtront l'éclosion d'une cinquantaine de mouvements, l'entre-deux-guerres en voit à peine apparaître une dizaine entre 1919 et 1938* ».

l'Entente européenne[627], Les États-Unis des Nations européennes[628], l'Union douanière européenne[629], la Ligue pour les États-Unis

[627] V. spécialement : E. DU RÉAU, *L'idée d'Europe au XXe siècle, des mythes aux réalités*, Complexe, 2001, p. 87 : « *C'est à la fin des années vingt que [...], partant de la formule de Gaston Riou ("s'unir ou mourir"), Paul Bénazet crée l'Entente européenne [...]. Les statuts de l'association insistent sur le développement des échanges, sur le rapprochement des nations dans le cadre d'une collaboration étroite avec la SDN [(Société des Nations...)]. Ils prévoient un Bureau exécutif, une Assemblée générale et un Congrès annuel. L'instance la plus importante est le Conseil supérieur, formé de représentants des pays concernés [...]. Ce projet ambitieux s'adresse à tous les pays européens, mais il est d'abord proposé aux nations d'Europe occidentale déjà intéressées par la coopération européenne (France, Allemagne, Italie, Belgique...)* ».

[628] V. spécialement : A.-M. SAINT-GILLE, *La « Paneurope » – Un débat d'idées dans l'entre-deux-guerres*, Presses de l'Université de Paris-Sorbonne, 2003, p. 160 : « *Le danois Christian Frederik Heerfordt avait fait paraître en 1924 sous le titre "Une Europe nouvelle, premier essai" un ouvrage de propositions [...]. Il envisageait une réforme de la Société des Nations sur des bases régionales, l'Europe devenue une confédération d'États aurait constitué une des régions sous le nom, proposé deux ans plus tard en 1926, de "Les États-Unis des Nations européennes". L'originalité de ce projet tenait au refus de Heerfordt de procéder par étapes* ».

[629] V. spécialement : G. DUCHENNE, *Esquisses d'une Europe nouvelle – L'européisme dans la Belgique de l'entre-deux-guerres*, Peter Lang, 2008, p. 44 : « *L'Union douanière européenne plonge ses racines dans un "Appel aux Européens" lancé le 12 mars 1925 par dix personnalités européennes au nombre desquelles figurent l'économiste français Charles Gide, le journaliste allemand Edgar Stern-Rubarth, l'ancien ministre des Finances néerlandais Anton Van Gijn et l'ancien secrétaire d'État hongrois Elmer Hantos [...]. Interpellant la SDN [(Société des Nations)] par un message simple – "ce n'est que la paix économique qui peut assurer la paix ; et la paix économique de l'Europe ne peut être assurée que par l'Union douanière européenne" –, ces intellectuels ne définissent que très sommairement les modalités d'une telle réalisation... Tant et si bien qu'il faut attendre la création, le 28 janvier 1927, du Comité français de l'Union douanière européenne, pour que le mouvement essaime en Europe. Placée sous la présidence d'honneur d'Aristide Briand, l'Union douanière européenne sera représentée, durant toute la période de l'entre-deux-guerres [...], par son délégué général, Lucien Coquet, conseiller honoraire du Commerce extérieur de la France* ».

d'Europe[630], l'Union paneuropéenne[631], le Comité franco-allemand d'information et de documentation[632], le Comité français pour

630 V. spécialement : J.-M. GUIEU, « Le militantisme européen (des années 1920 au début des années 1950), une approche générationnelle », *Histoire@Politique*, 2010, n° 10, p. 3, spéc. n° 12 : « *L'Union Jeune Europe est lancée à Genève le 1er septembre [1930]. Son initiateur est Simon Gauthier (1892-1960) – petit industriel suisse de la chimie fine et de la parfumerie. Il est secondé par Fernand-Lucien Mueller (1903-1978) [...], et il est entouré par le physicien Auguste Pazziani (1896-1938), l'écrivain Maurice Kuès (1890-1959) et le juge André Fontana (1905-1973). L'économiste Robert Guye (1898) est l'idéologue du mouvement, proposant une conception fort élaborée de Fédération économique des peuples européens. Le mouvement s'exporte vers la France puis, dès 1932, en Allemagne, en Belgique, au Luxembourg et aux Pays-Bas. En 1933, il prend le titre de la Ligue pour les États-Unis d'Europe – l'ancienne appellation étant réservée aux cadets du mouvement. Le succès est au rendez-vous puisque la section bruxelloise, dirigée par Édouard Didier (1895-1978), recrute 5 000 membres en moins d'un an de propagande* ».

631 V. spécialement : P. GERBET, *La construction de l'Europe*, 4e éd., Armand Colin, 2007, n° 9 : « *Le comte Richard de Coudenhove-Kalergi publia en 1923 un livre qui fit beaucoup de bruit : Pan-Europe, dans lequel il montrait que l'union de l'Europe était nécessaire pour éviter la domination économique américaine, ou la conquête par le bolchevisme russe [...]. Coudenhove-Kalergi se rendait très bien compte que l'opinion serait difficile à convertir : elle était alors emportée par une vague de nationalisme et de chauvinisme... Il estimait qu'il fallait convaincre les classes dirigeantes : les parlementaires et les hommes d'affaires. Il n'envisageait pas une action de masse sur l'opinion, et se bornerait à toucher les milieux responsables. En 1923, il créa "l'Union paneuropéenne", dont le siège était à Vienne, avec des sections nationales dans tous les pays. Cette Union eut un grand succès en ce que Coudenhove-Kalergi réussit à obtenir le patronage d'un grand nombre d'hommes politiques tels qu'Aristide Briand, Louis Loucheur, Léon Blum, Joseph Caillaux, Edouard Herriot en France, Edouard Bénès en Tchécoslovaquie, etc. Des écrivains furent aussi intéressés : Paul Valéry, Paul Claudel, Unamuno, ... L'idée paneuropéenne s'est incontestablement répandue dans les milieux intellectuel, économique et politique ; mais elle n'est jamais descendue au niveau populaire* ».

632 V. spécialement : W. ASHOLT, G.-A. GOLDSCHMIDT et J.-P. MOREL, *Dans le dehors du monde. Exils d'écrivains et d'artistes au XXe siècle*, Presses Sorbonne Nouvelle, 2010, p. 99 : « *Le Comité franco-allemand d'information et de documentation, couramment dénommé Comité Mayrisch, fut fondé en 1925 ; il réunissait principalement des représentants de la haute bourgeoisie des deux pays à dominante industrielle et bancaire. Il avait été conçu par Émile Mayrisch comme structure parallèle au Cartel international de l'acier, fondé en même temps [...]. Le Comité Mayrisch entretenait un bureau à Paris, dirigé par un allemand, et un bureau à Berlin, dont Pierre Viénot (ancien collaborateur du maréchal Lyautey au Maroc) prit la direction* ».

la coopération européenne[633], l'Union fédérale des démocraties de l'Atlantique Nord[634], etc. – exhortèrent les européens à « *faire de l'Europe, en lui donnant conscience de son unité [...], un grand marché libre, ouvert à la circulation des marchandises, des capitaux et des hommes* »[635]. Cet appel à « *l'établissement du libre-échange absolu*

---

633 V. spécialement : N. BEAUPRÉ, *Les Grandes Guerres*, Belin, 2012, p. 566 : « *Le Comité français pour la coopération européenne, émanation directe de la Fédération pour l'entente européenne devenue Fédération internationale des comités de coopération européenne, est un lobby politique particulièrement actif dans les universités, les cabinets ministériels, les comités d'experts et les couloirs du Parlement... Le comité français fut fondé dans la foulée du comité allemand (1927), et présidé par un ancien ministre de la Marine, militant pour la paix et la Société des Nations, le mathématicien Émile Borel* ».

634 V. spécialement : L. DE SAINTE LORETTE, *L'idée d'Union fédérale européenne*, Armand Colin, 1955, v. « *L'Europe par la force* » : « *Après la publication de son livre [intitulé...] "Union Now – A Proposal for a Federal Union of the Democracies of the North Atlantic", le journaliste américain Clarence Streit a fondé à New York, en 1938, sous le titre de "Federal Union", une association dont l'objet déclaré est de fédérer tous les peuples qui bordent l'Atlantique Nord : Continent européen, Grande-Bretagne et États-Unis d'Amérique. L'action de ce groupe est restée assez limitée* ».

635 A) J.-L. CHABOT, *Aux origines intellectuelles de l'Union européenne – L'idée d'Europe unie de 1919 à 1939*, *op. cit.*, p. 78. En outre, v. p. 278, où l'auteur en conclut que « *la formule Benthamienne du plus grand bonheur pour le plus grand nombre, liée au culte de la liberté et de l'initiative individuelles, dont l'Amérique offre – dès les années vingt – le visage de l'apparente réussite avec le Wellfare State, inspire la multitude des projets d'union économique du continent européen. Les aspirations au bonheur universel d'un libre-échange unificateur peint [...] sous les traits d'un dieu (inutilement) entravé par les démons des frontières politiques nationalistes, offre le visage tout aussi bucolique du "laissez-faire" universel d'Adam Smith. Plus encore que sous sa forme politique, c'est sous sa forme économique que l'européisme participe de l'idéologie libérale..., avec son mythe de l'harmonie universelle par le jeu des lois naturelles d'un marché élargi [(le cas échéant)] aux dimensions d'un continent, et assurant le bonheur matériel pour le plus grand nombre [...], ce bonheur se réduisant pour Jérémie Bentham à la conscience sensible de l'homo faber et consumens* ».

B) En guise d'illustration, v. E. MILHAUD, « L'organisation économique de la paix », *op. cit.*, p. 277, spéc. p. 344 : « *Il y avait dans l'Europe d'avant [1914] vingt unités douanières distinctes ; il y en a dans l'Europe d'aujourd'hui [(de 1926)] 27 et, de ce fait, l'Europe actuelle a 11 000 kilomètres de barrières douanières de plus que l'Europe de 1914. Le nombre des monnaies nationales avait été plus que doublé... ; il était passé de 13 à 27, et tandis que les 13 monnaies d'avant [1914], sous des dénominations différentes, n'étaient que les expressions diverses d'une même monnaie or, les 27 nouvelles monnaies, pendant la plus grande partie de la période d'après [1918], avaient subi des variations indépendantes, et parfois*

entre les peuples européens »[636], ne fut cependant suivi d'effet qu'en 1957 avec l'adoption du Traité de Rome[637], et l'institution corrélative d'une « *Communauté économique européenne* »[638] ayant pour mission de mettre sur pied un « *marché commun* »[639]. Tant et si bien que

---

en sens contraire, ajoutant le désarroi de leurs mouvements désordonnés à toutes les autres difficultés des échanges entre pays. Peu à peu, par le retour graduel – et indépendant – de la plupart des États européens à l'étalon d'or, les plus graves des inconvénients de cette prolifération des monnaies se sont atténués ou ont disparu, mais que de complications cependant si l'on compare à ce point de vue l'Europe d'aujourd'hui [(de 1926)] à l'Europe de 1913, que de complications notamment si l'on compare cette Europe à ce grand pays d'outre-mer avec lequel, pour tant de raisons, les comparaisons s'imposent : les États-Unis d'Amérique ! Là-bas, sur un territoire à peu près égal à celui de l'Europe – la superficie des États-Unis est égale aux dix-neuf vingtièmes de celle de l'Europe... –, une seule monnaie, le dollar ; et sur ce même territoire, composé à vrai dire de 48 États, pas une seule ligne de douane, la liberté absolue de la circulation, des marchandises comme des personnes ! [...] Comment, à ce double spectacle, ne point réfléchir, surtout lorsqu'on constate autant de bien-être, de prospérité bien assise, de régularité et de continuité dans l'essor, d'une part, que de gêne, de malaise, de stagnation, et même dans bien des cas de misère, de l'autre ? Comment ne point se demander si l'Europe, par un étrange destin..., ne tourne pas à contre-sens la roue de l'histoire, si par la multiplication des entités économiques, des barrières douanières, des monnaies – et nous n'avons point épuisé la série, nous n'avons rien dit des systèmes de chemins de fer –, elle ne rétrograde pas vers des temps lointains ? ».

[636] F. DELAISI, *Les contradictions du monde moderne*, Paris, 1925, p. 488.

[637] Traité instituant la Communauté économique européenne, signé à Rome le 25 mars 1957 dans la salle des Horaces et des Curiaces, et ce en même temps que le Traité dit « Euratom » instaurant la Communauté européenne de l'énergie atomique : « *[cet] événement revêt une solennité particulière ; et chacun des signataires est entouré par une délégation nombreuse. Après la signature [...], les cloches de la ville battent à l'unisson. La réception qui s'en suit est fastueuse et réunit autour des signataires plus de 4 000 invités* » (M. LIBERA, « Les traités de Rome en leur temps », *Revue de l'Union européenne*, 2017, p. 617).

[638] Article 1 du Traité de Rome (« *Par le présent Traité, les hautes parties contractantes instituent entre elles une Communauté économique européenne* »).

[639] A) Articles 2 (« *La Communauté économique européenne a pour mission,* par l'établissement d'un marché commun, *et par le rapprochement progressif des politiques économiques des États membres, de promouvoir un développement harmonieux des activités économiques dans l'ensemble de la Communauté, une expansion continue et équilibrée, une stabilité accrue, un relèvement [...] du niveau de vie, et des relations plus étroites entre les États qu'elle réunit* » – nous soulignons) et 8 (« *1.* Le marché commun est progressivement établi au cours d'une période de transition de douze années. *La période de transition est divisée en trois étapes [...]. 2. À chaque étape est assigné un ensemble d'actions qui doivent être engagées et poursuivies concurremment* » – nous soulignons) du Traité de Rome.

« *l'abolition [...] des obstacles à la libre circulation des personnes, des capitaux, des services* »[640] et des marchandises[641], et – implicitement, mais nécessairement – des entraves au libre parcours

---

B) L'entrée de la France dans ce marché commun européen suscita de vives oppositions en 1956 et en 1957 : à titre d'exemple, v. J. DURET, « Que signifie le "Marché commun" dans une Europe capitaliste ? », *Cahiers internationaux*, 1956, n° 78, p. 19, spéc. p. 28 : « *Pour la France, la création du Marché commun aurait des conséquences particulièrement désastreuses. Ses prix sont supérieurs à ceux de ses principaux partenaires du Marché commun [...]. Dans le cadre de l'Europe des Six, la France ne peut faire le poids face à l'Allemagne de l'Ouest. Celle-ci dispose d'atouts suffisamment puissants à l'égard de l'Italie et du Benelux, pour ranger ces États autour d'elle dans toutes les circonstances décisives. La création du Marché commun ne peut abolir les intérêts capitalistes nationaux [...]. Pour la France, la réalisation du Marché commun c'est l'acceptation de l'hégémonie allemande, son industrie ne pouvant lutter contre la concurrence d'outre-Rhin* ». Également, v. A. COCATRE-ZILGIEN, « Euratom et Marché commun devant le Parlement français », *Annuaire français de droit international*, 1957, Volume 3, p. 517, spéc. p. 522 : « *Des gouvernements énergiques et conscients de leurs responsabilités devraient pouvoir [assurer la prospérité du pays...] sans, pour autant, faire ce saut dans l'inconnu (que représente l'entrée dans le Marché commun). Celui-ci vise à établir entre les six nations participantes la libre circulation des marchandises, des capitaux et de la main-d'œuvre. Les conséquences de ce programme ambitieux peuvent être entrevues dès à présent : (i) prédominance des économies les plus productives, (ii) concentration des investissements dans quelques zones déjà favorisées par la nature et par l'accumulation antérieure des capitaux, (iii) déclin accéléré de certaines régions insuffisamment développées de la France métropolitaine, (iv) ruine des petites et moyennes entreprises (nombreuses dans notre pays...), (v) ralentissement du progrès social nécessité par les impératifs d'une concurrence acharnée, (vi) émigration de travailleurs français qualifiés vers certains pays aptes à mieux utiliser leurs talents, (vii) immigration de chômeurs italiens en France... Pour éviter les troubles qu'entraîneront ces migrations humaines, mieux eût valu implanter de nouvelles industries là où se trouvaient déjà des réserves de main-d'œuvre inemployée* ».
C) Du reste, et au fil du temps, « *ce marché commun a été progressivement transfiguré en marché intérieur* » (É. CARPANO, « La dynamique dérégulatoire de l'entrave dans le marché intérieur », *Revue de l'Union européenne*, 2018, p. 140) : « *à la différence du marché commun, dont le contenu est plus resserré, la notion de marché intérieur constitue un outil intéressant au regard de sa capacité à intégrer les différentes dimensions de l'intégration européenne [(dimension économique, dimension monétaire, dimension citoyenne, dimension technologique, dimension industrielle, dimension sociale, etc.)], sans nécessairement se confiner à la lecture économique du projet européen* » (C. BOUTAYEB, « La transformation conceptuelle du marché intérieur », *Revue de l'Union européenne*, 2018, p. 130).

[640] Article 3, c), du Traité de Rome.

[641] Article 3, a), du Traité de Rome.

transfrontières des informations attachées à ces personnes, ces capitaux, ces services et ces marchandises[642], devint – et reste jusqu'à nos jours[643] – un objectif majeur pour les États européens[644].

---

[642] V. ainsi M.-H. BOULANGER, C. DE TERWANGNE, T. LÉONARD, S. LOUVEAUX, D. MOREAU et Y. POULLET, « La protection des données à caractère personnel en droit communautaire », *in Le droit communautaire et les réseaux de télécommunication et de télédiffusion : La protection des consommateurs et des entreprises dans la société de l'information*, Bundesanzeiger, 2000, p. 131, spéc. n° 4 : « *Dans la mesure où l'objectif premier de l'Union européenne est la création d'un marché sans frontières intérieures, assurant la libre circulation des marchandises, personnes, services et capitaux, la libre circulation des données apparaît comme une condition indispensable de la création effective de ce marché* ». Également, v. : E. MACKAAY, « Les biens informationnels ou le droit de suite dans les idées », *Informatica e diritto*, 1986, n° 3, p. 45, spéc. n° 25, où l'auteur souligne que « *le principe de la libre circulation de l'information* » assure le bon fonctionnement de « *l'économie du marché* ».

[643] V. ainsi M.-H. BOULANGER et C. DE TERWANGNE, « Commentaire de la proposition de directive du Conseil relative à la protection des données à caractère personnel (1re partie) », *Lamy Droit de l'informatique*, 1992, n° 40, p. 2, spéc. p. 2 : « *Sur le territoire de l'Europe communautaire, les marchandises, les capitaux, les services et les personnes circulent* chaque jour plus librement. *Sous-jacente et indispensable à ces mouvements, la libre circulation de l'information s'est révélée être un complément incontournable des libertés fondamentales mises en place par le Traité de Rome – complément dont la réalisation est ressentie* chaque jour davantage comme une nécessité » (nous soulignons).

[644] *Comp.* : Commission européenne, *Le marché unique dans un monde qui change – Un atout sans égal né-cessitant une volonté politique renouvelée*, COM/2018/0772, 22 novembre 2018 : « *Le marché unique figure parmi les plus grandes réalisations du projet européen. Il a fait de l'Europe l'un des lieux les plus attrayants du monde pour vivre et pour exercer une activité économique [...]. Les bienfaits du marché unique vont bien au-delà de ceux qu'apportent une zone de libre-échange et une union douanière : ils englobent la liberté de circulation des produits, des personnes, des services et des capitaux. Ces quatre libertés, qui, ensemble, permettent des échanges commerciaux et une activité économique sans heurts, constituent le fondement du marché unique [...]. Bien que les résultats obtenus grâce au marché unique soient substantiels, des efforts sont, et seront toujours, nécessaires pour le préserver et l'améliorer [...]. Une intégration plus profonde requiert aujourd'hui plus de courage politique et de détermination [...] ; et des efforts plus soutenus que jamais sont [requis...] pour combler le fossé entre la rhétorique et les résultats sur le terrain. Nous sommes trop souvent confrontés à une situation dans laquelle le consensus qui semble se forger, au plus haut niveau, autour de la nécessité d'approfondir le marché unique ne va pas de pair avec une volonté politique d'adopter les mesures concrètes proposées par la Commission [...] ou de transposer et mettre en œuvre des mesures déjà adoptées. Même lorsqu'ils se disent favorables à une intégration accrue du marché [...], les États membres défendent souvent*

65. Conclusion de section. La liberté de circulation des données indépendamment des considérations de frontières dont émane le principe de liberté dans le choix du nom des titulaires, puise ses racines métajuridiques dans la volonté des organismes de presse américains d'enrayer la mainmise des organismes de presse européens sur le marché mondial de l'information à l'issue de la Grande Guerre, et dans la volonté de maints européistes d'édifier, au même moment, un grand marché élargi aux dimensions de l'Europe continentale et régi par une « *libre circulation aux multiples visages* »[645]. Il s'ensuit que ce sont des impératifs supranationaux qui permettent, nous semble-t-il, d'expliquer *de facto* cette liberté.

Section 2. Les fondements juridiques de la libre circulation des données sans considération de frontières

66. Les fondements juridiques de la liberté de circulation des données à travers les frontières nationales, s'entendent des assises formelles qui lui confèrent une « *validité* »[646], ce pour quoi ils embrassent les textes – lois, traités internationaux, règlements, décrets, etc. – qui justifient *de jure* cette liberté[647].

---

uniquement leur approche nationale comme fondement à l'élaboration de règles européennes, ce qui peut générer des tensions politiques [...]. Nous avons donc besoin d'un engagement renouvelé des dirigeants à l'appui de toutes les dimensions du marché unique [...]. La présente communication [...] examine les principaux obstacles auxquels il conviendra de remédier pour que le marché unique continue de fonctionner efficacement [... et résiste] à l'épreuve du temps ».

645 D. BLANC, « Soixante ans du traité de Rome », *Revue de l'Union européenne*, 2018, p. 252.

646 S. OBELLIANNE, *Les sources des obligations*, *op. cit.*, n° 26 ; et n° 620 s. : « *Les sources formelles désignent le fondement juridique : lois, règlements, etc. Par-delà les clivages philosophiques, le juriste lui reconnaîtra la vertu justificatrice. Ayant pour objet l'inscription de la règle dans l'ordre normatif, elles constituent le support à partir duquel va se dérouler le travail des magistrats* ». *Comp.* : M. VIRALLY, cité par S. TORRICELLI-CHRIFI, *La pratique notariale, source du droit*, *op. cit.*, n° 8 : « *Les sources formelles ne sont pas seulement des moyens d'élaborer les normes juridiques, de les rédiger, de leur donner une forme [...], mais avant tout des moyens de leur conférer une force spécifiquement juridique, de leur attribuer leur validité* ».

647 *Rappr. Vocabulaire juridique*, v. *Source* (1° b/) : « *Forme sous l'action de laquelle la règle naît au Droit ; moule officiel dit source formelle qui préside, positivement, à l'élaboration, à l'énoncé et à l'adoption d'une règle de Droit : fonction reconnue, selon les systèmes juridiques, à la loi, à la coutume, à la jurisprudence ou à la doctrine* ».

67. Droit international souple. Les assises juridiques de la libre circulation internationale des données sont, à notre sens, triples. Elles peuvent être recherchées, d'une part, au sein de la Recommandation du Conseil de l'OCDE[648] du 23 septembre 1980[649], laquelle invite les États membres à « *favoriser la libre circulation de l'information* » et leur recommande, pour ce faire, « *de supprimer ou d'éviter de créer* » – « *au nom de la protection de la vie privée* » – « *des obstacles injustifiés aux flux transfrontières des données à caractère personnel* »[650]. Autrement formulé, les pays membres doivent s'efforcer de ne pas élaborer « *des lois, des politiques ou des procédures [...] qui, sous couvert de la protection [...] des libertés individuelles, créeraient des obstacles à la circulation [...], à travers les frontières nationales* », de « *toute information afférente à une personne physique identifiée ou identifiable* », qui iraient « *au-delà des exigences propres à cette protection* »[651]. La Recommandation

[648] « *Organisation de Coopération et de Développement Économiques, l'OCDE est une organisation internationale, créée le 30 septembre 1961, qui offre aux États membres un cadre leur permettant de comparer leurs expériences en matière d'action publique, de rechercher des réponses à des problèmes communs, d'identifier les bonnes pratiques [et] de coordonner leurs politiques* » (Y. DÉTRAIGNE et A.-M. ESCOFFIER, *Rapport d'information relatif au respect de la vie privée à l'heure des mémoires numériques*, 27 mai 2009, p. 97).

[649] Recommandation concernant les lignes directrices régissant la protection de la vie privée et les flux transfrontières de données de caractère personnel, et sur la genèse de laquelle on consultera avec profit : A. VAN LAER, « Transmission électronique des données : la Communauté européenne face au Big Brother américain (1976-1981) », *in* P. FRIDENSON et P. GRISET (dir.), *Entreprises de haute technologie, État et souveraineté depuis 1945*, Institut de la gestion publique et du développement économique, 2013, p. 299, spéc. n° 23 s.

[650] *Comp.* Recommandation, §16 : « *Les pays Membres devraient prendre toutes les mesures raisonnables et appropriées pour assurer que les flux transfrontières de données de caractère personnel [...] aient lieu sans interruption et en toute sécurité* ».

[651] *Comp.* Déclaration sur les flux transfrontières de données adoptée le 11 avril 1985 par les gouvernements des États membres de l'OCDE : « *Les gouvernements des pays membres [...] : Constatant que données et informations [...] circulent à présent, pour une large part, librement au niveau international [...] ; Conscients des avantages économiques et sociaux, qui résultent de l'accès à différentes sources d'information et de services d'information efficaces et performants ; Reconnaissant qu'il est de l'intérêt commun des pays Membres de faciliter les flux transfrontières de données, et de concilier différents objectifs politiques dans ce domaine [...] ; Déclarent, en conséquence, leur intention d'encourager l'accès aux données et aux informations [...], et d'éviter la création de barrières injustifiées aux échanges internationaux de données et d'information* ».

consacre ainsi la liberté de circulation transnationale des données, mais en ne lui attribuant qu'une force contraignante (à tout le moins) limitée[652], et en faisant fi des données non nominatives[653] et des données nominatives relatives aux personnes morales[654].

68. Droit international dur. Les sources juridiques de la libre circulation internationale des données peuvent être trouvées, d'autre part, au cœur de la Convention n° 108[655] du Conseil de l'Europe[656], signée le 28 janvier 1981[657] puis amendée le 10 octobre 2018[658], laquelle énonce que « *la libre circulation de l'information* »[659] revêt « *une importance [...] fondamentale tant pour les individus que pour*

---

652 V. spécialement : H.-P. GASSMAN, « Vers un cadre juridique international pour l'informatique et autres nouvelles techniques de l'information », *Annuaire français de droit international*, 1985, Volume 31, p. 747, spéc. p. 750 : « *Les lignes directrices de l'OCDE peuvent être considérées tel un bon exemple de "soft law", en ce sens que leur existence représente un certain consensus international des pays démocratiques occidentaux sur la façon de traiter les problèmes de l'informatique et les libertés et l'échange international des données nominatives. Ainsi, par un processus lent, mais continu, d'habitude ("consuetudo lunga"), une coutume internationale est établie sur le traitement de ces problèmes* » ; J.-L. CHENAUX, *Le droit de la personnalité face aux médias internationaux*, Librairie Droz, 1990, p. 102 : « *[Ce] document de l'OCDE [...] est un simple code de conduite destiné aux États membres* ».

653 *Rappr.* : *Ibid.*, p. 747, spéc. p. 751 : « *Il est difficile d'accepter l'extension de la notion des flux transfrontières de données à toute sorte de données* ».

654 *Rappr.* : A. SALGUEIRO, *Les modes d'évaluation de la dignité de crédit d'un emprunteur*, avant-propos P. LECLERCQ, préf. J. STOUFFLET, Institut Universitaire Varenne, 2006, n° 168 s., où l'auteur procède à un exposé critique des divers arguments mobilisés à l'appui de l'exclusion des données nominatives relatives aux personnes morales.

655 Intitulée « *Convention pour la protection des personnes à l'égard du traitement automatisé des données à caractère personnel* », et sur la genèse de laquelle on consultera avec profit : J.-P. JACQUÉ, « La Convention pour la protection des personnes à l'égard du traitement informatisé des données à caractère personnel », *Annuaire français de droit international*, 1980, Volume 26, p. 773.

656 « *Le Conseil de l'Europe est une organisation internationale régionale instituée par le Traité de Londres, signé le 5 mai 1949 par dix États européens, à savoir la Belgique, le Danemark, la France, l'Irlande, l'Italie, le Luxembourg, la Norvège, les Pays-Bas, le Royaume-Uni et la Suède* » (C. GAUTHIER, S. PLATON et D. SZYMCZAK, *Droit européen des droits de l'Homme*, 1re éd., Sirey, 2016, n° 27).

657 Et entrée en vigueur le 1er octobre 1985 une fois les cinq premières ratifications obtenues.

658 Protocole d'amendement n° 223.

659 Préambule de la Convention n° 108.

les peuples »[660], et affirme, en conséquence, « *qu'un [État] Partie ne peut, aux seules fins de la protection de la vie privée, interdire ou soumettre à une autorisation spéciale, les flux transfrontières des données à caractère personnel [...] à destination du territoire d'un autre État Partie* »[661]. Pour le dire autrement, les pays signataires sont tenus de ne pas restreindre la circulation, « *à travers les frontières nationales* »[662], de « *toute information se rapportant à une personne physique identifiée ou identifiable* »[663], sous prétexte de « *protéger les droits individuels* »[664]. La Convention consacre ainsi la liberté de circulation mondiale des données, mais en faisant (là encore) fi des données non nominatives et des données nominatives portant sur les personnes morales[665].

69. Droit de l'Union européenne. Enfin, les assises juridiques de la libre circulation internationale des données peuvent être recherchées au sein des Règlements européens n° 2016/679 du 27 avril 2016[666] et n° 2018/1807 du 14 novembre 2018[667], lesquels exigent des États

---

660 *Ibid.*

661 Article 12, §2, de la Convention n° 108.

662 Article 12, §1, de la Convention n° 108.

663 Article 2, a), de la Convention n° 108.

664 J.-P. JACQUÉ, « La Convention pour la protection des personnes à l'égard du traitement informatisé des données à caractère personnel », *op. cit.*, p. 773, spéc. p. 774.

665 « *Le principal apport de la Convention n° 108 [...] est bien l'affirmation d'un principe de libre circulation des données personnelles se traduisant par l'impossibilité pour les États signataires de restreindre les flux de données transfrontières au motif de la protection des données personnelles* » (N. OCHOA, *Le droit des données personnelles, une police administrative spéciale*, thèse sous la direction de C. TEITGEN-COLLY, Paris I, 2014, p. 223).

666 Règlement relatif à la protection des personnes physiques à l'égard du traitement des données à caractère personnel et à la libre circulation de ces données, et abrogeant la directive 95/46/CE, sur lequel on consultera utilement le dossier : « Données personnelles, quelle circulation demain ? », *Dalloz IP/IT*, 2017, p. 618, ainsi que : I. GHEORGHE-BADESCU, « Le nouveau règlement général sur la protection des données », *Revue de l'Union européenne*, 2016, p. 466.

667 Règlement établissant un cadre applicable au libre flux des données à caractère non personnel dans l'Union européenne, sur lequel on consultera le dossier : « La libre circulation des données non personnelles : la consécration d'un principe », *Dalloz IP/IT*, 2020, p. 212 (et notamment : S. CARRE, « Libre circulation des données, propriété et droit à l'information : à propos du règlement UE 2018/1807 du 14 novembre 2018 », *Dalloz IP/IT*, 2020, p. 228), ainsi que : Ph. MOURON, « La libre circulation des données est devenue la cinquième liberté consacrée dans

membres qu'ils garantissent, respectivement, le libre flux des données à caractère personnel[668] et le libre flux « *de données autres que les données à caractère personnel* »[669] sur le territoire de l'Union[670].

---

le droit de l'union européenne », *Revue européenne des médias et du numérique*, 2019, n° 49, p. 5 ; M. BOURGEOIS et L. THIBIERGE, « Droit de la donnée », *JCP E 2020*, n° 21-22, 1211, spéc. n° 24.

[668] V. ainsi considérant n° 13 (« *Pour que le marché intérieur fonctionne correctement, il est nécessaire que la libre circulation des données à caractère personnel au sein de l'Union ne soit ni limitée, ni interdite, pour des motifs liés à la protection des personnes physiques à l'égard du traitement des données à caractère personnel* ») et alinéa 3 de l'article premier (« *La libre circulation des données à caractère personnel au sein de l'Union n'est ni limitée ni interdite pour des motifs liés à la protection des personnes physiques à l'égard du traitement des données à caractère personnel* ») du Règlement n° 2016/679. Au surplus, v. L. LEVENEUR, « Le droit civil à l'heure des règlements européens », *CCC*, 2018, n° 3, repère 3 : « *L'acronyme RGPD (pour règlement général sur la protection des données) est réducteur et en partie trompeur [...] ! Certes, il y a bien dans ce règlement [de 2016] une importante dimension de protection [...]. Mais il y a aussi dans le texte une dimension de libre circulation des données à caractère personnel au sein de l'Union européenne, libre circulation qui n'est ni limitée, ni interdite, pour des motifs liés à la protection des personnes physiques à l'égard du traitement des données à caractère personnel (art. 1.3) : or cet aspect n'est pas vraiment de la protection, et c'est un euphémisme !* » ; C. CASTETS-RENARD, « La protection des données personnelles dans les relations internes à l'Union européenne », *Répertoire de droit européen*, octobre 2019, n° 216 : « *La libre circulation des données personnelles au sein de l'Union européenne est donc consacrée – tant en matière civile et commerciale qu'en matière policière et judiciaire* ».

[669] Article premier du Règlement n° 2018/1807. *Rappr.* : considérant n° 10 (« *Le présent règlement établit le principe de libre circulation au sein de l'Union des données à caractère non personnel sauf si une restriction ou une interdiction se justifie par des motifs de sécurité publique* ») dudit Règlement. *Adde* W. MAXWELL, « Le règlement UE 2018/1807 du 14 novembre 2018 sur le libre flux des données à caractère non personnel », *Recueil Dalloz*, 2019, p. 528 : « *L'idée du texte est de garantir pour les données à caractère non personnel la même liberté de circulation que celle que le règlement général sur la protection des données (RGPD) a consacrée [...] s'agissant des données personnelles* » ; T. DOUVILLE, « Données non personnelles (libre flux), publication d'un règlement européen », *Recueil Dalloz*, 2019, p. 10 : « *Le règlement [du 14 novembre 2018] étend la libre circulation des données à caractère personnel, qui a été proclamée par le règlement 2016/679 du 27 avril 2016, aux données à caractère non personnel. En plus des quatre libertés consacrées par le droit primaire (liberté de circulation des marchandises, des personnes, des services et des capitaux), apparaît une cinquième liberté : la libre circulation des données* ».

[670] Il est à noter que la Directive n° 95/46/CE du 24 octobre 1995, abrogée par le Règlement n° 2016/679 du 27 avril 2016, affirmait d'ores et déjà ce qui suit :

En d'autres mots, une obligation d'assurer la libre circulation des informations de toute sorte – nominatives, agricoles, financières, géologiques, etc.[671] – sans considération de frontières, est mise à

« *les États membres ne peuvent restreindre, ni interdire, la libre circulation des données à caractère personnel entre États membres pour des raisons relatives à la protection [des libertés et droits fondamentaux des personnes physiques]* » (alinéa second de l'article premier) ; « *l'établissement et le fonctionnement du marché intérieur dans lequel la libre circulation des biens, des personnes, des services et des capitaux est assurée, nécessitent non seulement que des données à caractère personnel puissent circuler librement d'un État membre à l'autre, mais également que les droits fondamentaux des personnes soient sauvegardés* » (considérant n° 3). *Rappr.* : S. SLEE et J.-L. SOULIER, « La protection des données à caractère personnel et de la vie privée dans le secteur des communications électroniques. Perspective française », *Revue internationale de droit comparé*, 2002, vol. 2, p. 663, spéc. 664 : « *La Directive de 1995 a été adoptée dans le but de lever les obstacles à la libre circulation des données à caractère personnel au sein de l'Union européenne* » ; M.-C. PONTHOREAU, « La directive 95/46 CE du 24 octobre 1995 relative à la protection des personnes physiques à l'égard du traitement des données à caractère personnel et à la libre circulation de ces données », *RFDA*, 1997, p. 125 : « *Rares sont les initiatives de la Commission dans le domaine des droits fondamentaux d'où [surgissent] maintes interrogations, voire préoccupations, au regard d'un impératif communautaire aussi nettement favorable à la libre circulation des données personnelles* ».

[671] *Comp.* : M. BOURGEOIS et M. MOINE, « Les défis contractuels du Cloud Computing », *JurisClasseur Communication*, 1 mai 2020, n° 13, d'après lesquels « *les données se répartissent, sur un plan opérationnel, en plusieurs catégories, qui permettent de les administrer avec un ensemble de règles que les professionnels dénomment "la gouvernance des données". Sans prétendre à l'exhaustivité, compte tenu du format contraint de l'étude, voici quelques-unes de ces catégories : (i) les métadonnées correspondent aux données qui décrivent d'autres données (sémantiquement les données "sur" les données). Il s'agit de l'information qui permet de retrouver les données stockées ; par exemple, [avant] l'arrivée du numérique, les métadonnées étaient (et restent) utilisées par les bibliothèques, sous la forme d'une codification des signalements des documents conservés ; dans le domaine du droit, les métadonnées correspondent, par exemple, à la référence d'une décision de jurisprudence exprimée sous une forme harmonisée et respectée par les professionnels et étudiants en droit ("juridiction, jour mois année, pourvoi n° XXX") ; les métadonnées sont essentielles pour l'efficacité des recherches d'informations et pour permettre l'interopérabilité entre les différentes bases de données contenant celles-ci ; (ii) les données de référence (aussi appelées "données maîtres" ou en anglais "master data") sont "des données partagées par l'ensemble des processus qui soutiennent l'activité courante d'une organisation et ses prises de décision". Cette catégorie de données a pour caractéristique d'être partagée entre plusieurs applications et directions de métiers de l'organisation, à travers différents processus (vente, comptabilité...). Il s'agit,*

la charge des pays membres[672]. Les Règlements européens consacrent ainsi nettement, et pleinement, la liberté de circulation transnationale

par principe, de données stables, qui ne changent pas entre différentes opérations. Appartiennent à cette catégorie, par exemple, le nom et le numéro d'un client, d'un fournisseur, d'un employé, ou encore la description de produits ou de services ; (iii) les données constitutives, qui peuvent changer plus souvent, viennent nourrir les précédentes. Par exemple, l'adresse de facturation/livraison ou l'interlocuteur de facturation d'un client, appartiennent à cette catégorie ; (iv) les données opérationnelles sont celles qui varient à chaque opération – tels un numéro de commande, ou encore la liste ou le nombre de produits achetés par un client ; (v) les données "paramètre[s]" correspondent à des tables de valeurs ou des nomenclatures. Relève de cette catégorie, par exemple, le taux horaire ou journalier appliqué par une société de conseil » ; E. NOVOTNY, « Transborder data flows and international law. A framework for policy-oriented inquiry », *Stanford Journal of International Law*, 1980, n° 16, p. 150, spéc. p. 156 s., cité et traduit par : H. MOWLANA, *La circulation internationale de l'information – Analyse et bilan*, UNESCO – Organisation des Nations Unies pour l'éduca-tion, la science et la culture, 1985, p. 52 s., d'après lequel il existe « *quatre types de données. (i) Les données opérationnelles, qui interviennent à l'appui des décisions d'organisation ou de certaines fonctions administratives. Les sociétés multinationales, par exemple, s'en servent pour coordonner des activités géographiquement dispersées. (ii) Les données sur les transactions financières, [qui] recouvrent les informations relatives aux crédits, aux débits et aux transferts de capitaux autres que les données opérationnelles à caractère financier. Si la libre circulation des données financières assure la commodité des règlements financiers, elle rend difficile le contrôle de la spéculation sur les monnaies par les pouvoirs publics. (iii) Les données de caractère personnel, [qui] fournissent des renseignements sur les antécédents médicaux, le casier judiciaire, l'emploi, la solvabilité ou des réservations de voyages, ou indiquent simplement des noms et des numéros d'identification. De telles données peuvent aussi apparaître lors de transferts de données opérationnelles ou de données sur les transactions financières. (iv) Les données scientifiques et techniques, [qui] englobent des statistiques économiques, des résultats d'expériences, des études ou des mesures relatives à l'environnement ou à la météorologie. Des bases de données bibliographiques et des logiciels permettant de traiter des données brutes, sont également mis à la disposition de la communauté scientifique internationale par l'intermédiaire de systèmes télématiques* ».

672 En ce sens : I. BOEV, « Le nouveau règlement, un 5e principe de libre circulation ? », *Dalloz IP/IT*, 2020, p. 223 : « *Le règlement [n° 2018/1807…] et le règlement [n° 2016/679…] consacrent ensemble une liberté de circulation pour l'ensemble des données* » ; É. A. CAPRIOLI, « Règlement européen sur la libre circulation des flux de données à caractère non personnel », *Communication Commerce électronique*, 2019, n° 3, comm. 20, spéc. n° 7 : « *Tous les types de données peuvent circuler librement au sein de l'Union européenne* ».

de toutes les données[673] – en ce compris les données non nominatives et les données nominatives concernant les personnes morales[674].

70. Conclusion de section. La liberté de circulation des données indépendamment des considérations de frontières dont émane le principe de liberté dans le choix du nom des titulaires, plonge ses racines juridiques au cœur d'une Recommandation de l'OCDE, d'une Convention du Conseil de l'Europe et, surtout, de Règlements européens. Par suite, ce sont des textes supranationaux qui permettent, nous semble-t-il, de justifier *de jure* cette liberté.

Conclusion du chapitre 2

71. La dénomination des titulaires sujets de l'obligation de prêter, obéit à un principe de liberté, lequel implique que chaque titulaire soit libre de choisir le nom de son (ses) co-titulaire(s).

Plus précisément, ce principe émane directement de la liberté de circulation internationale des données, dont nous avons mis au jour les fondements métajuridiques et les fondements juridiques. En ce qui concerne les premiers, il apparaît que les impératifs qui fondent la libre circulation universelle des données sont doubles : ils tiennent, pour une part, à la volonté des organismes de presse américains de réduire à néant le monopole des agences de presse européennes sur le marché transnational de l'information au sortir de la Première Guerre Mondiale ; ils tiennent, pour une autre part, à la volonté des europëistes de créer un vaste marché européen ouvert à la circulation des marchandises, des services, des capitaux, des personnes et des informations y afférentes.

---

[673] « *Il existe désormais un cadre englobant un espace européen commun des données et la libre circulation de toutes les données au sein de l'Union [...]. Les deux règlements combinés garantissent la libre circulation de toutes les données dans l'Union européenne [...]. Ensemble, le règlement relatif au libre flux des données à caractère non personnel et le RGPD jettent les bases du libre flux de toutes les données au sein de l'UE* » (Commission européenne, *Lignes directrices relatives au règlement concernant un cadre applicable au libre flux des données à caractère non personnel dans l'Union européenne*, COM/2019/250, 29 mai 2019).

[674] *Rappr.* S. NEUVILLE, « Les prestataires de services de communication de données », *in* B. BRÉHIER et J.-J. DAIGRE (dir.), *Droit bancaire et financier. Mélanges AEDBF France VII*, Revue Banque, 2018, p. 107, spéc. n° 3, au sujet des « *market data* » : « *Ces données de marché doivent être accessibles de manière transparente, car les informations doivent pouvoir être connues de tous* ».

En ce qui concerne les fondements juridiques, il appert que les textes qui fondent la libre circulation internationale des données sont les suivants : la Recommandation du Conseil de l'OCDE du 23 septembre 1980, la Convention n° 108 du Conseil de l'Europe et les Règlements n° 2016/679 du 27 avril 2016 et n° 2018/1807 du 14 novembre 2018. Surtout, lesdits Règlements prennent nettement soin de garantir la circulation sans entraves de l'ensemble des données et, le cas échéant, de l'intégralité des données nominatives.

CONCLUSION DU TITRE 2

72. Les recherches menées sur les sujets de l'obligation de prêter, nous ont conduit à dénombrer et à dénommer les personnes qui en sont les titulaires. Concernant la numération, elle obéit vraisemblablement à un principe de relativité, aux termes duquel le nombre des titulaires correspond à celui des parties contractantes. L'étude de ce principe au travers de l'examen de sa réception juridique et de sa réception pratique, nous a permis de parvenir aux résultats suivants :

- Le législateur, les juges et les auteurs reconnaissent pleinement la correspondance entre le nombre des titulaires et le nombre des parties au contrat de prêt ;
- La technique de la titrisation, qui repose sur une clause probatoire et revient à lier le nombre des titulaires actifs (créanciers) à celui des porteurs d'un original de l'*instrumentum* – billet, coupon, etc. –, est désormais condamnée par la réforme du droit des contrats.

73. Concernant la dénomination, elle obéit censément à un principe de liberté, aux termes duquel chaque titulaire est libre de choisir le nom de son (ses) co-titulaire(s). L'examen de ce principe au travers de l'étude des fondements métajuridiques et des fondements juridiques de la liberté de circulation des données dont il dérive directement, nous a permis d'aboutir aux résultats suivants :

- La libre circulation des données puise ses racines métajuridiques – ou profondes – dans la volonté de libéraliser le marché international de l'information à l'issue de la Guerre de 1914-1918 et dans la volonté simultanée de façonner un espace européen de libre circulation ;
- La libre circulation des données plonge ses racines juridiques dans quelques textes supranationaux et, spécialement, dans deux Règlements européens en date du 27 avril 2016 et du 14 novembre 2018.

CONCLUSION DE LA PREMIÈRE PARTIE

74. Partant de la définition justinienne de l'obligation, nous nous sommes efforcés de dévoiler la nature de l'obligation de prêter – d'en faire saillir les critères distinctifs – en en déterminant l'objet ainsi que les sujets. Il s'ensuit qu'au regard de son objet, l'obligation de prêter se résume à une activité de mise à disposition et à une chose unique et commerçable, c'est-à-dire à une activité consistant à ne pas s'opposer au retirement et à l'utilisation, par le créancier-emprunteur, d'une entité dépourvue de personnalité et caractérisée par son aptitude à être individualisée et à être prêtée. De plus, il s'ensuit qu'au regard de ses sujets, l'obligation de prêter se résume à plusieurs titulaires, dont le nombre est corrélé à celui des parties contractantes et dont le nom est librement choisi.

En définitive, la définition suivante de l'obligation de prêter peut, nous semble-t-il, être retenue :

« Elle est l'obligation en vertu de laquelle l'une des parties au contrat de prêt – le prêteur, dont l'identification est assurée par une (ou plusieurs) donnée(s) quelconque(s) – s'oblige envers l'autre – l'emprunteur, dont l'identification est semblablement assurée par une (ou plusieurs) donnée(s) quelconque(s) – à s'abstenir de tout ce qui pourrait entraver le retirement et l'utilisation d'une entité dépourvue de personnalité, individualisable et prêtable ».

Cela dit, il serait vain de vouloir cerner les contours exacts de l'obligation de prêter en nous arrêtant ici : l'entreprise implique, au surplus, d'en révéler l'envergure, c'est-à-dire d'en mettre à nu les dimensions.

PARTIE 2. RÉVÉLER L'ENVERGURE DE L'OBLIGATION DE PRÊTER

« Mesurer, c'est savoir »[675].
(J. KEPLER, Astronomi Opera omnia – Volumen I, Francfort-sur-le-Main et Erlangen, 1858, p. 372)

« Le goût de mesurer est un travail attrayant pour bien des hommes ».
(J. GRAVE, La société future, 5e éd., Paris, 1895, p. 294)

75. La mensuration de l'obligation – la détermination « *précise* »[676] de son envergure, de ses dimensions[677] – éveille principalement l'attention des juristes qui s'intéressent à l'endettement public[678]. En effet, la scrutation de celui-ci conduit la plupart

---

675 « *Mensurare est scire* ».

676 *Dictionnaire de l'Académie française*, 9e éd., v. *Mensuration.*

677 *Comp. TLF*, v. *Mensuration* : « *Action de mesurer les dimensions de quelque chose* ». *Adde* G. DURAND (évêque du XIIIe siècle), *Manuel pour comprendre la signification symbolique des cathédrales et des églises*, MdV Éditeur, 2011, p. 33 s. (« *Chapitre I : De l'Église et de ses parties ; XV : Des dimensions du temple* ») : « *L'église se dresse sur quatre murailles, c'est-à-dire qu'elle s'élève par la doctrine des quatre évangélistes. Elle est longue, large et s'élève en haut, c'est-à-dire aux plus hautes vertus ; sa longueur, c'est la longanimité qui supporte patiemment les adversités, jusqu'au moment où elle parviendra à la patrie céleste ; sa largeur, c'est la charité qui, dilatant l'âme des hommes, chérit ses amis en Dieu et ses ennemis pour Dieu ; la hauteur de la nef, c'est l'espérance de la récompense à venir qui lui fait mépriser le bonheur et le malheur du monde, jusqu'à ce qu'elle voie les biens du Seigneur dans la terre des vivants* ».

678 V. spécialement : R. HERTZOG (dir.), *La dette publique en France*, Economica, 1990 ; M. AUDIT (dir.), *Insolvabilité des États et dettes souveraines*, LGDJ, 2011 ; J.-F. BOUDET, « Essai sur le défaut souverain », *Revue internationale de droit économique*, 2015, n° 3, p. 373 ; M. COLLET, « La dette publique : Questions de droit », *RFDA*, 2019, p. 241 ; J. DE LAROSIERE, « La dette publique : quels enjeux ? », *Revue française de finances publiques*, 2020, n° 149, p. 211 ; H. DE VAUPLANE, « Créanciers de dettes souveraines : la vie est dure ! », *Revue Banque*, 2013, n° 759, p. 81 ; H. DE VAUPLANE, « Dettes souveraines : la question des dettes "odieuses" », *Revue Banque*, 2011, n° 735, p. 77 ; H. DE VAUPLANE, « L'annulation des dettes "insoutenables" », *Revue Banque*, 2014, n° 777, p. 20 ; J.-B. AUBY, « La dette et le souverain », *Droit administratif*, 2011, n° 1, repère 1 ; R. BISMUTH, « L'émergence d'un "ordre public de la dette souveraine" pour et par le contrat d'emprunt souverain ? Quelques réflexions inspirées par une actualité très mouvementée », *Annuaire français de droit international*, 2012, Volume 58, p. 489 ; C. LEQUESNE-ROTH, *Le régime contractuel de défaut des États débiteurs européens*, préf. B. FRYDMAN (et postface J.-J. SUEUR), LGDJ, 2018 ; L. ICHER, *L'obligation de paiement de la dette publique*

d'entre eux à s'enquérir de la durée[679] et du poids[680] de l'obligation de remboursement de la dette d'État. Il faut donc conclure que, pour

---

française, préf. V. DUSSART, Presses de l'Université Toulouse 1 Capitole, 2018 ; C. JULIE RAULT, *Le cadre juridique de la gestion des dettes souveraines*, thèse sous la direction de C. G. PAULUS et J.-M. SOREL, Paris I et Berlin, 2015 (publié en langue anglaise sous l'intitulé suivant : *The Legal Framework of Sovereign Debt Management*, Nomos, 2017) ; C. ECKERT, « Le contrôle de la dette publique par le Parlement : Un enjeu politique devenu majeur », *Revue française de finances publiques*, 2013, n° 123, p. 3.

679 Entre autres illustrations, v. : D. CARREAU et C. KLEINER, « Dettes d'État », *Répertoire de droit international*, janvier 2019, n° 20 : « *Un aspect important à relever à l'égard des dettes d'État, est la durée pour laquelle les dettes peuvent être contractées. À titre d'exemple, les OAT (Obligations Assimilables du Trésor) émises et gérées pour l'État français par l'Agence France Trésor, sont des valeurs assimilables du Trésor à moyen et long terme, pouvant aller jusqu'à une maturité de 50 ans ! En somme, le bénéfice tiré pour la population de l'émission de dette de l'État sur les marchés financiers sera payé par la génération suivante. Selon [certains auteurs], cette "intergenerational tension" contredit le principe de justice selon lequel chacun doit assumer la conséquence de ses actes et ne pas les reporter sur un tiers* » ; P. GRUSON, « Le financement de la dette publique française 2020-2030 : Pourquoi émettre des titres à zéro coupon de longue maturité ? », *Revue française de finances publiques*, 2020, n° 149, p. 187 : « *En France, la durée de vie moyenne de la dette augmente régulièrement pour atteindre en mars 2019 presque 8 ans. Les États empruntent plus fréquemment sur des maturités de 10 à 20 ans. Certains se sont essayé à des maturités plus longues. L'Irlande, la Belgique ou le Mexique ont [ainsi] émis des emprunts de maturité 100 ans. De son côté, et après huit faillites de l'État (!), l'Argentine a émis en 2016 un emprunt de maturité 2116 [...] qui a rencontré beaucoup de succès auprès des investisseurs* ».

680 Entre autres illustrations, v. : J.-L. ALBERT, *Finances publiques*, 11e éd., Dalloz, 2019, n° 203 : « *La fré-quence et l'ampleur des déficits annuels ont, depuis longtemps, entraîné une importante dette publique [...]. Jusqu'à la première guerre mondiale, le poids de cet endettement se mesurait surtout par les intérêts à servir car l'essentiel de la dette était constitué d'emprunts perpétuels que l'État n'était pas tenu de rembourser. Au XIXe siècle, ces intérêts constituaient ainsi le premier poste du budget (entre 20 % et 30 %) [...]. Depuis que la dette est devenue amortissable (remboursable), le critère principal est devenu celui de l'encours (montant des sommes dues). Le poids de cet encours, qui avait considérablement augmenté entre les deux guerres mondiales (passant de plus de 60 % à plus de 120 % du revenu national), a connu une diminution constante sous la IVe République (moins de 50 % du revenu national à la fin des années cinquante) et, encore plus, pendant les vingt premières années de la Ve République, marquées par un (très) fort désendettement (la dette passant d'environ 40 % du PIB en 1958 à moins de 15 % en 1978). Mais la réapparition à compter des années 1970 d'importants déficits, a entraîné un très vif accroissement de la dette de l'État* ». *Comp.* : F. BONNEVILLE, *Le système de la dette publique, pour une approche organique d'un phénomène social*, thèse sous la direction de M. BOUVIER, Paris I, 2017, p. 48 s., où l'auteur

improuve la pesée de l'obligation de remboursement de la dette d'État : « *La principale raison du succès des approches quantitatives est que le chiffre semble idéologiquement neutre, c'est-à-dire qu'il serait capable de présenter des données factuelles de manière objective, sans couleur ou influence. Une perspective générale et sur une longue période fait même aisément constater que l'approche quantitative est le langage commun des questions financières. Cette méthode amène à penser que les interrogations relatives à la dette publique auraient une réponse chiffrable. Pourtant, limiter l'étude de la dette publique à des chiffres pose de nombreux problèmes : celui du cadre idéologique qui les fonde ou bien encore celui que l'analyse par les quantités ne dit rien sur les qualités [...]. En effet, si la dette publique est ramenée à celle de son "poids", celui-ci polarise autour d'un indicateur statistique unique, agglomère des données extraordinairement diverses [...] et ramène l'histoire à une courbe statistique. Au contraire, il convient d'insister sur le fait que les mesures sont difficiles quand les fluides sont remplacés par des populations d'êtres humains, avec leur culture et leur imprédictibilité. Il ne s'agit pas de nier l'apport des comptes et des mesures, mais de souligner qu'ils ne sont qu'un outil approximatif (quand ils ne sont pas erronés – la nature politique des chiffres est comprise par les gouvernants depuis longtemps : sous l'Ancien Régime, comme sous les régimes qui lui ont succédé, les chiffres ont été manipulés) masquant plus qu'ils représentent la nature de leur objet. L'approche d'un sujet par les chiffres paraît, d'ailleurs, être critiquable pour un autre motif [...]. Cédric Vilani le résume lorsqu'il écrit que, contrairement à la microéconomie, "la macroéconomie est peut-être intrinsèquement inadaptée à la recherche de lois mathématiques". De plus, la critique peut être reportée sur l'utilisation même des statistiques. À côté de la méfiance qui touche l'utilisation des chiffres, la statistique en elle-même est-elle un outil pertinent ? Que signifie le ratio dette publique/PIB ? Le produit intérieur brut est l'indicateur le plus utilisé pour décrire la montée en puissance de la dette publique, il s'agit d'un thermomètre de la situation économique, de l'agrégat fondamental qui permet d'apprécier les résultats de l'activité économique nationale [...]. Mais, qu'il soit conventionnel n'empêche pas que sa détermination soit difficile. D'ailleurs, des recherches démontrent que des pays ayant un ratio dette publique/PIB faible peuvent rencontrer des difficultés (lors de la crise de 1982, le Mexique avait un ratio de dette sur PIB de 47 %, et lors de la crise de 2001, l'Argentine avait un ratio de dette sur PIB d'environ 50 %) alors que d'autres États ayant un ratio dette publique/PIB élevé peuvent le supporter (par exemple le Japon et son ratio de 248 %) [...]. À cela il faut ajouter le scepticisme de la science mathématique quant à l'utilisation des statistiques et au calcul de probabilité. Henri Poincaré affirme, à ce titre, que "le nom seul de calcul des probabilités est un paradoxe : la probabilité, opposée à la certitude, c'est ce qu'on ne sait pas, et comment peut-on calculer ce que l'on ne connaît pas ?" [...] En outre, la critique contre les approches quantitatives est qu'elles tendent à écarter des variables décisives et parmi elles la puissance du système fiscal, l'espérance de vie, la dynamique d'endettement ou encore le taux de chômage. Après une longue période pendant laquelle les approches quantitatives ont dominé sans partage, la question de savoir si le calcul de la dette publique "a du sens" est posée* ».

les besoins de cette étude, l'obligation peut opportunément être mesurée par la combinaison de deux dimensions : une durée, qui en est la longueur[681], et un poids, qui en est la grandeur.

La révélation de l'envergure de l'obligation de prêter – la découverte de ses dimensions – suppose, ce faisant, de déterminer « *aussi exactement que possible* »[682] sa longueur (Titre 1) ainsi que sa grandeur (Titre 2).

---

681 Sur l'opposition entre le « *temps-longueur* » et le « *temps-invention* », v. particulièrement H. BERGSON, *L'évolution créatrice. Édition critique dirigée par Frédéric Worms*, PUF, 2013, « *IV. Le mécanisme cinématographique de la pensée et l'illusion mécanistique* ».
682 *TLF*, v. *Mensuration*.

TITRE 1. LA DÉTERMINATION DE LA LONGUEUR DE L'OBLIGATION DE PRÊTER

76. Une obligation a pour longueur une durée plus ou moins longue, laquelle s'entend de « *l'intervalle* »[683] – le « *morceau* »[684], le « *segment* »[685], la « *quantité* »[686], la « *portion* »[687], la « *fraction* »[688], la « *parcelle* »[689], la « *période* »[690] ou « *l'espace* »[691] – de temps qu'elle couvre.

---

683 M. CRESP, *Le temps juridique en droit privé – Essai d'une théorie générale*, préf. J. HAUSER, PUAM, 2013, n° 44.

684 J.-M. MOUSSERON, *Technique contractuelle*, *op. cit.*, n° 454.

685 S. LEQUETTE, « La durée », *in Recueil de leçons de 24 heures : Agrégation de droit privé et de sciences criminelles 2015*, LGDJ, 2015, p. 227, spéc. p. 228.

686 M. CRESP, *Le temps juridique en droit privé – Essai d'une théorie générale*, *op. cit.*, n° 51.

687 C. CUBAYNES, *La durée des contrats administratifs*, thèse sous la direction de G. KALFLECHE, Toulouse, 2019, n° 348.

688 S. LEQUETTE, « La durée », *op. cit.*, p. 227, spéc. p. 228.

689 C. CUBAYNES, *La durée des contrats administratifs*, *op. cit.*, n° 5.

690 A. AYNÈS, « Les fonctions du temps », *in Le temps et le droit*, Dalloz, 2014, p. 77, spéc. n° 5.

691 *Ibid.*, p. 77, spéc. n° 5. *Comp.* H. KASSOUL, *L'après-contrat*, thèse sous la direction de Y. STRICKLER, Nice, 2017, note 117 (p. 16), où l'auteur souligne que « *l'idée de concevoir la durée en spatialisant le temps – i-e tel un espace de temps – est aussi métaphysique que juridique* » ; A. ETIENNEY-DE SAINTE MARIE, « Le temps et le contrat », *in Le temps et le droit*, Dalloz, 2014, p. 43, spéc. n° 3 s., où l'auteur souligne que, « *à la différence de l'espace, le temps est un cadre orienté par la succession du passé, du présent et du futur, et un cadre structuré par l'instant et la durée* ». *Adde* O. COSTA DE BEAUREGARD, *La notion de temps. Équivalence avec l'espace*, Hermann, 1963, p. 29 s. (« *Chapitre I. Le principe de relativité et la spatialisation du temps* ») : « *L'espace et le temps : en philosophie, depuis l'âge grec, il est traditionnel d'ouvrir toute cosmologie par une analyse de ces deux notions, tenues pour sœurs. La Physique, de son côté, n'a jamais cessé de considérer comme primordiaux les paramètres x, y, z d'une part, t de l'autre, à l'aide desquels elle repère les phénomènes dans l'espace et dans le temps, ni de rapporter à ces quatre paramètres toutes les grandeurs qu'elle étudie. Associées entre elles avec l'idée d'un contenu physique quelconque, les deux notions du temps et de l'espace engendrent celle du mouvement. C'est la science de la Cinématique qui surgit alors, et celle-ci (de fait et de droit) constitue le cadre de la Physique tout entière. Les développements récents de la Science ont fait apparaître, avec force et clarté, que ce serait grandement déformer la position des problèmes que de limiter la Cinématique à l'étude des mouvements de points matériels : la Cinématique des ondes n'a pas une importance moindre. Il faut donc renoncer à ce préjugé [...]. Le mouvement d'un point ou d'une onde forme entre l'espace et le temps comme*

La détermination de la longueur de l'obligation de prêter commande, de la sorte, de délimiter – « chronométrer » – la durée correspondante, par la localisation – « datation »[692] – des points – « dates »[693] – qui en marquent le commencement – « *l'extrémité initiale* »[694] – (Chapitre 1) et le dénouement – « *l'extrémité finale* »[695] – (Chapitre 2)[696].

---

un relais [...]. Il existe ainsi clairement, en science comme en philosophie, tout un courant de pensée dont la tendance (plus ou moins) explicite est de se représenter, le plus possible, le temps en termes d'espace ».

692 *Rappr.* S. DUMOND, *La date et le contrat*, thèse sous la direction de L. MAYAUX, Lyon 3, 2003, n° 18, où l'auteur affirme que « *la datation d'un évènement [...] consiste à lui attribuer un ordre de classement sur l'échelle du temps, à lui donner des coordonnées temporelles* ».

693 *Rappr.* B. SOUSI-ROUBI, « Variations sur la date », *RTD civ.*, 1991, p. 69, spéc. n° 5, où l'auteur relève qu'une « *date quelconque du calendrier exprimant le jour (par son quantième dans le mois), le mois (par son nom ou sa place dans l'année) et l'année (par son millésime), est comme une image fixe du temps... Chaque date est ainsi une image ; ces images que forment les dates, en se succédant constituent la durée* ».

694 M. CRESP, *Le temps juridique en droit privé – Essai d'une théorie générale*, *op. cit.*, n° 191.

695 *Ibid.*, n° 191.

696 *Comp.* spécialement : J. KLEIN, « Le rythme juridique du temps », *in Le temps et le droit*, Dalloz, 2014, p. 67, spéc. n° 10 : « *Le temps juridique se constitue ainsi autour du point de départ (dies a quo) et du point d'arrivée (dies ad quem) qui marquent le début et la fin de la durée juridique* » ; n° 11 : « *Le point de départ apparaît alors comme le repère qui marque le cours du temps [...]. Il cristallise l'instant où le droit saisit le temps. Le point de départ donne le tempo, que l'on envisage la date d'entrée en vigueur d'une loi ou le point de départ d'un délai pour agir* » ; n° 12 : « *Et de l'autre côté de la rive, c'est le point d'arrivée qui servira de repère. Ce point marque en principe la fin du temps juridique, son point final [...]. Ce terme peut être défini par référence au calendrier (le jour légal finit de s'écouler à minuit) ou à un évènement qui fera office de fait extincteur (la réalisation d'une condition ou l'achèvement d'une mission) [...]. Le temps qui précède ce point d'arrivée connaît souvent une intensité particulière, son rythme se fait plus soutenu : il est le temps des décisions, des choix, de l'action* ».

CHAPITRE 1. LA LOCALISATION D'UN POINT DE DÉPART (*DIES A QUO*)

77. « *Où est le début ?* »[697]. Comme toute obligation, l'obligation de prêter est assortie de multiples points de départ – le point de départ de son existence, le point de départ de son exigibilité, le point de départ de son effectivité, le point de départ de son exécution, etc. –, étant entendu qu'aucun d'eux ne semble plus légitime que l'autre. Conséquemment, un point de départ doit être arbitrairement retenu : il s'agit de la date à compter de laquelle l'obligation de prêter devient exigible – « *efficace* »[698], « *exécutoire* »[699], « *opératoire* »[700], préfèrent dire certains… –, c'est-à-dire du moment à partir duquel le créancier-emprunteur est investi du « *droit à l'exécution* »[701] de ladite obligation[702].

---

[697] L. DEHARME, *La Comtesse Soir*, Julliard, 1957, p. 109.

[698] M. WATERLOT, *L'effet réel du contrat*, thèse sous la direction de G. WICKER, Bordeaux, 2015, n° 91 ; I. PÉTEL, *Les durées d'efficacité du contrat*, thèse sous la direction de J.-M. MOUSSERON, Montpellier I, 1984, n° 7.

[699] T. REVET, « La prise d'effets du contrat », *RDC*, 2004, n° 1, p. 29 ; F. COHET, *Le contrat*, 2e éd., Presses universitaires de Grenoble, 2020, n° 22.

[700] N. THOMASSIN, « La date de naissance des créances contractuelles », *RTD com.*, 2007, p. 655, spéc. n° 9.

[701] A) A. ETIENNEY, *La durée de la prestation, essai sur le temps dans l'obligation*, préf. T. REVET, LGDJ, 2008, n° 286.
B) Certains auteurs notent, à juste titre, qu'il est utile et possible de « *distinguer* » ce droit à l'exécution (dont bénéficie le créancier) du « *droit d'exécuter* » (dont bénéficie le débiteur) : A. VON TUHR, *Partie générale du Code fédéral des obligations*, vol. II, Lausanne, 1931, §62. Et dans un même sens, v. : B. GRIMONPREZ, *De l'exigibilité en droit des contrats*, préf. C. OPHÈLE, Faculté de droit et des sciences sociales de Poitiers, 2006, n° 165 : « *Ce que n'est pas l'exigibilité : le droit de payer du débiteur […]. Ce n'est pas seulement un devoir pour le débiteur de payer ; c'est aussi un "droit". Le droit du créancier à l'exécution est face au droit du débiteur de se libérer. La question est alors de savoir si ce dernier a un quelconque lien avec l'exigibilité. Le créancier doit-il avoir droit au paiement pour que le débiteur ait le droit de payer ? Il s'agit de questions indépendantes : le droit du créancier à l'exécution ne détermine nullement la faculté du débiteur [de payer]. Certes, le pouvoir de réclamer la prestation peut coïncider avec celui de l'accomplir […], mais ce n'est pas toujours le cas* ». Aussi, et en dernier lieu : O. DESHAYES, « Le terme au bénéfice exclusif du créancier », *in Études en l'honneur du Professeur Jérôme Huet*, LGDJ, 2017, p. 139, spéc. p. 144.

[702] A) *Rappr.* : E. GAUDEMET, *Théorie générale des obligations*, Librairie du Recueil Sirey, 1937, p. 346, où l'auteur relève que « *l'effet essentiel de l'obligation est d'engendrer un droit à l'exécution* ».

À première vue, et à défaut de texte spécifique, la localisation de ce point de départ obéit à la règle de droit commun mentionnée à l'article 1305 du Code civil : « *L'obligation est à terme lorsque son exigibilité est différée jusqu'à la survenance d'un évènement futur et certain, encore que la date en soit incertaine* ». Il s'ensuit qu'en principe, l'obligation de prêter est sans terme – elle est « *pure et simple* »[703] – : son exigibilité débute « *de suite* »[704] – « *sur-*

B) Un auteur soutient, avec vigueur, que ce droit à l'exécution « *n'est rien d'autre [...] que le droit subjectif de créance lui-même* » (C. GARREAU, « La saisie-attribution, la procédure collective et la date de naissance des créances contractuelles », *RTD com.*, 2004, p. 413, spéc. n° 11), c'est-à-dire l'obligation elle-même envisagée du côté du créancier. Selon nous, cette assimilation du droit à l'exécution au droit de créance, présente malheureusement l'inconvénient de faire fi du « *droit de recevoir le paiement* », qui est « *le centre de gravité véritable du droit de créance* » (G. FOREST, *Essai sur la notion d'obligation en droit privé*, *op. cit.*, n° 287). En effet, « *le droit de recevoir est [...] le droit le plus important du créancier [...]. Le droit de recevoir est le préalable indispensable à l'existence du droit [... à l'exécution]. Mais la proposition inverse n'est pas vraie : on peut tout à fait concevoir un droit de recevoir sans droit [... à l'exécution]. L'obligation de payer la prime dans le contrat d'assurance sur la vie en fournit un exemple* » (*Ibid.*, n° 287). Subséquemment, nous sommes d'avis qu'il ne faut pas amalgamer le droit à l'exécution et le droit de créance (la face active de l'obligation).

703 Ch. BEUDANT, *Cours de droit civil français. Les contrats et les obligations*, *op. cit.*, n° 730 ; E. CADET, *Dictionnaire usuel de législation*, 8e éd., Paris, 1895, v. « *Obligations* » ; G. MAY, *Éléments de droit romain*, 7e éd., Larose, 1901, n° 209 ; G. BAUDRY-LACANTINERIE et L. BARDE, *Traité théorique et pratique de droit civil – Des obligations*, t. II, Paris, 1902, n° 1000 ; A. ETIENNEY, *La durée de la prestation, essai sur le temps dans l'obligation*, *op. cit.*, n° 253 ; J. CARBONNIER, *Droit civil. Les biens. Les obligations*, *op. cit.*, n° 132 ; M. MIGNOT, « Commentaire article par article de l'ordonnance du 10 février 2016 portant réforme du droit des contrats, du régime général et de la preuve des obligations (VIII) », *Petites affiches*, 2016, n° 80, p. 4.

704 C.-B.-M. TOULLIER, *Le droit civil français*, t. VI, Rennes, 1814, n° 806 ; J. BOUSQUET, *Dictionnaire des contrats et obligations en matière civile et commerciale*, t. II, Paris, 1840, v. *Terme* (p. 763).

le-champ »[705], « *sans délai* »[706], « *immédiatement* »[707] –, au jour de la formation du contrat de prêt qui lui a donné naissance[708].

En dépit de sa limpidité, cette règle est controversée en doctrine ; plus précisément, elle serait illusoire à deux égards.

---

705 J. A. COMMAILLE, *Nouveau traité des obligations*, Paris, 1805, n° 61 ; Ph. MALINVAUD, M. MEKKI et J.-B. SEUBE, *Droit des obligations*, *op. cit.*, n° 906.

706 G. MARTY et P. RAYNAUD, *Droit civil. Tome II. Volume premier. Les obligations*, 1re éd., Sirey, 1962, n° 724 ; M. JULIENNE, *Régime général des obligations*, 3e éd., LGDJ, 2020, n° 537.

707 C. AUBRY et C. RAU, *Cours de droit civil français d'après la méthode de Zachariae*, t. IV, 4e éd., Paris, 1871, §319 ; G. CHANTEPIE et M. LATINA, *Le nouveau droit des obligations : Commentaire théorique et pratique dans l'ordre du Code civil*, 2e éd., Dalloz, 2018, n° 933. *Adde* : B. GRIMONPREZ, *De l'exigibilité en droit des contrats*, *op. cit.*, n° 11, où l'auteur relève que « *l'immédiateté supposée de l'exigibilité remonte à l'époque de l'Ancien droit romain : "Quotiens autem in obligatione dies non ponitur, praesenti die pecunia debetur" (quand un jour n'a pas été stipulé dans l'obligation, l'argent est dû le jour même)* ».

708 En ce sens, v. M. MIGNOT, « Modalités de l'obligation. Obligations à terme », *JurisClasseur Code civil*, 11 mai 2017, n° 2 s. : « *En principe, une obligation est immédiatement exigible dès sa naissance. La solution tient à l'absence de modalité, et précisément de terme suspensif affectant l'obligation. Une modalité est une variante qui affecte une obligation dans l'un de ses éléments constitutifs et qui en modifie les effets normaux. En principe, une obligation est pure et simple : elle n'est pas affectée par une modalité. L'obligation pure et simple constitue le droit commun, l'absence de modalité est la situation normale. Dans le silence des parties, celles-ci sont censées s'en remettre au droit commun et faire produire à leur acte juridique les conséquences les plus ordinaires. Il faut donc considérer qu'en l'absence de stipulation d'un terme [conventionnel], et en l'absence de terme légal ou judiciaire, l'obligation est pure et simple et immédiatement exigible. Il en résulte que le créancier a immédiatement droit au paiement* » ; n° 18 : « *La règle supplétive est [...] que l'obligation est immédiatement exigible* » ; S. PIMONT, « À propos du moment de la délivrance », note sous Cass. com., 12 novembre 2008, n° 07-19.676, Bull. civ. IV, n° 192, *RDC*, 2009, n° 2, p. 599, spéc. n° 4 : « *Une question se pose : doit-on admettre que dès lors qu'une convention est muette sur le moment de la délivrance, un délai raisonnable s'applique ? Une telle analyse n'est pas satisfaisante. Le silence ne rend pas forcément une convention incomplète. Par principe, en présence d'une modalité, il a un autre sens : l'obligation stipulée purement et simplement [...] est exigible immédiatement [...]. Pour cette raison, une doctrine ancienne enseigne que si [le contrat] est muet sur le moment de la délivrance, le [créancier...] peut exiger que la chose lui soit délivrée sans délai* » ; Y. BUFFELAN-LANORE et J.-D. PELLIER, « Condition », *Répertoire de droit civil*, juillet 2020, n° 1 : « *Les obligations sont normalement pures et simples ; elles se forment immédiatement lors de la conclusion du contrat, dès l'échange des consentements* ».

Section 1. Première utopie

78. À un premier égard, la règle de l'article 1305 du Code civil laisserait trompeusement croire que le créancier peut entreprendre des poursuites dès la formation du contrat. Ce grief mérite qu'on s'y attarde pour mieux le rejeter.

§1. Exposé

79. Constatation. Depuis l'Antiquité[709], il est « *d'une évidence incontestable* »[710] que l'appel à la force – « *l'exécution par la force [...], l'emploi de la force* »[711] – est « *contredit par des mouvements de sens opposé : la répugnance à la violence, l'amour du repos, la pitié pour l'autre ou la réflexion sur soi-même* »[712]. C'est dire qu'il « *compose [...] avec une contre-force [...] faite de patience, d'indulgence* »[713]. À ces mouvements de sens opposé, il est d'ailleurs tentant de rajouter « *la faveur que la démocratie n'a jamais cessé de témoigner aux faibles* »[714], et « *l'évolution actuelle du droit du crédit,*

---

[709] À cet égard, v. C. GAU-CABÉE, « Quand le droit de la crise affranchit le faible : contribution à l'histoire de l'endettement des particuliers », *in* J. LARRIEU (dir.), *Crise(s) et droit*, Presses de l'Université Toulouse 1 Capitole, 2012, p. 207.

[710] M.-A. RAKOTOVAHINY, « Regards critiques sur l'institutionnalisation du "droit de ne pas payer ses det-tes" ou la consécration du non-paiement », *in* M. HECQUARD-THÉRON et J. KRYNEN (dir.), *Regards critiques sur quelques (r)évolutions récentes du droit. Tome II – Réformes-Révolutions*, Presses de l'Université des sciences sociales de Toulouse, 2005, p. 491, spéc. p. 491.

[711] J. CARBONNIER, *Flexible droit. Pour une sociologie du droit sans rigueur*, *op. cit.*, p. 325.

[712] *Ibid.*, p. 332.

[713] *Ibid.*, p. 327.

[714] G. RIPERT, « Chronique : Le droit de ne pas payer ses dettes », *Dalloz. Recueil Hebdomadaire*, 1936, n° 28, p. 57, spéc. p. 60. L'auteur ajoute (p. 60) : « *Il est si simple de faire taire les plaintes des malheureux en les dispensant de payer* ». Également, et du même auteur : *Le régime démocratique et le droit civil moderne*, LGDJ, 1936, et notamment : n° 68 : « *La démocratie moderne assure la protection des faibles avec d'autant plus de complaisance que les faibles sont les plus nombreux...* » ; n° 81 : « *Les petits sont plus nombreux que les gros. Les satisfaire, c'est s'assurer l'appui d'une majorité. Le législateur est, par suite, toujours favorable aux petits ; et il le serait bien plus encore si les gros ne possédaient des moyens d'influence pour compenser les bulletins de vote... !* » ; n° 91 : « *Si la faveur de la démocratie se porte toujours du côté des plus faibles, parce qu'ils représentent la force politique, on arrive à ce résultat paradoxal que les plus dignes des faveurs légales sont justement ceux qui ont le moins d'intérêt à défendre*

où l'endettement apparaît comme un engagement sans obligation, ni sanction »[715]. En ce qui concerne l'obligation de prêter, cela se traduit (très) concrètement par la multiplicité des hypothèses dans lesquelles ladite obligation devient exigible, lors même que le créancier-emprunteur « *ne peut user de toutes voies de droit pour en obtenir l'exécution* »[716] parce que le débiteur-prêteur a – pour ne citer que les exemples qui viennent le plus spontanément à l'esprit – été placé

---

l'ordre social [...]. La plupart des citoyens [...] ne paient pas d'impôts directs, jouissent d'un salaire insaisissable, sont assurés contre tous les risques de la vie et attendent de l'État une protection contre tous les malheurs qui peuvent les atteindre. Les sujets de l'État sont des êtres qui sont à la fois irresponsables et garantis contre tous les risques. Cette excessive protection ne finira-t-elle pas par tuer l'esprit d'initiative et par décourager l'esprit de prévoyance ? ». *Rappr.* : L. JOSSERAND, *Évolutions et Actualités : conférences de droit civil*, Librairie du Recueil Sirey, 1936, et en particulier : « *La protection des faibles par le droit* » (p. 159 s.), où l'auteur souligne que « *la protection des faibles est assurément une des préoccupations les plus constantes du législateur contemporain* » (p. 159), et ajoute « *qu'il est de nouveaux faibles qui sont sortis récemment de la normale, au point d'appeler sur eux la protection du droit [...]. Ces faibles d'un nouveau genre, ces faibles "up to date", présentent une caractéristique qui leur est commune : leur faiblesse n'est point inhérente à leur être même [...] ; point permanente et continue ; elle se présente comme intermittente et discontinue ; elle est fonction d'une situation déterminée ; elle ne se manifeste que dans les moments où le patient se trouve pris dans l'engrenage d'un ordre social ou économique déterminé, et pour lui oppressif ; il l'éprouve et il la subit ès qualités en tant que travailleur, ou en tant qu'industriel ou commerçant, ou en qualité de client d'une grande compagnie, ou encore en tant que piéton et dans ses rapports avec les autres usagers de la voie publique* » (p. 167-168).

[715] N. PICOD, *La remise de dette en droit privé*, préf. C. SAINT-ALARY-HOUIN, Dalloz, 2013, n° 23 ; qui plus est, l'auteur ajoute : « *On assiste [...] à une inversion du sens de la dette. Celle-ci [...] n'est plus pensée comme générant des devoirs chez l'individu. C'est au contraire aujourd'hui de plus en plus la société qui est perçue comme "endettée" à l'égard de l'individu [...]. La dette permet ainsi de découvrir une nouvelle forme de solidarité constitutive d'un contrat social au sein duquel les garanties collectives prennent le pas sur toute autre considération* » (n° 23). *Comp.* B. OPPETIT, « L'endettement et le droit », *in Mélanges en hommage à André Breton et Fernand Derrida*, Dalloz, 1991, p. 295, spéc. p. 309 s., où l'auteur dresse le constat suivant : « *une économie d'endettement provoque inéluctablement un affaiblissement des notions de force obligatoire, de terme, d'exigibilité et d'exécution des engagements* ».

[716] J.-C. BOULAY, « Réflexion sur la notion d'exigibilité de la créance », *op. cit.*, p. 339, spéc. n° 42.

en redressement judiciaire[717] ou a bénéficié d'un délai de grâce en application de l'article 1343-5 du Code civil[718]. Autrement dit, et dans de nombreux cas, il s'avère qu'un délai plus ou moins long sépare le moment où le contrat de prêt se forme de celui où l'obligation de prêter peut « *faire l'objet d'une exécution forcée* »[719].

80. Répercussion. Fort de ce constat, certains auteurs soutiennent que la localisation du point de départ de l'exigibilité au jour de la formation du contrat, est pour le moins illusoire dans les hypothèses susvisées[720]. Dès lors, et d'après eux, une relocalisation de ce point de départ au jour où l'obligation est susceptible d'exécution forcée, serait souhaitable – « *le vocable d'exigibilité doit être réservé pour exprimer l'état de l'obligation qui permet au créancier, de manière discrétionnaire, de forcer le débiteur au paiement ; pouvoir contraindre le débiteur à l'exécution, voilà le critère de l'exigibilité vraie* »[721].

---

[717] À cet égard, v. spécialement : K. LAFAURIE, *La force obligatoire du contrat à l'épreuve des procédures d'insolvabilité*, préf. G. WICKER, LGDJ, 2020 ; M. BEHAR-TOUCHAIS, « Le banquier et la caution face à la défaillance du débiteur », *RTD civ.*, 1993, p. 737, spéc. n° 6.

[718] À cet égard, v. notamment : A. SÉRIAUX, « Réflexions sur les délais de grâce », *RTD civ.*, 1993, p. 789.

[719] J.-C. BOULAY, « Réflexion sur la notion d'exigibilité de la créance », *op. cit.*, p. 339, spéc. n° 52. *Comp.* la conclusion faite par : G. CHABOT, « Mise en demeure », *Répertoire de procédure civile*, décembre 2019, n° 2 : « *C'est dire que l'exigibilité d'une [obligation] ne suffit pas à autoriser le paiement par les procédures civiles d'exécution* ».

[720] V. ainsi : B. GRIMONPREZ, *De l'exigibilité en droit des contrats*, *op. cit.*, n° 136, où l'auteur relève que la formation du contrat « *ne permet au créancier ni de revendiquer des dommages et intérêts, ni de demander l'exécution forcée, ni de prétendre à la résolution* ».

[721] J.-C. BOULAY, « Réflexion sur la notion d'exigibilité de la créance », *op. cit.*, p. 339, spéc. n° 72 s. ; et, dans le même sens, v. : n° 72 : « *L'exigibilité doit être conçue comme la qualité d'une créance qui permet un passage imminent à la contrainte* » ; n° 95 : « *Il importe de reporter l'exigibilité de la créance contractuelle [...] au moment où le pouvoir de contraindre le débiteur sera assuré* » ; n° 71 : « *On ne peut que souscrire à l'affirmation selon laquelle la créance exigible est celle qui est susceptible d'exécution forcée [...]. La notion d'exigibilité porte en elle l'idée d'une menace immédiate sur les biens du débiteur, à défaut de coercition sur sa personne. Elle évoque l'imminence d'un passage à la contrainte, et implique que la créance revête toutes les qualités requises pour ce faire [...]. L'exigibilité recèle un aspect comminatoire* » ; n° 74 : « *L'exigibilité implique que les obstacles permettant d'user des formes diverses de la contrainte [aient] été levés* » ; n° 96 :

§2. Critique

81. Réfutation. La localisation suggérée du point de départ de l'exigibilité au jour où l'obligation peut faire l'objet d'une exécution forcée, est, nous semble-t-il, la résultante d'une assimilation erronée de l'exigibilité au droit de contraindre à l'exécution – « *droit de passer à l'offensive* »[722]. L'article 1341 du Code civil issu de l'Ordonnance de 2016[723] portant réforme du droit des contrats, du régime général et de la preuve des obligations, opère, en effet, une distinction entre le droit à l'exécution et le droit à l'exécution forcée, en énonçant ce qui suit : « *le créancier a droit à l'exécution ; il peut y contraindre le débiteur dans les conditions prévues par la loi* ». Le droit à l'exécution doit donc être fatalement dissocié du pouvoir de contraindre à l'exécution[724], si bien qu'il ne paraît (absolument) pas illusoire de fixer

---

« *L'obligation exigible est celle qui réunit les qualités propres à mettre en œuvre les voies d'exécution... La créance [exigible] est parée des attributs juridiquement nécessaires pour être mise à exécution* » ; n° 104 s. : « *La notion d'exigibilité [marque] la qualité de la créance qui permet au créancier d'exercer immédiatement un pouvoir de contrainte* » ; n° 110 : « *L'imminence d'un passage à l'exécution forcée, toutes voies dilatoires épuisées, signale l'existence d'une créance exigible* ». Aussi, et dans un même sens, v. : C. DEMOLOMBE, *Traité des contrats ou des obligations conventionnelles en général*, t. V, Paris, 1875, n° 536 : « *Le mot "exigible" [...] exprime [...] le droit [que le créancier a actuellement] de contraindre son débiteur au payement, sans qu'aucun obstacle temporaire ou perpétuel l'en empêche* » ; S. DUMOND, *La date et le contrat*, *op. cit.*, n° 58 : « *Le créancier dispose de moyens légaux pour contraindre le débiteur à s'exécuter, mais ces moyens supposent que l'obligation soit devenue exigible* » ; B. GRIMONPREZ, *De l'exigibilité en droit des contrats*, *op. cit.*, n° 7 (« *L'exigibilité véhicule l'idée de contrainte [...]. Le droit d'exiger se traduit par la possibilité de faire condamner à l'exécution le débiteur récalcitrant* »), n° 136 (« *L'exigibilité [est] une [...] qualité qui suppose un aspect coercitif* »), n° 164 (« *Ce qu'est "l'exigibilité" : Le droit à l'exécution forcée du créancier. L'exigibilité de l'obligation implique un pouvoir de contrainte. La créance exigible s'entend uniquement de celle susceptible d'exécution forcée* »), n° 182 (« *L'exigibilité est [...] le fait de poursuivre le débiteur devant le juge afin d'obtenir [...] les moyens de le contraindre à l'exécution* ») et n° 183 (« *Par droit à l'exécution, il faut donc comprendre droit à l'exécution forcée* »).

[722] M. WATERLOT, *L'effet réel du contrat*, *op. cit.*, n° 92 (« *L'exigibilité renvoie au pouvoir de contrainte reconnu au créancier à l'encontre du débiteur [...]. L'exigibilité [confère...] au créancier le droit de passer à l'offensive* »).

[723] Ordonnance n° 2016-131 du 10 février 2016.

[724] Sur l'opposition entre le « pouvoir » et le « droit », on consultera utilement B. BALIVET, *Les techniques de gestion des biens d'autrui*, thèse sous la direction de B. MALLET-BRICOUT, Lyon, 2004, n° 44 s. En outre, et pour « *une esquisse de*

le point de départ de l'exigibilité – le jour à compter duquel le créancier est investi du droit à l'exécution – à un moment – le jour de la formation du contrat – auquel l'obligation n'est peut-être pas encore susceptible d'exécution forcée[725].

82. Observation. Au reste, la dissociation ainsi opérée entre le droit à l'exécution et le droit à l'exécution forcée[726], invite à mettre en relief leurs différences. (i) La première tient aux règles auxquelles chacun d'eux est soumis : alors que le droit à l'exécution relève du droit des obligations inscrit dans le Code Napoléon, le droit à l'exécution forcée relève, quant à lui[727], du droit de l'exécution forcée nouvellement inscrit dans un corpus dédié – le « *Code des procédures civiles d'exécution* »[728] – dont l'article L. 111-1, ci-après reproduit, est « *la clef de voûte* »[729] – « *la disposition maîtresse* »[730] – : « tout créancier peut, dans les conditions prévues par la loi, contraindre son débiteur *défaillant* à exécuter *ses obligations à son égard* » (nous soulignons). (ii) La seconde tient aux sujets envers lesquels chacun de ces deux droits est mis en œuvre. Le droit à l'exécution est, à proprement parler, le droit de demander l'exécution (volontaire) de l'obligation au débiteur ; c'est pourquoi son exercice impose au créancier de s'adresser

la notion de pouvoir », on consultera : M. CASSIÈDE, *Les pouvoirs contractuels – Étude de droit privé*, thèse sous la direction de L. SAUTONIE-LAGUIONIE, Bordeaux, 2018, n° 249.

[725] En ce sens, v. : E. PUTMAN, *La formation des créances*, thèse sous la direction de J. MESTRE, Aix-en-Provence, 1987, n° 496 s., où l'auteur considère que « *l'exigibilité* » – « *le droit de réclamer le paiement* » – s'oppose au « *droit d'obtenir le paiement par la contrainte* ».

[726] « *Certes, les textes ne font pas référence expressément au "droit" à l'exécution forcée ; mais le "pouvoir" de contraindre* peut être pris dans le sens de l'exercice libre d'un droit… » (nous soulignons) (N. FRICERO, « Droit à l'exécution en Europe », *JurisClasseur Voies d'exécution*, 10 février 2017, n° 5).

[727] *Comp.* : J. CARBONNIER, *Flexible droit. Pour une sociologie du droit sans rigueur*, *op. cit.*, p. 326, qui note que « le droit de l'exécution forcée n'a jamais été intégré au droit de l'obligation » (nous soulignons).

[728] Ordonnance n° 2011-1895 du 19 décembre 2011, sur laquelle v. : A. LEBORGNE, *Droit de l'exécution : Voies d'exécution et procédures de distribution*, 3e éd., Dalloz, 2019, n° 36 s.

[729] *Code des procédures civiles d'exécution annoté et commenté*, 8e éd., Dalloz, 2020, p. 10.

[730] C. BRENNER, *Procédures civiles d'exécution*, 10e éd., Dalloz, 2019, n° 29.

au débiteur pour le mettre en demeure – « *le prier…* »[731] – de payer[732]. Quant au droit à l'exécution forcée, il est le pouvoir de demander l'exécution (forcée) de l'obligation au détenteur du « *monopole de*

[731] A. DOUARCHE, *Les tribunaux civils de Paris pendant la Révolution (1791-1800). T. II. Première partie*, Paris, 1907, p. 46 s. : « *Audience du 3 brumaire an III – 24 octobre 1794 – Tribunal du 1er arrondissement – Demande en paiement des appointements d'un aide de camp. Le citoyen Belmont, lieutenant général, n'ayant plus besoin des services de Picart, l'a renvoyé sans le payer […].* Il a adressé, le 1er février 1792, un billet au citoyen Narbonne, ministre de la guerre, pour le prier de payer. *Narbonne a éconduit Picart sur le fondement que Belmont avait jugé à propos d'augmenter, sans autorisation, le nombre de ses aides de camp… Belmont étant décédé, Picart a assigné sa veuve et ses héritiers […]. Le Tribunal, condamne les défaillants à payer la somme demandée par Picart* » (nous soulignons).

[732] V. particulièrement : M. MIGNOT, « Modalités de l'obligation. Obligations à terme », *op. cit.*, n° 115 s. : « *Distinction entre droit au paiement et exercice de ce droit. En principe, le créancier doit mettre en demeure son débiteur de s'exécuter […]. Cette exigence d'une mise en demeure a des incidences sur la manière dont il faut concevoir la relation du créancier avec son débiteur. Du côté du créancier [(actif)], il faut distinguer le droit au paiement qui naît avec l'exigibilité (C. civ., art. 1341), de l'exercice par lui de ce droit qui résulte de la mise en demeure. Autrement dit, il faut distinguer l'exigibilité du paiement de son exigence effective… Le paiement peut être exigé […dès la formation du contrat] mais il ne l'est pas nécessairement. Il le sera en principe par la mise en demeure du débiteur […]. Par exemple, la garantie à première demande est exigible en principe dès sa constitution par les parties ; elle est, alors, exigée par une demande de paiement émanant du créancier bénéficiaire. Du côté du débiteur [(passif)], il faut considérer que lorsque le droit du créancier au paiement prend naissance, le débiteur n'est pas […] tenu de s'exécuter. L'obligation de s'exécuter mise à la charge du débiteur est activée par sa mise en demeure par le créancier […]. La loi ne définit pas la mise en demeure […]. Elle est l'acte unilatéral de volonté du créancier adressé au débiteur par lequel le premier manifeste sa volonté d'obtenir l'exécution de la dette du second. Elle constitue l'exercice par le créancier de son droit à l'exécution (C. civ., art. 1341)* ». *Rappr.* B. GRIMONPREZ, « Mise en demeure », *Répertoire de droit civil*, mai 2018, n° 2 : « *La mise en demeure […] est une déclaration formelle manifestant la volonté du créancier d'être payé* ».

la contrainte physique légitime »[733] qu'est l'État[734] ; ce pour quoi son exercice impose au créancier de s'adresser à la puissance publique[735] pour l'inviter à « forcer » – « contraindre » – le débiteur récalcitrant à payer[736].

---

[733] Ou « *monopole de la violence physique légitime* » : M. WEBER, *Économie et société. I. Les catégories de la sociologie*, Pocket, 1995, p. 97 ; *Le savant et le politique*, Union Générale d'Éditions, 1963, p. 29. *Rappr.* : G. FOREST, *Essai sur la notion d'obligation en droit privé*, *op. cit.*, n° 291 : « *Le monopole de l'État sur la contrainte se décompose en deux volets : un monopole de juridiction et un monopole d'exécution. Le premier interdit au créancier de décider seul de l'application de la contrainte ([étant précisé que] les actes notariés ayant force exécutoire ne constituent pas une exception à ce précepte, le notaire [étant...] un officier public). Le second lui refuse le droit de l'exercer lui-même. Aussi le monopole de l'État sur la contrainte place-t-il le créancier en position de simple sollicitant. En cas d'inexécution de l'obligation, il va demander l'application d'une coercition envers le débiteur, sans maîtriser l'octroi de cette coercition, ni a fortiori pouvoir l'exercer lui-même. Il est inconcevable, par exemple, qu'un simple particulier se délivre un titre exécutoire et se charge lui-même de la saisie des biens de son débiteur. Plusieurs agents publics interfèrent nécessairement dans ce processus (juge, notaire, huissier, etc.). Il faut, cependant, remarquer que le créancier conserve une part de maîtrise sur cette contrainte en ce que son initiative lui appartient en principe. La contrainte ne peut [donc] s'abattre sur le débiteur sans que le créancier ne l'ait demandé. [Si bien que...] le pouvoir du créancier sur la contrainte n'est qu'un pouvoir d'initiative* » ; L. THIBIERGE, « Les effets du contrat », *AJ contrat*, 2018, p. 266 : « *Force doit rester à l'autorité, en quelque sorte* ». *Adde* : A. HARLÉ, *Le coût et le goût du pouvoir*, préf. V. DE GAULEJAC, Dalloz, 2010, p. 169 s. (« *Des hommes exaltés : l'ivresse du pouvoir* »).

[734] V. ainsi : G. FOREST, *Essai sur la notion d'obligation en droit privé*, *op. cit.*, n° 286 : « *Face au refus du débiteur, c'est vers l'État que le créancier [doit] se [tourner] pour obtenir le résultat attendu* ». Qui plus est, v. : B. BARRAUD, *L'État – Entre fait et droit*, L'Harmattan, 2015, où l'auteur se livre à une « *identification factuelle de l'État* » (p. 53 s.) et à une « *définition juridique de l'État* » (p. 189 s.).

[735] Sur laquelle, v. P. ANCEL, « L'exécution par la puissance publique », *RTD civ.*, 1993, p. 135, spéc. n° 1 : « *Pour le professeur de droit privé que je suis, la "puissance publique" a (toujours) été une expression assez mystérieuse, derrière laquelle se dissimulent des territoires mal connus, nébuleux, aux chemins sinueux... et que je m'imagine mal tracés tout simplement parce que je n'ai jamais eu l'idée de m'y promener* ».

[736] *Rappr.* : A. BÉNABENT, *Droit des obligations*, *op. cit.*, n° 799, à propos « *du droit pour le créancier de faire appel à la puissance publique pour obtenir satisfaction* » : « *Cette faculté de faire appel à la puissance publique est la contrepartie de la règle fondamentale de toute société civilisée, selon laquelle nul ne peut se faire justice à soi-même. Ainsi l'état de droit d'une société (par opposition à un état de fait*

83. Conclusion de section. Dans de nombreux cas, le créancier ne peut demander l'exécution forcée de l'obligation dès la formation du contrat, ce qui revient à affirmer que le point de départ de l'exigibilité ne coïncide pas systématiquement avec la date à compter de laquelle l'obligation peut faire l'objet d'une exécution forcée. Subséquemment, une partie de la doctrine propose de fixer ce point de départ au moment où l'obligation est susceptible d'exécution forcée.

Cette proposition doit néanmoins être écartée en ce qu'elle repose sur une assimilation du droit à l'exécution au droit à l'exécution forcée. Or, le nouvel article 1341 du Code civil dissocie clairement le droit à l'exécution du pouvoir de contraindre à l'exécution, tant et si bien que le fait que le créancier puisse – ou ne puisse pas – requérir l'exécution forcée de l'obligation, est sans incidence sur la localisation du point de départ de l'exigibilité.

Section 2. Seconde utopie

84. À un second égard, la règle de droit commun portée par l'article 1305 du Code civil laisserait trompeusement croire que le débiteur peut procéder à l'exécution dès la formation du contrat. Une fois encore, ce grief mérite qu'on s'y attarde pour mieux le rejeter.

§1. Exposé

85. Constatation. Souvent, la volonté d'exécuter est contrariée par « *la force* »[737] – « *la nature* »[738], « *la nécessité même...* »[739] – des choses. En ce qui concerne l'obligation de prêter, cela se manifeste concrètement par la multiplicité des hypothèses dans lesquelles ladite

---

où chacun défendrait ses propres intérêts – au besoin par la force) est-il caractérisé par cet équilibre : si nul ne peut se faire justice à lui-même, c'est parce qu'il peut demander que justice lui soit rendue ».

[737] L. LAROMBIÈRE, *Théorie et pratique des obligations*, t. III, Paris, 1885, p. 239 (n° 1) ; A. ETIENNEY, *La durée de la prestation, essai sur le temps dans l'obligation*, *op. cit.*, n° 258 ; M. MIGNOT, « Commentaire article par article de l'ordonnance du 10 février 2016 portant réforme du droit des contrats, du régime général et de la preuve des obligations (VIII) », *op. cit.*, p. 4.

[738] F. LAURENT, *Principes de droit civil français*, t. XVII, Paris, 1875, n° 178 ; S. PIMONT, « À propos du moment de la délivrance », *op. cit.*, p. 599, spéc. n° 4 s. ; T. REVET, « La prise d'effets du contrat », *op. cit.*, p. 29 ; A. ETIENNEY, *La durée de la prestation, essai sur le temps dans l'obligation*, *op. cit.*, n° 265.

[739] C. DEMOLOMBE, *Traité des contrats ou des obligations conventionnelles en général*, t. II, Paris, 1869, n° 570.

obligation devient exigible, lors même que le débiteur-prêteur ne peut l'exécuter car la chose due est – en guise d'exemple – actuellement entreposée dans un coffre ou détenue par un tiers. Autrement dit, et dans de nombreux cas, il s'avère qu'un délai « *plus ou moins bref* »[740], « *important* »[741] – ...aussi « *dérisoire* »[742], « *restreint* »[743], « *minime* »[744] ou « *infime* »[745] soit-il (« *quelques secondes* »[746] seulement parfois !) –, disjoint le moment où le contrat de prêt se forme de celui où l'obligation de prêter peut faire l'objet d'une exécution volontaire[747].

86. Répercussion. Fort de ce constat, certains auteurs considèrent que la localisation du point de départ de l'exigibilité au jour de la formation du contrat, est pour le moins illusoire dans les hypothèses susvisées[748]. Dès lors, et d'après eux, une relocalisation de ce point de départ au jour où l'obligation est susceptible d'exécution volontaire, serait souhaitable, et ce en s'appuyant sur « *un principe législatif et un principe général de notre Droit, celui de la "bonne foi"* »[749], ou sur

---

[740] B. GRIMONPREZ, *De l'exigibilité en droit des contrats*, *op. cit.*, n° 29.
[741] J. ROCHFELD, « Les modes temporels d'exécution du contrat », *RDC*, 2004, n° 1, p. 47, spéc. n° 10.
[742] A. ETIENNEY, *La durée de la prestation, essai sur le temps dans l'obligation*, *op. cit.*, n° 269.
[743] F. C. VON SAVIGNY, *Le droit des obligations. Traduit de l'allemand par C. GÉRARDIN et P. JOZON*, t. I, Paris, 1863, p. 331.
[744] F. GRABIAS, *La tolérance administrative*, préf. B. PLESSIX, Dalloz, 2018, n° 388.
[745] A. ETIENNEY-DE SAINTE MARIE, « Le temps et le contrat », *op. cit.*, p. 43, spéc. n° 12.
[746] J.-M. MOUSSERON, *Technique contractuelle*, *op. cit.*, n° 454.
[747] V. ainsi : B. GRIMONPREZ, *De l'exigibilité en droit des contrats*, *op. cit.*, n° 12 : « *L'obligation ne peut généralement pas se réaliser sur-le-champ, elle implique de laisser un délai au débiteur pour qu'il remplisse son engagement* » ; n° 29 : « *Généralement, l'obligation n'est pas dès sa création susceptible d'exécution* » ; n° 118 : « *L'obligation contractuelle a besoin d'un délai pour l'exécution* ».
[748] V. ainsi : *Ibid.*, n° 29 : « *Le principe de l'exigibilité immédiate n'est pratiquement jamais appliqué, quand bien même [le contrat] a été conclu sans terme. Effectivement, le temps indispensable à l'exécution peut être dicté par l'objet de l'obligation. On oublie que les volontés concordantes trouvent leur limite dans la nature des choses [...]. De fait, l'immense majorité des échanges économiques ne connaissent pas d'obligation exigible instantanément* ». *Adde* A. ETIENNEY, *La durée de la prestation, essai sur le temps dans l'obligation*, *op. cit.*, n° 268 : « *L'abstraction autorise seule l'instantanéité* ».
[749] E. PUTMAN, *La formation des créances*, *op. cit.*, n° 570.

la reconnaissance du terme dicté par la force des choses – terme dit « *nécessaire* »[750] ou « *essentiel* »[751] – aux côtés du terme formellement exprimé et du terme sous-entendu[752].

§2. Critique

87. Réfutation. La localisation proposée du point de départ de l'exigibilité au jour où l'obligation peut faire l'objet d'une exécution volontaire, est, pour notre part, le résultat d'une assimilation erronée de l'exigibilité au droit d'obtenir l'exécution. En effet, le droit à l'exécution se cantonne, comme nous l'avons vu précédemment[753], au droit de réclamer au débiteur l'exécution – volontaire le cas échéant – de l'obligation, « *ce qui ne présage ni de [l'issue], ni des conséquences de cette réclamation* »[754] ; en bref, il se peut que le créancier qui demande le paiement ne reçoive pas satisfaction… Le droit à l'exécution doit donc être inévitablement dissocié du droit d'obtenir l'exécution, si bien qu'il ne paraît guère illusoire de fixer le point de départ de l'exigibilité – le jour à partir duquel le créancier est investi du droit à l'exécution – à un moment – le jour de la formation du contrat

---

[750] C. DEMOLOMBE, *Traité des contrats ou des obligations conventionnelles en général*, t. II, Paris, 1869, n° 584 ; M. MIGNOT, « Commentaire article par article de l'ordonnance du 10 février 2016 portant réforme du droit des contrats, du régime général et de la preuve des obligations (X) », *Petites affiches*, 2016, n° 91, p. 10. *Adde* M. MIGNOT, « Modalités de l'obligation. Obligations à terme », *op. cit.*, n° 31, où l'auteur précise opportunément que « *le terme est "nécessaire" parce que la volonté des parties ne pourrait pas le supprimer ou le réduire. Si elles prévoyaient un délai inférieur au temps strictement nécessaire à l'exécution de la prestation du débiteur, le terme pourrait, à l'instar de la condition, être qualifié de terme impossible* ».

[751] A. ETIENNEY, *La durée de la prestation, essai sur le temps dans l'obligation*, *op. cit.*, n° 260 et n° 265.

[752] « *Le terme peut être exprès ou tacite* » (article 1305-1, alinéa premier).

[753] *Supra*, n° 81.

[754] G. FOREST, *Essai sur la notion d'obligation en droit privé*, *op. cit.*, n° 400 (p. 283). *Adde* P.-E. AUDIT, *La "naissance" des créances – Approche critique du conceptualisme juridique*, préf. D. MAZEAUD, Dalloz, 2015, n° 193, où l'auteur souligne que « *la notion d'exigibilité est totalement indifférente à la vocation réelle de celui qui réclame et obtient paiement à le conserver définitivement […]. En somme, demander et percevoir un paiement en vertu du caractère exigible de l'obligation n'implique absolument pas d'avoir un droit acquis sur […ce paiement]* ».

– auquel l'obligation n'est peut-être pas encore susceptible d'exécution volontaire[755].

88. Observation. Du reste, la dissociation ainsi opérée entre le droit à l'exécution et le droit d'obtenir l'exécution, invite à mettre en évidence le « *délai raisonnable* »[756] que le créancier doit accorder au débiteur après l'avoir mis en demeure de payer[757]. De la sorte, le droit à l'exécution n'est pas le droit de réclamer l'exécution (volontaire) de l'obligation, mais, plus exactement, le droit de réclamer au débiteur qu'il s'exécute volontairement dans un délai raisonnable. Reste à savoir ce qu'est un délai « raisonnable » ? À suivre un auteur, « *l'adjectif doit [...] être compris sous la double contrainte de rationalité et d'équité qu'il évoque* »[758]. Le délai imparti par la mise en demeure de payer,

---

[755] En ce sens, v. : M. MIGNOT, « Modalités de l'obligation. Obligations à terme », *op. cit.*, n° 114 : « *L'exigibilité peut être définie comme le droit du créancier de demander le paiement au débiteur.* Elle se distingue du droit de l'obtenir effectivement » (nous soulignons). Aussi, v. : A. ETIENNEY, *La durée de la prestation, essai sur le temps dans l'obligation*, *op. cit.*, n° 282, où l'auteur précise que « *le terme ne se perçoit pas tant comme imposant au débiteur d'exécuter à la date prévue que comme indiquant la date à compter de laquelle le créancier peut exiger l'exécution* ».

[756] Articles 1226 (« *Le créancier peut [...] résoudre le contrat par voie de notification. Sauf urgence, il doit préalablement mettre en demeure le débiteur défaillant de satisfaire à son engagement* dans un délai raisonnable » – nous soulignons) et 1231 du Code civil (« *Les dommages et intérêts ne sont dus que si le débiteur a préalablement été mis en demeure de s'exécuter* dans un délai raisonnable » – nous soulignons).

[757] V. ainsi : M. MIGNOT, « Modalités de l'obligation. Obligations à terme », *op. cit.*, n° 51 : « *Le créancier qui met en demeure son débiteur de s'exécuter doit lui laisser un délai raisonnable pour le faire* ».

[758] Ph. STOFFEL-MUNCK, note sous Cass. 1re civ., 3 février 2004, n° 01-00.004, Bull. civ. I, n° 34, *RDC*, 2004, n° 3, p. 647, spéc. n° 5. *Comp.* particulièrement : O. DESHAYES, T. GENICON et Y.-M. LAITHIER, *Réforme du droit des contrats, du régime général et de la preuve des obligations – Commentaire article par article*, *op. cit.*, p. 503, où les auteurs espèrent que « *les juges préciseront, à l'avenir, les paramètres en fonction desquels le caractère raisonnable de la durée [(accordée au débiteur pour qu'il s'exécute)] est apprécié afin de faciliter les anticipations* ». Pour de plus amples développements, v. notamment : B. GRIMONPREZ, *De l'exigibilité en droit des contrats*, *op. cit.*, n° 117 ; L. NICOLAS-VULLIERME, « Le "délai raisonnable" ou la mesure du temps », *Petites affiches*, 2005, n° 1, p. 3 ; M. LAGELÉE-HEYMANN, « Le "raisonnable" dans le nouveau droit des contrats », *RDC*, 2018, n° 03, p. 473 ; L. THIBIERGE, *Le contrat face à l'imprévu*, *op. cit.*, n° 448 s. Au surplus, et en dernier lieu, v. : F. BRUNEL, *L'abstention du titulaire d'une prérogative. Ébauche d'une norme de comportement*, *op. cit.*, n° 372 s.

« *doit donc être conforme à la raison* »[759], en ce sens qu'il doit matérialiser le temps strictement nécessaire pour rendre l'obligation exécutable – exs. : le temps requis pour « *débarrasser les terres de l'ensemble de choses (plastique, cagettes de bois et plastique, tuyaux, carcasse de camionnette, caisse de camions, ferrailles...) qui s'y trouvent* »[760], pour expulser un occupant sans droit ni titre ou pour réunir une certaine somme d'argent[761]. Mais ce délai doit également être « *corrigé par des considérations d'équité [...] prenant en compte les intérêts de la cause* »[762] – exs. : le débiteur-prêteur est-il rémunéré ? Le créancier-emprunteur a-t-il pressamment besoin de la chose[763] ?

89. Conclusion de section. Dans plusieurs cas, le débiteur ne peut exécuter l'obligation dès la formation du contrat, ce qui revient à affirmer que le point de départ de l'exigibilité ne coïncide pas forcément avec le jour à partir duquel l'obligation peut faire l'objet d'une exécution volontaire. Conséquemment, une partie de la doctrine suggère de situer ce point de départ au moment où l'obligation est susceptible d'exécution volontaire.

Cette suggestion doit néanmoins être repoussée en ce qu'elle repose sur une assimilation du droit à l'exécution au droit d'obtenir l'exécution. Or, le premier est (et n'est que) le droit de requérir l'exécution (volontaire) de l'obligation, ce qui ne préjuge pas du succès de cette requête. Par contrecoup, le fait que le débiteur puisse – ou ne puisse pas – exécuter l'obligation, est sans influence sur la localisation du point de départ de l'exigibilité.

---

759 *Ibid.*, p. 647, spéc. n° 5.

760 CA Aix-en-Provence, 9 novembre 2017, n° 16/21286.

761 *Comp.* en matière de bail : Cass. 3e civ., 16 décembre 1987, n° 86-14.417, Inédit, *JCP G 1989*, II, 21184, note B. BOCCARA (« *impossibilité* » pour le locataire d'exécuter « *les travaux* » requis dans le délai imparti par la mise en demeure de payer).

762 Ph. STOFFEL-MUNCK, note sous Cass. 1re civ., 3 février 2004, n° 01-00.004, Bull. civ. I, n° 34, *op. cit.*, p. 647, spéc. n° 5.

763 *Comp.* en matière de vente : Cass. com., 9 octobre 2019, n° 18-13.286, Inédit, *RTD com.*, 2019, p. 969, note B. BOULOC ; *L'ESSENTIEL Droit des contrats*, 2019, n° 11, p. 4, note G. GUERLIN (la « *livraison* » d'un engin agricole dans un « *délai de deux mois* » est déraisonnable, dès lors qu'il ressort des circonstances que le créancier – un « *exploitant viticole* » – avait urgemment besoin dudit engin).

Conclusion du chapitre 1

90. À l'issue de ce chapitre, et conformément à la règle de droit commun mentionnée à l'article 1305 du Code civil, il apparaît que le point de départ de l'obligation de prêter – la date à compter de laquelle le créancier-emprunteur est investi du droit à l'exécution de ladite obligation – est le jour de la formation du contrat-source de prêt.

Afin de parvenir à ce résultat, nous avons dû démontrer que le droit à l'exécution ne se confond pas avec le pouvoir de contraindre à l'exécution, c'est-à-dire le droit de demander à l'État qu'il contraigne le débiteur à s'exécuter. C'est pourquoi il n'est guère utopique de situer le point de départ de l'obligation de prêter à un moment – le jour de la conclusion du contrat – auquel l'obligation n'est peut-être pas encore susceptible d'exécution forcée.

Pareillement, nous avons dû démontrer que le droit à l'exécution ne se confond pas avec le droit d'obtenir l'exécution, ce pour quoi il n'est point utopique de situer le point de départ de l'obligation de prêter à une date à laquelle l'obligation n'est peut-être pas encore susceptible d'exécution volontaire.

En somme, le droit à l'exécution de l'obligation de prêter n'est ni plus ni moins que le droit de requérir – solliciter, réclamer, demander, exiger – son exécution volontaire, dont le créancier-emprunteur est investi, en toute hypothèse, dès la formation du contrat-source de prêt.

CHAPITRE 2. LA LOCALISATION D'UN POINT D'ARRIVÉE (*DIES AD QUEM*)

91. ***« Où est la fin ? »*[764].** Comme toute obligation, l'obligation de prêter est assortie de multiples points d'arrivée – le point d'arrivée de son exigibilité, le point d'arrivée de son exécution, le point d'arrivée de son existence, le point d'arrivée de son effectivité, etc., étant précisé qu'aucun d'eux ne semble plus légitime que l'autre. Par voie de conséquence, un point d'arrivée doit là encore être arbitrairement retenu[765] : il s'agit de la date à partir de laquelle l'obligation de restituer devient exigible, c'est-à-dire du moment à compter duquel le débiteur-prêteur est investi du droit à l'exécution de ladite obligation[766].

À première vue, la localisation de ce point d'arrivée obéit à la règle de droit spécial formulée aux articles 1888 et 1889 du Code civil : « *le prêteur ne peut retirer la chose [...] qu'après qu'elle a servi à l'usage pour lequel elle a été empruntée* »[767], soit « *avant que le besoin de l'emprunteur ait cessé* »[768]. Il s'ensuit qu'en principe, l'obligation

---

[764] L. DEHARME, *La Comtesse Soir*, *op. cit.*, p. 109.

[765] *Supra*, n° 77.

[766] *Comp.* : *supra*, n° 77 s.

[767] A) Article 1888 du Code civil.

B) Remarquons que cet article est presque textuellement tiré de Domat, d'après lequel « *celui qui a prêté une chose* ne peut la retirer qu'après qu'elle aura servi à l'usage *pour lequel elle a été prêtée* » (nous soulignons) (J. DOMAT, *Œuvres complètes*, t. I, *op. cit.*, p. 230).

[768] A) Article 1889 du Code civil. *Rappr.* : V. MORGAND-CANTEGRIT, note sous Cass. 1re civ., 3 février 1993, n° 89-18.467, Bull. civ. I, n° 62, *JCP G 1994*, n° 15, II, 22239, où l'auteur relève que « *la satisfaction du besoin de l'emprunteur constitue ce vers quoi tend le prêt et marque la limite du service rendu* ».

B) Remarquons qu'un auteur a pris le parti de distinguer le « *critère* » tiré de l'article 1888 du Code civil – à savoir « *l'usage convenu* » – de celui visé à l'article 1889 du même Code – à savoir « *le besoin de l'emprunteur* » – : M. AUDIT, « L'imprécision du terme dans le contrat de commodat, revirement de jurisprudence », note sous Cass. 1re civ., 12 novembre 1998, n° 96-19.549, Bull. civ. I, n° 312, *JCP G 1999*, n° 37, II, 10157, spéc. n° 10. À notre sentiment, c'est oublier que « *la rédaction primitive de l'art. 1875 [du Code Napoléon] disait que la chose était prêtée à l'emprunteur* "pour s'en servir dans ses besoins" » (nous soulignons) (R.-T. TROPLONG, *Le droit civil expliqué suivant l'ordre des articles du Code civil. Du prêt*, *op. cit.*, n° 26) et que le Tribunat fit effacer ces mots « *dans ses besoins* » « *comme inutiles, comme disant surabondamment ce qui était déjà suffisamment exprimé* » (J.-B. DUVERGIER, *Le droit civil français suivant l'ordre du Code*, t. VI, *op. cit.*, n° 15 ; également, v. : P.-A. FENET,

de restituer est affectée d'un terme[769] : son exigibilité ne commence qu'au jour où le créancier-emprunteur s'est servi de la chose, car « *quel avantage y aurait-il à emprunter, si c'eût été pour rendre tout de suite ?* »[770] – « *Donner la chose d'une main afin que l'on s'en serve et la reprendre de l'autre, ce n'est pas prêter* »[771] !

Recueil complet des travaux préparatoires du Code civil, t. 14, Paris, 1836, p. 441). D'où il suit qu'une étroite relation de complémentarité unit ces deux critères.

C) Plus généralement, v. : E. B. DE CONDILLAC, *Le commerce et le gouvernement considérés relativement l'un à l'autre*, Paris, 1776, p. 8, d'après lequel « *nous avons deux sortes de besoins. Les uns sont une suite de notre conformation – nous sommes conformés pour avoir besoin de nourriture, ou pour ne pouvoir pas vivre sans aliments. Les autres sont une suite de nos habitudes : telle chose dont nous pourrions nous passer parce que notre conformation ne nous en fait pas un besoin, nous devient nécessaire par l'usage, et [parfois] aussi nécessaire que si nous étions conformés pour en avoir besoin... J'appelle "naturels" les besoins qui sont une suite de notre conformation [...] et "factices" les besoins que nous devons à l'habitude contractée par l'usage des choses* ».

769 Ce terme n'est nullement un terme conventionnel « *tacite* » (*contra*, v. : F. LAURENT, *Principes de droit civil français*, t. XXVI, Paris, 1877, n° 478 ; A. DURANTON, *Cours de droit français suivant le Code civil*, t. XVII, *op. cit.*, n° 535) ou « *implicite* » (*contra*, v. : G. PIGNARRE, « Prêt », *op. cit.*, n° 84 ; J. GHESTIN, M. BILLIAU et C. JAMIN, *Traité de droit civil. Les effets du contrat*, *op. cit.*, n° 159 s. ; G. CATTALANO-CLOAREC, *Le contrat de prêt*, *op. cit.*, n° 302), étant donné qu'il ne résulte pas de la convention des parties. Il s'agit, plus exactement, d'un terme légal, ce pour quoi un auteur observe, à juste titre, que « *le prêteur peut n'avoir [aucunement] envisagé de laisser la chose à l'emprunteur pour (toute) la durée où il en aura l'usage initialement prévu* » (A. ETIENNEY, *La durée de la prestation, essai sur le temps dans l'obligation*, *op. cit.*, n° 523). *Comp.* : L. LAWSON-BODY, « Réflexions sur la distinction entre le terme extinctif et le terme suspensif », *Petites affiches*, 2002, n° 169, p. 3, spéc. n° 13, où l'auteur soutient que le terme visé par les articles 1888 et 1889 du Code civil, est un « *terme tacite légal* » (!?).

770 R.-T. TROPLONG, *Le droit civil expliqué suivant l'ordre des articles du Code civil. Du prêt*, Paris, 1845, n° 260. L'auteur ajoute : « *Le prêteur [...] doit attendre que la chose ait servi à l'usage convenu ; sans quoi un retrait subit causerait du dommage à l'emprunteur. Si ce dernier avait su que le prêteur le traiterait avec une rigueur [...] si contraire à la bienveillance qui doit régner dans un contrat de ce genre [(contrat de prêt à titre gratuit)], il aurait pu prendre d'autres mesures, soit en se pourvoyant ailleurs, soit même en achetant la chose qui lui était nécessaire* » (*Ibid.*, n° 147).

771 A) F. LAURENT, *Principes de droit civil français*, t. XXVI, *op. cit.*, n° 456. Aussi, et dans le même sens, v. : POTHIER, *Œuvres*, t. V, *op. cit.*, p. 330, n° 24 (« *L'emprunteur n'est obligé de rendre la chose qu'après [le temps] qui lui a été nécessaire pour l'usage pour lequel elle lui a été prêtée [...]. Le prêteur ne peut sans injustice en demander plus tôt la restitution : car quoiqu'il eût pu ne la point prêter*

du tout, ayant bien voulu la prêter pour un certain usage, il s'est obligé de la laisser à l'emprunteur pendant tout le temps nécessaire ; autrement, il tromperait l'emprunteur, qui a compté sur ce prêt, et qui aurait pu, sans cela, prendre d'autres mesures et trouver d'autres occasions d'emprunter auprès d'autres personnes la chose dont il avait besoin ») et p. 411, n° 48 (« *Le prêteur, en prêtant [une somme d'argent], est censé avoir accordé tacitement un temps convenable dans lequel l'emprunteur pourrait faire de l'argent pour la lui rendre, et l'emprunteur ne l'aurait pas empruntée, s'il eût prévu qu'on l'exigerait de lui avant ce temps. Si l'emprunteur était obligé de rendre incontinent, mieux aurait valu pour lui que le prêt ne lui eût pas été fait ; le prêt lui serait nuisible au lieu de lui être avantageux* ») ; D. PORACCHIA, « Le prêt à usage, un contrat perpétuel ? », note sous Cass. 1re civ., 19 novembre 1996, n° 94-20.446, Bull. civ. I, n° 407, *Petites affiches*, 1998, n° 10, p. 18 : « *Le prêt est tourné vers la satisfaction du besoin de l'emprunteur. En l'absence de stipulation d'un terme, on doit donc supposer que la volonté des parties est de borner la durée du prêt par la satisfaction de ce besoin. À défaut, le prêteur pourrait revenir sur le service qu'il a rendu et le rendre inutile* » ; A. ETIENNEY, *La durée de la prestation, essai sur le temps dans l'obligation*, *op. cit.*, n° 277 : « *Le prêt ne présenterait aucune utilité si l'exécution de l'obligation de rendre pouvait être exigée immédiatement [...]. Ainsi, contracter une obligation de restitution immédiate n'apparaît pas rationnel dans le prêt, parce que celui-ci serait dépourvu d'utilité* » ; N. CAYROL et F. GRUA, « Prêt de consommation, ou prêt simple », *JurisClasseur Code civil*, 6 novembre 2019, n° 8 s. : « *La restitution de ce qui a été prêté intervient nécessairement toujours après un laps de temps, si bref soit-il. Seuls des enfants ou des fous se prêtent des choses pour le plaisir de se les restituer aussitôt* » ; H. CAUSSE, *Droit bancaire et financier*, préf. D. TRICOT, Mare & Martin, 2016, n° 1222 : « *Le temps est une condition classique du crédit : une obligation de remboursement sans délai, dément l'existence d'un crédit* ». *Rappr.* : Ch. BEUDANT, *Cours de droit civil français. Contrats civils divers*, 2e éd., Paris, 1947, n° 239 : « *[La règle de droit spécial...] rassure l'emprunteur [...]. Celui-ci, assuré que l'acte de bienfaisance n'est pas révocable ad nutum, peut tabler sur le prêt pour établir ses calculs, diriger son entreprise ou arranger ses affaires* ».

B) Il reste que ce report de l'exigibilité s'inscrit en contrepoint de l'accélération contemporaine et irrésistible du temps (v. : Ph. GÉRARD, F. OST et M. VAN DE KERCHOVE (dir.), *L'accélération du temps juridique*, Publications des Facultés universitaires Saint-Louis, 2000) : de la sorte, « *le temps du contrat s'accélère [...] et il s'accélère pour y mettre fin...* » (V. FRASSON, *Les clauses de fin de contrat*, thèse sous la direction de W. DROSS, Lyon, 2014, n° 11). Voilà probablement pourquoi l'avant-projet de réforme du droit des contrats spéciaux a pris le parti d'abandonner la règle de droit spécial énoncée aux articles 1888 et 1889 du Code civil (v. ainsi articles 109 – « *À défaut de terme convenu, chaque partie peut mettre fin au prêt à tout moment, sauf à respecter un délai raisonnable pour la restitution* » – et 118 – « *À défaut de terme convenu, chaque partie peut mettre fin au prêt dans les conditions prévues à [...l'article 109]* » – de cet avant-projet). V. également : L. THIBIERGE, « Les effets du contrat », *op. cit.*, p. 266 : « *Il faut*

En dépit de sa limpidité, cette règle est controversée en doctrine ; plus précisément, elle serait aberrante à deux égards.

aller vite » (à propos de « *la part belle* » faite à l'unilatéralisme dans notre nouveau droit des contrats).

C) Au surplus, et lorsque l'emprunt est dépourvu de contrepartie, ledit report s'inscrit en contrepoint du souci de favoriser le débiteur-prêteur : « *le geste gratuit qu'il fait, doit plutôt inciter à la "mansuétude" à son égard qu'à la sévérité...* » (L. LEVENEUR, « Durée indéterminée : revirement complet de jurisprudence et retour à la case départ ! », note sous Cass. 1re civ., 3 février 2004, n° 01-00.004, Bull. civ. I, n° 34, *CCC*, 2004, n° 4, comm. 53) ; « *c'est que celui qui procure un avantage purement gratuit mérite davantage d'indulgence et de sollicitude, que celui qui donne pour recevoir en échange...* » (C. NOBLOT, « Terme du commodat à durée indéterminée – Retour à la case départ », note sous Cass. 1re civ., 3 février 2004, n° 01-00.004, Bull. civ. I, n° 34, *Recueil Dalloz*, 2004, p. 903) ; « *le bienfaiteur qui rend service à autrui et qui n'en retire aucune contrepartie [devrait] pouvoir, à sa discrétion, se retirer du contrat : on ne peut lui imposer de continuer à perdre de l'argent sous le prétexte que le commodataire prévoyait d'en gagner encore dans l'avenir en tirant profit de l'emprunt...* » (J.-P. LANGLADE-O'SUGHRUE, « La résiliation d'un commodat à durée indéterminée », note sous Cass. 1re civ., 12 novembre 1998, n° 96-19.549, Bull. civ. I, n° 312, *Recueil Dalloz*, 1999, p. 414). Pour une opinion contraire, v. principalement : P.-Y. GAUTIER, « Résiliation unilatérale du contrat de prêt à usage, ou comment le droit commun n'est pas forcément approprié », note sous Cass. 1re civ., 3 février 2004, n° 01-00.004, Bull. civ. I, n° 34, *RTD civ.*, 2004, p. 312 : « *La générosité crée des devoirs, telle est l'idée très chrétienne qui peut être avancée* ».

Section 1. Première hérésie

92. À un premier égard, la règle des articles 1888 et 1889 du Code civil heurterait le bon sens le plus élémentaire en présence d'un usage dont l'extinction est maîtrisée par le créancier-emprunteur. L'exposé de ce grief précèdera sa critique.

§1. Exposé

93. Constatation. L'expiration de l'usage en vue duquel la chose a été empruntée, dépend du « bon vouloir » du créancier-emprunteur lorsque cette chose a été prêtée pour la réalisation d'une opération dont il a la charge[772]. Ainsi en va-t-il, par exemple, du prêt d'un échafaudage à un artisan pour lui permettre de réparer le toit de son garage[773], du prêt d'un cheval à un agriculteur pour lui permettre de labourer son champ[774], du prêt d'un livre à un ami pour lui permettre de le photocopier[775], du prêt d'un ordinateur à un doctorant pour lui permettre de rédiger sa thèse, du prêt d'une camionnette à un particulier pour lui permettre de déménager des meubles[776] ou bien du prêt d'une cuve à un viticulteur pour lui permettre de faire cuver ses raisins[777]. Il est alors à redouter qu'un « *emprunteur négligent* »[778], indélicat ou « *ingrat* »[779], ne « *joue les prolongations* »[780] en tardant à se mettre à l'œuvre[781].

---

[772] Pour une mise en perspective, v. : Y. GUENZOUI et C. HANNOUN, « Terme », *Répertoire de droit civil*, décembre 2019, n° 19 (« *Terme et volonté du débiteur* »).
[773] M. GARNIER, *Le prêt à usage*, *op. cit.*, n° 283.
[774] P. PONT, *Commentaire-traité des petits contrats*, t. 1, *op. cit.*, n° 113.
[775] « ...*Exemple certes pratique, mais peut-être mal choisi, car "le photocopillage tue le livre"* » : Ph. BIHR, « Le temps de la restitution dans le prêt à usage », *in Mélanges Jean-Luc Aubert. Propos sur les obligations et quelques autres thèmes fondamentaux du droit*, Dalloz, 2005, p. 33, spéc. p. 37 (note 11).
[776] *Ibid.*, p. 33, spéc. p. 37.
[777] G. BAUDRY-LACANTINERIE, *Précis de droit civil*, t. II, 11e éd., Paris, 1913, n° 1079.
[778] R.-T. TROPLONG, *Le droit civil expliqué suivant l'ordre des articles du Code civil. Du prêt*, Paris, 1845, n° 149.
[779] M. GARNIER, *Le prêt à usage*, *op. cit.*, n° 289.
[780] P.-Y. GAUTIER, note sous Cass. 1re civ., 3 février 1993, n° 89-18.467, Bull. civ. I, n° 62, *RTD civ.*, 1994, p. 125.
[781] « *Si l'emprunteur se trouve confortablement et gratuitement installé dans un appartement ou une maison, la nature humaine est malheureusement telle que la reconnaissance et la restitution à première demande ne seront pas forcément au rendez-vous* » (P.-Y. GAUTIER, « Résiliation unilatérale du contrat de prêt

94. Répercussion. Fort de ce constat, certains auteurs estiment que le recours aux articles 1888 et 1889 du Code civil est, pour le moins, aberrant dans une telle hypothèse[782] – sauf à rendre le prêteur « *captif* »[783] des desiderata de l'emprunteur. Partant, et d'après eux, il serait préférable de ne pas recourir à la règle de droit spécial dans la totalité des cas dans lesquels l'usage est susceptible de se prolonger « *éternellement* »[784] – « *de perdurer indéfiniment* »[785] – au gré de « *la bonne ou mauvaise volonté de l'emprunteur* »[786].

§2. Critique

95. Approbation. La réduction suggérée du champ d'application des articles 1888 et 1889 du Code civil, mérite, pour notre part, d'être saluée. En effet, et comme le rappelle fréquemment la jurisprudence, « *l'obligation de rendre [...] est de l'essence du [prêt]* »[787], de sorte

---

à usage, ou comment le droit commun n'est pas forcément approprié », note sous Cass. 1re civ., 3 février 2004, n° 01-00.004, Bull. civ. I, n° 34, *op. cit.*, p. 312).

782 V. notamment : P.-Y. GAUTIER, note sous Cass. 1re civ., 3 février 1993, n° 89-18.467, Bull. civ. I, n° 62, *op. cit.*, p. 125 : « *Lorsque le terme n'a pas été précisément déterminé, le prêteur pourra reprendre son bien après que l'emprunteur ait fini de s'en servir, ce qui n'est pas très rassurant [...] (par ex., l'avocat Secundus a emprunté à son ami Primus son code civil et n'arrête pas de plaider, corpus en mains)* » ; J.-P. LIEUTIER, « L'article 1900 du Code civil – Exemple de comblement d'une lacune contractuelle par le juge », *Revue de la recherche juridique*, 2012, p. 227, spéc. n° 26 : « *Il n'est guère admissible que le refus de l'emprunteur de restituer la chose, transforme le prêt en prêt perpétuel, et que le prêteur devienne ainsi prisonnier du contrat qu'il a conclu* ».

783 D. PORACCHIA, « À propos de la durée du prêt à usage », note sous Cass. 1re civ., 12 novembre 1998, n° 96-19.549, Bull. civ. I, n° 312, *Droit et Patrimoine*, 1999, n° 75.

784 G. BAUDRY-LACANTINERIE et A. WAHL, *Traité théorique et pratique de droit civil. De la société, du prêt, du dépôt*, *op. cit.*, n° 654.

785 D. PORACCHIA, « Le prêt à usage, un contrat perpétuel ? », note sous Cass. 1re civ., 19 novembre 1996, n° 94-20.446, Bull. civ. I, n° 407, *op. cit.*, p. 18.

786 M. GARNIER, *Le prêt à usage*, *op. cit.*, n° 283. Et, dans un même sens, v. : D. PORACCHIA, « Le prêt à usage, un contrat perpétuel ? », note sous Cass. 1re civ., 19 novembre 1996, n° 94-20.446, Bull. civ. I, n° 407, *op. cit.*, p. 18 : « *La satisfaction du besoin de l'emprunteur ne doit pas faire supporter de charges excessives au prêteur. Ce dernier peut s'engager sur la durée qu'il désire, mais, à défaut d'engagement exprès, lorsque l'usage n'est pas déterminé et risque de durer indéfiniment, il apparaît difficile d'en déduire que le prêteur a eu la volonté de remettre cette chose à l'emprunteur en lui octroyant la faculté discrétionnaire de ne restituer l'objet que lorsqu'il décide du moment auquel son besoin prend fin* ».

787 V. ainsi (par ordre chronologique) :

- Cass. 1re civ., 12 novembre 1998, n° 96-19.549, Bull. civ. I, n° 312, *Defrénois*, 1999, n° 13-14, p. 802, note A. BÉNABENT ; *Recueil Dalloz*, 1999, p. 414, note J.-P. LANGLADE-O'SUGHRUE ; *JCP G 1999*, n° 37, II, 10157, note M. AUDIT ; *RTD civ.*, 1999, p. 128, note P.-Y. GAUTIER ; *Droit et Patrimoine*, 1999, n° 69, note P. CHAUVEL ; *Droit et Patrimoine*, 1999, n° 75, note D. PORACCHIA ; *CCC*, 1999, n° 2, comm. 22, note L. LEVENEUR.
- Cass. 1re civ., 29 mai 2001, n° 99-13.594, Bull. civ. I, n° 153, *Recueil Dalloz*, 2002, p. 30, note J. SAINTE-ROSE ; *CCC*, 2001, n° 10, comm. 131, note L. LEVENEUR ; *JCP E 2002*, n° 12, 496, note A. MENDOZA-CAMINADE.
- Cass. 1re civ., 3 février 2004, n° 01-00.004, Bull. civ. I, n° 34, *JCP E 2004*, n° 23, 831, note M. GARNIER ; *Recueil Dalloz*, 2004, p. 903, note C. NOBLOT ; *RTD civ.*, 2004, p. 312, note P.-Y. GAUTIER ; *CCC*, 2004, n° 4, comm. 53, note L. LEVENEUR ; *Procédures*, 2004, n° 5, comm. 108, note J. JUNILLON ; *RDC*, 2004, n° 3, p. 714, note J.-B. SEUBE ; *Defrénois*, 2004, n° 21, p. 1452, note R. CRÔNE ; *Revue Lamy Droit civil*, 2004, n° 4, note N. VIGNAL ; *RDC*, 2004, n° 3, p. 647, note Ph. STOFFEL-MUNCK ; *Droit et Patrimoine*, 2004, n° 125, note P. CHAUVEL.
- Cass. 3e civ., 19 janvier 2005, n° 03-16.623, Bull. civ. III, n° 12, *RTD com.*, 2005, p. 589, note B. BOULOC ; *CCC*, 2005, n° 6, comm. 103, note L. LEVENEUR ; *Recueil Dalloz*, 2005, p. 2439, note Y. DAGORNE-LABBE.
- Cass. 1re civ., 10 mai 2005, n° 02-17.256, Bull. civ. I, n° 204, *RTD com.*, 2006, p. 187, note B. BOULOC ; *CCC*, 2005, n° 10, comm. 163, note L. LEVENEUR ; *Recueil Dalloz*, 2005, p. 2439, note Y. DAGORNE-LABBE ; *Defrénois*, 2005, n° 13, p. 1154, note R. CRÔNE.
- Cass. 1re civ., 3 mai 2006, n° 05-16.966, Inédit, *RDC*, 2007, n° 2, p. 403, note P. PUIG.
- Cass. 1re civ., 27 juin 2006, n° 04-20.769, Inédit.
- Cass. 1re civ., 24 octobre 2006, n° 05-20.114, Inédit.
- Cass. 3e civ., 4 avril 2007, n° 06-12.195, Bull. civ. III, n° 56, *Recueil Dalloz*, 2007, p. 2757, chron. A.-C. MONGE et F. NÉSI ; *Dalloz actualité*, 24 avril 2007, note C. DELAPORTE-CARRÉ.
- Cass. 1re civ., 20 janvier 2010, n° 08-13.930, Inédit.
- Cass. 1re civ., 3 juin 2010, n° 09-14.633, Bull. civ. I, n° 127, *AJ Collectivités Territoriales*, 2010, p. 84, note G. LE CHATELIER ; *RTD civ.*, 2010, p. 557, note B. FAGES ; *JCP A 2010*, n° 28, 2230, note Ph. YOLKA ; *JCP A 2011*, n° 27, 2239, chron. C. CHAMARD-HEIM ; *JCP E 2010*, n° 51-52, 2134, note Ph. GRIGNON ; *JCP G 2010*, n° 40, doctr. 983, chron. P. GROSSER ; *AJDI*, 2011, p. 233, note F. DE LA VAISSIÈRE ; *JCP G 2010*, n° 47, 1146, note M. MEKKI ; *L'ESSENTIEL Droit de l'immobilier et urbanisme*, 2010, n° 07, p. 4, note L. MAURIN ; *Recueil Dalloz*, 2010, p. 1554, note G. FOREST.
- Cass. 1re civ., 14 novembre 2012, n° 11-25.900, Inédit, *RTD com.*, 2013, p. 134, note B. BOULOC.
- Cass. 1re civ., 13 juillet 2016, n° 15-20.804, Inédit, *JCP N 2017*, n° 8, 1109, note M. STORCK.
- Cass. 3e civ., 17 novembre 2016, n° 15-22.751, Inédit, *Droit rural*, 2017, n° 451, comm. 71.

qu'admettre que le créancier-emprunteur puisse « *retenir et garder indéfiniment la chose en négligeant de s'en servir* »[788], reviendrait à faire « *basculer [l'emprunt...] dans une véritable libéralité contrainte* »[789]. En un mot, et pour paraphraser la formule admirable de Loysel, « emprunter et retenir ne vaut »[790].

96. Interrogation. Il reste à trancher la question du moment à partir duquel l'obligation de restituer devient alors exigible. De prime abord, il est tentant de revenir à la règle de droit commun codifiée à l'article 1305 du Code civil et en vertu de laquelle l'obligation devient exigible – pour mémoire – dès la formation du contrat qui lui a donné naissance[791]. Cette tentation est d'autant plus grande que le retour au droit commun aboutirait à priver le créancier-emprunteur du « *droit de "prendre son temps"* »[792]. Cela étant dit, ne risquerait-il pas également de « *modifier le sens profond du [prêt]* »[793] et de « *blesse[r]*

---

[788] P. PONT, *Commentaire-traité des petits contrats*, t. 1, *op. cit.*, n° 113.

[789] J.-J. BARBIÉRI, « Analyse de la jurisprudence récente en matière de prêt à usage », *Droit rural*, 2007, n° 351, comm. 60 ; l'auteur ajoute : « *Cette configuration [(...dans laquelle le droit d'utiliser est exclusivement maîtrisé par l'emprunteur)] serait totalement incongrue puisque, par définition, les prêteurs n'ont jamais eu l'intention de se dépouiller définitivement* ». Dans le même sens, v. particulièrement : Ph. BIHR, « Le temps de la restitution dans le prêt à usage », *op. cit.*, p. 33, spéc. p. 42 s. : « *Une restitution indéfiniment repoussée ne se distingue guère d'un dépouillement complet ; or, le prêteur, certes animé d'un sentiment généreux, n'a certainement pas consenti une donation* ». Enfin, v. : M. DE RAVEL D'ESCLAPON, « Le prêt par les associés », *AJ contrat*, 2017, p. 415, spéc. n° 25 : « *La restitution du bien [prêté] doit nécessairement être prévue [...]. Dans le cas contraire, il existerait un risque de requalification en donation* ».

[790] Formule qui est également utilisée par un auteur (M.-L. IZORCHE, « Emprunter et retenir ne vaut », note sous Cass. 1re civ., 19 novembre 1996, n° 94-20.446, Bull. civ. I, n° 407, *CCC*, 1997, n° 10-11, chron n° 8). *Rappr.* : Ph. YOLKA, « Propriété communale VS. Liberté syndicale », note sous Cass. 1re civ., 3 juin 2010, n° 09-14.633, Bull. civ. I, n° 127, *JCP A 2010*, n° 28, 2230 : « *Le prêt étant un contrat temporaire, la notion de "commodat perpétuel" relève du non-sens* ». *Adde* : E. PUTMAN, « Le temps et le droit », *Droit et Patrimoine*, 2000, n° 78 : « *En matière de contrat, il ne faut jamais dire toujours* ».

[791] *Supra*, n° 77.

[792] M. GARNIER, *Le prêt à usage*, *op. cit.*, n° 283.

[793] V. MORGAND-CANTEGRIT, note sous Cass. 1re civ., 3 février 1993, n° 89-18.467, Bull. civ. I, n° 62, *op. cit.* Aussi, et dans le même sens, v. : M. AUDIT, « L'imprécision du terme dans le contrat de commodat : revirement de jurisprudence », note sous Cass. 1re civ., 12 novembre 1998, n° 96-19.549, Bull. civ. I, n° 312, *JCP G 1999*, n° 37, II, 10157, spéc. n° 15 : « *Un [...retour*

l'équité »[794] en rompant le « *décalage chronologique* »[795] qui existe entre le point de départ de l'obligation de prêter et son point d'arrivée – « *pourquoi m'obliger à restituer immédiatement si je n'ai pas les moyens, et, si je les ai, pourquoi emprunter ?* »[796] C'est oublier, selon nous, la multitude des outils[797] dont disposent les juges pour tempérer – « *temporiser* »[798] –, au besoin, l'exercice du droit à l'exécution de l'obligation de restituer : que l'on songe au contrôle

---

au droit commun] paraît difficilement conciliable avec la nature même du commodat [...]. Ici, la convention a été conclue dans le seul objectif de satisfaire les besoins de l'emprunteur. En concédant au prêteur la possibilité de demander à tout moment la restitution de son bien, on sacrifie donc des intérêts, ceux de l'emprunteur, pourtant situés au cœur de l'institution du commodat. L'avenir de ce contrat – dont l'utilité pratique ne peut être déniée – serait alors bien compromise » ; B. GRIMONPREZ, *De l'exigibilité en droit des contrats*, *op. cit.*, n° 121 : « *S'il a le mérite de la simplicité, [le retour au droit commun...] n'est certainement pas compatible avec la pérennité du rapport qu'un contrat de confiance comme le prêt à usage réclame* ». *Rappr.* : Ph. BIHR, « Le temps de la restitution dans le prêt à usage », *op. cit.*, p. 33, spéc. p. 44, d'après lequel le retour au droit commun présente « *des effets secondaires indésirables : celui qui avait cru pouvoir compter sur la pérennité des relations contractuelles est sacrifié* ». Pour une opinion contraire, v. notamment J.-P. LANGLADE-O'SUGHRUE, « La résiliation d'un commodat à durée indéterminée », note sous Cass. 1re civ., 12 novembre 1998, n° 96-19.549, Bull. civ. I, n° 312, *op. cit.*, p. 414, où l'auteur considère que « *la véritable nature du commodat* » est d'être « *un contrat qui ne donne au commodataire le droit d'user de la chose que tant que le prêteur le lui permet* ».

[794] J. DOMAT, *Œuvres complètes*, t. I, *op. cit.*, p. 86.

[795] F. GRUA, « Le prêt d'argent consensuel », *op. cit.*, p. 1492, spéc. n° 13.

[796] C. ACCARIAS, *Précis de droit romain*, t. II, Paris, 1878, n° 590. *Adde* : C. REFFAIT, « Avant-propos », *Romantisme*, 2011, n° 151, p. 3, spéc. p. 4 : « *L'aller et retour entre le prêt et son remboursement n'a de sens que par le délai aménagé entre ces deux versements* ».

[797] Conformément à la distinction préalablement opérée entre le droit à l'exécution *stricto sensu* et le pouvoir de contraindre à l'exécution (*supra*, n° 81 s.), ne sont ici visés que les outils dont la vocation est de tempérer l'exercice du droit à l'exécution de l'obligation de restituer – et non ceux dont l'objet est de modérer la mise en œuvre du droit à l'exécution forcée de celle-ci (ex. : délai de grâce tiré de l'article 1900 du Code civil).

[798] S. LEQUETTE, « La durée », *op. cit.*, p. 227, spéc. p. 233 ; en effet, et comme le souligne ce même auteur, « *il peut être souhaitable, en présence d'une situation jugée bénéfique [(à savoir : l'octroi du droit d'utiliser temporairement une chose)], de s'assurer qu'elle disposera de la stabilité nécessaire pour atteindre son but [(à savoir : la satisfaction du besoin de l'emprunteur)]* ».

du « *bien-fondé* »[799], des « *modalités* »[800] et de « *l'opportunité* »[801] de cet exercice[802] ; ou bien à l'appréciation du caractère raisonnable du délai consécutif à celui-ci[803]... À la lumière de ce qui précède, il convient de répondre à la question posée en indiquant que, « *aussi*

---

799 Ph. STOFFEL-MUNCK, note sous Cass. 1re civ., 3 février 2004, n° 01-00.004, Bull. civ. I, n° 34, *op. cit.*, p. 647, spéc. n° 2 s. ; J.-C. BOULAY, « Réflexion sur la notion d'exigibilité de la créance », *op. cit.*, p. 339, spéc. n° 83.

800 C. DE WATRIGANT, « Le remboursement du compte courant d'associé », *Droit des sociétés*, 2001, n° 3, chron. 6, spéc. n° 15.

801 J. CALVO, « Les comptes courants d'associés – Aspects juridiques et fiscaux », *Petites affiches*, 1998, n° 8, p. 4. Également : J.-B. SEUBE, « La durée du prêt à usage : revirement de jurisprudence », note sous Cass. 1re civ., 3 février 2004, n° 01-00.004, Bull. civ. I, n° 34, *RDC*, 2004, n° 3, p. 714, où l'auteur juge « *opportun d'imposer au prêteur qu'il motive sa décision de mettre un terme à la convention, en démontrant ses besoins pressants* », et ce afin de trouver « *un meilleur point d'équilibre entre les intérêts et les besoins du prêteur et de l'emprunteur* ». Toutefois, v. : J.-P. LANGLADE-O'SUGHRUE, « La résiliation d'un commodat à durée indéterminée », note sous Cass. 1re civ., 12 novembre 1998, n° 96-19.549, Bull. civ. I, n° 312, *op. cit.*, p. 414, où l'auteur souhaite que « *le juge [ne] puisse s'arroger le droit de contrôler les raisons de [la mise en œuvre du droit à l'exécution...], et [le droit...] de se faire juge du moment où elle peut être prise* ».

802 « *On doit se souvenir de ce que le juge, en matière de prêt, usage et consommation, dispose d'un pouvoir modérateur qu'il [peut] exercer* » (P.-Y. GAUTIER, « Toute la Cour de cassation n'est pas acquise au revirement : sur le droit de l'emprunteur de conserver ou non la chose aussi longtemps que bon lui semble », note sous Cass. 3e civ., 4 mai 2000, n° 98-11.783, Bull. civ. III, n° 97, *RTD civ.*, 2000, p. 596).

803 A) *Supra*, n° 88. *Adde* L. LEVENEUR, « Durée indéterminée du contrat, la nouvelle jurisprudence s'affermit et se précise », note sous Cass. 1re civ., 29 mai 2001, n° 99-13.594, Bull. civ. I, n° 153, *CCC*, 2001, n° 10, comm. 131, à propos du « *raisonnable* » : « *Relativement flou, le qualificatif laisse subsister une assez large marge d'appréciation* ».

B) *Comp.* notamment : P. BOISLIVEAU, « Un seul délai raisonnable dans le cadre de la fin du prêt à usage sans délai convenu ? », note sous Cass. 1re civ., 2 juillet 2014, n° 13-17.532, Inédit, *Petites affiches*, 2015, n° 30, p. 7, où l'auteur « *propose de créer, en complément, un second délai pour l'utilisation de la chose [...] : le délai raisonnable d'utilisation* », de manière à « *rendre son sens aux deux termes de l'intitulé du contrat : un prêt, pour un usage* ».

C) Il est à noter que les magistrats se réfèrent parfois au « *délai suffisant* » (Cass. 3e civ., 22 novembre 2011, n° 10-27.556, Inédit, *RTD com.*, 2012, p. 186, note B. BOULOC), lequel est synonyme de délai raisonnable. *Rappr.* : M. LATINA, « Les mesures du temps », *in Le temps et le droit*, Dalloz, 2014, p. 87, spéc. n° 23 s. : « *Faut-il attacher un sens différent à ces délais [(délai "raisonnable", délai "suffisant", délai "utile")] ? [...] On peut légitimement en douter [...]. Les caractères suffisant ou utile des délais ne sont que des déclinaisons du standard du raisonnable* ».

incongru que cela paraisse »[804], le débiteur-prêteur peut demander l'exécution de l'obligation de restituer « *quand cela lui convient* »[805] lorsque l'expiration de l'usage dépend seulement de la bonne volonté du créancier-emprunteur.

97. Conclusion de section. En présence d'un usage dont l'extinction dépend de la (seule) volonté du créancier-emprunteur, l'application de la règle de droit spécial mentionnée aux articles 1888 et 1889 du Code civil reviendrait indéniablement à offrir à ce dernier « *le droit [d'utiliser] la chose aussi longtemps que bon lui semble* »[806]. Subséquemment, une frange de la doctrine suggère de ne pas appliquer lesdits articles en pareil cas.

Cette suggestion mérite d'être approuvée, puisqu'à défaut, il existerait un risque de requalification du prêt en donation. Par suite, un retour à la règle de droit commun énoncée à l'article 1305 du Code civil nous a paru s'imposer, l'obligation de restituer devenant exigible dès la formation du contrat générateur. Si cette règle ne tient pas compte du décalage qui sépare le commencement et l'achèvement de l'obligation de prêter, il n'en demeure pas moins que les tribunaux sont suffisamment outillés pour veiller à ce que le débiteur-prêteur ne fasse preuve de « *trop de légèreté* »[807], en sollicitant l'exécution de l'obligation de restituer de façon incongrue ou intempestive.

Section 2. Seconde hérésie

98. À un second égard, la règle codifiée au sein des articles 1888 et 1889 du Code civil heurterait le bon sens commun en présence d'un usage qui n'a pas de fin. L'exposé de ce grief devancera sa critique.

---

804 J.-C. BOULAY, « Réflexion sur la notion d'exigibilité de la créance », *op. cit.*, p. 339, spéc. n° 83.

805 G. BAUDRY-LACANTINERIE et A. WAHL, *Traité théorique et pratique de droit civil. De la société, du prêt, du dépôt*, *op. cit.*, n° 653.

806 P.-Y. GAUTIER, « Toute la Cour de cassation n'est pas acquise au revirement : sur le droit de l'emprunteur de conserver ou non la chose aussi longtemps que bon lui semble », note sous Cass. 3e civ., 4 mai 2000, n° 98-11.783, Bull. civ. III, n° 97, *op. cit.*, p. 596.

807 A. BÉNABENT, note sous Cass. 1re civ., 12 novembre 1998, n° 96-19.549, Bull. civ. I, n° 312, *Defrénois*, 1999, n° 13-14, p. 802.

§1. Exposé

99. Constatation. L'usage aux fins duquel la chose a été empruntée, est perpétuel – « *permanent* »[808], « *éternel* »[809], « *illimité* »[810] ou « *indéfini* »[811]... – lorsque cette chose a été prêtée « *sans référence à un motif précis* »[812]. Ainsi en va-t-il, entre autres illustrations, du prêt d'un « *appartement dans le 6e arrondissement de Lyon* » à un étudiant pour lui permettre de se loger – et non pour lui permettre de faire ses études[813] –, du prêt d'une voiture « *Dyna-Panhard* » à un particulier pour lui permettre de piloter – et non pour lui permettre de « *participer au rallye de la Moselle* »[814] –, du prêt d'une automobile au « *sénateur de la Corrèze* » pour lui permettre de circuler – et non pour lui permettre de « *faire sa campagne électorale* »[815] – ou bien du prêt d'habits à un mannequin pour lui permettre de s'habiller – et non pour lui permettre de célébrer

---

808 Ph. BIHR, « Le temps de la restitution dans le prêt à usage », *op. cit.*, p. 33, spéc. p. 40.

809 G. CATTALANO-CLOAREC, *Le contrat de prêt, op. cit.*, n° 303.

810 N. VIGNAL, « Le droit commun des contrats au service de la rupture du commodat à durée indéterminée », note sous Cass. 1re civ., 3 février 2004, n° 01-00.004, Bull. civ. I, n° 34, *Revue Lamy Droit civil*, 2004, n° 4.

811 A.-C. RÉGLIER, « L'obligation de restituer dans le prêt à usage à durée indéterminée », *Droit et Patrimoine*, 2009, n° 185.

812 A) P. PUIG, « Prêt à usage et précaire : y a-t-il lieu de distinguer ? », note sous Cass. 1re civ., 3 mai 2006, n° 05-16.966, Inédit, *RDC*, 2007, n° 2, p. 403.
B) Au demeurant, et à notre sens, « *il arrive fréquemment que l'emprunteur n'indique pas au prêteur l'usage qu'il entend faire de la chose* » (G. BAUDRY-LACANTINERIE et A. WAHL, *Traité théorique et pratique de droit civil. De la société, du prêt, du dépôt*, *op. cit.*, n° 653, note 4). Dans le même sens : A. MENDOZA-CAMINADE, « Le commodat à durée indéterminée : vers une solution définitive ? », note sous Cass. 1re civ., 29 mai 2001, n° 99-13.594, Bull. civ. I, n° 153, *JCP E 2002*, n° 12, 496, où l'auteur remarque que « *la chose n'est pas prêtée pour un besoin précis [...] dans la majorité des cas* ». *Contra* : P. MISTRETTA, « La durée du prêt : entre pouvoir du juge et liberté contractuelle », *JCP G 2000*, n° 23, doctr. 234, spéc. n° 19 s., lequel estime que « *les hypothèses de recours au commodat pour un usage ponctuel sont nombreuses. On songe au prêt d'un logement pour la durée des vacances ; au prêt d'une voiture pour un voyage précis ; voire au prêt d'un ordinateur portable à une fin bien précise* ».

813 Y. DELECRAZ, « L'aide des parents envers les enfants : le financement des études supérieures et la mise à disposition d'un logement », *JCP N 2013*, n° 17, 1114, spéc. n° 17.

814 Cass. 1re civ., 9 mai 1966, Bull. civ. I, n° 272.

815 CA Paris, 24 décembre 1912, *Gazette du Palais*, 1913, n° 44.

un évènement[816]. Il est alors à craindre que l'usage ne « *cesse jamais* »[817] ou, plus exactement et parce que toute chose a une fin, que sa cessation soit « *trop lointaine* »[818].

100. Annotation. Au demeurant, cette crainte est exacerbée par la réticence notable des magistrats à déceler la limite d'un usage « *ponctuel et temporaire* »[819], et ce lors même que « *les faits de l'espèce [...] sont bien souvent suffisamment riches* »[820] pour circonscrire ledit usage[821]. C'est ce dont témoigne notamment un arrêt de la première chambre civile de la Cour de cassation du 13 mai 2014[822] ayant approuvé une Cour d'appel d'avoir considéré que l'usage d'un chalut pélagique destiné à la pêche au thon « *n'était pas limité à la saison de pêche* » en cours[823].

---

816 J.-P. LANGLADE-O'SUGHRUE, « La résiliation d'un commodat à durée indéterminée », note sous Cass. 1re civ., 12 novembre 1998, n° 96-19.549, Bull. civ. I, n° 312, *op. cit.*, p. 414.

817 P. BOISLIVEAU, « Un seul délai raisonnable dans le cadre de la fin du prêt à usage sans délai convenu », note sous Cass. 1re civ., 2 juillet 2014, n° 13-17.532, Inédit, *op. cit.*, p. 7.

818 M. CRESP, *Le temps juridique en droit privé – Essai d'une théorie générale*, *op. cit.*, n° 412 (note 1690).

819 A. BÉNABENT, « La Cour de cassation entend-elle décourager le prêt à usage ? », note sous Cass. 1re civ., 19 novembre 1996, n° 94-20.446, Bull. civ. I, n° 407, *Recueil Dalloz*, 1997, p. 145.

820 P. MISTRETTA, « La durée du prêt : entre pouvoir du juge et liberté contractuelle », *op. cit.*, spéc. n° 18.

821 *Comp.* : Ph. STOFFEL-MUNCK, note sous Cass. 1re civ., 3 février 2004, n° 01-00.004, Bull. civ. I, n° 34, *op. cit.*, p. 647, spéc. n° 8 : « *Une simple démarche d'interprétation des volontés permet de dégager le terme [...légal visé aux articles 1888 et 1889 du Code civil. Or,] les ressources de l'interprétation de la volonté ne sont pas suffisamment exploitées en droit des contrats. La peur d'une recherche divinatoire et quelques précédents fantaisistes expliquent cette timidité. Pourtant, l'art de l'interprétation a ses règles et peut être discipliné [...]. Le juge se grandirait à rechercher le sens des conventions par rapport à ce qu'un homme raisonnable en aurait compris dans le contexte du cas [...]. Cela demande du réalisme, de la prudence et un sens de la dialectique* ». De manière plus générale, v. : B. FAGES (dir.), *Le Lamy Droit du contrat*, Wolters Kluwer, 2019, n° 2532 ; H. BARBIER, « Les conditions et termes implicites : souvent invoqués, rarement retenus ! », *RTD civ.*, 2015, p. 386.

822 Cass. 1re civ., 13 mai 2014, n° 13-10.221, Inédit, *RTD com.*, 2014, p. 686, note B. BOULOC.

823 Toutefois, v. : Cass. 1re civ., 1 juillet 2015, n° 14-18.709, Inédit, *AJDI*, 2016, p. 35, note F. DE LA VAISSIÈRE, où la Cour de cassation censure une Cour d'appel qui avait tenu pour permanent l'usage du logement prêté, « *sans rechercher si, comme*

101. Répercussion. Fort de ce constat, certains auteurs estiment que le recours aux articles 1888 et 1889 du Code civil est pour le moins aberrant dans une telle hypothèse[824] – « *sauf à condamner le prêteur [...] à ne pouvoir jamais récupérer sa chose...* »[825]. Partant, et d'après eux, il serait préférable de ne pas recourir à la règle de droit spécial dans tous les cas dans lesquels l'usage « *se continue d'une manière indéfinie...* »[826] – « *se poursuit indéfiniment* »[827].

§2. Critique

102. Approbation. La réduction proposée du champ d'application des articles 1888 et 1889 du Code civil, mérite, nous semble-t-il, d'être saluée. En effet, et comme il a été vu précédemment, l'obligation de rendre est de l'essence du prêt[828], tant et si bien qu'admettre que la persistance de l'usage puisse « *paralyser indéfiniment* »[829] la restitution de la chose, reviendrait à transformer l'obligation de prêter en obligation de donner... Aussi n'est-il pas étonnant que la jurisprudence

---

il lui était demandé, la SCI [(prêteur)] n'avait pas entendu [...] convenir d'une mise à disposition de l'appartement jusqu'au décès de Mme X [(emprunteur)] ».

824 V. particulièrement : Ph. STOFFEL-MUNCK, note sous Cass. 1re civ., 3 février 2004, n° 01-00.004, Bull. civ. I, n° 34, *op. cit.*, p. 647, spéc. n° 3 s. : « *Est-il croyable, en l'absence de précision claire en ce sens, que les parties à un prêt aient entendu réaliser un transfert ad vitam aeternam de la chose ? Celui qui emprunte ne peut légitimement en attendre un avantage aussi exorbitant... Celui qui prête mais ne peut, sa vie durant, reprendre la chose, n'a sans doute pas le sentiment d'avoir simplement prêté* ». V. dans le même sens : A.-C. MONGE et F. NÉSI, note sous Cass. 3e civ., 4 avril 2007, n° 06-12.195, Bull. civ. III, n° 56, *Recueil Dalloz*, 2007, p. 2757 : « *L'emprunteur ne doit pas oublier qu'il n'est pas donataire du bien, dont le prêteur ne s'est que temporairement dessaisi en sa faveur* ».

825 P. CHAUVEL, note sous Cass. 1re civ., 3 février 2004, n° 01-00.004, Bull. civ. I, n° 34, *Droit et Patrimoine*, 2004, n° 125.

826 P. PONT, *Commentaire-traité des petits contrats*, t. 1, *op. cit.*, n° 114.

827 M. GARNIER, *Le prêt à usage*, *op. cit.*, n° 280. Dans un même sens, v. notamment : B. GRIMONPREZ, *De l'exigibilité en droit des contrats*, *op. cit.*, n° 121 : « *Ce n'est que dans cette hypothèse [(usage ponctuel)] que le prêteur est tenu d'attendre l'expiration de l'utilisation de la chose par l'emprunteur* ».

828 *Supra*, n° 95.

829 G. CORNU, note sous Cass. 1re civ., 4 juillet 1979, n° 78-11.798, Inédit, *RTD civ.*, 1980, p. 368.

tende plutôt – après bien « *des hésitations* »[830], « *des palinodies* »[831], « *des revirements* »[832], « *des errements* »[833], « *des incertitudes* »[834] – à retenir que les articles précités « *ne sont applicables que si l'usage requiert une certaine durée* »[835].

103. Interrogation. Reste la délicate question de savoir à quel moment l'obligation de restituer devient alors exigible. Pour les mêmes raisons que celles déjà avancées lors du paragraphe second de la section première[836], nous sommes d'avis qu'il convient de revenir à la règle de droit commun codifiée à l'article 1305 du Code civil et aux termes de laquelle l'obligation devient exigible à dater de la formation du contrat qui lui a donné naissance[837]. Cela étant, le retour

---

[830] L. LEVENEUR, « Durée indéterminée, l'unité règne en jurisprudence », note sous Cass. 3e civ., 19 janvier 2005, n° 03-16.623, Bull. civ. III, n° 12, *CCC*, 2005, n° 6, comm. 103.

[831] C. DELAPORTE-CARRÉ, « La Cour de cassation maintient sa position sur la résiliation unilatérale du commodat à durée indéterminée », note sous Cass. 3e civ., 4 avril 2007, n° 06-12.195, Bull. civ. III, n° 56, *Dalloz actualité*, 24 avril 2007.

[832] M. CRESP, *Le temps juridique en droit privé – Essai d'une théorie générale*, *op. cit.*, n° 409.

[833] A. ETIENNEY-DE SAINTE MARIE, « La résiliation du prêt confrontée à la liberté religieuse – Vers un forçage du contrat tiré des droits fondamentaux ? », note sous Cass. 1re civ., 30 septembre 2015, n° 14-25.709, Bull. civ. I, n° 1028, *Recueil Dalloz*, 2015, p. 2350.

[834] R. BOESCH, *La possession par autrui*, thèse sous la direction de F. JACOB, Strasbourg, 2011, n° 629.

[835] A) Cass. 1re civ., 10 mai 1989, n° 87-10.875, Bull. civ. I, n° 191 ; et, dans le même sens, v. les arrêts cités *infra*, n° 103.
B) *Contra*, v. : Cass. 1re civ., 3 février 1993, n° 89-18.467, Bull. civ. I, n° 62, *JCP G 1994*, n° 15, II, 22239, note V. MORGAND-CANTEGRIT ; *Recueil Dalloz*, 1994, p. 248, note A. BÉNABENT ; *RTD civ.*, 1994, p. 125, note P.-Y. GAUTIER, à propos du prêt d'un « *appartement* » sans limitation de durée ; Cass. 1re civ., 19 novembre 1996, n° 94-20.446, Bull. civ. I, n° 407, *Les grands arrêts de la jurisprudence civile*, t. 2, 13e éd., Dalloz, 2015, n° 287-288, note H. CAPITANT, F. CHÉNEDÉ, Y. LEQUETTE et F. TERRÉ ; *Recueil Dalloz*, 1997, p. 145, note A. BÉNABENT ; *Petites affiches*, 1998, n° 10, p. 18, note D. PORACCHIA ; *CCC*, 1997, chron n° 8, note M.-L. IZORCHE, à propos du prêt d'un « *appartement* » pour « *une durée indéterminée* » ; Cass. 3e civ., 4 mai 2000, n° 98-11.783, Bull. civ. III, n° 97, *RTD civ.*, 2000, p. 596, note P.-Y. GAUTIER ; *CCC*, 2000, n° 10, comm. 141, note L. LEVENEUR ; *Recueil Dalloz*, 2001, p. 3154, note M.-L. MATHIEU-IZORCHE, à propos du prêt d'une « *maison* » sans limitation de durée.

[836] *Supra*, n° 96.

[837] Plusieurs auteurs considèrent que cette solution est « *bienvenue* » (R. CRÔNE, « Prêt à usage : les mêmes causes produisent les mêmes effets », note sous

au droit commun est quelque peu malmené par les juges, lesquels sont enclins – lorsqu'ils prennent le parti de ne pas recourir à la règle de droit spécial – à « *faire œuvre constitutive* »[838], en arrêtant, « *par un véritable exercice de divination...* »[839], la date à compter de laquelle

---

Cass. 1re civ., 10 mai 2005, n° 02-17.256, Bull. civ. I, n° 204, *Defrénois*, 2005, n° 13, p. 1154), « *naturelle* » (A. MENDOZA-CAMINADE, « Le commodat à durée indéterminée : vers une solution définitive ? », note sous Cass. 1re civ., 29 mai 2001, n° 99-13.594, Bull. civ. I, n° 153, *JCP E 2002*, n° 12, 496) et « *utile et pertinente* » (P. BOISLIVEAU, « Un seul délai raisonnable dans le cadre de la fin du prêt à usage sans délai convenu ? », note sous Cass. 1re civ., 2 juillet 2014, n° 13-17.532, Inédit, *op. cit.*, p. 7). *Rappr.* : Ph. STOFFEL-MUNCK, note sous Cass. 1re civ., 3 février 2004, n° 01-00.004, Bull. civ. I, n° 34, *op. cit.*, p. 647, spéc. n° 4 : « *Après tout, le prêteur rend service et il n'est guère choquant, en l'absence de terme explicite ou implicite, de le tenir pour maître du délai de son dépouillement car il reste maître de la chose* ». *Contra* : J.-B. SEUBE, « La durée du prêt à usage : revirement de jurisprudence », note sous Cass. 1re civ., 3 février 2004, n° 01-00.004, Bull. civ. I, n° 34, *op. cit.*, p. 714, où l'auteur considère que, « *de la même façon qu'on ne saurait écarter la restitution pour la seule raison que l'emprunteur en a encore besoin, on ne saurait l'imposer pour la seule raison que le prêteur le veut* ».

838 P. MISTRETTA, « La durée du prêt : entre pouvoir du juge et liberté contractuelle », *op. cit.*, spéc. n° 18. *Adde* D. PORACCHIA, « À propos de la durée du prêt à usage », note sous Cass. 1re civ., 12 novembre 1998, n° 96-19.549, Bull. civ. I, n° 312, *op. cit.* : « *Le juge se doit ici de percer les âmes et les cœurs pour découvrir le délai salvateur* ».

839 A) D. PORACCHIA, « À propos de la durée du prêt à usage », note sous Cass. 1re civ., 12 novembre 1998, n° 96-19.549, Bull. civ. I, n° 312, *op. cit.* : en effet, « *on ne voit pas comment le juge peut déterminer le terme a l'issue duquel la chose a servi et doit être restituée, lorsque l'emprunteur l'utilise en permanence et argue de cet état de fait pour établir que la chose n'a pas seulement servi, mais continue de servir [...]. Le juge fixe une durée qui, objectivement, ne correspond à rien* ». Dans le même sens, v. : M. GARNIER, note sous Cass. 1re civ., 3 février 2004, *JCP E 2004*, n° 23, 831, spéc. n° 3 : « *Le juge, face à un prêt à durée indéterminée, ne dispose d'aucun élément pour arrêter la date à laquelle le commodat doit prendre fin. Le juge va donc s'immiscer dans la relation contractuelle, en substituant purement et simplement sa volonté à celle des parties* ». *Rappr.* : M. AUDIT, « L'imprécision du terme dans le contrat de commodat : revirement de jurisprudence », note sous Cass. 1re civ., 12 novembre 1998, n° 96-19.549, Bull. civ. I, n° 312, *op. cit.*, spéc. n° 21 : « *Il nous semble que le juge devra déterminer ce qu'a pu raisonnablement être la volonté des parties et, en particulier, celle du prêteur au moment de la conclusion de l'accord. Il déterminera ainsi, en fonction des circonstances de l'espèce, la durée approximative au cours de laquelle le prêteur a entendu conférer l'usage de sa chose à l'emprunteur. Une telle démarche comporte un caractère largement prospectif, mais elle n'en est pas moins la meilleure [...] quant à rétablir le sens de la volonté initiale des parties* » ; A. MENDOZA-CAMINADE, « Le commodat à durée indéterminée : vers une solution définitive ? », note sous Cass. 1re civ.,

le débiteur-prêteur peut réclamer l'exécution de l'obligation de restituer[840]. Cette tendance demeure toutefois minoritaire, comme en atteste la consultation des arrêts de la Cour de cassation accessibles sur le site internet « legifrance.gouv.fr » :

Année	Obligation de restituer exigible à partir de la formation du contrat	Obligation de restituer exigible à partir de la date arrêtée par le juge
1980	15/01/1980 (commodat)[841]	Ø
1981	Ø	Ø
1982	25/01/1982 (*mutuum*)[842] 15/07/1982 (*mutuum*)[843]	Ø

---

29 mai 2001, n° 99-13.594, Bull. civ. I, n° 153, *op. cit.* : « *En pratique [...], il souvent sera difficile de trouver des éléments pour déterminer [...la durée de l'emprunt]. C'est pourquoi cette modalité de fixation de la durée n'apparaît pas satisfaisante car elle repose entièrement sur le pouvoir prétorien reconnu au juge : le juge doit décider à la place des parties. Aussi, la détermination de la durée ne relève plus d'une interprétation du contrat par le juge, mais* d'une véritable rédaction du contrat » (nous soulignons).

B) Certains auteurs soulignent cependant que les juges pourront s'appuyer sur des éléments aussi divers que : « *la qualité et la volonté des parties, les caractéristiques du prêt, les circonstances, les usages* » (C. BLOUD-REY, « À propos de la précarité du compte courant d'associé : le droit au remboursement immédiat exclurait la fixation judiciaire du terme... », note sous Cass. com., 10 mai 2011, n° 10-18.749, Bull. civ. IV, n° 73, *Recueil Dalloz*, 2011, p. 2383, spéc. n° 16) ; « *la situation économique, la condition personnelle du débiteur, les rapports familiaux entre les parties* » (B. GRIMONPREZ, *De l'exigibilité en droit des contrats*, *op. cit.*, n° 120).

[840] A) V. ainsi : J. GHESTIN, M. BILLIAU et C. JAMIN, *Traité de droit civil. Les effets du contrat*, *op. cit.*, n° 203 : « *Il semble logique de laisser au juge le soin d'apprécier, en équité, la durée conforme à la justice et à l'utilité sociale* ».

B) En tout état de cause, et comme le souligne un auteur, « *il y a fort à parier que la restitution spontanée ne sera pas monnaie courante, [si bien...] qu'il faudra bien alors saisir le juge pour l'obtenir...* » (R. CRÔNE, « Prêt à usage : les mêmes causes produisent les mêmes effets », note sous Cass. 1re civ., 10 mai 2005, n° 02-17.256, Bull. civ. I, n° 204, *op. cit.*, p. 1154). Aussi, et du même auteur, v. : « Condition de la résiliation d'un contrat de prêt à usage », note sous Cass. 1re civ., 3 février 2004, n° 01-00.004, Bull. civ. I, n° 34, *Defrénois*, 2004, n° 21, p. 1452 : « *Il est peu probable que l'emprunteur obtempère spontanément et restitue [la chose], ce qui obligera à saisir le juge pour obtenir la restitution* ».

[841] Cass. 3e civ., 15 janvier 1980, n° 78-15.312, Inédit.

[842] Cass. com., 25 janvier 1982, n° 79-13.116, Inédit.

[843] Cass. com., 15 juillet 1982, n° 81-10.535, Inédit.

1983	Ø	19/01/1983 (*mutuum*)[844]
1984	09/07/1984 (*mutuum*)[845]	Ø
1985	Ø	Ø
1986	Ø	Ø
1987	Ø	Ø
1988	15/11/1988 (*mutuum*)[846]	Ø
1989	10/05/1989 (commodat)[847]	Ø
1990	Ø	Ø
1991	Ø	Ø
1992	Ø	Ø
1993	Ø	Ø
1994	Ø	Ø
1995	Ø	Ø
1996	Ø	Ø
1997	24/06/1997 (*mutuum*)[848]	Ø
1998	Ø	12/11/1998 (commodat)[849]
1999	03/02/1999 (*mutuum*)[850]	Ø
2000	Ø	Ø
2001	Ø	29/05/2001 (commodat)[851]
2002	Ø	Ø
2003	24/06/2003 (*mutuum*)[852]	Ø
2004	03/02/2004 (commodat)[853]	Ø

[844] Cass. 1re civ., 19 janvier 1983, n° 81-15.105, Bull. civ. I, n° 29.
[845] Cass. 3e civ., 9 juillet 1984, n° 83-12.223, Bull. civ. III, n° 135.
[846] Cass. 1re civ., 15 novembre 1988, n° 86-16.467, Inédit.
[847] Cass. 1re civ., 10 mai 1989, n° 87-10.875, Bull. civ. I, n° 191, *op. cit.*
[848] Cass. com., 24 juin 1997, n° 95-20.056, Bull. civ. IV, n° 207, *Bulletin Joly Sociétés*, 1997, n° 10, p. 871, note B. SAINTOURENS ; *Recueil Dalloz*, 1998, p. 178, note J.-C. HALLOUIN ; *JCP N 1998*, n° 13, p. 490, note J.-P. GARÇON ; *RTD com.*, 1998, p. 153, note C. CHAMPAUD et D. DANET ; *JCP G 1997*, n° 50, II, 22966, note P. MOUSSERON ; *Defrénois*, 1998, n° 10, p. 667, note J. HONORAT.
[849] Cass. 1re civ., 12 novembre 1998, n° 96-19.549, Bull. civ. I, n° 312, *op. cit.*
[850] Cass. 3e civ., 3 février 1999, n° 97-10.399, Bull. civ. III, n° 31, *Bulletin Joly Sociétés*, 1999, n° 5, p. 577, note A. COURET ; *RTD com.*, 1999, p. 456, note M.-H. MONSÈRIÉ-BON ; *RDI*, 1999, p. 265, note J.-C. GROSLIÈRE.
[851] Cass. 1re civ., 29 mai 2001, n° 99-13.594, Bull. civ. I, n° 153, *op. cit.*
[852] Cass. com., 24 juin 2003, n° 00-17.478, Inédit.
[853] Cass. 1re civ., 3 février 2004, n° 01-00.004, Bull. civ. I, n° 34, *op. cit.*

	03/11/2004 (*mutuum*)[854]	
2005	19/01/2005 (commodat)[855] 10/05/2005 (commodat)[856]	Ø
2006	03/05/2006 (commodat)[857] 27/06/2006 (commodat)[858] 24/10/2006 (commodat)[859] 14/11/2006 (*mutuum*)[860]	07/03/2006 (commodat)[861]
2007	04/04/2007 (commodat)[862]	Ø
2008	Ø	Ø
2009	08/12/2009 (*mutuum*)[863]	Ø
2010	20/01/2010 (commodat)[864] 03/06/2010 (commodat)[865] 21/09/2010 (commodat)[866]	26/01/2010 (*mutuum*)[867]
2011	10/05/2011 (*mutuum*)[868]	Ø

[854] Cass. com., 3 novembre 2004, n° 01-17.491, Inédit, *Droit des sociétés*, 2005, n° 2, comm. 24, note F.-G. TRÉBULLE.
[855] Cass. 3e civ., 19 janvier 2005, n° 03-16.623, Bull. civ. III, n° 12, *op. cit.*
[856] Cass. 1re civ., 10 mai 2005, n° 02-17.256, Bull. civ. I, n° 204, *op. cit.*
[857] Cass. 1re civ., 3 mai 2006, n° 05-16.966, Inédit, *op. cit.*
[858] Cass. 1re civ., 27 juin 2006, n° 04-20.769, Inédit.
[859] Cass. 1re civ., 24 octobre 2006, n° 05-20.114, Inédit.
[860] Cass. com., 14 novembre 2006, n° 05-15.851, Inédit, *RTD com.*, 2007, p. 140, note C. CHAMPAUD et D. DANET.
[861] Cass. 3e civ., 7 mars 2006, n° 04-18.506, Inédit, *AJDI*, 2006, p. 489.
[862] Cass. 3e civ., 4 avril 2007, n° 06-12.195, Bull. civ. III, n° 56, *op. cit.*
[863] Cass. com., 8 décembre 2009, n° 08-16.418, Inédit, *Droit des sociétés*, 2010, n° 3, comm. 42, note M.-L. COQUELET ; *L'ESSENTIEL Droit des contrats*, 2010, n° 2, p. 7, note D. GALLOIS-COCHET ; *RTD com.*, 2010, p. 359, note C. CHAMPAUD et D. DANET ; *Revue des sociétés*, 2010, p. 37, note A. LIENHARD ; *Gazette du Palais*, 2010, n° 112, p. 16, note B. DONDERO et A.-F. ZATTARA-GROS.
[864] Cass. 1re civ., 20 janvier 2010, n° 08-13.930, Inédit, *op. cit.*
[865] Cass. 1re civ., 3 juin 2010, n° 09-14.633, Bull. civ. I, n° 127, *op. cit.*
[866] Cass. 3e civ., 21 septembre 2010, n° 09-67.605, Inédit, *RTD civ.*, 2010, p. 784, note B. FAGES.
[867] Cass. com., 26 janvier 2010, n° 08-12.591, Bull. civ. IV, n° 22, *Dalloz actualité*, 5 février 2010, note X. DELPECH ; *Revue de Droit bancaire et financier*, 2010, n° 3, comm. 83, note F. J. CRÉDOT et T. SAMIN ; *JCP E 2010*, n° 27-28, 1656, note J.-B. SEUBE ; *RDI*, 2010, p. 202, note H. HEUGAS-DARRASPEN ; *JCP G 2010*, n° 18, doctr. 516, note P. GROSSER.
[868] Cass. com., 10 mai 2011, n° 10-18.749, Bull. civ. IV, n° 73, *Revue Lamy droit des affaires*, 2011, n° 62, note A. CERATI-GAUTHIER ; *Dalloz actualité*, 24 mai 2011, note X. DELPECH ; *Revue Lamy Droit civil*, 2011, n° 84 ; *JCP E 2011*, n° 34, 1575, note R. MORTIER ; *Recueil Dalloz*, 2011, p. 2383, note

	22/11/2011 (commodat)[869]	
2012	02/05/2012 (commodat)[870] 14/11/2012 (commodat)[871]	Ø
2013	Ø	Ø
2014	02/07/2014 (commodat)[872]	22/01/2014 (*mutuum*)[873]
2015	30/09/2015 (commodat)[874]	09/04/2015 (commodat)[875]
2016	26/05/2016 (commodat)[876] 13/07/2016 (commodat)[877] 17/11/2016 (commodat)[878]	Ø
2017	Ø	Ø
2018	03/05/2018 (*mutuum*)[879] 16/05/2018 (commodat)[880]	Ø

C. BLOUD-REY ; *L'ESSENTIEL Droit des contrats*, 2011, n° 9, p. 6, note G. GUERLIN ; *RTD com.*, 2011, p. 575, note A. CONSTANTIN ; *Bulletin Joly Sociétés*, 2011, n° 10, p. 754, note J. LASSERRE CAPDEVILLE ; *JCP G 2011*, n° 42, doctr. 1141, note P. GROSSER ; *Gazette du Palais*, 2011, n° 160, p. 14, note B. DONDERO et A.-F. ZATTARA-GROS.

[869] Cass. 3e civ., 22 novembre 2011, n° 10-27.556, Inédit, *op. cit.*

[870] Cass. 3e civ., 2 mai 2012, n° 11-18.927, Inédit, *AJDI*, 2012, p. 421.

[871] Cass. 1re civ., 14 novembre 2012, n° 11-25.900, Inédit, *op. cit.*

[872] Cass. 1re civ., 2 juillet 2014, n° 13-17.532, Inédit, *AJDI*, 2015, p. 38, note F. DE LA VAISSIÈRE ; *Petites affiches*, 2015, n° 30, p. 7, note P. BOISLIVEAU.

[873] Cass. soc., 22 janvier 2014, n° 12-23.565 et n° 12-23.566, Inédit, *Recueil Dalloz*, 2014, p. 1115, note P. LOKIEC.

[874] Cass. 1re civ., 30 septembre 2015, n° 14-25.709, Bull. civ. I, n° 1028, *AJDI*, 2015, p. 838, note F. DE LA VAISSIÈRE ; *RTD com.*, 2015, p. 738, note B. BOULOC ; *JCP A 2016*, n° 3, 2018, note M. PHILIP-GAY ; *Dalloz actualité*, 14 octobre 2015, note N. KILGUS ; *Recueil Dalloz*, 2015, p. 2350, note A. ETIENNEY-DE SAINTE MARIE ; *JCP G 2015*, n° 46-47, doctr. 1261, spéc. n° 1, chron. G. LOISEAU ; *Gazette du Palais*, 2016, n° 01, p. 38, note D. HOUTCIEFF ; *Defrénois*, 2016, n° 02, p. 74, note J.-B. SEUBE ; *Petites affiches*, 2016, n° 4, p. 8, note A. GARRAUD.

[875] Cass. 1re civ., 9 avril 2015, n° 11-21.877, Inédit, *RTD com.*, 2015, p. 351, note B. BOULOC.

[876] Cass. 3e civ., 26 mai 2016, n° 14-28.082, Inédit, *AJDI*, 2016, p. 620 ; *Defrénois*, 2016, n° 21, p. 1139, note F. ROUSSEL.

[877] Cass. 1re civ., 13 juillet 2016, n° 15-20.804, Inédit, *op. cit.*

[878] Cass. 3e civ., 17 novembre 2016, n° 15-22.751, Inédit, *op. cit.*

[879] Cass. 3e civ., 3 mai 2018, n° 16-16.558, Inédit, *JCP N 2018*, n° 40, 1300, note P. STORCK ; *JCP E 2019*, n° 13, 1145, chron. J.-C. PAGNUCCO ; *Droit des sociétés*, 2018, n° 8-9, comm. 140, note H. HOVASSE ; *Bulletin Joly Sociétés*, 2018, n° 07-08, p. 428, note J.-F. BARBIÈRI.

[880] Cass. 1re civ., 16 mai 2018, 16-25.561, Inédit, *AJDI*, 2018, p. 515.

	24/05/2018 (*mutuum*)[881]	
2019	Ø	Ø
2020	Ø	Ø
Total /41	34 arrêts	7 arrêts

Au demeurant, la lecture de la jurisprudence offre un certain nombre d'illustrations de l'exploitation, par les tribunaux, des outils dont ils disposent pour ralentir, si besoin est, la mise en œuvre du droit à l'exécution de l'obligation de restituer[882]. Ainsi les magistrats ont-ils pu tenir pour raisonnable le délai d'un mois imparti par la mise en demeure de restituer « *un immeuble d'habitation* »[883], et pour déraisonnable le délai de six mois imparti par la mise en demeure de restituer « *un bâtiment et des terrains agricoles* », au regard des investissements importants opérés par le créancier-emprunteur[884]. De même ont-ils pu tenir pour fautif « *le prêteur ayant sommé l'emprunteur de quitter sans délai* » les parcelles litigieuses[885], et pour innocent « *l'associé ayant demandé le remboursement sans délai de son compte courant d'associé* »[886], en dépit « *des difficultés financières majeures* » rencontrées par la société-emprunteuse[887].

104. Conclusion de section. En présence d'un usage interminable, l'application de la règle de droit spécial énoncée aux articles 1888 et 1889 du Code civil reviendrait (fatalement) à priver à jamais le débiteur-prêteur de sa chose. Conséquemment, une grande partie de la doctrine propose de ne pas appliquer lesdits articles en pareil cas.

---

881 Cass. com., 24 mai 2018, 17-10.119, Inédit, *L'ESSENTIEL Droit des entreprises en difficulté*, 2018, n° 07, p. 6, note T. FAVARIO ; *Gazette du Palais*, 2018, n° 32, p. 69, note É. CASIMIR ; *Droit des sociétés*, 2019, n° 2, comm. 20, note R. MORTIER ; *Revue des procédures collectives*, 2018, comm. 203, note A. MARTIN-SERF.

882 *Supra*, n° 96.

883 Cass. 3e civ., 2 mai 2012, n° 11-18.927, Inédit, *op. cit.*

884 J.-J. BARBIÉRI, « Analyse de la jurisprudence récente en matière de prêt à usage », *op. cit.*

885 Cass. 3e civ., 26 mai 2016, n° 14-28.082, Inédit, *op. cit.*

886 Le compte courant d'associé est un prêt, la solution est acquise de longue date : v. ainsi H. BOSVIEUX et C. HOUPIN, *Traité général théorique et pratique des sociétés civiles et commerciales et des associations*, t. 1, 7e éd., Librairie du Recueil Sirey, 1935, n° 195.

887 CA Lyon, 27 juin 2019, n° 17/06229.

Cette proposition mérite d'être approuvée, puisqu'à défaut, il existerait là encore un risque de disqualification de l'emprunt en donation. Par suite, et comme précédemment[888], un retour à la règle de droit commun mentionnée à l'article 1305 du Code civil nous a paru s'imposer, même s'il est vrai que cette règle est parfois battue en brèche par certains arrêts ayant préféré confier au juge le soin de localiser le jour à partir duquel l'obligation de restituer devient exigible. C'est dire qu'à notre sens, le débiteur-prêteur peut réclamer son exécution quand bon lui semble.

Conclusion du chapitre 2

105. À l'issue de ce chapitre, il appert que le point d'arrivée de l'obligation de prêter – le jour à partir duquel le débiteur-prêteur est investi du droit à l'exécution de l'obligation de restituer – est tantôt le jour auquel l'usage a pris fin et tantôt le jour de la formation du contrat-source de prêt.

Afin de parvenir à ce résultat, nous avons dû démontrer que la règle de droit spécial codifiée aux articles 1888 et 1889 du Code civil, et en vertu de laquelle l'obligation de restituer devient exigible une fois l'usage achevé, est inopérante dans les deux hypothèses suivantes : la première est celle dans laquelle l'expiration de l'usage auquel la chose est destinée, dépend uniquement de la bonne volonté du créancier-emprunteur ; la seconde est celle dans laquelle l'usage est, à proprement parler, interminable.

Dans ces hypothèses, il nous a semblé nécessaire de revenir à la règle de droit commun codifiée à l'article 1305 du Code civil, et en vertu de laquelle l'obligation de restituer devient exigible au jour de la formation du contrat de prêt. Bien que le recours à cette règle puisse virtuellement heurter le sens profond du prêt, il n'en demeure pas moins qu'il est en mesure de pallier les lacunes précédemment relevées et, surtout, que sa mise en application peut être largement modérée par les tribunaux lorsqu'ils l'estiment opportun.

---

[888] *Supra*, n° 96.

CONCLUSION DU TITRE 1

106. Les recherches menées sur la longueur de l'obligation de prêter, nous ont conduit à localiser le point de départ et le point d'arrivée qui en marquent le commencement et le dénouement. En ce qui concerne le premier, il s'agit du moment à partir duquel l'obligation de prêter devient exigible, c'est-à-dire du jour à partir duquel le créancier-emprunteur est investi du droit à l'exécution de ladite obligation. Dès lors, un approfondissement de la règle de droit commun mentionnée à l'article 1305 du Code civil nous a permis de parvenir aux résultats suivants :

- À suivre l'article 1305 du Code civil, l'obligation de prêter devient exigible dès la formation du contrat-source de prêt ;
- Le droit à l'exécution de l'obligation de prêter n'implique pas le droit d'en exiger l'exécution forcée, si bien qu'il n'y a rien d'illusoire à situer le point de départ à une date à laquelle l'obligation de prêter n'est peut-être pas encore susceptible d'exécution forcée ;
- Le droit à l'exécution de l'obligation de prêter n'implique pas le droit d'en obtenir effectivement le paiement, ce pour quoi il n'y a – une fois encore – rien d'illusoire à situer le point de départ à un moment auquel l'obligation de prêter n'est peut-être pas encore susceptible d'exécution volontaire.

107. Concernant le second, il s'agit du jour à partir duquel l'obligation de restitution devient exigible, c'est-à-dire de la date à partir de laquelle le débiteur-prêteur est investi du droit à l'exécution de cette obligation. Dès lors, une exploration de la règle de droit spécial tirée des articles 1888 et 1889 du Code civil nous a permis d'aboutir aux résultats suivants :

- À suivre les articles précités du Code civil, l'obligation de restituer ne devient exigible qu'au jour où le créancier-emprunteur s'est servi de la chose ;
- Le recours auxdits articles est aberrant lorsque l'usage est temporellement illimité, mais également lorsque sa cessation dépend de la bonne volonté du créancier-emprunteur ; dans ces hypothèses, l'application de la règle de droit commun portée par l'article 1305 du Code civil doit être privilégiée en ce qu'elle offre le moyen de restreindre la durée de l'emprunt tout en mettant l'emprunteur à l'abri d'éventuels abus du prêteur.

108. En somme, la durée de l'obligation de prêter est, pour ainsi dire, contingente : lorsque l'usage n'est pas permanent et lorsque son extinction ne dépend pas du bon vouloir de l'emprunteur, alors l'obligation de prêter couvre un intervalle de temps ; en revanche, et lorsque l'usage est perpétuel ou lorsque son extinction dépend de la bonne volonté de l'emprunteur, alors l'obligation de prêter ne couvre (virtuellement) plus une fraction de temps – même si, dans ce dernier cas, il incombe aux juges d'en assurer la stabilité en temporisant, si besoin est et par divers moyens, l'exercice du droit à l'exécution de l'obligation de restituer.

TITRE 2. LA DÉTERMINATION DE LA GRANDEUR DE L'OBLIGATION DE PRÊTER

109. Une obligation a pour grandeur un poids plus ou moins grand, lequel s'entend de « *l'importance* »[889] qu'elle recouvre, ou, pour le formuler autrement, de « *l'autorité* »[890] qu'elle revêt[891].

La détermination de la grandeur de l'obligation de prêter commande, de la sorte, de délimiter – « peser »[892] – le poids correspondant, en éprouvant sa résistance aux vents contraires de l'économie (Chapitre 1) et aux exigences de l'idéal dominant (Chapitre 2).

---

889 *Dictionnaire de l'Académie française*, 9e éd., v. *Poids*.

890 *Le Lexis*, v. *Poids*.

891 *Comp.* : *Grand Larousse*, v. *Poids* : « *IV. Force métaphorique. Capacité d'exercer une influence décisive, tenant au prestige, au mérite, à l'importance de la personne ou de la chose considérée* ».

892 « *Peser, c'est savoir* » : G. SAINT-ÈVRE, *Du feu et de la combustion. Leçon professée le 20 février 1866*, Poitiers, 1866, p. 25.

CHAPITRE 1. L'OBLIGATION DE PRÊTER FACE AUX VENTS CONTRAIRES DE L'ÉCONOMIE

110. Le contrat n'est pas « *voué à un splendide isolement* »[893], il vit avec son temps et dans son temps. C'est pourquoi il est « *tout imprégné de données économiques* »[894] dont on a pu écrire qu'elles sont « *essentiellement anarchiques et mouvantes* »[895]. Il en est particulièrement ainsi du contrat de prêt, où la volonté d'encourager le crédit aux entreprises[896], d'améliorer la transparence du marché

---

[893] H. LALOU, « 1382 contre 1165 ou la responsabilité délictuelle des tiers à l'égard d'un contractant et d'un contractant à l'égard des tiers », *Dalloz. Recueil Hebdomadaire*, 1928, n° 32, p. 69, spéc. p. 69. En outre, v. : L. THIBIERGE, *Le contrat face à l'imprévu*, *op. cit.*, n° 518.

[894] G. LYON-CAEN, « L'obligation implicite », *in L'obligation. Tome 44*, Archives de philosophie du droit, Dalloz, 2000, p. 109, spéc. p. 109.

[895] H. DEGUILLEM, *La socialisation du contrat. Étude de sociologie juridique*, Niort, 1944, p. 30. En outre, v. le travail de : V. VENIAMIN, *Essai sur les données économiques dans l'obligation civile*, LGDJ, 1931.

[896] A) Par exemple, v. alinéa premier de l'article L. 650-1 du Code de commerce – selon lequel « *lorsqu'une procédure de sauvegarde, de redressement judiciaire ou de liquidation judiciaire est ouverte, les créanciers ne peuvent être tenus pour responsables des préjudices subis du fait des concours consentis, sauf les cas de fraude, d'immixtion caractérisée dans la gestion du débiteur ou si les garanties prises en contrepartie de ces concours sont disproportionnées à ceux-ci* » – et les observations de F. J. CRÉDOT et Y. GÉRARD, « Encadrement de la responsabilité des créanciers pour soutien abusif », *Revue de Droit bancaire et financier*, 2005, n° 5, 154 ; R. ROUTIER, « L'article L. 650-1 du Code de commerce : un article "détonnant" pour le débiteur et "détonant" pour le contribuable ? », *Recueil Dalloz*, 2006, p. 2916 ; R. ROUTIER, « De l'irresponsabilité du prêteur dans le projet de loi de sauvegarde des entreprises », *Recueil Dalloz*, 2005, p. 1478 ; J. MOURY, « La responsabilité du fournisseur de "concours" dans le marc de l'article L. 650-1 du Code de commerce », *Recueil Dalloz*, 2006, p. 1743 ; J. TURCZYNSKI, « Le soutien abusif », *Petites affiches*, 2007, n° 57, p. 30 ; D. ROBINE, « L'article L. 650-1 du Code de commerce, un "cadeau" empoisonné ? », *Recueil Dalloz*, 2006, p. 69 ; R. ROUTIER, « Le cantonnement de la responsabilité pour soutien abusif – Commentaire de l'article L. 650-1 du Code de commerce », *Gazette du Palais*, 2005, n° 253, p. 33 ; N. MATHEY et J. STOUFFLET, « Loi sur la sauvegarde des entreprises du 26 juillet 2005. Commentaire des dispositions applicables aux concours financiers », *Revue de Droit bancaire et financier*, 2006, n° 1, dossier 1 ; D. CARAMALLI, « Réforme du soutien abusif de crédit – Le point de vue du praticien », *Petites affiches*, 2005, n° 76, p. 6 ; D. ROBINE, « L'article L. 650-1 du Code de commerce : Un Janus à deux visages », *in Mélanges en l'honneur du Professeur Paul Le Cannu. Le droit des affaires à la confluence de la théorie et de*

la pratique, LGDJ, 2014, p. 621 ; P. HOANG, « L'octroi abusif de crédit s'invite à la table de l'exclusion de responsabilité de l'article L. 650-1 du Code de commerce », *Recueil Dalloz*, 2012, p. 2034 ; T. DORLEAC, « Le banquier et la nouvelle loi de sauvegarde du 26 juillet 2005 », *Petites affiches*, 2006, n° 190, p. 7 ; V. FORRAY, « Commentaire complémentaire de l'article L. 650-1 du Code de commerce », *RTD com.*, 2008, p. 661 ; T. FAVARIO, « La responsabilité des créanciers pour les concours consentis », *Revue des procédures collectives*, 2020, n° 1, dossier 6 ; J. LASSERRE CAPDEVILLE, « Quelle utilité pour l'article L. 650-1 du Code de commerce ? », *in Mélanges en l'honneur de Jean-Luc Vallens*, Joly Éditions, 2017, p. 81.

B) Par exemple, et en (tout) dernier lieu, v. article premier de l'Arrêté du 23 mars 2020 accordant la garantie de l'État aux établissements de crédit et sociétés de financement en application de l'article 4 de la loi n° 2020-289 du 23 mars 2020 de finances rectificative pour 2020 – d'après lequel « *la garantie de l'État est accordée aux établissements de crédit et sociétés de financement pour les prêts [...] consentis, sans autre garantie ou sûreté, à compter du 16 mars 2020 et jusqu'au 31 décembre 2020 [...], à des entreprises [...]. Cette garantie porte sur le principal, les intérêts et les accessoires* » – et les observations de J. LASSERRE CAPDEVILLE, « Prêts garantis par l'État : Les premières difficultés », *JCP E 2020*, n° 17, act. 275 ; X. DELPECH, « Coronavirus : précisions pratiques et réglementaires sur le mécanisme de prêt garanti par l'État », *Dalloz actualité*, 23 avril 2020 ; M. DI MARTINO, « Les prêts de trésorerie garantis par l'État », *Revue des procédures collectives*, 2020, n° 3, prat. 2 ; B. BURY, « La relance nécessaire : qui porte le risque ? », *Gazette du Palais*, 2020, n° 21, p. 52 ; Y. BROUSSOLLE, « La garantie de l'État aux établissements de crédit et sociétés de financement en application de l'article 4 de la loi n° 2020-289 du 23 mars 2020 de finances rectificative pour 2020 », *Petites affiches*, 2020, n° 119, p. 9 ; X. DELPECH, « Nouvelles précisions réglementaires sur le prêt garanti par l'État », *Dalloz actualité*, 15 mai 2020 ; M. ROUSSILLE, « Prêt garanti par l'État, dispositif exceptionnel de soutien aux entreprises face à la crise sanitaire », *Gazette du Palais*, 2020, n° 21, p. 81 ; L. FIN-LANGER et F. PETIT, « Mesures intéressant le financement des entreprises », *Lettre d'actualité des Procédures collectives civiles et commerciales*, 2020, n° 8, alerte 107 ; K. MAGNIER-MERRAN, « Observations sur l'impact du Covid-19 en droit bancaire et financier », *AJ contrat*, 2020, p. 183 ; J. LASSERRE CAPDEVILLE, « Soutien et aides des banques en faveur des entreprises dans le contexte du coronavirus », *Revue de Droit bancaire et financier*, 2020, n° 2, étude 4 ; X. DELPECH, « Crise sanitaire – Financement – Le prêt garanti par l'État encore sur le métier », *Juris associations*, 2020, n° 620, p. 9 ; X. DELPECH, « Coronavirus : Le mécanisme de prêts garantis par l'État opérationnel », *Dalloz actualité*, 24 mars 2020 ; X. DELPECH, « À la une – Crise sanitaire – Aspects juridiques de la nouvelle loi de finances rectificative », *Juris associations*, 2020, n° 619, p. 6 ; J. LASSERRE CAPDEVILLE, « Covid-19 – Soutien et aides des banques en faveur des entreprises », *JCP E 2020*, n° 15-16, 1165 ; D. LEGEAIS, « Coronavirus. Conséquences de la crise de la Covid-19 », *RTD com.*, 2020, p. 431.

bancaire[897] ou d'éviter une dégradation des finances de l'État[898], sont autant de données qui ne cessent de bouleverser sa physionomie.

---

[897] Par exemple, v. article 4 de la Loi n° 66-1010 du 28 décembre 1966 relative à l'usure, aux prêts d'argent et à certaines opérations de démarchage et de publicité – d'après lequel « *le taux effectif global [du prêt] doit être mentionné dans tout écrit constatant un contrat de prêt* » – et les observations de A. PERIN-DUREAU, « Mention du taux effectif global – Étude d'une mesure à l'efficacité et à la cohérence discutables ; 1re partie – Étendue de la mesure », *Revue de Droit bancaire et financier*, 2016, n° 5, étude 28, puis « Mention du taux effectif global – Étude d'une mesure à l'efficacité et à la cohérence discutables ; 2e partie – Sanction du dispositif », *Revue de Droit bancaire et financier*, 2016, n° 6, étude 29 ; Y. LE TARGAT, « TEG en matière de crédit immobilier : regard critique d'un praticien sur une jurisprudence très (trop ?) favorable aux banques », *Gazette du Palais*, 2016, n° 17, p. 64 ; G. »MATHIEU, « Taux effectif global, usure et crédit aux entreprises », *Gazette du Palais*, 2000, n° 321, p. 2 ; J. LASSERRE CAPDEVILLE, « Les évolutions jurisprudentielles du droit applicable au taux effectif global », *Petites affiches*, 2012, n° 225, p. 10 ; P. LUTZ, « Un TEG exact », *Revue de Droit bancaire et financier*, 2017, n° 3, étude 13 ; P. LUTZ, « TEG – Réflexions d'un praticien », *Revue de Droit bancaire et financier*, 2014, n° 6, étude 23 ; J. MOREAU et O. POINDRON, « La réforme du TEG ou les malheurs de la vertu », *Revue de Droit bancaire et financier*, 2019, n° 6, étude 16 ; O. BERG et P. LUTZ, « Taux effectif global, de plus en plus d'incertitudes », *Recueil Dalloz*, 2005, p. 841 ; A. BRUNET, « Le TEG : Un taux d'embrouille généralisée ? », *in Mélanges en l'honneur de Élie Alfandari*, Dalloz, 1999, p. 231 ; H. LEFEBVRE et N. MURADOVA, « Le taux effectif global (TEG) dans les prêts à finalité professionnelle », *JCP E 2014*, n° 26, 1353 ; P. BOUTEILLER, « Le taux effectif global, ou l'illusion d'un instrument d'information et de comparaison », *in* J.-J. DAIGRE et A. GOURIO (dir.), *Droit bancaire et financier. Mélanges AEDBF France VI*, Revue Banque, 2013, p. 161.

[898] Par exemple, v. article 2 de la Loi n° 2014-844 du 29 juillet 2014 relative à la sécurisation des contrats de prêts structurés souscrits par les personnes morales de droit public – selon lequel « *sous réserve des décisions de justice passées en force de chose jugée, est validée la stipulation d'intérêts prévue par tout écrit constatant un contrat de prêt [...] conclu antérieurement à l'entrée en vigueur de la présente loi entre un établissement de crédit et une personne morale de droit public, en tant que la validité de cette stipulation serait contestée par le moyen tiré de la mention d'un taux effectif global, d'un taux de période ou d'une durée de période qui ne sont pas déterminés conformément à l'article L. 313-1 du code de la consommation, dès lors que cet écrit constatant un contrat de prêt [...] indique de façon conjointe : 1° Le montant [...] des échéances de remboursement du prêt en principal et intérêts ; 2° La périodicité de ces échéances ; 3° Le nombre de ces échéances ou la durée du prêt* » – et les observations de D. LEGEAIS, « Loi n° 2014-844 du 29 juillet 2014 relative à la sécurisation des contrats de prêts structurés souscrits par les personnes morales de droit public », *RTD com.*, 2014, p. 669 ; J. LASSERRE CAPDEVILLE, « Sécurisation des contrats de prêts structurés souscrits par les personnes morales de droit public : présentation de la loi

En ce qui concerne l'obligation de prêter et elle seule, les perturbations engendrées par « *la grande crise* »[899] des années 2007-2009, doivent retenir notre attention (Section 1), d'autant plus qu'elles ne sont pas sans répercussions (Section 2).

---

du 29 juillet 2014 », *AJ Collectivités Territoriales*, 2014, p. 400 ; J. LASSERRE CAPDEVILLE, « Analyse de la loi n° 2014-844 du 29 juillet 2014 relative à la sécurisation des contrats de prêts structurés souscrits par les personnes morales de droit public », *AJ Collectivités Territoriales*, 2014, p. 490 ; D. DA PALMA et M.-A. HOUCKE, « La sécurisation des emprunts structurés souscrits par les personnes morales de droit public », *JCP A 2014*, n° 49, 2339 ; J. MARTIN, « Validation des emprunts structurés des personnes publiques pour défaut de TEG », *Revue de Droit bancaire et financier*, 2014, n° 5, comm. 165 ; J. MARTIN, « Emprunts et hôpital public », *RDSS*, 2015, p. 99 ; P. DE BAECKE, « La validation législative des contrats conclus dans des conditions irrégulières : Les emprunts toxiques justifiés par un motif impérieux d'intérêt général », *Constitutions*, 2014, p. 360 ; J. MOREAU, O. POINDRON et B. WERTENSCHLAG, « Emprunts toxiques : le taux légal (n')est (pas) mort… vive le taux légal ! », *JCP A 2014*, n° 49, 2338 ; X. CABANNES, « Collectivités territoriales et emprunts toxiques : le chemin est long », *RFDA*, 2019, p. 254 ; J. LASSERRE CAPDEVILLE, « La banque face au risque de condamnation », *JCP G 2014*, n° 39, doctr. 976, spéc. n° 34 s. ; P. BOUTEILLER, « Rémunération de la banque. La rémunération de la banque par l'intérêt », *Revue de Droit bancaire et financier*, 2015, n° 2, 16, spéc. n° 21.

899 O. KLEIN, « La crise financière – Enseignements et perspectives », *Revue d'économie financière*, 2015, n° 117, p. 277, spéc. p. 277.

Section 1. Perturbations

111. ***« La descente aux enfers »*[900].** La crise financière provoquée par la défaillance du système de crédit hypothécaire américain à l'été 2007 et la mise en faillite de la banque Lehman Brothers en septembre 2008[901], est l'un des évènements les plus importants

---

[900] F.-J. CRÉDOT, note sous TGI Strasbourg, référé, 5 janvier 2016, n° 15/00764, n° 15/00765, n° 15/00766, n° 15/00767 et n° 15/00768, *Revue de Droit bancaire et financier*, 2016, n° 2, comm. 54.

[901] *Rappr.* : B. S. BERNANKE, *Mémoires de crise. Traduit de l'anglais (États-Unis) par Anatole Muchnik et Johan-Frédérik Hel Guedj*, Éditions du Seuil, 2015, p. 15 s. : *« Il était 20 heures. Mardi 16 septembre 2008. J'avais beau être épuisé, lessivé sur le plan mental et émotionnel, je ne tenais pas en place. Par la fenêtre de mon bureau de la Réserve fédérale, dans l'Eccles Building, je contemplais les lumières des voitures sur Constitution Avenue et la sombre silhouette des ormes bordant le National Mall. Des dizaines d'employés étaient encore au travail, mais juste devant ma porte le couloir était vide [...]. Seule avec moi dans la pièce, assise en silence, Michelle Smith, qui dirigeait notre service de communication et mon cabinet, attendait que je dise quelque chose. À peine plus de quatre heures auparavant, je me trouvais avec le secrétaire au Trésor, Henry Hank Paulson, dans les fauteuils de cuir de la Roosevelt Room, une salle sans fenêtre de la Maison Blanche à quelques pas du Bureau ovale. Au-dessus de la cheminée trônait un portrait de Teddy Roosevelt en tenue de Rough Rider sur un cheval cabré. En face de nous, de l'autre côté de la table de bois lustré, se tenait l'occupant d'alors de la Maison Blanche, George W. Bush, l'air grave, flanqué de son vice-président, Dick Cheney. Les conseillers du Président, les principaux assistants de Hank ainsi que des représentants d'autres agences de régulation financière occupaient la dizaine de sièges disposés autour de la table. D'ordinaire, le Président aimait donner à ces réunions une certaine légèreté de ton, ouvrant les débats d'une taquinerie bon enfant ou d'une plaisanterie adressée à un proche conseiller. Pas ce jour-là. Sans détour, il a demandé : "Comment en sommes-nous arrivés là ?" C'était une question rhétorique. Cela faisait plus d'une année que nous étions aux prises avec une crise financière débridée... Au mois de mars, la Fed avait prêté 30 milliards de dollars pour aider JP Morgan Chase à empêcher la faillite de Bear Stearns, banque d'investissement cotée à Wall Street. Début septembre, le gouvernement avait mis la main sur Fannie Mae et Freddie Mac pour prévenir l'effondrement de ces deux organismes – qui assurent le financement de près de la moitié de l'ensemble des crédits immobiliers aux États-Unis. Et la veille encore, à 1 heure 45 du matin, Lehman Brothers, quatrième banque d'investissement du pays, avait déposé son bilan, après une dernière tentative aussi frénétique qu'inutile conduite par Hank avec le président de la Fed de New York, Tim Geithner, de trouver un partenaire pour fusionner. Dès la faillite de Lehman, les marchés étaient en proie à une panique bien réelle, d'une intensité jamais vue depuis la Grande Dépression. Le Dow Jones Industrial Average avait perdu 504 points dans la journée de lundi, son plus gros*

depuis la Seconde Guerre Mondiale : « *qu'il s'agisse de l'effondrement de grandes institutions, de la baisse de la valeur des actifs et de la destruction des richesses nominales qui en résulte, de l'interruption des flux de crédits, de la crainte du défaut, y compris pour des contreparties réputées, ou encore de la perte de confiance (à la fois dans les institutions et dans les instruments du marché du crédit), rien de tel ne s'était produit [dans l'après-guerre]* »[902]. Pour y faire face, les grandes banques centrales des économies développées sont sorties de « *leur cadre habituel d'intervention* »[903] en menant une politique monétaire expansionniste – « *consistant à abreuver les systèmes financiers de liquidités* »[904] – au moyen d'outils non conventionnels[905]. C'est dans ce contexte que la Banque centrale européenne a notamment décidé d'abaisser « *nettement* »[906] ses taux directeurs au point de les rendre négatifs, l'idée étant « *d'inciter* »[907] les établissements bancaires de la zone euro à « *prêter leurs liquidités excédentaires aux États et à des débiteurs privés* »[908] plutôt que de « *les immobiliser*

---

plongeon depuis le 17 septembre 2001 – première journée d'échanges après les attentats terroristes du 11 septembre – et la vague de ventes avait gagné les marchés du monde entier... À mesure que s'était dissipée la confiance dans les institutions financières, les taux d'intérêts des prêts interbancaires s'étaient envolés. Plus inquiétant encore, on nous rapportait que de grands et de petits investisseurs retiraient leurs liquidités des fonds communs de placement monétaires parce que l'un des plus importants d'entre eux avait subi des pertes à la suite de l'effondrement de Lehman ».

902 B. FRIEDMAN, « Crise financière : conséquences pour la politique monétaire et la pratique monétaire », *Revue d'économie financière*, 2016, n° 121, p. 59, spéc. p. 59.

903 I. MARTINACHE, « L'efficacité des politiques monétaires non conventionnelles », *Idées économiques et sociales*, 2018, n° 192, p. 6, spéc. p. 6.

904 H.-H. KOTZ et J. LE CACHEUX, « Introduction », *Revue d'économie financière*, 2016, n° 121, p. 11, spéc. p. 11.

905 Sur lesquels, v. : M. LEPPIN et J. NAGEL, « Les mesures de politique monétaire non conventionnelles et leur impact sur les marchés », *Revue d'économie financière*, 2016, n° 121, p. 97.

906 F. LEMAIRE et D. PLIHON, « Le poison des taux d'intérêt négatifs », *Le Monde diplomatique*, novembre 2019.

907 O. KLEIN, « La politique de taux bas et de taux négatifs – Raisons et conséquences pour les banques », *Revue d'économie financière*, 2017, n° 125, p. 279, spéc. p. 281.

908 B. COLMANT et J. NILLE, *Dettes publiques – Un piège infernal*, Larcier, 2014, p. 36.

en les déposant »[909] auprès d'elle – « *prêtez ou perdez* »[910]. Cette décision controversée[911] et pour le moins risquée[912] est sans doute

---

909 Ph. HEIM, *in Taux d'intérêt négatifs – Douze regards*, Institut Messine, 2016, p. 85, spéc. p. 85.

910 Ph. BOIS, « Intérêts négatifs, la révolution silencieuse », *Les Échos*, 23 mai 2016. *Rappr.* : J. COUPPEY-SOUBEYRAN, « Taux négatif : arme de poing ou signal de détresse ? », *Revue d'économie financière*, 2016, n° 121, p. 195, spéc. p. 197 : « *La Banque centrale européenne n'a que peu commenté sa décision d'abaisser le 3 décembre 2015 son taux de facilité de dépôt à -0,30 % [...]. Certains observateurs y ont vu une taxe pré-levée sur les réserves excédentaires des banques à la banque centrale, destinée à stimuler l'octroi de crédits et, plus largement, le financement de l'économie. L'interprétation a fait débat [...]. D'un côté, il est vrai que les crédits octroyés par les banques ne résultent pas – en tout cas pas directement... – d'une transformation des réserves qu'elles détiennent auprès de la banque centrale. Ce sont les crédits qui font les dépôts, et non l'inverse [...]. Mais d'un autre côté, il est vrai aussi que les banques ont plus de facilité à octroyer du crédit (et donc à créer de la monnaie) lorsqu'elles ont un accès aisé à la liquidité centrale, qui leur permet de gérer plus facilement les fuites des dépôts créés : en effet, les dépôts créés à l'occasion d'un octroi de crédit circu-lent et induisent, pour les banques qui en sont à l'origine, des paiements interbancaires en monnaie centrale. Or pour que ces paiements interbancaires soient aisés, il faut, d'une part, que la monnaie centrale ne manque pas et, d'autre part, que les banques consentent à faire circuler sur le marché interbancaire leurs excédents de liquidité plutôt que de les geler sur leur compte à la banque centrale. Peut-être est-ce ainsi pour favoriser la circulation de ces excédents de liquidité sur le marché interbancaire que la BCE a voulu un taux de facilité de dépôt encore plus bas, ce qui n'est pas sans lien avec une stimulation du crédit, certes indirecte ? L'argument a toutefois sa limite : si l'on suppose un ajustement rapide des taux sur le marché interbancaire, alors ce qu'une banque gagne en termes relatifs (taux des prêts interbancaires, taux des facilités de dépôt) à prêter sur le marché interbancaire plutôt que de laisser ses réserves excédentaires sur son compte à la banque centrale, est indifférent au niveau – positif ou négatif – du taux des facilités de dépôt. Donc peut-être est-ce plus simplement pour accentuer la baisse des taux sur le marché interbancaire, et, ce faisant, favoriser la baisse de l'euro sur le marché des changes, que la BCE a rabaissé son taux de facilité de dépôt, même si cet objectif n'entre pas, a priori, dans ses missions et n'est, de ce fait, pas directement avouable ?* ».

911 V. particulièrement : D. LEGEAIS, « L'intérêt », *RTD com.*, 2016, p. 825, spéc. n° 1 s. : « *Il serait souhaitable de mettre fin à la pratique des taux d'intérêt négatifs par les banques centrales [...] :* il est grand temps que la finance internationale se remette dans un ordre de marche normal » (nous soulignons). V. cependant : E. GAGNA, « Que nous disent des taux d'intérêt négatifs ? », *Revue Banque*, 2020, n° 839-840, p. 11, spéc. p. 11 : « *Aujourd'hui, près de 15 000 milliards de dollars d'obligations ont des rendements négatifs. Certains s'en inquiètent et les critiques à l'encontre des banques centrales se sont multipliées... Si certaines craintes sont légitimes, les arguments avancés sont parfois étonnants : des taux d'intérêt nuls, et plus encore négatifs, indiqueraient que le futur vaut moins que le présent. Dit*

aujourd'hui devenue « *irréversible* »[913] ; aussi, et surtout, elle a mécaniquement entraîné l'entrée en territoire négatif de certains indices

plus crûment, les taux négatifs seraient "une insulte à l'avenir". Or c'est exactement le contraire ! Lorsque les taux d'intérêt sont positifs – 5 % par exemple –, la valeur actuelle de 1 000 euros disponibles dans dix ans est de 614 euros, c'est-à-dire nettement moins que la valeur de 1 000 euros dépensés aujourd'hui : des taux positifs reflètent donc une préférence pour le présent. Lorsqu'ils sont nuls, 1 000 euros dans dix ans valent 1 000 euros aujourd'hui : la préférence pour le présent s'efface. Enfin, lorsqu'ils deviennent négatifs, la valeur actualisée de 1 000 euros dans dix ans dépasse celle de 1 000 euros aujourd'hui [...]. Loin d'être une insulte à l'avenir, les taux d'intérêt négatifs traduisent donc une préférence collective pour le futur ».

[912] V. particulièrement : L. QUIGNON, « Un regard d'économiste sur les taux d'intérêt négatifs », *in* « Nouveaux comptes & intérêts négatifs », *Banque & Droit*, 2016, p. 28. *Rappr.* : J.-P. PETIT, « Les taux d'intérêt négatifs ne sont pas une anomalie ! », *Revue Banque*, 2019, n° 832, p. 8, spéc. p. 8 : « *Le passage à des taux négatifs pose un certain nombre de problèmes d'ordre micro et macroéconomique : (i) d'abord, un risque de fuite vers la monnaie fiduciaire – pièces et billets. Mais, en fait, il y a des coûts liés à la détention des billets (stockage, transport...) et le rendement net de la monnaie fiduciaire n'est pas nul mais négatif, probablement autour de - 1 % ; de plus, le poids de la monnaie fiduciaire tend à diminuer ; enfin, on n'a pas observé dans les pays à taux directeur négatif [...] de fuite de la part des agents non financiers vers les billets de banque ; (ii) des pressions baissières sur les marges des banques – diminution de la marge nette d'intérêts –, affectant la profitabilité de ces dernières. Mais en stimulant l'économie, cette politique de taux négatifs peut être aussi bénéfique pour les banques, via une hausse de la demande de crédit, l'amélioration de la qualité des actifs et la réduction du risque de crédit [...] ; (iii) un [ralentissement...] du processus de destruction créatrice, mais c'est une critique que l'on pourrait formuler à l'encontre de toute stratégie monétaire accommodante* ».

[913] P. ARTUS et M.-P. VIRARD, *La folie des banques centrales*, Fayard, 2016, p. 152. *Rappr.* : P. ARTUS, « Il se passe sans arrêt quelque chose qui empêche de sortir des taux d'intérêt négatifs », *Revue Banque*, 2020, n° 843, p. 12, spéc. p. 12 : « *Même si la Banque centrale européenne voulait sortir des taux d'intérêt négatifs, elle en a été continûment empêchée en 2019 – par la récession industrielle – et en 2020 – par le coronavirus. Dans le futur proche – 2021-2022 –, il est à craindre que de nouveaux chocs produisent ce même effet d'empêcher la normalisation des taux d'intérêt de la BCE. Les désordres engendrés par les taux d'intérêt négatifs alors vont s'amplifier* » ; G. MOËC, « La monétisation qui s'annonce », *Banque & Stratégie*, 2020, n° 390 : « *Avec la crise liée au Covid-19, les banques centrales sont allées encore plus loin dans ce qui a été appelé, après la crise financière de 2008, la "politique non conventionnelle". Aujourd'hui, employer cette expression n'a plus vraiment de sens : ce qui était exceptionnel est sans doute devenu "la nouvelle normalité"* ». *Adde* : J. COUPPEY-SOUBEYRAN et F. TRIPIER, « VI. Après dix ans de politique monétaire non conventionnelle, un retour à la normale est-il possible ? », *in Centre d'études prospectives et d'informations internationales – L'économie mondiale 2020*, La Découverte, 2019, p. 89, où les auteurs se demandent

de référence du marché monétaire[914] et, aux premiers chefs, le LIBOR[915], l'EONIA[916] (ou le TEMPE[917] en français) et l'EURIBOR[918] (ou le TIBEUR[919] en français).

112. « *Le diable se niche dans les détails* »[920]. Or, et avant que ces derniers n'aient entamé leur descente, l'habitude avait été prise d'introduire, dans de nombreux crédits immobiliers, des clauses visant à faire varier périodiquement – à la hausse comme à la baisse – le taux des intérêts en fonction de l'évolution de l'un desdits indices[921]. Étant précisé que les conditions et modalités de variation différaient

---

si « *un retour à la normale d'avant crise est possible* » ou « *s'il faudra aller vers une "nouvelle normale" qui reste à définir* ».

914 En ce sens, v. : C. BLOT et P. HUBERT, « Causes et conséquences des taux d'intérêt négatifs », *Revue de l'OFCE*, 2016, n° 148, p. 219, spéc. p. 229 à 231.

915 London InterBank Offered Rate (https://www.theice.com/iba/libor).

916 Euro OverNight Index Average (https://www.emmi-benchmarks.eu/euribor-eonia-org/eonia-rates.html).

917 Taux Européen Moyen Pondéré en Euros.

918 EURo InterBank Offered Rate (https://www.emmi-benchmarks.eu/euribor-org/euribor-rates.html).

919 Taux InterBancaire en EURos.

920 « *Cette formule familière, même si on ne sait à qui l'attribuer, est peut-être quelque peu désuète ; elle est, en tout cas, d'un usage courant en allemand. La formule est équivoque... : entend-on par elle que la marque du diable c'est la passion des détails, ou, au contraire, que c'est de ne pas se soucier des détails qui signerait l'influence du diable ?* » (J.-L. THÉBAUD, « Le diable est dans les détails », *Le Portique*, 2003, n° 12, spéc. n° 1).

921 A) En ce sens : J. MARTINET, « Le contentieux des taux négatifs dans les crédits immobiliers aux particuliers », *in* B. BRÉHIER et J.-J. DAIGRE (dir.), *Droit bancaire et financier. Mélanges AEDBF France VII*, Revue Banque, 2018, p. 37. *Adde* : L. THIBIERGE, *Le contrat face à l'imprévu*, *op. cit.*, n° 60.

B) Remarquons que « *juridiquement et indépendamment de toute considération d'opportunité, un prêt assorti d'un taux conventionnel révisable en fonction d'un indice, est un contrat présentant un caractère (en partie) aléatoire, au sens de l'article 1964 du Code civil, puisque l'étendue de l'obligation de l'emprunteur dépend d'un évènement incertain qui lui est extérieur et qui est indépendant de sa volonté ([à savoir :] l'évolution de l'indice retenu)* » (M. ROUSSILLE, « Condamnation d'une banque à payer une somme à son emprunteur sur la base de taux négatifs : est-ce bien raisonnable ? », note sous TI Montpellier, 9 juin 2016, n° 11-16-000424, *Gazette du Palais*, 2016, n° 33, p. 60). Plus exactement, il nous semble qu'un tel prêt est un contrat aléatoire « *par accident* » (L. THIBIERGE, *Le contrat face à l'imprévu*, *op. cit.*, n° 84).

(grandement) d'un contrat à un autre[922] : ainsi les parties pouvaient-elles freiner la variation périodique – ex. : le taux ne pourra augmenter de plus de *x* % lors de chaque période – et/ou la variation globale – ex. : le taux ne pourra jamais être inférieur à *x* % (« *floor* »). De même, elles pouvaient limiter la variation dans le temps – ex. : le taux ne pourra varier qu'au cours des années *x*, *y* et *z* – ou fixer une variation minimale – ex. : le taux ne pourra varier que si l'indice retenu évolue au moins de *x* % lors de chaque période. Par où l'on voit que l'application pure et simple – « *littérale et mathématique* »[923] – de telles clauses a souvent conduit à l'apparition de taux nominaux[924] négatifs en cours de contrat[925] et, le cas échéant, à l'émergence d'une obligation du prêteur de verser des intérêts à l'emprunteur.

113. Conclusion de section. Dès 2008, les banquiers centraux ont déployé de nouveaux outils de politique monétaire afin de lutter contre les conséquences (désastreuses) de la crise financière de la fin des années 2000. C'est dans ce contexte que la Banque centrale européenne a « *brisé un seuil psychologique* »[926] en décidant d'abaisser ses taux directeurs au point de les rendre négatifs, l'idée étant de stimuler – « *dynamiser* »[927] – l'octroi de crédits par les banques de la zone euro.

---

922 V. ainsi : A.-X. BRIATTE, *Financement et pratique du crédit*, 2e éd., LexisNexis, 2020, n° 431. Plus largement, v. les développements de : J.-L. RIVES-LANGE et M. CONTAMINE-RAYNAUD, *Droit bancaire*, 6e éd., Dalloz, 1995, n° 446.
923 Haut comité juridique de la place financière de Paris (HCJP), *Rapport sur la problématique des taux d'intérêts négatifs*, 30 mars 2017, p. 7.
924 Taux nominal qu'il ne faut pas confondre avec le taux « réel », lequel correspond au taux nominal corrigé de l'inflation.
925 Pour une histoire des taux d'intérêt, v. notamment : S. HOMER et R. SYLLA, *A history of interest rates*, 4e éd., John Wiley & Sons, 2005 ; P. SCHMELZING, « Eight centuries of global real interest rates, R-G and the "suprasecular" decline – 1311-2018 », *Bank of England Working Paper*, 2020, n° 845 ; C. ILGMANN et M. MENNER, « Negative nominal interest rates – History and current proposals », *International Economics and Economic Policy*, 2011, vol. 8 (/4), p. 383 ; V. LEVY-GARBOUA et É. MONNET, « Les taux d'intérêt en France : une perspective historique », *Revue d'économie financière*, 2016, n° 121, p. 35.
926 C. BLOT et P. HUBERT, « Les banques européennes face aux taux négatifs », *Banque & Stratégie*, 2020, n° 390. *Comp.* : G. BENOIT, « Taux négatifs – Un quart de la dette d'État mondiale est désormais touché », *Les Échos*, 4 février 2016 : « *Les banques centrales en Europe ont, les unes après les autres, brisé le tabou de la barrière de taux zéro pour leurs taux directeurs* ».
927 A. ACHARD et P. MONTEIL, « Quand les taux d'intérêt deviennent négatifs et bouleversent l'architecture des garanties associées aux transactions sur instruments

Cette décision risquée et discutée a favorisé le passage en territoire négatif de plusieurs indices de référence du marché monétaire. Par contrecoup, des taux négatifs sont apparus dans les crédits immobiliers assortis de clauses visant à faire fluctuer le taux applicable en fonction de l'évolution de l'un de ces indices.

Section 2. Répercussions

114. ***« Le monde à l'envers »*[928].** L'obligation faite au prêteur de verser des intérêts à l'emprunteur, relève, à n'en pas douter, de la tératologie juridique[929]. Elle « *constitue une sorte de [...] mystère conceptuel* »[930], qui « *heurte l'intuition* »[931] et « *bouleverse le prisme des habitudes intellectuelles* »[932] : « *l'on peine à comprendre*

---

financiers à terme », *Revue de Droit bancaire et financier*, 2015, n° 5, étude 14, spéc. n° 1.

928 D. CHILSTEIN, « La notion de bien confrontée aux choses dépourvues de valeur – L'exemple des biens à valeur vénale négative », *in* L. LEVENEUR (dir.), *Les « nouveaux » biens*, Dalloz, 2020, p. 39, spéc. n° 2 ; v. également n° 15 : « *Lorsque les polarités s'inversent, les structures s'effondrent, et la cohérence du système se perd* ».

929 V. ainsi : R. LIBCHABER, « Le travail du négatif en droit – La question de l'intérêt dans le prêt », *RDC*, 2017, n° 03, p. 446, lequel considère que les banques ont créé un « *monstre contractuel* » ! Au demeurant, et d'après la doctrine traditionnelle de l'Église catholique, l'obligation faite à l'emprunteur de verser des intérêts au prêteur relève tout autant de la tératologie juridique (v. ainsi : D. RAMELET, « La rémunération du capital à la lumière de la doctrine traditionnelle de l'Église catholique », *Catholica*, 2005, n° 86, p. 13, spéc. p. 19 s., lequel qualifie le « *prêt à intérêt* » de « *monstre juridique* »).

930 M. LÉGER, « Avant-propos. Comprendre et analyser une anomalie qui devient la norme », *in Taux d'intérêt négatifs – Douze regards*, Institut Messine, 2016, p. 5, spéc. p. 5.

931 J. MOREAU, M. MOREAU et O. POINDRON, « Contrat de prêt : un taux variable peut-il devenir négatif ? », *Revue de Droit bancaire et financier*, 2016, n° 5, étude 24, spéc. n° 1. En outre, v. : R. LIBCHABER, « Le travail du négatif en droit – La question de l'intérêt dans le prêt », *op. cit.*, p. 446, spéc. n° 1 : « *L'anormalité d'un prêt rémunéré par le banquier saute aux yeux, sans qu'il soit utile d'y insister* ».

932 B. BRÉHIER, « L'application des taux d'intérêts négatifs », *Revue de Droit bancaire et financier*, 2017, n° 3, dossier 23, spéc. n° 2. Dans un même sens, v. : G. BENOIT, « Comment les taux négatifs bouleversent les règles », *Les Échos*, 17 décembre 2015, lequel évoque « *un bouleversement des habitudes* ». De plus, v. : J. COUPPEY-SOUBEYRAN, « Taux négatif : arme de poing ou signal de détresse ? », *op. cit.*, p. 195, spéc. p. 199 : « *Les taux négatifs peuvent être intellectuellement déroutants* ».

qu'un banquier puisse prêter en payant lui-même son client »[933] ; « *les moralistes [quant à eux] s'alarment du renversement des valeurs* »[934] – « *s'enrichir en empruntant, voilà qui semble bien surprenant !* »[935]. En tout état de cause, elle aboutit indubitablement à affaiblir considérablement l'obligation de prêter en occasionnant la disparition – l'évanouissement[936] – de sa raison d'être pendant le temps du contrat[937] : autrement formulé, l'obligation de prêter se trouve alors dépouillée – privée – de toute cause ; elle devient « sans pourquoi »[938].

115. « *Refaire le monde* »[939]. Aussi n'est-il pas étonnant que la plupart des banques aient refusé le versement d'intérêts à

---

933 M. PEISSE, « Crédits immobiliers à taux négatifs… Est-ce réellement positif ? », *Gazette du Palais*, 2019, n° 30, p. 48.

934 Ph. BOIS, « Intérêts négatifs, la révolution silencieuse », *op. cit.*

935 N. KILGUS, « Prêt à taux d'intérêt négatif, regards franco-suisse », note sous Cass. 1re civ., 25 mars 2020, n° 18-23.803, Bull. civ. I, n° 212, *JCP G 2020*, n° 29, 883.

936 « *L'évanouissement est une mort courte* » (J. JOUBERT, *Carnets. Tome I*, avant-propos J.-P. CORSETTI, préf. A. BEAUNIER et A. BELLESSORT, Gallimard, 1938, p. 107).

937 En ce sens : F.-J. CRÉDOT, note sous TGI Strasbourg, référé, 5 janvier 2016, n° 15/00764, n° 15/00765, n° 15/00766, n° 15/00767 et n° 15/00768, *op. cit.* : « *Devoir des intérêts négatifs peut conduire à* une perte de raison d'être du contrat, à la disparition de toute contrepartie à l'obligation du prêteur » (nous soulignons). *Rappr.* : J. MESTRE, « Performance et raison d'être en droit des contrats », *in Penser le droit de la pensée. Mélanges en l'honneur de Michel Vivant*, Dalloz, 2020, p. 879, spéc. p. 885 s. : « *Au lendemain de la disparition de la cause et au moment où, par ailleurs, s'affirment, en législation, le concept de but et, en jurisprudence, celui – souvent délicat – d'intégration au champ contractuel, il pourrait éventuellement être opportun d'approfondir le concept de raison d'être [...]. Il y a en effet, en lui, un dynamisme positif qui fixe une direc-tion et fédère les contractants ; et, en même temps, s'y côtoient, de manière fort heureuse, l'être et la raison, dans un superbe symbole d'humanité et d'équilibre* ».

938 *Comp.* : R. VILLON, *De la cause des obligations dans les contrats synallagmatiques*, Paris, 1900, p. 5 s. : « *Qu'est-ce que la "cause" d'une obligation ? M. Baudry-Lacantinerie donne une définition qui nous paraît satisfaisante : d'après lui, la cause est le but immédiat et par conséquent essentiel en vue duquel on contracte (id quod inducit ad contrahendum) ; c'est la raison d'être de l'obligation, son pourquoi, la réponse à la question "cur debetur"* ».

939 « *Refaire le monde, c'est facile, il suffit d'un peu de bon sens et d'honnêteté* » (G. LASSERRE, *Autopsie du désastre – Le monde à l'envers, l'honneur perdu de l'Occident*, Éditions du Franc-Dire, 1990, p. 7).

leurs clients[940] et que la première chambre civile de la Cour de cassation leur ait dernièrement donné gain de cause dans les termes qui suivent[941] : « *Dans un contrat de prêt immobilier, l'emprunteur doit restituer les fonds prêtés dans leur intégralité, les intérêts conventionnellement prévus sont versés à titre de rémunération de ces fonds et, dès lors que les parties n'ont pas entendu déroger aux règles du Code civil*[942]*, le prêteur ne peut être tenu même temporairement au paiement d'une quelconque rémunération à l'emprunteur* ». C'est dire que la Haute juridiction assure à juste titre, et à rebours des décisions rendues par les juridictions inférieures[943],

---

[940] En ce sens, v. : R. LIBCHABER, « Le travail du négatif en droit – La question de l'intérêt dans le prêt », *op. cit.*, p. 446 : « *Les banques refusèrent en général de suivre la mécanique que leurs contrats impliquaient, ce qui conduisit des particuliers mécontents à saisir les tribunaux* ».

[941] Cass. 1re civ., 25 mars 2020, n° 18-23.803, Bull. civ. I, n° 212, *JCP G 2020*, n° 29, 883, note N. KILGUS ; *Recueil Dalloz*, 2020, p. 1501, note J. LASSERRE CAPDEVILLE ; *L'ESSENTIEL Droit des contrats*, 2020, n° 07, p. 1, note G. CATTALANO ; *Revue Banque*, 2020, n° 846, p. 44, note A. GOURIO ; *Banque & Droit*, 2020, n° 191, p. 3, note D. R. MARTIN ; *L'ESSENTIEL Droit bancaire*, 2020, n° 7, p. 1, note N. MATHEY ; *Revue de Droit bancaire et financier*, 2020, n° 4, comm. 74, note T. SAMIN et S. TORCK ; *Dalloz actualité*, 11 juin 2020, note J.-D. PELLIER ; *Recueil Dalloz*, 2020, p. 2085, chron. D. R. MARTIN ; *RTD com.*, 2020, p. 691, note D. LEGEAIS ; *Gazette du Palais*, 2020, n° 30, p. 33, note S. PIEDELIÈVRE ; *JCP E 2021*, n° 2, 1010, note M. HOUSSI ; *JCP E 2020*, n° 29, 1297, chron. M. CORREIA et J. LASSERRE CAPDEVILLE ; *RDC*, 2020, n° 04, p. 32, note R. LIBCHABER ; *RDI*, 2020, p. 667, note J. BRUTTIN.

[942] Remarquons que le visa de l'arrêt fait référence aux articles 1902, 1905 et 1907 du Code civil.

[943] A) « *Les premières décisions françaises rendues par les juges du fond ont majoritairement considéré que la clause de taux d'intérêt devait pleinement s'appliquer* » (G. BOURDEAUX, « Droit du commerce international », *JCP G 2017*, n° 39, doctr. 1001, spéc. n° 7) : TI Montpellier, 9 juin 2016, n° 11-16-000424, *Gazette du Palais*, 2016, n° 25, p. 19, note J. LASSERRE CAPDEVILLE ; *L'ESSENTIEL Droit bancaire*, 2016, n° 8, p. 1, note S. PIEDELIÈVRE ; *Gazette du Palais*, 2016, n° 33, p. 60, note M. ROUSSILLE (condamnation de la banque à verser des intérêts à l'emprunteur) ; TGI Paris, 25 septembre 2017, n° 17/57373 et n° 17/57374, *JCP E 2018*, n° 10, 1121, chron. M. CORREIA et J. LASSERRE CAPDEVILLE (condamnation de la banque à verser des intérêts à l'emprunteur) ; CA Besançon, 10 juillet 2018, n° 17/01227, *L'ESSENTIEL Droit bancaire*, 2018, n° 09, p. 4, note J. LASSERRE CAPDEVILLE (condamnation de la banque à verser des intérêts à l'emprunteur, mais à la condition que ceux-ci demeurent supérieurs ou égaux à 0,00 % sur l'ensemble de la durée du prêt) ; CA Chambéry, 20 septembre 2018, n° 16/02665, n° 16/02667 et n° 16/02668, *L'ESSENTIEL Droit bancaire*, 2018, n° 11, p. 2, note J. LASSERRE CAPDEVILLE ;

la sauvegarde de la raison d'être de l'obligation de prêter tout au long de la durée du contrat, au prix, cependant, d'une motivation critiquable à un triple point de vue.

En premier lieu, la Cour de cassation sous-entend que le paiement d'intérêts à l'emprunteur diminue d'autant le capital effectivement restitué et porte donc atteinte à son obligation « *essentielle* »[944] et « *fondamentale* »[945] de restitution de l'intégralité du capital emprunté. Or, ce sous-entendu est juridiquement inexact : soit le prêt est *in fine*[946], auquel cas le capital sera complètement remboursé « *en*

Revue de Droit bancaire et financier, 2018, n° 6, comm. 153, note T. SAMIN et S. TORCK ; *JCP E 2019*, n° 31-35, 1398, chron. M. CORREIA et J. LASSERRE CAPDEVILLE (condamnation de la banque à verser des intérêts à l'emprunteur) ; CA Chambéry, 6 décembre 2018, n° 17/01697 (condamnation de la banque à verser des intérêts à l'emprunteur).

B) V. toutefois : TGI Strasbourg, référé, 5 janvier 2016, n° 15/00764, n° 15/00765, n° 15/00766, n° 15/00767 et n° 15/00768, *Droit et Patrimoine*, 2016, n° 261, chron. J.-P. MATTOUT et A. PRÜM ; *Gazette du Palais*, 2016, n° 21, p. 64, note M. ROUSSILLE ; *Revue de Droit bancaire et financier*, 2016, n° 2, comm. 54, note F.-J. CRÉDOT ; *L'ESSENTIEL Droit bancaire*, 2016, n° 03, p. 6, note J. LASSERRE CAPDEVILLE (condamnation de la banque à appliquer un taux ayant nettement baissé sans jamais devenir négatif) ; CA Colmar, 8 mars 2017, n° 16/00309 et n° 16/00310, *RTD civ.*, 2017, p. 387, note H. BARBIER ; *Recueil Dalloz*, 2017, p. 965, note J. LASSERRE CAPDEVILLE ; *JCP E 2017*, n° 18, 1246, chron. N. MATHEY ; *L'ESSENTIEL Droit bancaire*, 2017, n° 04, p. 1, note J. LASSERRE CAPDEVILLE ; *JCP E 2017*, n° 30-34, 1446, chron. M. CORREIA et J. LASSERRE CAPDEVILLE (condamnation de la banque à appliquer un taux ayant baissé sans jamais devenir négatif) ; TGI Thonon-les-Bains, 30 novembre 2016, n° 16/01055 et n° 16/01056, *L'ESSENTIEL Droit bancaire*, 2017, n° 01, p. 4, note J. LASSERRE CAPDEVILLE ; *Droit et Patrimoine*, 2017, n° 267, chron. J.-P. MATTOUT et A. PRÜM ; *Recueil Dalloz*, 2017, p. 2176, chron. H. SYNVET ; *Revue de Droit bancaire et financier*, 2017, n° 2, comm. 45, note T. SAMIN et S. TORCK (introduction d'un plancher implicite égal à 0,00 % qui empêche que le banquier devienne débiteur d'intérêts au profit de l'emprunteur).

[944] J. MOREAU, M. MOREAU et O. POINDRON, « Contrat de prêt : un taux variable peut-il devenir négatif ? », *op. cit.*, spéc. n° 7.

[945] J.-J. DAIGRE, *in Taux d'intérêt négatifs – Douze regards*, Institut Messine, 2016, p. 55, spéc. p. 56.

[946] « *C'est le modèle de prêt le plus ancien et, donc, le plus facile à comprendre. Les modalités sont simples : l'emprunteur paye à chaque période des intérêts égaux au produit du taux périodique par le capital emprunté selon la formule suivante : (Intérêts = Taux x Capital) ; l'emprunteur rembourse le capital à la fin du prêt* » (J.-P. LANDRIEU, *Calculs financiers et évaluations mathématiques en gestion de patrimoine*, préf. J. BATTUT, Éditions Maxima, 1996, p. 65).

une seule fois »[947] à l'échéance[948] ; soit le prêt est amortissable[949], auquel cas le capital sera complètement remboursé « *au fur et à mesure des échéances* »[950], mais « *en partie par compensation avec la rémunération négative* »[951]. Au surplus, ce sous-entendu est pratiquement dangereux en ce que des emprunteurs indélicats pourraient ainsi être tentés de s'opposer au règlement de toute somme – commissions, intérêts, etc. – excédant le capital initialement prêté – argument dont on sait qu'il fut utilisé au Moyen Âge pour justifier la prohibition de l'usure[952].

---

[947] X. DELPECH, « Prêt *in fine* : obligation de mise en garde du banquier », note sous Cass. com., 13 février 2019, n° 17-14.785, Bull. civ. IV, n° 199, *Dalloz actualité*, 3 avril 2019.

[948] *Rappr.* : TI Montpellier, 9 juin 2016, n° 11-16-000424, *op. cit.* : « *S'agissant d'un emprunt dont le capital sera intégralement payé [(comprendre : "remboursé")] au terme du contrat, il n'existe pas de possibilité que le capital ne soit pas complètement remboursé ; qu'il importe peu également qu'un taux négatif d'intérêt soit appliqué avant que le capital n'ait été intégralement remboursé, celui-ci devant l'être en totalité à l'échéance du contrat* ».

[949] « *C'est le modèle de prêt le plus utilisé [...]. Le principe du prêt amortissable est le suivant : chaque fois que l'emprunteur effectue un versement, celui-ci contient des intérêts et une part du capital emprunté. Le prêt se termine lorsqu'il n'y a plus de capital à rembourser* » (J.-P. LANDRIEU, *Calculs financiers et évaluations mathématiques en gestion de patrimoine*, *op. cit.*, p. 70).

[950] X. DELPECH, « Prêt *in fine* : obligation de mise en garde du banquier », note sous Cass. com., 13 février 2019, n° 17-14.785, Bull. civ. IV, n° 199, *op. cit.*

[951] F. AUCKENTHALER, « Taux d'intérêt négatif – Le monde à l'envers ? », *Revue de Droit bancaire et fi-nancier*, 2016, n° 6, étude 33, spéc. n° 9. Dans le même sens, v. : A. EL MEJRI, « Un établissement de crédit peut-il être amené à verser des fonds à l'emprunteur en vertu de taux devenus négatifs ? », *JCP E 2017*, n° 29, 1423, spéc. n° 13 : « *L'emprunteur est tenu de deux dettes à l'égard du prêteur (qui représentent, corrélativement, deux créances au bénéfice de ce dernier) : la dette de remboursement du capital et la dette d'intérêt. La particularité du prêt à taux variable est que l'ampleur de la seconde dette revêt un caractère aléatoire et peut, en application d'une formule devenue négative, tomber en dessous de zéro : elle se transforme alors en créance pour l'emprunteur contre le prêteur... Dès lors que ces deux obligations réciproques sont fongibles, certaines, liquides et exigibles [...], se produit alors simplement une compensation à due concurrence entre, d'un côté, la créance de remboursement du capital, et, de l'autre, la créance d'intérêt négatif dont bénéficie l'emprunteur [...]. Il serait donc excessif de dire que l'admission d'un taux négatif violerait la règle [en vertu de laquelle "l'emprunteur est tenu de rendre les choses prêtées, en même quantité et qualité, et au terme con-venu"...], dès lors qu'il s'agit là de l'application d'un mécanisme somme toute assez classique* ».

[952] « *Tout ce qui excède le capital est usure : quidquid sorti accidit usura est* » (J.-É. PIERROT, *Dictionnaire de théologie morale*, t. II, Paris, 1862, p. 1091).

En deuxième lieu, la Cour de cassation affirme que les intérêts constituent la rémunération – le « *loyer* »[953] ou le « *revenu (au sens moderne et capitaliste du terme)* »[954] – du capital emprunté[955]. Mais une telle affirmation est erronée. En effet, et à proprement parler, les intérêts sont plutôt la rémunération – le « *prix* »[956] – de l'obligation de prêter ; ils fixent « *par rapport à un étalon commun (à savoir la monnaie) la valeur due en contrepartie* »[957] du « *service rendu par le prêteur* »[958]. C'est pour cette raison que le taux ne peut descendre – même momentanément – sous la barre de zéro, lors même que

---

Soulignons que le même argument fut utilisé aux mêmes fins par les partisans du mutualisme (les mutuellistes) : « *Le mutualisme est un idéal d'organisation économique dans lequel les ouvriers devenus les maîtres par le suffrage universel dirigeraient les entreprises, les banques et les autres institutions sociales [...]. Le mutualisme comporte aussi la suppression totale du prêt à intérêt : l'argent est improductif et le prêteur ne peut réclamer plus que ce qu'il a prêté* » (S. NEUVILLE, *Philosophie du droit*, *op. cit.*, n° 429).

[953] V. DEBRUT, *Le banquier actionnaire*, *op. cit.*, n° 703.

[954] L. HECKETSWEILER, « L'intérêt, le dividende – Des fruits ? Quelques réponses de droit comparé dans le temps », *Revue de Droit bancaire et financier*, 2017, n° 2, étude 8, spéc. n° 9.

[955] V. également : J. MOREAU, M. MOREAU et O. POINDRON, « Contrat de prêt : un taux variable peut-il devenir négatif ? », *op. cit.*, spéc. n° 19 : « *L'intérêt désigne le profit retiré d'une somme prêtée* ».

[956] G. CATTALANO-CLOAREC, « Peut-on louer de l'argent ? », *AJ Contrat*, 2018, p. 210.

[957] M. THIOYE, *Recherches sur la conception du prix dans les contrats*, préf. D. TOMASIN, PUAM, 2004, n° 4.

[958] T. SAMIN et S. TORCK, « Taux d'intérêt négatif, obligation de restitution de l'emprunteur, rémunération du prêteur et marge commerciale de la banque – Zéro est arrivé ou zéro pointé ? », note sous CA Chambéry, 20 septembre 2018, n° 16/02665, n° 16/02667 et n° 16/02668, *Revue de Droit bancaire et financier*, 2018, n° 6, comm. 153. V. toutefois : A. SÉRIAUX, « Le prêt sans la cause, un prêt sans cause ? », *op. cit.*, p. 43, spéc. p. 52 s. : « *Les intérêts peuvent être conçus comme le "loyer" de l'argent, mais il est juridiquement plus exact d'y voir une façon de remédier à la dévaluation des sommes empruntées* » ; A. GHOZI, « Le contrat de prêt à intérêt négatif : variations », *in Mélanges en l'honneur de Jean-Jacques Daigre. Autour du droit bancaire et financier et au-delà*, Joly Éditions, 2017, p. 397, spéc. p. 399 : « *L'intérêt – s'il est stipulé – ne rémunère pas tant le service rendu à l'emprunteur que l'immobilisation du capital mis à la disposition de l'emprunteur* » ; A. GHOZI, « Contrat de prêt de somme d'argent : l'intérêt négatif en débat », *Recueil Dalloz*, 2017, p. 965 : « *L'intérêt ne constitue pas une rémunération mais une indemnité, même si, il est vrai, la sanction de l'usure peut induire en erreur* ».

l'emprunteur n'aurait plus les fonds prêtés entre ses mains[959]. C'est également pour cette raison que la doctrine remet régulièrement en cause l'attribution aux intérêts de la qualité de « fruits »[960].

En troisième (et dernier) lieu, la Cour de cassation déclare que les parties au contrat peuvent librement écarter les règles du prêt figurant dans le Code civil et, subséquemment, valablement « *façonner* »[961] « *une opération d'avance de fonds où la rémunération [serait susceptible…] d'aller au débiteur de leur remboursement* »[962]. Or, cette déclaration est curieuse : si la stipulation de clauses de variation du taux n'est pas « *suffisamment révélatrice de la volonté des parties de s'écarter du régime de droit commun du [contrat de]*

---

[959] *Comp.* : F. VERN, *Les objets juridiques. Recherches en droit des biens*, *op. cit.*, n° 219 : « *L'argent étant une chose consomptible, il est détruit dans l'opération de crédit ; il ne peut produire aucun fruit* ».

[960] V. notamment : M. JAOUL, *La notion de fruits : étude de droit privé*, préf. M.-L. MATHIEU, Defrénois, 2018, n° 289 s. : « *Nous pensons que les intérêts de sommes exigibles – comme l'ensemble des fruits civils – n'auraient pas dû intégrer la catégorie de fruits […]. Il est évident que la soumission des intérêts des sommes exigibles à la qualification de fruits est critiquable à bien des égards* » ; n° 578 : « *Dans une logique d'orthodoxie juridique, les fruits civils [(…et donc les intérêts)] ne devraient pas être considérés comme des fruits* ». *Comp.* : L. HECKETSWEILER, « L'intérêt, le dividende – Des fruits ? Quelques réponses de droit comparé dans le temps », *op. cit.*, spéc. n° 17 : « *La qualification […] de fruit [que l'article 584 du Code civil donne aux intérêts] n'est pas l'essence (première) de l'intérêt […]. Au fond, on pourrait considérer l'article 584 tel une présomption légale simple – jusqu'à preuve du contraire, l'intérêt est présumé être un fruit –, les parties pouvant, de par leur commun accord, prévoir une autre qualification* ». Pour une opinion contraire, v. : D. R. MARTIN, « De l'intérêt », *in* « Nouveaux comptes & intérêts négatifs », *Banque & Droit*, 2016, p. 26, spéc. p. 27, selon lequel « *la notion même d'intérêt d'un capital monétaire, de toute éternité et pour toute éternité, désigne le loyer de l'argent qu'on prête ; [… il s'agit d'un] revenu que, de toujours et à jamais, le droit civil qualifie de fruit civil* ».

[961] A. EL MEJRI, « Un établissement de crédit peut-il être amené à verser des fonds à l'emprunteur en vertu de taux devenus négatifs ? », *op. cit.*, spéc. n° 5 ; l'auteur en conclut que : « *un contrat nommé peut donc être façonné, sous réserve du respect des règles impératives […], de telle sorte à lui donner des caractéristiques singulières, sans que la validité de l'opération ne puisse être remise en cause* » (spéc. n° 5).

[962] T. SAMIN et S. TORCK, « Les prêts à taux d'intérêt négatif devant la Cour de cassation », note sous Cass. 1re civ., 25 mars 2020, n° 18-23.803, Bull. civ. I, n° 212, *Revue de Droit bancaire et financier*, 2020, n° 4, comm. 74. V. néanmoins : Ph. HEIM, *in Taux d'intérêt négatifs – Douze regards*, *op. cit.*, p. 85, spéc. p. 86, lequel estime « *qu'un principe général du droit bien établi veut que l'on ne puisse percevoir de rémunération pour un crédit qu'on vous a octroyé* ».

prêt »[963], on peine dès lors à imaginer les clauses dont la présence permettra de révéler suffisamment une pareille volonté[964]. Et, dans le cas où notre imagination venait à ne plus faire défaut…, la question demeure entière de savoir si le contrat-source serait alors (ou non) justiciable de la qualification de « prêt » ? Dans l'affirmative, la sauvegarde de la raison d'être de l'obligation de prêter serait, somme toute, perfectible : à tout moment, le risque existerait de voir les juges mettre à la charge du prêteur une obligation de verser des intérêts à l'emprunteur. Dans la négative[965], la sauvegarde de ladite raison d'être serait, cette fois-ci, parfaite ; seulement, des difficultés nouvelles ne manqueraient pas de se présenter, et particulièrement : quelle qualification retenir (« *dépôt irrégulier*

---

963 J. LASSERRE CAPDEVILLE, « Un prêteur ne saurait, en principe, verser une rémunération à un emprunteur suite à l'application d'un indice devenu négatif », note sous Cass. 1re civ., 25 mars 2020, n° 18-23.803, Bull. civ. I, n° 212, *Recueil Dalloz*, 2020, p. 1501, spéc. n° 31.

964 *Comp.* : R. LIBCHABER, « Le travail du négatif en droit – La question de l'intérêt dans le prêt », *op. cit.*, p. 446, spéc. n° 1 : « *Dès lors que le taux n'est pas fixe mais qu'on l'a affecté d'un indice, un élément d'aléa entre en jeu qui* doit produire ses effets sans restriction » (nous soulignons) ; M. ROUSSILLE, « Taux négatif – Une banque condamnée à appliquer une formule prévue au contrat ! », note sous TGI Strasbourg, référé, 5 janvier 2016, n° 15/00764, n° 15/00765, n° 15/00766, n° 15/00767 et n° 15/00768, *Gazette du Palais*, 2016, n° 21, p. 64 : « *L'application d'un taux variable basé sur un indice confère au prêt un caractère aléatoire et* rien ne justifie que l'emprunteur soit le seul à subir l'aléa » (nous soulignons). Et pour une opinion contraire, on consultera particulièrement : D. R. MARTIN, « De l'intérêt », *op. cit.*, p. 26, spéc. p. 27 : « *Rien n'interdit de convenir, dans un prêt, [que] le prêteur doive verser à l'emprunteur une somme calculée sur la base théorique d'un taux devenu négatif ; mais* une telle obligation ne peut dériver de la simple stipulation d'un intérêt à taux variable, *car ladite somme à servir n'est pas justiciable de la qualification d'intérêt. Elle aura donc dû être prévue par une clause particulière, de rémunération spéciale, pure de tout rattachement, disqualificatif, à l'idée ou la notion d'intérêt d'un capital* » (nous soulignons) ; T. SAMIN et S. TORCK, « Les prêts à taux d'intérêt négatif devant la Cour de cassation », note sous Cass. 1re civ., 25 mars 2020, n° 18-23.803, Bull. civ. I, n° 212, *op. cit.* : « *Puisqu'il est de l'essence même du contrat de prêt d'argent à intérêt que seul le prêteur soit rémunéré,* il faut plus que la simple référence à un taux variable dans le contrat – susceptible d'entrer en territoire négatif – pour admettre que les parties aient entendu en accepter toutes les conséquences, *adverses de celles normalement attachées à la qualification qu'ils ont empruntée* » (nous soulignons).

965 V. ainsi : G. ENDRÉO, « Taux négatifs, rendements négatifs et émissions obligataires en droit français », *Bulletin Joly Bourse*, 2015, n° 10, p. 461, spéc. n° 17 : « *Le prêt d'argent par lequel le prêteur rémunèrerait l'emprunteur n'est pas reconnu par le Code civil* ».

salarié »[966], « *sui generis* »[967] ou « *je ne sais quoi d'autre* »[968]) ? Comment traiter la situation du créancier des intérêts négatifs au regard de l'interdiction de principe faite « *à toute personne autre qu'un établissement de crédit de recevoir à titre habituel des fonds remboursables du public* »[969] ?

116. Conclusion de section. L'obligation mise à la charge du prêteur de verser des intérêts à l'emprunteur, constitue, sans nul doute, un « *virus destructeur* »[970] qui bouleverse les habitudes et affaiblit significativement l'obligation de prêter en entraînant la disparition de sa raison d'être durant le temps du contrat. Dans ce contexte, la Cour de cassation a fait le choix d'assurer la protection de la raison d'être de l'obligation de prêter, en donnant gain de cause aux banques-prêteuses qui avaient refusé de verser des intérêts (devenus négatifs) à leurs clients-emprunteurs. Il n'en reste pas moins que les motifs de sa décision demeurent pour le moins critiquables : en particulier, il est curieux que la Haute juridiction ait autorisé les parties contractantes à concevoir un mécanisme pouvant valablement aboutir à l'apparition d'intérêts négatifs, tout en omettant de préciser la qualification à laquelle obéirait alors la convention litigieuse. Par où l'on voit que l'admission d'une qualification de prêt en pareil cas, reviendrait indéniablement à ruiner la protection de la raison d'être de l'obligation de prêter.

---

[966] F. AUCKENTHALER, « Taux d'intérêt négatif – Le monde à l'envers ? », *op. cit.*, spéc. n° 15.

[967] J. LASSERRE CAPDEVILLE, « Un prêteur ne saurait, en principe, verser une rémunération à un emprunteur suite à l'application d'un indice devenu négatif », note sous Cass. 1re civ., 25 mars 2020, n° 18-23.803, Bull. civ. I, n° 212, *op. cit.*, p. 1501, spéc. n° 33.

[968] J.-J. DAIGRE, *in Taux d'intérêt négatifs – Douze regards*, *op. cit.*, p. 55, spéc. p. 58.

[969] Alinéa second de l'article L. 511-5 du Code monétaire et financier. Et à ce propos, v. : A. BORDENAVE, « Esprit de finesse et de géométrie des taux d'intérêt négatifs », *La lettre juridique*, 2016, n° 670.

[970] D. R. MARTIN, « La baudruche de l'intérêt négatif est crevée ! », note sous Cass. 1re civ., 25 mars 2020, n° 18-23.803, Bull. civ. I, n° 212, *Banque & Droit*, 2020, n° 191, p. 3.

Conclusion du chapitre 1

117. L'obligation de prêter semble être affaiblie par les vents contraires de l'économie. Plus exactement, c'est spécialement sa raison d'être qui est malmenée par la survenue de taux négatifs dans de nombreux crédits immobiliers. En effet, l'obligation qui en résulte pour le prêteur de verser des intérêts (négatifs) à l'emprunteur, aboutit à priver l'obligation de prêter de toute cause, de tout « pourquoi ».

Bien que la Cour de cassation ait pris le parti – par un arrêt rendu le 25 mars 2020 – d'assurer la sauvegarde de la raison d'être de l'obligation de prêter, il n'en reste pas moins que sa décision n'est pas à l'abri de toute critique et, surtout, laisse penser que le versement d'intérêts négatifs sera obligatoire ou ne sera pas obligatoire en fonction des circonstances de l'espèce… Ceci est préoccupant dans la mesure où nombre d'économistes estiment que le capitalisme actuel n'est aujourd'hui plus générateur de croissance et devrait donc rapidement déboucher sur un monde de taux négatifs généralisés[971].

[971] V. ainsi : J.-M. VITTORI, « Les taux d'intérêt baissent… depuis un demi-millénaire », *Les Échos*, 28 janvier 2020.

CHAPITRE 2. L'OBLIGATION DE PRÊTER FACE AUX EXIGENCES DE L'IDÉAL DOMINANT

118. Le professeur Gérard Lyon-Caen observait autrefois que « *le contrat ne vit pas détaché de tout contexte temporel ou spatial, isolé de la société civile, à l'abri des vents de l'économie et du poids des idées dominantes* »[972]. C'est pourquoi il est sans cesse « *adapté [...] aux besoins de l'économie actuelle, aux exigences de l'idéal moral contemporain [...] et à l'équilibre de la nouvelle structure sociale* »[973]. Il en est spécialement ainsi du contrat de prêt, où la volonté de promouvoir le pluralisme démocratique[974], de favoriser

---

[972] G. LYON-CAEN, « L'obligation implicite », *op. cit.*, p. 109, spéc. p. 109. *Adde* : A.-S. LUCAS-PUGET, *Essai sur la notion d'objet du contrat*, préf. M. FABRE-MAGNAN, LGDJ, 2005, n° 7 : « *On ne peut guère [...] considérer l'obligation d'une manière abstraite, tel un mécanisme permettant de lier deux personnes et de régler leurs rapports juridiques [...] ; on est contraint de regarder ce mécanisme fonctionner dans la vie, de tenir compte de l'usage qui en est fait et des incidences de cet usage sur les relations entre les hommes* ».

[973] J. ZAKSAS, *Les transformations du contrat et leur loi – Essai sur la vie du contrat en tant qu'institution juridique*, préf. J. MAURY, Librairie du Recueil Sirey, 1939, p. 55.

[974] Par exemple, v. article 30 de la Loi n° 2017-1339 du 15 septembre 2017 pour la confiance dans la vie poli-tique – d'après lequel « *le Gouvernement est autorisé à prendre par ordonnance [...] les mesures [...] nécessaires pour que les candidats, partis et groupements politiques [...] puissent [...] assurer [...] le financement de campagnes électorales pour [certaines élections] par l'obtention de prêts* » – et les observations de : J.-M. PASTOR, « Le gouvernement annonce trois lois pour redonner confiance dans la vie démocratique », *AJDA*, 2017, p. 1141 ; R. RAMBAUD, « Mais où est passée la banque de la démocratie ? », *AJDA*, 2018, p. 1577 ; C. CUTAJAR, « Les lois du 15 septembre 2017 pour la confiance dans la vie publique : le choix de la transparence et de la prophylaxie », *Recueil Dalloz*, 2018, p. 569 ; R. DORANDEU, « Loi pour la confiance dans la vie politique – Game over ? », *Revue Internationale de la Compliance et de l'Éthique des Affaires*, 2017, n° 4, comm. 100 ; S. BRACONNIER, « La confiance dans l'action publique en débat », *JCP G 2017*, n° 28, 787 ; P. VILLENEUVE, « Les lois pour la confiance dans la vie politique, l'esprit et la lettre – À propos des lois ordinaire et organique du 15 septembre 2017 », *JCP A 2017*, n° 46, 2276, spéc. n° 4 ; P. VILLENEUVE, « Moralisation de la vie publique : les mots pour le dire. À propos de l'avis du Conseil d'État, 12 juin 2017 », *JCP A 2017*, n° 28, act. 493 ; R. RAMBAUD, « Confiance dans la vie politique – La révolution attendra... », *AJDA*, 2017, p. 2237 ; C. FLEURIOT, « C'est mal parti pour la banque de la démocratie », *Dalloz actualité*, 6 juillet 2017 ; F. ROUVILLOIS, *Droit constitutionnel*, t. 2, *op. cit.*, p. 389 ;

la rénovation énergétique des logements les plus énergivores[975] ou de faciliter l'accès au crédit bancaire[976], sont autant de circonstances qui concourent à transformer sa physionomie.

En ce qui concerne l'obligation de prêter et elle seule, les bouleversements générés par le mouvement « *global* »[977] – « *que rien n'est susceptible d'entraver...* »[978] ? – de prise en compte de la performance extrafinancière des entreprises, doivent retenir notre attention (Section 1), d'autant qu'ils ne sont pas sans retentissements (Section 2).

J. LASSERRE CAPDEVILLE, « Les aspects bancaires de la loi pour la confiance dans la vie politique », *JCP E 2017*, n° 40, 698.

[975] Par exemple, v. article 99 de la Loi de finances pour 2009 (Loi n° 2008-1425) – selon lequel « *les établissements de crédit [...] peuvent bénéficier d'un crédit d'impôt au titre d'avances remboursables [sans intérêt ...] versées [...] pour financer des travaux d'amélioration de la performance [...] énergétique de logements achevés avant le 1er janvier 1990 et utilisés [...] en tant que résidence principale* » – et les observations de : V. MERCIER, « L'éco-prêt à taux zéro, nouvel outil financier de protection de l'environnement », *L'ESSENTIEL Droit de l'immobilier et urbanisme*, 2009, n° 05, p. 4.

[976] Par exemple, v. article premier de l'accord de place sur la médiation du crédit aux entreprises formalisé et signé le 27 juillet 2009 à l'Élysée – d'après lequel « *la médiation du crédit aux entreprises a pour mission de faciliter au plus proche du terrain le dialogue entre les entreprises d'une part et les établissements de crédit et sociétés de financement d'autre part, et de recommander des solutions en cas de difficulté pour l'obtention et le maintien de crédits ou de garanties* » – et les observations de : X. DELPECH, « Un cadre juridique pour la médiation du crédit », *Recueil Dalloz*, 2009, p. 1948 ; J.-Ph. TRICOIT, « La nature juridique du médiateur du crédit », *Gazette du Palais*, 2010, n° 65, p. 15 ; J. LASSERRE CAPDEVILLE, « La médiation du crédit aux entreprises », *in* J.-L. VALLENS (dir.), *Crise du crédit et entreprises, les réponses du droit*, Lamy, 2010, p. 231 ; N. MOLFESSIS, « Le médiateur du crédit : un modèle à inventer », *Les Échos*, 20 novembre 2008 ; M. NICOLLE, *Essai sur le droit au crédit*, thèse sous la direction de D. LEGEAIS, Paris V, 2014, n° 176 s. ; B. MOREAU, « La médiation du crédit aux entreprises dans les grandes lignes », *Gazette du Palais*, 2010, n° 65, p. 9 ; F.-J. CRÉDOT et T. SAMIN, « Médiateur du crédit », *Revue de Droit bancaire et financier*, 2009, n° 1, comm. 6.

[977] C. BRANCHEREAU et Ph. THOMAS, « Finance durable – L'avènement des covenants ESG », *Revue de Droit bancaire et financier*, 2019, n° 5, étude 14, spéc. n° 9.

[978] *Ibid.*, spéc. n° 9.

Section 1. Bouleversements

119. ***« La nouvelle tendance »***[979]**.** Depuis quelques années, des études académiques établissent « *de façon récurrente* »[980] un lien de corrélation « *simple* »[981], « *clair et fort* »[982] entre la performance extrafinancière – « ESG »[983] – et la performance financière des entreprises[984] ; elles imposent ainsi nettement « *l'idée que*

---

[979] V. MERCIER, « Finance durable – Financement durable. Quelle régulation juridique pour le prêt responsable ? », *Revue de Droit bancaire et financier*, 2019, n° 5, étude 12, spéc. n° 9.

[980] C. BRANCHEREAU et Ph. THOMAS, « Finance durable – L'avènement des covenants ESG », *op. cit.*, spéc. n° 10.

[981] C. DESJARDINS, « Les risques ESG ont un impact sur le risque de crédit », *Les Échos*, 28 janvier 2020.

[982] C. BRANCHEREAU et Ph. THOMAS, « Finance durable – L'avènement des covenants ESG », *op. cit.*, spéc. n° 10.

[983] « E » pour « Environnement », « S » pour « Social » et « G » pour « Gouvernance ». *Adde* : Ph. MUDRY, « De l'utilité de l'activisme », *L'AGEFI Hebdo*, 28 juin 2018, p. 5 : « *Dans le sigle ESG [...], nombreux sont les investisseurs qui considèrent avec attention le E, pour Environnement, à la mode en ces temps d'angoisse climatique, quelques-uns le S, pour Social, et très peu le G, pour Gouvernance* ».

[984] V. particulièrement : NN Investment Partners, « One-fifth of listed companies globally make positive impact », 25 mars 2019 : « *There is a common perception that companies pursuing a positive social or environmental impact will have to sacrifice financial returns. However, NN IP's analysis shows that such companies outperform the overall listed company universe, delivering higher growth rates [and] higher-quality returns and enjoying a lower cost of capital* » ; C. DESJARDINS, « Jean-Werner de T'Serclaes : Il y a un lien entre l'impact sociétal et la performance des entreprises », *Les Échos*, 21 janvier 2020 : « *Les investisseurs et asset managers regardent de plus en plus l'impact environnemental des actifs, en plus de leur performance financière... Ils ont raison car les deux sont liés : une de nos études montre le lien entre le rendement des actions ("total shareholder return") et l'impact sociétal des entreprises ("total societal impact", qui définit la responsabilité d'une entreprise en fonction de six dimensions : valeurs éthiques, respect de l'environnement, accès et inclusion des produits et services, création de valeur économique, bien-être des consommateurs, bien-être des [...] communautés)* » ; N. MACDONALD-BROWN et S. MACLENNAN, « Quelle a été la performance des entreprises durables durant la crise du Covid-19 ? », *Globalix*, 20 mai 2020 : « *Notre opinion sur l'investissement durable est que les entreprises enregistrent de meilleures performances lorsqu'elles traitent équitablement leurs parties prenantes* » ; É. COCHARD et J. COURCIER, « Les covenants de demain seront aussi environnementaux et sociaux ! », *Revue Banque*, 2015, n° 789, p. 71, spéc. p. 72 : « *Il est de plus en plus évident que la valeur d'une entreprise*

la durabilité est un moteur de la performance économique »[985]. Une gestion rigoureuse des risques environnementaux, sociaux et sociétaux permettrait effectivement aux entreprises de réduire leur exposition aux « *conséquences négatives d'évènements qu'elles auraient contribué*

---

dépend aussi de critères environnementaux, sociaux et de gouvernance » ; C. BRANCHEREAU, « Vers une lecture environnementale, sociale et de gouvernance du droit des affaires », *Revue Droit & Affaires*, 2019, n° 16, 21 : « *Il ne faut point dissocier la performance ESG de la performance de l'entreprise* ». V. toutefois : F. AGGERI, « Marchés et développement durable », *in* F. AGGERI, O. FAVEREAU et A. HATCHUEL (dir.), *L'activité marchande sans le marché ?*, Presses des Mines, 2010, p. 231, spéc. n° 37 : « *De multiples études ont tenté d'établir sans succès un lien de corrélation entre la performance extra-financière et la performance financière des entreprises... Pourquoi un tel lien de corrélation ne peut-il être établi ? Non pas parce que les éléments extra-financiers n'ont pas d'incidence sur la performance financière (!), mais parce que les indicateurs environnementaux et sociaux n'ont pas été historiquement construits pour établir un tel lien. Les grandes entreprises ont construit leurs systèmes d'information, en premier lieu, en réponse aux contraintes réglementaires, en second lieu, par mimétisme par rapport aux pratiques de leurs concurrents, pratiques médiatisées par des consultants à travers des benchmarks [...]. Un tel lien pourrait-il être établi ? Très probablement mais il faudrait alors reconstruire des systèmes d'information cohérents avec des logiques d'innovation, à la manière dont la comptabilité par activités a essayé en son temps de le réaliser dans le domaine du contrôle de gestion pour construire une alternative à la comptabilité analytique* ».

[985] V. MERCIER, « Finance durable – Financement durable. Quelle régulation juridique pour le prêt responsable ? », *op. cit.*, spéc. n° 5.

[(ou non)] à déclencher »[986] – vague de suicides[987], marée noire[988], rappel de produits défectueux[989], incendie[990], etc.[991] Partant,

---

[986] C. BRANCHEREAU et Ph. THOMAS, « Finance durable – L'avènement des covenants ESG », *op. cit.*, spéc. n° 10. *Adde* : V. MERCIER, « Finance durable – La finance durable : un oxymore ? », *Revue de Droit bancaire et financier*, 2015, n° 4, 43, spéc. n° 37, où l'auteur note qu'une mauvaise « *gestion du risque social et environnemental* » peut se matérialiser par « *l'apparition d'une créance associée (passif social et environnemental)* » – c'est-à-dire le versement de dommages et intérêts – et par « *une perte de valeur significative de [ses…] biens […] (immeubles, fonds de commerce, titres…)* » – c'est-à-dire une dégénérescence de la valeur des actifs – ; É. COCHARD et J. COURCIER, « Les covenants de demain seront aussi environnementaux et sociaux ! », *op. cit.*, p. 71, spéc. p. 72, où l'auteur relève « *le fait que des risques environnementaux, sociaux et sociétaux peuvent se matérialiser dans les bilans des entreprises par des milliards de dollars de provisions […], puis de perte de capitalisation boursière* ».

[987] *Comp.* les conséquences de la vague de suicides survenue chez l'opérateur français de télécommunication France Télécom (G. DE CALIGNON, « La vague de suicides chez France Télécom devient une affaire judiciaire », *Les Échos*, 12 avril 2010) ou dans les usines chinoises de l'industriel taïwanais Foxconn (Y. ROUSSEAU, « Vague de suicides chez un sous-traitant d'Apple en Chine », *Les Échos*, 26 mai 2010).

[988] *Comp.* les conséquences de la marée noire déclenchée par le naufrage d'un pétrolier affrété par la compagnie Total (A. BAUER, « Marée noire de l'Erika : la pression sur TotalFina s'intensifie », *Les Échos*, 30 dé-cembre 1999 ; B. MÉNARD, « Pour TotalFina, l'addition de la marée noire s'élèverait déjà à 700 millions de francs », *Les Échos*, 24 janvier 2000) ou par l'explosion d'une plateforme exploitée par le groupe britannique BP (E. GRASLAND, « La marée noire a déjà coûté 350 millions de dollars à BP », *Les Échos*, 11 mai 2010 ; E. GRASLAND, « Marée noire, l'agence Fitch abaisse la note de BP de six crans d'un coup », *Les Échos*, 16 juin 2010 ; P. DE GASQUET, « Marée noire : comment l'image de BP a sombré », *Les Échos*, 29 juin 2010 ; L. ROBEQUAIN, « Marée noire : BP va s'acquitter d'une amende historique… », *Les Échos*, 16 novembre 2012 ; V. LE BILLON, « Marée noire : BP versera 19 milliards à la justice américaine », *Les Échos*, 2 juillet 2015 ; V. LE BILLON, « Dix années après, la marée noire de Deepwater Horizon laisse encore des traces », *Les Échos*, 20 avril 2020).

[989] *Comp.* les conséquences du rappel de produits défectueux conçus par l'équipementier automobile nippon Takata (Y. ROUSSEAU, « Dix millions de voitures rappelées pour des airbags défectueux ! », *Les Échos*, 24 juin 2014 ; Y. ROUSSEAU, « Le groupe Takata s'enfonce dans la crise des airbags défectueux », *Les Échos*, 12 novembre 2014 ; I. FEUERSTEIN, « Les airbags de Takata à l'origine du plus grand rappel de l'histoire », *Les Échos*, 19 mai 2015 ; Y. ROUSSEAU, « Tétanisé par le scandale des airbags explosifs, le géant japonais Takata dépose le bilan », *Les Échos*, 26 juin 2017) ou par Samsung (C. FOUQUET, « Samsung : un million de Galaxy Note 7 rappelés aux Etats-Unis », *Les Échos*, 16 septembre 2016 ; R. GUEUGNEAU, « "Note 7" : Samsung, une marque fragilisée juste avant les fêtes de Noël », *Les Échos*, 11 octobre 2016 ; C. FOUQUET, « Note 7 :

les banques occidentales se sont impliquées « *notablement et irréversiblement* »[992] dans « *le développement [des...] comportements vertueux des entreprises* »[993] en proposant de plus en plus systématiquement des emprunts qui s'inscrivent dans une logique durable – « *L'heure est à la finance à impact positif sur l'économie, les hommes [et] la planète* »[994] ! C'est dans ce contexte

---

Samsung attaqué en justice en Corée du Sud et aux Etats-Unis », *Les Échos*, 19 octobre 2016).

[990] *Comp.* les conséquences de l'incendie le plus meurtrier de l'histoire de l'État de Californie (A. MOUTOT, « La Californie confrontée à l'incendie le plus meurtrier de son histoire... », *Les Échos*, 13 novembre 2018) déclenché par une ligne à haute tension appartenant à l'électricien américain PG&E (F. JOIGNOT, « PG&E, la première faillite liée au réchauffement climatique ! », *Le Monde*, 17 février 2019 ; A. MOUTOT, « Incendies californiens : l'électricien PG&E essaye de limiter les risques », *Les Échos*, 23 juillet 2019 ; I. COUET, « Incendies de Californie : la guerre entre seigneurs de Wall Street s'intensifie... », *Les Échos*, 26 septembre 2019 ; C. LESNES, « En Californie, l'électricien PG&E ou le capitalisme de la loi de la jungle », *Le Monde*, 19 décembre 2019).

[991] « *Une entreprise qui met en œuvre une politique "RSE" ambitieuse est dans une démarche de gestion des risques environnementaux, sociaux et sociétaux, qui lui confère une plus grande pérennité* » (V. MERCIER, « Finance durable – Financement durable. Quelle régulation juridique pour le prêt responsable ? », *op. cit.*, spéc. n° 9). Dans un même sens : B. HÉRAUD, « L'emprunt à impacts, nouveau chouchou des entreprises et de leurs banques », *Novethic*, 5 mars 2019 : « *Notre idée, c'est qu'une entreprise qui met en œuvre une politique "RSE" ambitieuse s'attaquant aux challenges importants environnementaux, sociétaux et sociaux [...], sera davantage pérenne* ».

[992] S. ALAMOWITCH, « Politique de crédit et souci de l'environnement », *Bulletin du Droit de l'Environnement Industriel*, 2016, n° 63.

[993] L. DE LONGEAUX, « Quels enseignements tirer des opérations récemment réalisées en matière de financement responsable ? », *Les Échos*, 2 septembre 2018.

[994] V. MERCIER, « Finance durable – Financement durable. Quelle régulation juridique pour le prêt responsable ? », *op. cit.*, spéc. n° 1. *Rappr.* : Y. QUEINNEC, « Le contrat durable – Pour une conciliation contractuelle effective des enjeux économiques, sociaux et environnementaux », *AJ contrat*, 2020, p. 121 : « *La contractualisation des enjeux ESG est devenue un passage obligé, tous secteurs confondus... Le secteur financier est très marqué par la montée en puissance de ces sujets. Les démarches à l'œuvre se traduisent par la mise sur le marché de produits dont les objectifs ESG (social et green bonds, crédits à impact, etc.) ont des conséquences (contractuelles) certaines* ». *Adde* : C. DESJARDINS, « La durabilité s'impose dans le monde financier », *Les Échos*, 21 janvier 2020 : « *Les banques et les investisseurs institutionnels sont, aujourd'hui, prêts à financer [des] entreprises qui s'engagent sur des indicateurs de performance environnementaux, sociétaux ou sociaux* ».

qu'en avril 2017, des prêts « *à la dénomination encore flottante* »[995] – « prêts à impact positif »[996], « prêts durables », « prêts à la durabilité »[997], « prêts responsables » – ont vu le jour[998] et ont connu un succès « *marqué* »[999] – « *fulgurant* »[1000], « *grandissant* »[1001] et « *important* »[1002] –, à tel point qu'il est « *légitime de se demander [s'ils] ne vont pas devenir prochainement la norme* »[1003]. Ces prêts relèvent d'une « *pratique de marché* »[1004] et fonctionnent selon des modalités (fort) variées. Pour autant, ils ont en commun de ne pas être spécifiquement alloués au financement d'un projet durable[1005] – « *ils peuvent aussi bien financer un investissement, une acquisition ou un besoin d'exploitation* »[1006] – et de comporter des « *clauses nouvelle génération* »[1007] visant à inciter vigoureusement l'emprunteur à remplir un (ou plusieurs) objectif(s) touchant « *des sujets aussi variés que l'éducation dans les pays en voie de développement, l'aide au retour à l'emploi, la féminisation des organes de gouvernance [...] ou la bonne nutrition* »[1008].

---

995 V. RIOCHET, « La moisson verte des financements », *L'AGEFI Hebdo*, 24 janvier 2019, p. 32.

996 Ou « *positive incentive loans* » en anglais.

997 Ou « *sustainability-linked loans* » en anglais.

998 Le groupe hollandais Philips est le premier à avoir souscrit ce nouveau type de prêt – S. POULLENNEC, « Les crédits verts se développent à pas comptés », *Les Échos*, 24 janvier 2018.

999 C. BRANCHEREAU et Ph. THOMAS, « Finance durable – L'avènement des covenants ESG », *op. cit.*, spéc. n° 7.

1000 T. FEAT et A. LEFEBVRE, « Les financements « à impact » séduisent les corporates », *Option Finance*, 19 juin 2020, n° 1564, p. 15, spéc. p. 15.

1001 V. MERCIER, « Finance durable – Financement durable. Quelle régulation juridique pour le prêt responsable ? », *op. cit.*, spéc. n° 7.

1002 C. BRANCHEREAU, « Vers une lecture environnementale, sociale et de gouvernance du droit des affai-res », *op. cit.*

1003 A. LEFEBVRE, « Le crédit « à impact » séduit les entreprises », *Option Finance*, 17 juin 2019, n° 1515, p. 14, spéc. p. 14.

1004 C. BRANCHEREAU et Ph. THOMAS, « Finance durable – L'avènement des covenants ESG », *op. cit.*, spéc. n° 8.

1005 « *Il n'y a point de condition d'utilisation des fonds [empruntés] au profit d'un type de projet particulier* » (C. DESJARDINS, « Les mots-clés de la finance durable », *Les Échos*, 21 janvier 2020).

1006 C. BRANCHEREAU et Ph. THOMAS, « Finance durable – L'avènement des covenants ESG », *op. cit.*, spéc. n° 6.

1007 J.-B. BELLON et S. VOISIN, *Detox Finance*, Éditions Eyrolles, 2019, p. 170.

1008 A. LEFEBVRE, « Le crédit « à impact » séduit les entreprises », *op. cit.*, p. 14, spéc. p. 14.

120. ***« Une tendance tangible »*[1009]. ** Or, il s'avère que la plupart de ces clauses ne se contentent pas d'arrêter des objectifs nébuleux[1010] – exs. : améliorer l'accueil des personnes à mobilité réduite, l'insertion des personnes éloignées de l'emploi, les conditions de travail des salariés du groupe, le management des ressources humaines, l'efficacité énergétique ou la sécurité alimentaire ; accélérer la sortie des énergies fossiles ou la prise de conscience de l'impact de notre mode de vie sur la biodiversité ; optimiser la gestion des ressources naturelles vivantes ; augmenter l'utilisation de produits issus de l'agriculture biologique ; diminuer la consommation de matières premières, la production de déchets ou les émissions de gaz à effet de serre[1011] ; lutter contre la déforestation, les inégalités, la pauvreté, l'injustice, le réchauffement climatique, la malnutrition, la corruption ou la pollution des océans ; élaborer des moyens de transport propres et des produits écologiquement efficients ; déployer des programmes d'éducation nutritionnelle dans les écoles ; endiguer le gaspillage alimentaire ; maintenir la biodiversité (aquatique et terrestre) sur l'intégralité des sites du groupe ; soutenir les projets agricoles responsables des fournisseurs et des partenaires ; garantir une meilleure inclusion numérique des personnes âgées ou une éducation de qualité pour tous ; …[1012] –, mais fixent, au contraire, des objectifs concrets, contrôlés et contraignants. Lesdits objectifs sont d'abord concrets, en ce qu'ils énoncent des seuils (*target*[1013]) à atteindre dans un horizon temporel prédéfini – exs. : « *générer au moins 3 500 créations nettes d'emplois, maintenir un taux de contrats à durée indéterminée dans les effectifs d'au moins 94 % [...] et assurer un taux de contrats à durée indéterminée parmi les nouveaux emplois créés*

[1009] A. HAVERLAND, « Engagements à crédits… vertueux », *L'Usine Nouvelle*, 19 avril 2018.

[1010] *Comp.* : T. BONNEAU, « Banques et développement durable », *Cahiers de droit de l'entreprise*, 2010, n° 3, dossier 14 : « *Les engagements [liés au développement durable...] sont rédigés en termes souvent flous* ».

[1011] *Comp.* : G. MARADAN, « Il est urgent que la relance économique intègre les objectifs de neutralité carbone », *Le Monde*, 2 mai 2020 : « *Il faut créer [...] un prêt à impact climat* ».

[1012] Pour plus d'exemples, v. : www.un.org/sustainabledevelopment/fr/objectifs-de-developpement-durable/

[1013] « *A general definition of a target is a point to aim at [...] : it is therefore often understood as an objective which we should like to achieve. This implies that we must first identify a "goal" and then aim to reach it [...] through taking some form of action* » (G. BUTT, *Making assessment matter*, Continuum, 2010, p. 85).

d'au moins 95 % dans les douze prochaines années »[1014] ; *« parvenir à un taux d'enfouissement des déchets nul »*[1015] ; *« reconduire 600 chômeurs vers l'emploi en 1 année »*[1016] ; *« électrifier l'ensemble des [(40 000…)] véhicules légers de l'entreprise d'ici 2030 »*[1017] ; *« réduire de 30 % ses émissions de gaz à effet de serre par tonne de fromage produite d'ici à 2024 et à raison de 5 % par an »*[1018] ; *« réduire ses émissions de gaz à effet de serre de 1 million de tonnes en 2025 par rapport aux niveaux de 2017 »*[1019] ; *« développer 11,6 GW de nouvelle puissance électrique issue de sources renouvelables, installer 455 000 bornes de recharge électriques, investir 5,4 milliards d'euros dans la digitalisation des réseaux de distribution d'énergie et décarboner ses moyens de production d'électricité au-dessous de 0,35kg CO2 par kWh d'ici 2020 »*[1020] ; *« maintenir un taux d'autosuffisance énergétique au moins égal à 219 % »*[1021] ; *« accroître de 25 % les heures de formation de ses salariés »*[1022] ; …[1023] – ; ils sont ensuite contrôlés, en ce qu'ils donnent lieu à une vérification

---

1014 C. BERTRAND, « Prêter aux entreprises contre des créations d'emplois », *La Croix*, 16 février 2020.

1015 « Etex associe le coût de son prêt Développement Durable (600 millions EUR) à ses ambitions en matière de durabilité », communiqué de presse en date du 17 décembre 2019.

1016 « UK housing association L&Q and BNP Paribas close landmark positive incentive loan », communiqué de presse en date du 26 juin 2018.

1017 « EDF annonce la syndication d'une ligne de crédit indexée sur des critères ESG », communiqué de presse en date du 27 novembre 2018.

1018 « Fromageries Bel étend la maturité de sa principale ligne de crédit et y introduit des critères environnementaux et sociaux, E&S », communiqué de presse en date du 10 janvier 2018.

1019 « Solvay lie le coût de sa principale ligne de crédit à la décarbonisation », communiqué de presse en date du 2 avril 2019.

1020 « Enel electrifies sustainability market with inaugural green-linked bond », communiqué de presse en date du 19 septembre 2019.

1021 « Séché Environnement signe une ligne de crédit à impact inaugurale intégrant des critères environnementaux et la notation ESG EthiFinance », communiqué de presse en date du 9 juillet 2018.

1022 « Prada signs the first sustainability linked loan of the luxury goods industry », communiqué de presse en date du 5 novembre 2019.

1023 Pour plus d'exemples, v. : C. ALVAREZ, « Danone, EDF et Philips ont choisi de soumettre leurs taux de crédit à leurs performances environnementales et sociales », *Novethic*, 28 février 2018.

périodique[1024] confiée à un organisme tiers indépendant[1025] – exs. : un cabinet d'audit, un *think tank*, une firme de certification, un cabinet d'avocats, un bureau d'études, …[1026] – ; lesdits objectifs sont enfin contraignants, en ce qu'ils prévoient une sanction à l'encontre de l'emprunteur défaillant – exs. : majoration du taux des intérêts[1027], amende[1028], déchéance du terme[1029], …[1030] Par où l'on voit que la stipulation de telles clauses ne peut que conduire à l'émergence d'une véritable obligation de l'emprunteur de satisfaire certains objectifs vertueux[1031].

121. Conclusion de section. Au cours des dernières années, les établissements bancaires ont imaginé de nouveaux prêts dans le but de pousser les entreprises emprunteuses à adopter des comportements exemplaires. C'est dans ce contexte qu'en avril 2017, des prêts « durables » ou « responsables » ont émergé. Ces prêts se sont répandus à vive allure et ont concouru à la fixation d'objectifs (supposément)

1024 Généralement annuelle.

1025 « *L'indépendance [est…] la situation d'une collectivité, d'une institution ou d'une personne qui n'est pas soumise à une autre collectivité, institution ou personne* » (J.-M. VARAUT, « Indépendance », *in* L. CADIET (dir.), *Dictionnaire de la justice*, PUF, 2004, p. 622, spéc. p. 622).

1026 Sur ces acteurs, v. : T. BERNS, P.-F. DOCQUIR, B. FRYDMAN, L. HENNEBEL et G. LEWKOWICZ, *Responsabilités des entreprises et corégulation*, Bruylant, 2007, p. 21 s.

1027 En ce sens : C. BACH, « Crédits à impact : un nouveau produit au service de la finance verte », *La lettre d'Option Droit & Affaires*, 21 mars 2018.

1028 L'amende est habituellement versée non pas au prêteur, mais à une organisation non gouvernementale ou à une association engagée dans des projets ESG.

1029 V. toutefois : Y. QUEINNEC, « Le contrat durable – Pour une conciliation contractuelle effective des en-jeux économiques, sociaux et environnementaux », *op. cit.*, p. 121 : « *La rupture contractuelle pour manquement aux objectifs ESG n'est pas la solution la plus appropriée. C'est méconnaître l'externalité et la temporalité qui font des enjeux ESG des objets contractuels si singuliers* ».

1030 *Adde* notamment : V. MERCIER, « Finance durable – Financement durable. Quelle régulation juridique pour le prêt responsable ? », *op. cit.*, spéc. n° 11 s. : « *Si la pratique n'a pas encore envisagé cette modalité, le prêt pourrait ainsi prévoir que l'évaluation ESG de l'emprunteur fasse varier le montant même des fonds à restituer, prévoyant une somme à rembourser inférieure au montant prêté en cas de performance ESG positive* ».

1031 *Rappr.* : C. BRANCHEREAU et Ph. THOMAS, « Finance durable – L'avènement des covenants ESG », *op. cit.*, spéc. n° 13 : « *A priori, les covenants ESG spécifiques et détaillés (par exemple, la baisse quantifiée de la production de gaz à effet de serre ou de rejets polluants) constituent une obligation de résultat* ».

vertueux à la charge desdites entreprises ; par contrecoup, des objectifs « ESG » chiffrés, surveillés et sanctionnés, sont apparus dans de nombreux crédits offerts aux entreprises.

Section 2. Retentissements

122. L'obligation faite à l'emprunteur de remplir un (ou plusieurs) objectif(s) ESG, relève, sans doute, de l'inédit[1032]. Elle constitue un puissant « *outil de communication* »[1033] et « *d'asservissement* »[1034] qui permet aux établissements de crédit d'agir comme des législateurs

---

[1032] *Comp.* : M. HAUTEREAU-BOUTONNET, « Le contrat environnemental », *Recueil Dalloz*, 2015, p. 217, où l'auteur estime que « *recourir au contrat pour protéger l'environnement est surprenant car, dans ce cas, les parties agissent pour l'intérêt général,* au-delà de leurs propres intérêts » (nous soulignons). V. toutefois : B. FAUVARQUE-COSSON, « L'entreprise, le droit des contrats et la lutte contre le changement climatique », *Recueil Dalloz*, 2016, p. 324 : « *Le contrat de droit privé, dont la fonction sociale est rarement consacrée par le législateur, est devenu un instrument de circulation et de promotion des pratiques respectueuses de l'environnement et de la lutte contre le changement climatique, notamment pour la réduction des émissions de gaz à effet de serre* ».

[1033] O. GOUT, « Le changement climatique et le contrat, perspective de droit interne », *in* M. HAUTEREAU-BOUTONNET et S. PORCHY-SIMON (dir.), *Le changement climatique, quel rôle pour le droit privé ?*, Dalloz, 2019, p. 109, spéc. p. 117, à propos du contrat en général. *Comp.* : J. DELGA, « De l'éthique d'entreprise et de son cynisme », *Recueil Dalloz*, 2004, p. 3126, à propos des chartes éthiques : « *Ne s'agit-il pas uniquement d'une publicité marketing ?* »

[1034] M. MEKKI, « Le contrat et l'environnement – Postface », *in* M. HAUTEREAU-BOUTONNET (dir.), *Le contrat et l'environnement*, PUAM, 2014, p. 533, spéc. n° 5, à propos du contrat en général. *Comp.* : L. HENNEBEL et G. LEWKOWICZ, « La contractualisation des droits de l'homme – De la pratique à la théorie du pluralisme politique et juridique », *in* G. LEWKOWICZ et M. XIFARAS (dir.), *Repenser le contrat*, Dalloz, 2009, p. 221, spéc. p. 221, à propos du contrat en général : « *Le contrat s'impose à l'ère de la globalisation comme l'outil de régulation par excellence des rapports juridiques privés ! Il témoigne de la tendance à une forme de privatisation du droit qui découle de l'effacement du rôle de l'État au profit de régulations privées ou de formes de co-régulations* » ; G. LEWKOWICZ et M. XIFARAS, « Repenser le contrat – Droit et philosophie face aux nouvelles pratiques contractuelles », *in* G. LEWKOWICZ et M. XIFARAS (dir.), *Repenser le contrat*, Dalloz, 2009, p. 1, spéc. p. 1, à propos du contrat en général : « *Le contrat est un outil conceptuel décisif... Et pour cause, on peut tout faire avec un contrat [...]. L'outil n'est pas seulement polyvalent, il est aussi omniprésent. Il est devenu un véritable instrument de gouvernement* ».

« *privés* »[1035] et « *globaux* »[1036] en imposant « *par le bas* »[1037] leur vision du monde – « *le monde d'après* »[1038] –, mais également

[1035] M. MALAURIE-VIGNAL, « Engagements en droit de la concurrence, droit souple ou droit autoritaire ? », *CCC*, 2011, n° 1, repère 1, au sujet des entreprises qui édictent des chartes éthiques ; S. MERABET, *Vers un droit de l'intelligence artificielle*, préf. H. BARBIER, Dalloz, 2020, n° 327, au sujet des opérateurs privés qui élaborent des contraintes morales et éthiques. Dans le même sens, v. : M. LAROUER, *Les codes de conduite, sources du droit*, préf. P. DEUMIER, Dalloz, 2018, n° 337 s. et les références citées.

[1036] B. FRYDMAN et G. LEWKOWICZ, « Les codes de conduite, source du droit global ? », *in* Y. CARTUYVELS, H. DUMONT, Ph. GÉRARD, I. HACHEZ, F. OST et M. VAN DE KERCHOVE (dir.), *Les sources du droit revisitées. Volume 3. Normativités concurrentes*, Publications des Facultés universitaires Saint-Louis, 2012, p. 179, spéc. p. 194, au sujet des sociétés leaders de marché qui décident d'étendre la portée de leur code de conduite à un nombre considérable de sociétés actives en différents endroits de la Terre ; L. C. BACKER, « Economic globalization and the rise of efficient systems of global private lawmaking », *University of Connecticut Law Review*, 2007, vol. 39, p. 1739, au sujet des sociétés multinationales. Et dans le même sens, v. : K. P. MITKIDIS, « Sustainability clauses in international supply chain contracts – Regulation, enforceability and effects of ethical requirements », *Nordic Journal of Commercial Law*, 2014, n° 1, p. 1 (du même auteur, v. aussi : « Using private contracts for climate change mitigation », *Groningen Journal of International Law*, vol. 2, 2014, p. 54).

[1037] O. GOUT, « Le changement climatique et le contrat, perspective de droit interne », *op. cit.*, p. 109, spéc. p. 122. *Rappr.* : M. MEKKI, « Le contrat, entre liberté et solidarité », *in* A. SUPIOT (dir.), *Face à l'irresponsabilité : la dynamique de la solidarité*, Collège de France, 2018, p. 93, spéc. p. 101 : « *Le droit peut être créé par le bas [...]. Au nom du pluralisme juridique, plusieurs ordres juridiques peuvent créer du droit. Bien sûr, il s'agit d'un pluralisme ordonné signifiant que les ordres juridiques d'en bas (les contrats-alliance, les contrats-coopération, les contrats-organisation, la famille, l'entreprise, ...) sont autonomes mais en même temps "relevants" de l'ordre juridique étatique qu'ils ne doivent pas contredire. À ce titre, le contrat ne serait pas seulement un moyen de réaliser une opération économique, mais aussi un moyen d'organiser et de réglementer une opération économique en imposant des normes de comportement, en instaurant un processus de contrôle et de sanction* ». Au surplus, v. : G. TARDE, *Les lois de l'imitation*, Paris, 1890, p. 354 : « *Le gouvernement le plus despotique et le plus minutieux, la législation la plus obéie et la plus rigoureuse, c'est l'usage. J'entends par là ces mille et une habitudes reçues, soit traditionnelles, soit nouvelles, qui règlent la conduite privée, non pas de haut et abstraitement comme la loi, mais de très près et dans le moindre détail* ».

[1038] A) A. GARABEDIAN, « Le virage ESG du monde d'après », *L'AGEFI Hebdo*, 9 avril 2020, p. 5.

B) Entres autres illustrations, v. : Boston Consulting Group, *La vague responsable, le nouveau défi des entreprises françaises*, 2019, p. 25 : « *Repenser nos portefeuilles*

de « *se donner bonne conscience en imposant aux autres des sacrifices* »[1039]... En tout état de cause, elle aboutit, cette fois-ci, à renforcer l'obligation de prêter en lui insufflant une raison d'être singulière ou – pour reprendre l'expression du professeur Judith Rochfeld – une « *cause atypique* »[1040] ; en bref, je m'oblige à prêter « parce que » l'emprunteur s'engage à satisfaire certains objectifs extrafinanciers.

123. Aussi n'est-il guère étonnant que la Loan Market Association (LMA), la Loan Syndications and Trading Association (LSTA) ainsi que l'Asia Pacific Loan Market Association (APLMA) aient nouvellement et conjointement publié des lignes directrices volontaires et mondiales – les « *Sustainability Linked Loan Principles* »[1041] (« SLLP ») – destinées à stimuler la pratique des emprunts durables : « *The goal of the SLLP is to promote the development of the sustainability linked loan product by providing guidelines which capture the fundamental characteristics of these loans* »[1042]. C'est dire que les associations professionnelles consolident nettement le renouvellement de la raison d'être de l'obligation de prêter, même si leur travail laisse regrettablement subsister les points de faiblesse suivants.

Le premier d'entre eux tient à la sincérité de l'engagement mis à la charge de l'emprunteur : il semble, en effet, que les objectifs ESG sont souvent édictés au moyen d'informations – privées ou publiques[1043] –

---

de crédits, c'est un manque à gagner immédiat, mais il s'agit d'un investissement très profitable... Derrière ça, il y a une idée de transformation volontariste de notre modèle économique [...]. Il faut s'obliger à moins financer les sujets qui nous paraissent appartenir au passé de l'humanité » (nous soulignons).

1039 O. GOUT, « Le changement climatique et le contrat, perspective de droit interne », *op. cit.*, p. 109, spéc. p. 122.

1040 J. ROCHFELD, « Cause », *Répertoire de droit civil*, juin 2016, n° 74.

1041 Ces principes ont été publiés en mars 2019 et actualisés en mai 2020. Ils sont (notamment) consultables à l'adresse suivante : https://www.lsta.org/content/sustainability-linked-loan-principles-sllp/

1042 Préambule.

1043 *Rappr.* : A.-S. EPSTEIN, *Information environnementale et entreprise. Contribution à l'analyse juridique d'une régulation*, préf. G. J. MARTIN, Institut Universitaire Varenne, 2015, n° 110, où l'auteur souligne que « *la communication d'informations ESG s'est imposée comme un phénomène de marché* ».

provenant exclusivement de l'emprunteur[1044]. Partant, le danger existe que lesdites informations soient inexactes, imprécises et/ou trompeuses[1045], et amènent subséquemment le prêteur et l'emprunteur à édicter des objectifs déjà remplis ! Il pourrait alors être naturellement considéré que l'obligation de remplir ces objectifs constitue, *ab initio*, une « *contrepartie illusoire ou dérisoire* »[1046] devant emporter l'annulation du contrat de prêt dont elle dérive. Fort heureusement, deux solutions sont envisageables et (éventuellement) cumulables : d'une part, il est possible, dès la négociation de l'emprunt et moyennant finances, de recourir à l'organisme tiers indépendant susmentionné[1047] afin que celui-ci apprécie la cohérence et la vraisemblance des informations communiquées en procédant à des investigations sur place et sur pièce – visite de l'entreprise, analyse documentaire, entretien(s) avec l'équipe de direction, etc.[1048] ; d'autre part, il est également possible de se référer aux informations (abondamment) produites par des « *ONG ou d'autres entités publiques et parapubliques* »[1049], lesquelles jouissent d'une crédibilité considérable auprès du grand public[1050].

Le second d'entre eux tient à la portée de l'engagement de l'emprunteur ; il semble, en effet, que les objectifs ESG sont habituellement poursuivis au moyen d'actions diverses laissées à la discrétion de l'emprunteur. Partant, le danger existe que lesdites actions soient pour ainsi dire incongrues[1051] : tel serait, par exemple, le cas d'un emprunteur qui choisirait de poursuivre un objectif de réduction

---

[1044] V. particulièrement : C. MALECKI, « La finance durable », *Revue de Droit bancaire et financier*, 2013, n° 3, 29, spéc. n° 11.

[1045] « *Rappelons-nous qu'avant le scandale du Dieselgate, Volkswagen était bien noté sur le critère environnemental. Personne ne pouvait imaginer qu'un groupe automobile de cette envergure tricherait sur les émissions polluantes de ses moteurs au cours des tests d'homologation* » (J. COURCIER, « Transition énergétique et finance verte – Une taxonomie pour quoi faire ? », *Revue Banque*, 2020, n° 841, p. 66, spéc. p. 66).

[1046] Article 1169 du Code civil.

[1047] *Supra*, n° 120.

[1048] *Comp.* : M. COMBEMALE et J. IGALENS, *L'audit social*, PUF, 2012, p. 102 s., où les auteurs étudient « *la recherche d'informations dans l'entreprise* ».

[1049] C. BRANCHEREAU, « Vers une lecture environnementale, sociale et de gouvernance du droit des affai-res », *op. cit.*

[1050] En ce sens : Association Sherpa, « Les entreprises transnationales et leur responsabilité sociétale », 2009, p. 48 s.

[1051] « *Inattendues et surprenantes* » (*TLF*, v. *Incongru*).

de ses rejets polluants en restreignant le volume global de ses activités[1052], d'un emprunteur qui déciderait de poursuivre un objectif de féminisation de ses effectifs en limogeant la plupart de ses salariés masculins ou d'un emprunteur qui choisirait de poursuivre un objectif de lutte contre l'inégalité salariale entre les femmes et les hommes en abaissant le salaire de ces derniers. Il pourrait dès lors être considéré que l'obligation de satisfaire ces objectifs constitue un acte contraire à « *l'intérêt social* »[1053] de la société emprunteuse devant emporter l'annulation du contrat d'emprunt dont elle dérive. Cela étant dit, une telle annulation est-elle vraiment concevable ? La question mérite d'être posée depuis que le droit commun des sociétés interdit purement et simplement « *l'annulation [des contrats] pour seule contrariété à l'intérêt social* »[1054]. Au reste, une telle annulation est-elle réellement souhaitable ? Il est permis d'en douter, compte tenu du fait que « *ce que la société [juge…] acceptable change au cours du temps, à la suite de nouvelles informations […] ou de perceptions qui évoluent* »[1055]. Par suite, un acte *a priori* non conforme à l'intérêt social pourrait finalement s'avérer « acceptable » et, par ricochet, s'inscrire aisément dans ledit intérêt – d'ailleurs, les mesures sanitaires actuellement en vigueur ne viennent-elles pas, en quelque sorte, légitimer la réduction des émissions de gaz à effet

---

1052 Exemple emprunté à : C. BRANCHEREAU et Ph. THOMAS, « Finance durable – L'avènement des covenants ESG », *op. cit.*, spéc. n° 16.

1053 Article 1833 du Code civil.

1054 C. FEUNTEUN, « Point de nullité pour une contrariété à l'intérêt social d'une société à risque limité ! », note sous Cass. com., 16 octobre 2019, n° 18-19.373, Inédit, *JCP E 2020*, n° 3, 1007. V. toutefois la position plus nuancée de : D. PORACCHIA, « De l'intérêt social à la raison d'être des sociétés », *Bulletin Joly Sociétés*, 2019, n° 06, p. 40.

1055 M. COLLETTE, « Finance durable et collectivités locales : du développement des obligations labellisées à la prise en compte des critères "ESG" dans l'analyse crédit », *Revue française de finances publiques*, 2019, n° 148, p. 245. Du reste, v. : J. DE LA BROSSE, « La finance verte peut-elle sauver le monde ? », *Le Monde*, 20 octobre 2019 : « *Pour faire de la finance d'impact, encore faut-il s'entendre sur ce qui est bon ou mauvais pour la planète. En ce sens, les débats à Bruxelles autour de la taxonomie sont assez éloquents. Depuis 2017, la Commission s'est lancée dans ce (grand) chantier dont l'objectif est de définir des secteurs d'activité vers lesquels flécher l'investissement. Or, que faire, à titre d'illustration, du nucléaire, est-il bon ou mauvais pour la planète ?* »

de serre par le recours à une politique d'attrition volontaire de l'activité ?[1056]

124. Conclusion de section. L'obligation mise à la charge de l'emprunteur de remplir un (ou plusieurs) objectif(s) ESG, constitue, sans doute, un instrument de communication et d'asservissement qui renforce l'obligation de prêter en la dotant d'une raison d'être nouvelle et atypique. Dans ces conditions, des associations professionnelles ont pris le parti de consolider l'enrichissement de la raison d'être de l'obligation de prêter, en élaborant une série de principes directeurs ayant vocation à dynamiser la pratique des prêts responsables. Il n'en demeure pas moins que leurs travaux laissent subsister quelques points de faiblesse qui affectent la sincérité et la portée de l'engagement souscrit par l'emprunteur. Heureusement, il s'avère que ces derniers sont loin d'être rédhibitoires.

Conclusion du chapitre 2

125. L'obligation de prêter semble être renforcée par les exigences de l'idéal dominant. Plus précisément, c'est principalement sa raison d'être qui est renouvelée par l'émergence d'objectifs ESG chiffrés, contrôlés et contraignants dans de nombreux crédits accordés aux entreprises. En effet, l'obligation qui en découle pour l'emprunteur de satisfaire un (ou plusieurs) objectif(s) extrafinancier(s), aboutit assurément à doter l'obligation de prêter d'une cause inédite, d'un nouveau « pourquoi ».

En dépit d'un ensemble de lignes directrices publiées par diverses associations professionnelles, des griefs peuvent être formulés en ce qui concerne la crédibilité et la portée de l'engagement pesant sur l'emprunteur. Cela étant dit, ces griefs ne sont guère dirimants, ce qui est bienvenu dans une époque où tout porte à croire que « *l'art de conjuguer performances financière et extrafinancière* »[1057] n'en est qu'à ses balbutiements.

[1056] À cet égard, v. : J. COSSARDEAUX, « Le confinement réduirait chaque jour les rejets de CO2 de 58 % en Europe », *Les Échos*, 4 avril 2020.

[1057] V. BOUQUET, « L'emprunt à impact, ou l'art de conjuguer performances financière et extrafinancière », *Les Échos*, 16 juin 2020.

CONCLUSION DU TITRE 2

126. Les recherches menées sur la grandeur de l'obligation de prêter, nous ont conduit à éprouver sa résistance aux vents contraires de l'économie et aux exigences de l'idéal dominant. S'agissant des vents contraires de l'économie, la focale a été portée sur les intérêts négatifs, phénomène dont l'étude a permis de parvenir aux résultats suivants :

- La survenue de taux négatifs est récente et devrait, selon toute vraisemblance, devenir monnaie courante dans les années à venir ;
- L'obligation faite au prêteur de verser des intérêts négatifs à l'emprunteur conduit à priver l'obligation de prêter de toute raison d'être ;
- La Cour de cassation tente d'assurer la sauvegarde de la raison d'être de l'obligation de prêter, même si son œuvre demeure perfectible.

127. S'agissant des exigences de l'idéal dominant, la focale a alors été resserrée sur les clauses ESG, phénomène dont l'examen a permis d'aboutir aux résultats suivants :

- À l'instar des taux négatifs, la survenue de clauses ESG est récente et devrait probablement devenir monnaie courante au cours des prochaines décennies ;
- L'obligation faite à l'emprunteur de remplir des objectifs vertueux conduit à doter l'obligation de prêter d'une nouvelle raison d'être ;
- Diverses associations professionnelles essayent de promouvoir ce renouvellement de la raison d'être de l'obligation de prêter, même si leur travail omet d'aborder les points névralgiques qui touchent à la sincérité et à la portée de l'obligation ainsi mise à la charge de l'emprunteur.

128. En somme, le poids de l'obligation de prêter est, à proprement parler, ambivalent : tandis que l'autorité que revêt l'obligation de prêter ressort fragilisée de sa confrontation aux turbulences de l'économie, ladite autorité ressort, en revanche, fortifiée de sa confrontation aux idées nouvelles.

CONCLUSION DE LA DEUXIÈME PARTIE

129. Partant de la mensuration traditionnelle de l'obligation de remboursement de la dette étatique, nous nous sommes escrimés à révéler l'envergure de l'obligation de prêter – à mettre à nu ses dimensions – en en déterminant la longueur ainsi que la grandeur. Il s'ensuit qu'au regard de sa longueur, l'obligation de prêter se résume à une durée contingente : en effet, l'espace de temps que couvre l'obligation de prêter « est » (ou « n'est pas ») selon que l'usage auquel la chose est destinée, est (ou non) ponctuel et selon que son achèvement est (ou non) tributaire du hasard. Il s'ensuit également qu'au regard de sa grandeur, l'obligation de prêter se résume à un poids ambivalent : en effet, l'autorité que revêt l'obligation de prêter est tantôt fragilisée et tantôt fortifiée au contact des mutations du milieu ambiant.

Au total, la mensuration de l'obligation de prêter offre un tableau très contrasté, tant et si bien qu'une conclusion, pour le moins décevante, paraît s'imposer : ladite mensuration est, nous semble-t-il, entachée de trop d'équivoque pour que l'envergure de l'obligation de prêter puisse être clairement et utilement révélée.

CONCLUSION

130. Peu à peu les lumières déclinent et nous laissons la porte qui nous a mené dans les entrailles de l'obligation de prêter, se refermer derrière nous.

131. Le problème posé au seuil de cette recherche tenait en une question, à savoir : quels sont les contours exacts de l'obligation de prêter ? Mystérieuse et sibylline, cette dernière avançait, en effet, masquée. C'est dire que le flou qui entourait ses contours se devait d'être dissipé : en d'autres mots, l'obligation mise à la charge du prêteur se devait de jaillir de « *l'épaisseur de la nuée* »[1058].

132. Dans cette perspective, et dans un premier temps, nous nous sommes évertués à définir l'obligation de prêter afin d'en mettre en lumière la nature. Un éclaircissement de la notion de mise à disposition et une clarification des notions d'unité et de commercialité, nous ont alors permis de soutenir que ladite obligation a pour objet une activité qui consiste à ne pas s'opposer au retirement et à l'utilisation, par le créancier-emprunteur, d'une entité dépourvue de personnalité et caractérisée par son individuabilité et sa prêtabilité. En outre, nous avons pu montrer que cette obligation a pour sujets plusieurs titulaires dont le nombre est corrélé à celui des parties au contrat et dont le nom est librement choisi. Partant, il nous a semblé possible de définir l'obligation de prêter dans les termes qui suivent :

« Elle est l'obligation en vertu de laquelle l'une des parties au contrat de prêt – le prêteur, dont l'identification est assurée par une (ou plusieurs) donnée(s) quelconque(s) – s'oblige envers l'autre – l'emprunteur, dont l'identification est semblablement assurée par une (ou plusieurs) donnée(s) quelconque(s) – à s'abstenir de tout ce qui pourrait entraver le retirement et l'utilisation d'une entité dépourvue de personnalité, individualisable et prêtable ».

Dans un second temps, nous nous sommes attachés à mesurer l'obligation de prêter en vue d'en mettre en lumière l'envergure. Un approfondissement de la règle de droit commun tirée de l'article 1305 du Code civil et une exploration de la règle de droit spécial tirée des articles 1888 et 1889 du même Code, nous ont alors permis de constater que cette obligation a pour longueur une durée contingente. C'est qu'en effet la portion de temps qu'elle couvre « est » ou

[1058] *Exode*, chapitre 19, verset 9.

« n'est pas » selon l'usage aux fins duquel la chose a été empruntée. Également, nous avons eu le loisir de souligner que ladite obligation a pour grandeur un poids ambivalent en ce que l'autorité qu'elle revêt est tantôt fragilisée et tantôt fortifiée par les transformations du milieu ambiant. Par suite, il ne nous a pas paru possible de mesurer l'obligation de prêter ou, du moins, d'en retenir une mensuration satisfaisante.

En bref, et en dépit de nos efforts, nous ne sommes parvenus qu'à livrer une image précise et – nous l'espérons – complète de sa nature, et non de son envergure.

133. Au demeurant, et à maintes reprises, l'occasion nous a été offerte, tout au long de nos développements, d'apporter un nouvel éclairage sur un certain nombre de difficultés qui dépassent le champ du prêt : on songe particulièrement à la délimitation du consensualisme et du réalisme[1059], à la validité de la donation manuelle[1060], à la distinction (traditionnelle) entre la chose et la personne[1061], à la licéité des clauses sur la preuve[1062], aux sources substantielles et formelles de la libre circulation des données[1063] et à la consistance du droit à l'exécution d'une obligation contractuelle[1064].

134. Fort de ces éléments, une série de propositions qui s'inscrivent dans la perspective d'une refonte du droit dit des « contrats spéciaux », peuvent être ici avancées en guise de conclusion :

[1059] *Supra*, n° 21 s.
[1060] *Supra*, n° 22.
[1061] *Supra*, n° 33.
[1062] *Supra*, n° 57 s.
[1063] *Supra*, n° 62 s. et n° 66 s.
[1064] *Supra*, n° 81 s. et n° 87 s.

I/ Mettre l'obligation de prêter au cœur de la définition du contrat de prêt, et ce en modifiant l'article 100 de l'avant-projet Capitant de réforme du droit des contrats spéciaux.

Rédaction actuelle de l'article 100 : « Il y a deux espèces de prêts : le prêt à usage et le prêt translatif ».

Rédaction proposée de l'article 100 : « Le prêt est un contrat par lequel l'une des parties s'oblige à prêter une chose à l'autre. Il y a deux espèces de prêts : le prêt à usage et le prêt translatif ».

II/ Expliciter l'obligation de prêter, et ce en ajoutant un article 100 *bis* et en supprimant les articles 103 et 117 de l'avant-projet Capitant de réforme du droit des contrats spéciaux.

Introduction d'un article 100 bis : « L'obligation de prêter oblige le prêteur à ne pas s'opposer au retirement et à l'utilisation, par l'emprunteur, d'une chose individualisable et prêtable ».

Suppression de l'article 103 : « Le prêteur doit mettre à disposition de l'emprunteur le bien dans son état actuel ».

Suppression de l'article 117 : « Le prêteur doit mettre à disposition de l'emprunteur les choses prêtées conformément aux stipulations convenues ».

III/ Expliciter les droits que le créancier-emprunteur retire de l'obligation de prêter, et ce en modifiant l'alinéa premier de l'article 108 de l'avant-projet Capitant de réforme du droit des contrats spéciaux.

Rédaction actuelle de l'alinéa premier de l'article 108 : « L'emprunteur est obligé de jouir du bien conformément à la destination convenue ».

Rédaction proposée de l'alinéa premier de l'article 108 : « L'emprunteur a le droit de retirer et d'utiliser la chose conformément à la destination convenue ».

IV/ Conformément à « *la loi de l'économie de moyens* »[1065], qui consiste à « *faire le plus possible avec le moins d'éléments possible* »[1066], supprimer les articles 102 et 116 de l'avant-projet Capitant de réforme du droit des contrats spéciaux, lesquels se contentent de rappeler le principe du consensualisme consacré à l'article 1172 du Code civil.

Suppression de l'article 102 : « Le prêt à usage est un contrat consensuel. Il est valablement formé dès que les parties sont convenues du bien ».

Suppression de l'article 116 : « Le prêt translatif est un contrat consensuel. Il est valablement formé dès que les parties sont convenues du bien ».

« Il faut alors attendre : le droit sait être d'une poussée patiente »[1067].

[1065] Qui « *devrait sans aucun doute [être] l'une des lois fondamentales du droit* » : M. MIGNOT, *Les obligations solidaires et les obligations in solidum en droit privé français*, préf. É. LOQUIN, Dalloz, 2002, p. 445.

[1066] R. VON JHERING, *L'esprit du droit romain dans les diverses phases de son développement, traduit par O. DE MEULENAERE*, t. III, Paris, 1877, p. 22.

[1067] G. LOISEAU, « L'immatériel et le contrat », *in Mélanges en l'honneur du Professeur Gilles Goubeaux*, LGDJ, 2009, p. 353, spéc. p. 363, au sujet de l'appréhension progressive des (nouveaux) biens incorporels par le droit des contrats.

BIBLIOGRAPHIE

Cette bibliographie ne référence que
les documents expressément cités dans ce travail.

DICTIONNAIRES

- D. ALLAND et S. RIALS (dir.), *Dictionnaire de la culture juridique*, PUF, 2003.
- J. ATTALI, *Dictionnaire du XXIe siècle*, Fayard, 2014.
- C. AUGÉ (dir.), *Petit Larousse illustré*, 1922.
- O. BLOCH et W. VON WARTBURG, *Dictionnaire étymologique de la langue française*, PUF, 2008.
- J. BOUSQUET, *Dictionnaire des contrats et obligations en matière civile et commerciale*, t. II, Paris, 1840.
- E. CADET, *Dictionnaire usuel de législation*, 8e éd., Paris, 1895.
- CNRS, *Trésor de la langue française – Dictionnaire de la langue du XIXe et du XXe siècle (1789-1960)*.
- G. CORNU (dir.), *Vocabulaire juridique*, 13e éd., PUF, 2020.
- *Dictionnaire de l'Académie française*, 4e éd.
- *Dictionnaire de l'Académie française*, 8e éd.
- *Dictionnaire de l'Académie française*, 9e éd.
- *Dictionnaire raisonné des connaissances humaines*, t. I, Bruxelles, 1842.
- J. DUBOIS (dir.), *Le Lexis – Le dictionnaire érudit de la langue française*, Larousse, 2014.
- J.-F. FÉRAUD, *Dictionnaire critique de la langue française*, Marseille, 1787-1788.
- F. GAFFIOT, *Dictionnaire latin-français*, Hachette, 1934.

A. GARIEL, *Dictionnaire latin-français*, Hatier, 1964.

- L. GUILBERT, R. LAGANE et G. NIOBEY (dir.), *Grand Larousse de la langue française en sept volumes*, Larousse, 1989.
- É. LITTRÉ, *Dictionnaire de la langue française*, Hachette, 1873-1874.
- E. NOËL, *Le Rabelais de poche avec un dictionnaire pantagruélique*, 2e éd., Paris, 1860.
- J.-É. PIERROT, *Dictionnaire de théologie morale*, t. II, Paris, 1862.
- A. REY (dir.), *Le Robert – Dictionnaire d'aujourd'hui*, Le Robert, 1993.
- A. REY, *Dictionnaire historique de la langue française*, Le Robert, 2016.
- H. ROLAND, *Lexique juridique des expressions latines*, 7e éd., LexisNexis, 2016.

OUVRAGES GÉNÉRAUX

- C. AUBRY et C. RAU, *Cours de droit civil français d'après la méthode de Zachariae*, t. IV, 4e éd., Paris, 1871.
- G. BAUDRY-LACANTINERIE, *Précis de droit civil*, t. II, 11e éd., Paris, 1913.
- J.-L. BERGEL, *Théorie générale du droit*, 5e éd., Dalloz, 2012.
- R. CABRILLAC (dir.), *Libertés et droits fondamentaux*, 26e éd., Dalloz, 2020.
- H. CAPITANT et A. COLIN, *Cours élémentaire de droit civil français*, t. II, Dalloz, 1915.
- J. CARBONNIER, *Flexible droit. Pour une sociologie du droit sans rigueur*, 10e éd., LGDJ, 2001.
- J. CARBONNIER, *Droit civil. Introduction. Les personnes. La famille. L'enfant. Le couple*, PUF, 2004.
- J. CARBONNIER, *Droit civil. Les biens. Les obligations*, PUF, 2004.
- N. CAYROL et F. GRUA, *Méthode des études de droit*, 5e éd., Dalloz, 2020.
- F. CHABAS, H. MAZEAUD, J. MAZEAUD et L. MAZEAUD, *Leçons de droit civil*, t. II, vol. I, 9e éd., par F. CHABAS, Montchrestien, 1998.
- E. COLMET DE SANTERRE, *Cours analytique de Code civil*, t. VIII, Paris, 1884.
- G. CORNU, *Droit civil – Les contrats*, Les cours de droit, 1972-1973.
- G. CORNU, *Droit civil. Introduction. Les personnes. Les biens*, 12e éd., Montchrestien, 2005.
- J. DABIN, *Le droit subjectif*, préf. Ch. ATIAS, Dalloz, 2007.
- R. DE SÉGOGNE et E. VERGÉ (dir.), *Nouveau répertoire de droit*, t. III, 2e éd., Dalloz, 1964.
- M. DELMAS-MARTY, *Pour un droit commun*, Éditions du Seuil, 1994.
- J. DOMAT, *Œuvres complètes*, t. I, Paris, 1828.
- A. DURANTON, *Cours de droit français suivant le Code civil*, t. XVII, 4e éd., Paris, 1844.
- J.-B. DUVERGIER, *Le droit civil français, suivant l'ordre du Code*, t. VI, Paris, 1843.
- F. GÉNY, *Science et Technique en droit privé positif. Nouvelle contribution à la critique de la méthode juridique – II : Élaboration scientifique du droit positif*, Sirey, 1927.
- G. GURVITCH, *L'expérience juridique et la philosophie pluraliste du droit*, Pedone, 1935.
- T. HUC, *Commentaire théorique et pratique du Code civil*, t. XI, Paris, 1898.
- Ph. JESTAZ, *Les sources du droit*, 2e éd., Dalloz, 2015.
- Ph. JESTAZ, *Le droit*, 10e éd., Dalloz, 2018.
- L. JOSSERAND, *Évolutions et Actualités : conférences de droit civil*, Librairie du Recueil Sirey, 1936.
- F. LAURENT, *Principes de droit civil français*, t. XVII, Paris, 1875.
- F. LAURENT, *Principes de droit civil français*, t. XXVI, Paris, 1877.
- J. LE GOFF et S. ONNÉE, *Puissance de la norme. Défis juridiques et managériaux des systèmes normatifs contemporains*, Éditions EMS, 2017.
- V. MARCADÉ, *Explication théorique et pratique du Code civil*, t. VI, 7e éd., Paris, 1875.

- G. MAY, *Éléments de droit romain*, 7e éd., Larose, 1901.
- É. MILLARD, *Théorie générale du droit*, 1re éd., Dalloz, 2006.
- S. NEUVILLE, *Philosophie du droit*, LGDJ, 2019.
- M. PLANIOL et G. RIPERT, *Traité élémentaire de droit civil*, t. II, 11e éd., LGDJ, 1931.
- POTHIER, *Œuvres*, t. I (*Traité des obligations*), Siffrein, 1821-1824.
- POTHIER, *Œuvres*, t. V, Siffrein, 1821-1824.
- G. RIPERT, *Le régime démocratique et le droit civil moderne*, LGDJ, 1936.
- G. RIPERT, *Les forces créatrices du droit*, LGDJ, 1955.
- F. TERRÉ, *Introduction générale au droit*, 10e éd., Dalloz, 2015.
- F. TERRÉ et N. MOLFESSIS, *Introduction générale au droit*, 12e éd., Dalloz, 2020.
- C.-B.-M. TOULLIER, *Le droit civil français*, t. VI, Rennes, 1814.
- P. VIOLLET, *Histoire du droit civil français*, 2e éd., Paris, 1893.
- A. VON TUHR, *Partie générale du Code fédéral des obligations*, vol. II, Lausanne, 1931.

OUVRAGES SPÉCIAUX ET MONOGRAPHIES

- C. ACCARIAS, *Précis de droit romain*, t. II, Paris, 1878.
- J.-L. ALBERT, *Finances publiques*, 11e éd., Dalloz, 2019.
- F. ANCEL, B. FAUVARQUE-COSSON et J. GEST, *Aux sources de la réforme du droit des contrats*, Dalloz, 2017.
- L. ANDREU et N. THOMASSIN, *Cours de droit des obligations*, 5e éd., Gualino, 2020.
- Association Henri Capitant, *Offre de réforme du droit des contrats spéciaux*, Dalloz, 2020.
- M. AUDIT (dir.), *Insolvabilité des États et dettes souveraines*, LGDJ, 2011.
- G. AUZERO, D. BAUGARD et E. DOCKÈS, *Droit du travail*, 33e éd., Dalloz, 2020.
- B. BARRAUD, *L'État – Entre fait et droit*, L'Harmattan, 2015.
- B. BARRAUD, *Qu'est-ce que le droit ? Théorie syncrétique et échelle de juridicité*, L'Harmattan, 2017.
- J.-P. BAUD, *L'affaire de la main volée. Une histoire juridique du corps*, Éditions du Seuil, 1993.
- G. BAUDRY-LACANTINERIE et L. BARDE, *Traité théorique et pratique de droit civil. Des obligations. Tome premier*, Paris, 1897.
- G. BAUDRY-LACANTINERIE et L. BARDE, *Traité théorique et pratique de droit civil – Des obligations*, t. II, Paris, 1902.
- G. BAUDRY-LACANTINERIE et A. WAHL, *Traité théorique et pratique de droit civil. De la société, du prêt, du dépôt*, Paris, 1898.
- J.-C. BÉCANE, M. COUDERC et J.-L. HÉRIN, *La loi*, 2e éd., Dalloz, 2010.
- A. BÉNABENT, *Droit des obligations*, 18e éd., LGDJ, 2019.
- P. BERLIOZ, *Droit des biens*, Ellipses, 2014.
- T. BERNS, P.-F. DOCQUIR, B. FRYDMAN, L. HENNEBEL et G. LEWKOWICZ, *Responsabilités des entreprises et corégulation*, Bruylant, 2007.

- Ch. BEUDANT, *Cours de droit civil français. Les contrats et les obligations*, 2e éd., Paris, 1936.
- Ch. BEUDANT, *Cours de droit civil français. Contrats civils divers*, 2e éd., Paris, 1947.
- T. BONNEAU, *Droit bancaire*, 13e éd., LGDJ, 2019.
- H. BOSVIEUX et C. HOUPIN, *Traité général théorique et pratique des sociétés civiles et commerciales et des associations*, t. 1, 7e éd., Librairie du Recueil Sirey, 1935.
- C. BRENNER, *Procédures civiles d'exécution*, 10e éd., Dalloz, 2019.
- A.-X. BRIATTE, *Financement et pratique du crédit*, 2e éd., LexisNexis, 2020.
- M. BROSSET BRIAND, A. CRINON, É. DELACOURE et É. DELCHER (dir.), *Le nombre et le droit*, L'Harmattan, 2020.
- Y. BUFFELAN-LANORE et V. LARRIBAU-TERNEYRE, *Droit civil. Les obligations*, 17e éd., Sirey, 2020.
- R. CABRILLAC, *Droit des obligations*, 14e éd., Dalloz, 2020.
- H. CAUSSE, *Droit bancaire et financier*, préf. D. TRICOT, Mare & Martin, 2016.
- G. CHANTEPIE et M. LATINA, *Le nouveau droit des obligations : Commentaire théorique et pratique dans l'ordre du Code civil*, 2e éd., Dalloz, 2018.
- S. CHASSAGNARD-PINET et D. HIEZ (dir.), *Approche critique de la contractualisation*, LGDJ, 2007.
- F. CHÉNEDÉ, *Le nouveau droit des obligations et des contrats*, 2e éd., Dalloz, 2018.
- F. COHET, *Le contrat*, 2e éd., Presses universitaires de Grenoble, 2020.
- F. COLLART DUTILLEUL et Ph. DELEBECQUE, *Contrats civils et commerciaux*, 11e éd., Dalloz, 2019.
- M. COMBEMALE et J. IGALENS, *L'audit social*, PUF, 2012.
- J. A. COMMAILLE, *Nouveau traité des obligations*, Paris, 1805.
- G. CORNIL, *Du louage de services ou contrat de travail*, Paris, 1895.
- F. DEKEUWER-DÉFOSSEZ (dir.), *Le Lamy Droit des personnes et de la famille*, Wolters Kluwer, 2019.
- Ph. DELEBECQUE, *Droit maritime*, 14e éd., Dalloz, 2020.
- R. DEMOGUE, *Traité des obligations en général*, t. I, Paris, 1923.
- R. DEMOGUE, *Traité des obligations en général*, t. II, Paris, 1923.
- C. DEMOLOMBE, *Traité des contrats ou des obligations conventionnelles en général*, t. I, Paris, 1868.
- C. DEMOLOMBE, *Traité des contrats ou des obligations conventionnelles en général*, t. II, Paris, 1869.
- C. DEMOLOMBE, *Traité des contrats ou des obligations conventionnelles en général*, t. V, Paris, 1875.
- D. DEROUSSIN, *Histoire du droit des obligations*, 2e éd., Economica, 2012.
- O. DESHAYES, T. GENICON et Y.-M. LAITHIER, *Réforme du droit des contrats, du régime général et de la preuve des obligations – Commentaire article par article*, 2e éd., LexisNexis, 2018.
- A. DOUARCHE, *Les tribunaux civils de Paris pendant la Révolution (1791-1800). T. II. Première partie*, Paris, 1907.
- T. DOUVILLE (dir.), *La réforme du droit des contrats, du régime général et de la preuve des obligations. Commentaire article par article*, 2e éd., Gualino, 2018.

- W. DROSS, *Droit civil. Les choses*, LGDJ, 2012.
- P. DUBOUCHET, *La pensée juridique avant et après le Code civil*, 4e éd., L'Hermès, 1998.
- A. DUPAYS (dir.), *Le Lamy Social*, Wolters Kluwer, 2019.
- F. DURET-ROBERT (dir.), *Droit du marché de l'art*, 7e éd., Dalloz, 2020.
- N. ERÉSÉO, J.-Ph. KOVAR, J. LASSERRE CAPDEVILLE, M. MIGNOT et M. STORCK, *Droit bancaire*, 2e éd., Dalloz, 2019.
- M. FABRE-MAGNAN, *Droit des obligations. 1. Contrat et engagement unilatéral*, 5e éd., PUF, 2019.
- B. FAGES (dir.), *Le Lamy Droit du contrat*, Wolters Kluwer, 2019.
- B. FAGES, *Droit des obligations*, 10e éd., LGDJ, 2020.
- P.-A. FENET, *Recueil complet des travaux préparatoires du Code civil*, t. 1, Paris, 1836.
- P.-A. FENET, *Recueil complet des travaux préparatoires du Code civil*, t. 14, Paris, 1836.
- J. FLOUR, J.-L. AUBERT et É. SAVAUX, *Droit civil. Les obligations. Tome 1. L'acte juridique*, 16e éd., Sirey, 2014.
- J. FLOUR, J.-L. AUBERT et É. SAVAUX, *Droit civil. Les obligations. Tome 3. Le rapport d'obligation*, 9e éd., Sirey, 2015.
- E. GAUDEMET, *Théorie générale des obligations*, Librairie du Recueil Sirey, 1937.
- J. GAUDEMET et E. CHEVREAU, *Les institutions de l'Antiquité*, 8e éd., LGDJ, 2014.
- C. GAUTHIER, S. PLATON et D. SZYMCZAK, *Droit européen des droits de l'Homme*, 1re éd., Sirey, 2016.
- P.-Y. GAUTIER, *Propriété littéraire et artistique*, 11e éd., PUF, 2019.
- J.-L. GAZZANIGA, *Introduction historique au droit des obligations*, PUF, 1992.
- Ph. GÉRARD, F. OST et M. VAN DE KERCHOVE (dir.), *L'accélération du temps juridique*, Publications des Facultés universitaires Saint-Louis, 2000.
- J. GHESTIN, M. BILLIAU et C. JAMIN, *Traité de droit civil. Les effets du contrat*, 3e éd., LGDJ, 2001.
- J. GHESTIN, M. BILLIAU et G. LOISEAU, *Le régime des créances et des dettes*, LGDJ, 2005.
- J. GHESTIN, G. LOISEAU et Y.-M. SERINET, *La formation du contrat. Tome 1. Le contrat - Le consentement*, 4e éd., LGDJ, 2013.
- P.-F. GIRARD, *Manuel élémentaire de droit romain*, 5e éd., Paris, 1911.
- S. GOYARD-FABRE, *Les fondements de l'ordre juridique*, PUF, 1992.
- T. GRANIER et C. JAFFEUX, *La titrisation. Aspects juridique et financier*, préf. Y. GUYON, 2e éd., Economica, 2004.
- C. GRIMALDI, *Droit des biens*, 2e éd., LGDJ, 2019.
- M. GRIMALDI et Ch. VERNIÈRES (dir.), *Un an d'application de la réforme des contrats (Quel impact sur la pratique notariale ?)*, Defrénois, 2017.
- R. HERTZOG (dir.), *La dette publique en France*, Economica, 1990.
- D. HOUTCIEFF, *Droit des contrats*, 5e éd., Bruylant, 2020.
- J. HUET, G. DECOCQ, C. GRIMALDI et H. LÉCUYER, *Les principaux contrats spéciaux*, 3e éd., LGDJ, 2012.
- M. JULIENNE, *Régime général des obligations*, 3e éd., LGDJ, 2020.

- D. KRAJESKI, *Droit rural*, 2e éd., Defrénois, 2016.
- D. LANGÉ et V. ROULET, *Droit du travail*, 2e éd., Ellipses, 2012.
- L. LAROMBIÈRE, *Théorie et pratique des obligations*, t. III, Paris, 1885.
- C. LARROUMET et S. BROS, *Les obligations. Le contrat*, 8e éd., Economica, 2016.
- C. LARROUMET et S. BROS, *Les obligations. Le contrat*, 9e éd., Economica, 2018.
- Ph. LE TOURNEAU (dir.), *Droit de la responsabilité et des contrats. Régimes d'indemnisation*, 12e éd., Dalloz, 2020.
- A. LEBORGNE, *Droit de l'exécution : Voies d'exécution et procédures de distribution*, 3e éd., Dalloz, 2019.
- D. LEGEAIS, *Opérations de crédit*, 2e éd., LexisNexis, 2018.
- G. LYON-CAEN, *Droit du travail. Tome II. Le salaire*, 2e éd., Dalloz, 1981.
- Ph. MALAURIE et L. AYNÈS, *Droit des biens*, 7e éd., LGDJ, 2017.
- Ph. MALAURIE, L. AYNÈS et P.-Y. GAUTIER, *Droit des contrats spéciaux*, 11e éd., LGDJ, 2020.
- Ph. MALAURIE, L. AYNÈS et M. JULIENNE, *Droit des biens*, 8e éd., LGDJ, 2019.
- Ph. MALINVAUD, M. MEKKI et J.-B. SEUBE, *Droit des obligations*, 15e éd., LexisNexis, 2019.
- A. MARAIS, *Droit des personnes*, 3e éd., Dalloz, 2018.
- D. R. MARTIN, *Éléments de droit bancaire*, 2e éd., CFPB, 1993.
- G. MARTY et P. RAYNAUD, *Droit civil. Tome II. Volume premier. Les obligations*, 1re éd., Sirey, 1962.
- M.-L. MATHIEU, *Droit civil. Les biens*, 3e éd., Sirey, 2013.
- B. MERCADAL, *Réforme du droit des contrats*, Francis Lefebvre, 2016.
- B. MERCADAL, *Mémento Droit commercial*, 28e éd., Francis Lefebvre, 2020.
- J.-M. MOUSSERON, *Technique contractuelle*, 5e éd., par P. MOUSSERON, J. RAYNARD et J.-B. SEUBE, Francis Lefebvre, 2017.
- S. NEUVILLE, *Droit de la banque et des marchés financiers*, PUF, 2005.
- S. PIEDELIÈVRE et E. PUTMAN, *Droit bancaire*, Economica, 2011.
- P. PONT, *Commentaire-traité des petits contrats*, t. 1, Paris, 1877.
- M.-L. RASSAT, *Droit pénal spécial. Infractions du Code pénal*, 8e éd., Dalloz, 2018.
- J. RAYNARD et J.-B. SEUBE, *Droit des contrats spéciaux*, LexisNexis, 10e éd., 2019.
- T. REVET et F. ZENATI-CASTAING, *Manuel de droit des personnes*, PUF, 2006.
- T. REVET et F. ZENATI-CASTAING, *Les biens*, 3e éd., PUF, 2008.
- T. REVET et F. ZENATI-CASTAING, *Cours de droit civil – Contrats – Théorie générale – Quasi-contrats*, PUF, 2014.
- J.-L. RIVES-LANGE et M. CONTAMINE-RAYNAUD, *Droit bancaire*, 6e éd., Dalloz, 1995.
- F. ROUVILLOIS, *Droit constitutionnel*, t. 2, 6e éd., Flammarion, 2019.
- G. SCELLE, *Le droit ouvrier. Tableau de la législation française actuelle*, Armand Colin, 1922.
- A. SÉRIAUX, *Manuel de droit des obligations*, 4e éd., PUF, 2020.

- P. SIMLER, *Commentaire de la réforme du droit des contrats et des obligations*, 2e éd., LexisNexis, 2018.
- B. STARCK, H. ROLAND et L. BOYER, *Droit civil. Les obligations. 2. Contrat*, 6e éd., Litec, 1998.
- A. SUPIOT, *La Gouvernance par les nombres – Cours au Collège de France (2012-2014)*, Fayard, 2015.
- A. SUPIOT, *Critique du droit du travail*, 3e éd., PUF, 2015.
- H. TANDOGAN, *Notions préliminaires à la théorie générale des obligations*, Genève, 1972.
- F. TERRÉ et D. FENOUILLET, *Droit civil. Les personnes*, 8e éd., Dalloz, 2012.
- F. TERRÉ et P. SIMLER, *Droit civil. Les biens*, 10e éd., Dalloz, 2018.
- F. TERRÉ, P. SIMLER, Y. LEQUETTE et F. CHÉNEDÉ, *Droit civil. Les obligations*, 12e éd., Dalloz, 2018.
- E. THALLER, *Traité élémentaire de droit commercial*, Paris, 1898.
- R.-T. TROPLONG, *Le droit civil expliqué suivant l'ordre des articles du Code civil. Du prêt*, Paris, 1845.
- S. VANUXEM, *La propriété de la terre*, Éditions Wildproject, 2018.
- R. VILLON, *De la cause des obligations dans les contrats synallagmatiques*, Paris, 1900.
- R. VON JHERING, *L'esprit du droit romain dans les diverses phases de son développement, traduit par O. DE MEULENAERE*, t. III, Paris, 1877.
- F. C. VON SAVIGNY, *Le droit des obligations. Traduit de l'allemand par C. GÉRARDIN et P. JOZON*, t. I, Paris, 1863.
- P. WÉRY, *Droit des obligations. I. Théorie générale du contrat*, 2e éd., Larcier, 2011.
- M. XIFARAS, *La propriété. Étude de philosophie du droit*, PUF, 2004.

THÈSES ET MÉMOIRES

- B. ALIDOR, *L'incertitude et le contrat en droit privé*, thèse sous la direction de D. KRAJESKI, Toulouse, 2019.
- Ch. ALLEAUME, *Le prêt des œuvres de l'esprit*, thèse sous la direction de P.-Y. GAUTIER, Caen, 1997.
- R. ANDORNO, *La distinction juridique entre les personnes et les choses à l'épreuve des procréations artificielles*, préf. F. CHABAS, LGDJ, 1996.
- L. ANDREU, *Du changement de débiteur*, préf. D. R. MARTIN, Dalloz, 2010.
- P.-E. AUDIT, *La "naissance" des créances – Approche critique du conceptualisme juridique*, préf. D. MAZEAUD, Dalloz, 2015.
- X. AUREY, *La transformation du corps humain en ressource biomédicale. Étude de droit international et européen*, thèse sous la direction de E. DECAUX, Paris II, 2015.
- N. BALAT, *Essai sur le droit commun*, préf. M. GRIMALDI, LGDJ, 2016.
- B. BALIVET, *Les techniques de gestion des biens d'autrui*, thèse sous la direction de B. MALLET-BRICOUT, Lyon, 2004.
- G. BARBIER, *La subjectivisation des choses en droit civil*, thèse sous la direction de J. HAUSER, Bordeaux, 2016.

- F. BELLA, *Les choses dangereuses dans les contrats privés*, thèse sous la direction de J.-P. DESIDERI, Versailles Saint-Quentin-en-Yvelines, 2015.
- K. BELLIS, *Système de l'obligation naturelle*, thèse sous la direction de L. LEVENEUR, Paris II, 2018, mis à jour le 15 juin 2019.
- S. BENILSI, *Essai sur la gratuité en droit privé*, thèse sous la direction de M.-L. MATHIEU-IZORCHE, Montpellier, 2006.
- X. BIOY, *Le concept de personne humaine en droit public. Recherche sur le sujet des droits fondamentaux*, Dalloz, 2003.
- R. BOESCH, *La possession par autrui*, thèse sous la direction de F. JACOB, Strasbourg, 2011.
- R. BOFFA, *La destination de la chose*, préf. M.-L. MATHIEU-IZORCHE, Defrénois, 2008.
- F. BONNEVILLE, *Le système de la dette publique, pour une approche organique d'un phénomène social*, thèse sous la direction de M. BOUVIER, Paris I, 2017.
- R. BRASSELET, *La circulation de la donnée à caractère personnel relative à la santé – Disponibilité de l'information et protection des droits de la personne*, thèse sous la direction de B. PY, Lorraine, 2018.
- F. BRUNEL, *L'abstention du titulaire d'une prérogative. Ébauche d'une norme de comportement*, thèse sous la direction de J.-F. RIFFARD et J. THÉRON, Clermont Auvergne, 2017.
- H. CAPITANT, *De la cause des obligations (contrats, engagements unilatéraux, legs)*, Dalloz, 1923.
- A.-L. CAPOEN, *La responsabilité bancaire à l'égard des entreprises en difficulté*, thèse sous la direction de C. SAINT-ALARY-HOUIN, Toulouse, 2008.
- L. CARAYON, *La catégorisation des corps. Étude sur l'humain avant la naissance et après la mort*, thèse sous la direction de G. LOISEAU, Paris I, 2016.
- M. CASSIÈDE, *Les pouvoirs contractuels – Étude de droit privé*, thèse sous la direction de L. SAUTONIE-LAGUIONIE, Bordeaux, 2018.
- G. CATTALANO-CLOAREC, *Le contrat de prêt*, préf. G. LOISEAU, LGDJ, 2015.
- H. CAUSSE, *Les titres négociables*, préf. B. TEYSSIÉ, Litec, 1993.
- M.-A. CHARDEAUX, *Les choses communes*, préf. G. LOISEAU, LGDJ, 2006.
- J.-L. CHENAUX, *Le droit de la personnalité face aux médias internationaux*, Librairie Droz, 1990.
- F. CHÉNEDÉ, *Les commutations en droit privé. Contribution à la théorie générale des obligations*, préf. A. GHOZI, Economica, 2008.
- F. CHEVALLIER, *Les principaux généraux du droit des contrats*, mémoire sous la direction de N. MOLFESSIS, Paris II, 2014-2015.
- J. CHOSSIS, *Le refus du banquier*, thèse sous la direction de R. BONHOMME, Montpellier, 2015.
- C. CODRON, *La surveillance diffuse entre Droit et Norme*, thèse sous la direction de J.-J. LAVENUE, Lille, 2018.
- A. COLIN, *Les obligations financières*, thèse sous la direction de A.-C. MULLER, Paris XIII, 2015.
- L. COTRET, *La négociabilité des instruments financiers*, thèse sous la direction de H. CAUSSE, Reims, 2004.

- S. COUDERT, *La mise à disposition d'une chose*, thèse sous la direction de D. FERRIER, Montpellier, 2016.
- A. COURRÈGES, *Les contrats pour autrui*, thèse sous la direction de L. MINIATO, Toulouse, 2016 (mis à jour le 20 janvier 2017).
- M. CRESP, *Le temps juridique en droit privé – Essai d'une théorie générale*, préf. J. HAUSER, PUAM, 2013.
- C. CUBAYNES, *La durée des contrats administratifs*, thèse sous la direction de G. KALFLECHE, Toulouse, 2019.
- A. DAVID, *Structure de la personne humaine. Essai sur la distinction des personnes et des choses*, PUF, 1955.
- V. DEBRUT, *Le banquier actionnaire*, préf. H. CAUSSE, Faculté de droit et des sciences sociales de Poitiers, 2013.
- H. DEGUILLEM, *La socialisation du contrat. Étude de sociologie juridique*, Niort, 1944.
- C. DEJEAN-OZANNE, *Économie de la donnée et plateforme en ligne*, thèse sous la direction de J. LARRIEU, Toulouse, 2019.
- P.-J. DELAGE, *La condition animale. Essai juridique sur les justes places de l'Homme et de l'animal*, préf. J.-P. MARGUÉNAUD, Mare & Martin, 2016.
- T. DEVERGRANNE, *La propriété informatique*, thèse sous la direction de J. HUET, Paris, 2007.
- S. DUMOND, *La date et le contrat*, thèse sous la direction de L. MAYAUX, Lyon 3, 2003.
- A.-S. EPSTEIN, *Information environnementale et entreprise. Contribution à l'analyse juridique d'une régulation*, préf. G. J. MARTIN, Institut Universitaire Varenne, 2015.
- A. ETIENNEY, *La durée de la prestation, essai sur le temps dans l'obligation*, préf. T. REVET, LGDJ, 2008.
- J. EXBRAYAT, *La contractualisation en droit des personnes*, thèse sous la direction de J. THÉRON, Toulouse, 2018.
- A.-F. EYRAUD, *Le contrat réel – Essai de renouveau par le droit des biens*, thèse sous la direction de M. FABRE-MAGNAN, Paris I, 2003.
- G. FOREST, *Essai sur la notion d'obligation en droit privé*, préf. F. LEDUC, Dalloz, 2012.
- V. FORRAY, *Le consensualisme dans la théorie générale du contrat*, préf. G. PIGNARRE, LGDJ, 2007.
- V. FRASSON, *Les clauses de fin de contrat*, thèse sous la direction de W. DROSS, Lyon III, 2014.
- B. FRELETEAU, *Devoir et incombance en matière contractuelle*, préf. L. SAUTONIE-LAGUIONIE, LGDJ, 2017.
- J.-C. GALLOUX, *Essai de définition d'un statut juridique pour le matériel génétique*, thèse sous la direction de J.-M. AUBY, Bordeaux, 1988.
- D. GARDES, *Essai et enjeux d'une définition juridique du travail*, préf. L. CASAUX-LABRUNÉE, Presses de l'Université Toulouse 1 Capitole, 2013.
- M. GARNIER, *Le prêt à usage*, thèse sous la direction de G. GOUBEAUX, Nancy, 2002.
- M. GOUBINAT, *Les principes directeurs du droit des contrats*, thèse sous la direction de S. BROS, Grenoble, 2016.

- F. GRABIAS, *La tolérance administrative*, préf. B. PLESSIX, Dalloz, 2018.
- B. GRIMONPREZ, *De l'exigibilité en droit des contrats*, préf. C. OPHÈLE, Faculté de droit et des sciences sociales de Poitiers, 2006.
- S. GROMB, *Le droit de l'expérimentation sur l'homme*, préf. J. MICHAUD, Litec, 1992.
- D. GUIGNARD, *La notion d'uniformité en droit public français*, préf. S. REGOURD, Dalloz, 2004.
- Q. GUIGUET-SCHIELÉ, *La distinction des avantages matrimoniaux et des donations entre époux. Essai sur une fiction disqualificative*, préf. M. NICOD, Dalloz, 2015.
- N. HAGE-CHAHINE, *La distinction de l'obligation et du devoir en droit privé*, préf. Y. LEQUETTE, Éditions Panthéon-Assas, 2017.
- X. HENRY, *La technique des qualifications contractuelles*, thèse sous la direction de B. GROSS, Nancy II, 1992.
- L. ICHER, *L'obligation de paiement de la dette publique française*, préf. V. DUSSART, Presses de l'Université Toulouse 1 Capitole, 2018.
- M. JAOUL, *La notion de fruits : étude de droit privé*, préf. M.-L. MATHIEU, Defrénois, 2018.
- J. JIANG, *Essai sur la notion de situation juridique et son extension en droit administratif*, thèse sous la direction de J.-A. MAZÈRES, Toulouse, 1992.
- C. JULIE RAULT, *Le cadre juridique de la gestion des dettes souveraines*, thèse sous la direction de C. G. PAULUS et J.-M. SOREL, Paris I et Berlin, 2015 (publié en langue anglaise sous l'intitulé suivant : *The Legal Framework of Sovereign Debt Management*, Nomos, 2017).
- H. KASSOUL, *L'après-contrat*, thèse sous la direction de Y. STRICKLER, Nice, 2017.
- C. KUREK, *Le corps en droit pénal*, thèse sous la direction de P. MISTRETTA, Lyon III, 2017.
- K. LAFAURIE, *La force obligatoire du contrat à l'épreuve des procédures d'insolvabilité*, préf. G. WICKER, LGDJ, 2020.
- A. LALLEMENT, *Travail, création et propriétés*, thèse sous la direction de Ph. GAUDRAT, Poitiers, 2012.
- D. LANZARA, *Le pouvoir normatif de la Cour de cassation à l'heure actuelle*, préf. Y. STRICKLER, LGDJ, 2017.
- J. LARGUIER, *La notion de titre en droit privé*, Dalloz, 1951.
- M. LAROUER, *Les codes de conduite, sources du droit*, préf. P. DEUMIER, Dalloz, 2018.
- C. LASSALAS, *L'inscription en compte des valeurs. La notion de propriété scripturale*, préf. J. STOUFFLET, Presses universitaires de la Faculté de droit de Clermont-Ferrand, 1997.
- J. LE BOURG, *La remise de la chose. Essai d'analyse à partir du droit des contrats*, thèse sous la direction de Ph. BRUN et de G. PIGNARRE, Grenoble, 2010.
- M. LEBEAU, *De l'interprétation stricte des lois. Essai de méthodologie*, préf. P.-Y. GAUTIER, Defrénois, 2012.
- F. LEPLAT, *La transmission conventionnelle des créances*, thèse sous la direction de T. BONNEAU, Paris X, 2001.

- C. LEQUESNE-ROTH, *Le régime contractuel de défaut des États débiteurs européens*, préf. B. FRYDMAN (et postface J.-J. SUEUR), LGDJ, 2018.
- B. LORMETEAU, *Chaleur et droit*, thèse sous la direction de R. ROMI, Nantes, 2014.
- F.-F.-E. LUCAS, *De l'usure et de la liberté du prêt à intérêt*, Rennes, 1868.
- A.-S. LUCAS-PUGET, *Essai sur la notion d'objet du contrat*, préf. M. FABRE-MAGNAN, LGDJ, 2005.
- V. MALASSIGNÉ, *Les titres représentatifs – Essai sur la représentation juridique des biens par des titres en droit privé*, préf. A. GHOZI, Dalloz, 2016.
- C. MANGEMATIN, *La faute de fonction en droit privé*, préf. V. MALABAT, Dalloz, 2014.
- L. MARIGNOL, *La prévisibilité en droit des contrats*, thèse sous la direction de J. JULIEN, Toulouse, 2017.
- P.-G. MARLY, *Fongibilité et volonté individuelle. Étude sur la qualification juridique des biens*, préf. Ph. DELEBECQUE, LGDJ, 2004.
- J. MAURY, *Essai sur le rôle de la notion d'équivalence en droit civil français. Tome premier : La notion d'équivalence en matière contractuelle*, Paris, 1920.
- M. MEHANNA, *La prise en compte de l'intérêt du cocontractant*, thèse sous la direction de D. MAZEAUD, Paris II, 2014.
- S. MERABET, *Vers un droit de l'intelligence artificielle*, préf. H. BARBIER, Dalloz, 2020.
- M. MIGNOT, *Les obligations solidaires et les obligations in solidum en droit privé français*, préf. É. LOQUIN, Dalloz, 2002.
- I. MOINE, *Les choses hors commerce. Une approche de la personne humaine juridique*, préf. É. LOQUIN, LGDJ, 1997.
- V. MONTEILLET, *La contractualisation du droit de l'environnement*, préf. A. PÉLISSIER, Dalloz, 2017.
- B. MORON-PUECH, *L'acte juridique, une réponse à la crise du contrat*, préf. D. FENOUILLET (et postface J. COMBACAU), LGDJ, 2020.
- D. NEMTCHENKO, *Le droit des sûretés au prisme de la faute*, thèse sous la direction de G. PIETTE, Bordeaux, 2017.
- E. NETTER, *Numérique et grandes notions du droit privé*, CEPRISCA, 2019.
- T. H. NGUYEN, *La notion d'exception en droit constitutionnel français*, thèse sous la direction de B. MATHIEU, Paris I, 2013.
- M. NICOLLE, *Essai sur le droit au crédit*, thèse sous la direction de D. LEGEAIS, Paris V, 2014.
- P. NOUAL, *L'être et l'avoir de la collection. Essai sur l'avenir juridique des corpus artistiques*, thèse sous la direction de B. BEIGNIER et Ch. FERRARI-BREEUR, Toulouse, 2016.
- S. OBELLIANNE, *Les sources des obligations*, préf. D. FENOUILLET, PUAM, 2009.
- N. OCHOA, *Le droit des données personnelles, une police administrative spéciale*, thèse sous la direction de C. TEITGEN-COLLY, Paris I, 2014.
- J.-F. OVERSTAKE, *Essai de classification des contrats spéciaux*, préf. J. BRÈTHE DE LA GRESSAYE, LGDJ, 1969.
- F. PAUL, *Les choses qui sont dans le commerce au sens de l'article 1128 du Code civil*, préf. J. GHESTIN, LGDJ, 2002.

- I. PÉTEL, *Les durées d'efficacité du contrat*, thèse sous la direction de J.-M. MOUSSERON, Montpellier I, 1984.
- N. PICOD, *La remise de dette en droit privé*, préf. C. SAINT-ALARY-HOUIN, Dalloz, 2013.
- O. PIGNATARI, *Le support en droit d'auteur*, préf. Ph. GAUDRAT, Larcier, 2013.
- C.-C. PLESNILA, *Analyse critique de la théorie des contrats réels*, Paris, 1910.
- A. POSEZ, *L'inexistence du contrat*, thèse sous la direction de D. BUREAU, Paris II, 2010.
- S. PRIEUR, *La disposition par l'individu de son corps*, préf. É. LOQUIN, Les Études Hospitalières, 1999.
- P. PUIG, *La qualification du contrat d'entreprise*, préf. B. TEYSSIÉ, Éditions Panthéon-Assas, 2002.
- E. PUTMAN, *La formation des créances*, thèse sous la direction de J. MESTRE, Aix-en-Provence, 1987.
- T. REVET, *La force de travail. Étude juridique*, préf. F. ZENATI, Litec, 1992.
- A. SALGUEIRO, *Les modes d'évaluation de la dignité de crédit d'un emprunteur*, avant-propos P. LECLERCQ, préf. J. STOUFFLET, Institut Universitaire Varenne, 2006.
- R. SCABORO, *Les conventions relatives à la preuve*, thèse sous la direction de B. BEIGNIER, Toulouse, 2013.
- L.-M. SCHMIT, *Les définitions en droit privé*, préf. J. JULIEN, Presses de l'Université Toulouse 1 Capitole, 2017.
- L. THIBIERGE, *Le contrat face à l'imprévu*, préf. L. AYNÈS, Economica, 2011.
- M. THIOYE, *Recherches sur la conception du prix dans les contrats*, préf. D. TOMASIN, PUAM, 2004.
- L. TODOROVA, *L'engagement en droit – L'individuation et le Code civil au XXIe siècle*, Éditions Publibook Université – E.P.U., 2007.
- S. TORRICELLI-CHRIFI, *La pratique notariale, source du droit*, préf. B. BEIGNIER, Defrénois, 2015.
- E. TOURNE, *Le phénomène de circulation des données à caractère personnel dans le cloud – Étude de droit matériel dans le contexte de l'Union européenne*, thèse sous la direction de J.-S. BERGÉ, Lyon, 2018.
- E. TRICOIRE, *L'extracommercialité*, préf. B. BEIGNIER, Éditions Universitaires Européennes, 2012.
- D. TSARAPATSANIS, *Les fondements éthiques des discours juridiques sur le statut de la vie humaine anténatale*, Presses universitaires de Paris Ouest, 2010.
- G. TUSSEAU, *Les normes d'habilitation*, préf. M. TROPER, Dalloz, 2006.
- V. VENIAMIN, *Essai sur les données économiques dans l'obligation civile*, LGDJ, 1931.
- F. VERN, *Les objets juridiques. Recherches en droit des biens*, préf. Ph. JACQUES, Dalloz, 2020.
- M. WATERLOT, *L'effet réel du contrat*, thèse sous la direction de G. WICKER, Bordeaux, 2015.
- G. WICKER, *Les fictions juridiques. Contribution à l'analyse de l'acte juridique*, préf. J. AMIEL-DONAT, LGDJ, 1996.

• J. ZAKSAS, *Les transformations du contrat et leur loi – Essai sur la vie du contrat en tant qu'institution juridique*, préf. J. MAURY, Librairie du Recueil Sirey, 1939.

OUVRAGES NON JURIDIQUES

• S. ABITEBOUL et V. PEUGEOT, *Terra Data. Qu'allons-nous faire des données numériques ?*, Éditions Le Pommier, 2017.
• D. ANCELET-NETTER, *La dette, la dîme et le denier. Une analyse sémantique du vocabulaire économique et financier au Moyen Âge*, Presses Universitaires du Septentrion, 2010.
• P. ARTUS et M.-P. VIRARD, *La folie des banques centrales*, Fayard, 2016.
• W. ASHOLT, G.-A. GOLDSCHMIDT et J.-P. MOREL, *Dans le dehors du monde. Exils d'écrivains et d'artistes au XXe siècle*, Presses Sorbonne Nouvelle, 2010.
• M. AUGIER, *Du crédit public et de son histoire depuis les temps anciens jusqu'à nos jours*, Paris, 1842.
• F. AUTRAND, *Charles VI – La folie du roi*, Fayard, 1986.
• L. BADEL, *Un milieu libéral et européen. Le grand commerce français (1925-1948)*, Comité pour l'histoire économique et financière de la France, 1999.
• F. BASTIAT, *Capital et rente*, Paris, 1849.
• N. BEAUPRÉ, *Les Grandes Guerres*, Belin, 2012.
• J.-B. BELLON et S. VOISIN, *Detox Finance*, Éditions Eyrolles, 2019.
• H. BERGSON, *L'évolution créatrice. Édition critique dirigée par Frédéric Worms*, PUF, 2013.
• B. S. BERNANKE, *Mémoires de crise. Traduit de l'anglais (États-Unis) par Anatole Muchnik et Johan-Frédérik Hel Guedj*, Éditions du Seuil, 2015.
• P. BINOUX, *Les pionniers de l'Europe : L'Europe et le rapprochement franco-allemand (Joseph Caillaux, Aristide Briand, Robert Schuman, Konrad Adenauer, Jean Monnet)*, Klincksieck, 1972.
• A. BLANQUI, *Critique sociale. I. Capital et travail*, Paris, 1885.
• L. BLOY, *Exégèse des lieux communs*, Paris, 1902.
• G. BOSSUAT, *La France et la construction de l'unité européenne*, Armand Colin, 2012.
• J. BOUFFARTIGUE et A.-M. DELRIEU, *Trésors des racines grecques*, Belin, 1985.
• Ph. BOULANGER, *Géopolitique des médias. Acteurs, rivalités et conflits*, Armand Colin, 2014.
• G. BUTT, *Making assessment matter*, Continuum, 2010.
• J.-P. CARTIER, *Histoire de la croisade contre les Albigeois*, Éditions Bernard Grasset, 1968.
• J.-L. CHABOT, *Aux origines intellectuelles de l'Union européenne – L'idée d'Europe unie de 1919 à 1939*, Presses universitaires de Grenoble, 2005.
• A. CHAR, *La guerre mondiale de l'information*, Presses de l'Université du Québec, 1999.
• J. CLOQUET, *Manuel d'anatomie descriptive du corps humain*, Paris, 1825.
• B. COLMANT et J. NILLE, *Dettes publiques – Un piège infernal*, Larcier, 2014.
• C. CONSO et M. MATHIEN, *Les agences de presse internationales*, PUF, 1997.

- P. CORNEILLE, *Œuvres choisies*, vol. 3, Paris, 1831.
- O. COSTA DE BEAUREGARD, *La notion de temps. Équivalence avec l'espace*, Hermann, 1963.
- DANCOURT, *Œuvres choisies*, t. 3, Paris, 1810.
- DANTE, *La Divine Comédie – L'Enfer, Le Purgatoire, Le Paradis. Traduction par Sébastien Rhéal*, Paris, 1854.
- H. DE BALZAC, *Œuvres complètes*, vol. 2, Paris, 1853.
- H. DE BALZAC, *Œuvres complètes*, vol. 5, Paris, 1855.
- H. DE BALZAC, *Œuvres complètes*, vol. 8, Paris, 1855.
- E. B. DE CONDILLAC, *Le commerce et le gouvernement considérés relativement l'un à l'autre*, Paris, 1776.
- S. F. DE GENLIS, *Mémoires*, t. IV, Paris, 1825.
- J. DE LÉRY, *Histoire d'un voyage fait en la terre du Brésil*, La Rochelle, 1578.
- G. DE MAUPASSANT, *Contes du jour et de la nuit*, Paris, 1885.
- G. DE MOLINARI, *Les soirées de la rue Saint-Lazare – Entretiens sur les lois économiques et défense de la propriété*, Paris, 1849.
- M. DE MONTAIGNE, *Les Essais, lus par Paul Galleret*, Paris – Le Club du livre du mois, 1957.
- L. DE SAINTE LORETTE, *L'idée d'Union fédérale européenne*, Armand Colin, 1955.
- L. DEHARME, *La Comtesse Soir*, Julliard, 1957.
- F. DELAISI, *Les contradictions du monde moderne*, Paris, 1925.
- L. DELISLE, *Mémoire sur les opérations financières des Templiers*, Mémoires de l'Institut national de France, 1889.
- C. DENJEAN, *La loi du lucre*, Casa de Velázquez, 2011.
- E. DU RÉAU, *L'idée d'Europe au XXe siècle, des mythes aux réalités*, Complexe, 2001.
- F. DUBOST, *Aspects fantastiques de la littérature narrative médiévale, XIIème-XIIIème siècles : l'autre, l'ailleurs, l'autrefois*, Honoré Champion, 1991.
- G. DUCHENNE, *Esquisses d'une Europe nouvelle – L'européisme dans la Belgique de l'entre-deux-guerres*, Peter Lang, 2008.
- DUMARSAIS, *Œuvres*, t. I, 1797.
- A. DUMAS, *Grand dictionnaire de cuisine*, Alphonse Lemerre, 1873.
- G. DURAND (évêque du XIIIe siècle), *Manuel pour comprendre la signification symbolique des cathédrales et des églises*, MdV Éditeur, 2011.
- Y. EUDES, *La conquête des esprits. L'appareil d'exportation culturelle du gouvernement américain vers le tiers monde*, Paris, 1982.
- J. FINET, M. GABASSI et F. RÉGNIER-PÉCASTAING, *MDM : Enjeux et méthodes de la gestion des données*, Dunod, 2008.
- G. FLAUBERT, *Madame Bovary : mœurs de province*, vol. 1, Alphonse Lemerre, 1857.
- P. FRÉDÉRIX, *De l'Agence d'information Havas à l'Agence France Presse. Un siècle de chasse aux nouvelles*, préf. A. SIEGFRIED, Flammarion, 1959.
- R. GÉNESTAL, *Le rôle des monastères comme établissements de crédit étudié en Normandie du XIe à la fin du XIIIe siècle*, Paris, 1901.
- P. GERBET, *La construction de l'Europe*, 4e éd., Armand Colin, 2007.

- D. GRAEBER, *Dette : 5000 ans d'histoire, traduit par Françoise et Paul Chemla*, Les liens qui libèrent, 2013.
- J. GRAVE, *La société future*, 5e éd., Paris, 1895.
- M. GREILSAMMER, *L'usurier chrétien, un Juif métaphorique ? Histoire de l'exclusion des prêteurs lombards (XIIIe-XVIIe siècle)*, Presses universitaires de Rennes, 2012.
- M. GREVISSE, *Problèmes de langage*, PUF, 1961.
- Ph. GROUVELLE, *Mémoires historiques sur les Templiers*, Paris, 1805.
- A. HARLÉ, *Le coût et le goût du pouvoir – Le désenchantement politique face à l'épreuve managériale. Sociologie clinique des cabinets ministériels*, préf. V. DE GAULEJAC, Dalloz, 2010.
- G. HARMAN, *L'objet quadruple. Une métaphysique des choses après Heidegger*, PUF, 2010.
- S. HOMER et R. SYLLA, *A history of interest rates*, 4e éd., John Wiley & Sons, 2005.
- J.-E. HORN, *La liberté des banques*, Paris, 1866.
- V. HUGO, *L'Homme qui rit*, t. II, Paris, 1869.
- V. JANKÉLÉVITCH, *Philosophie morale*, Flammarion, 1998.
- P. JARDILLIER, *L'organisation humaine des entreprises*, préf. R. BONNARDEL, PUF, 1965.
- P. JARDILLIER, *Les conditions du travail assisté par ordinateur*, PUF, 1993.
- B. JARROSSON, *Humanisme et technique*, PUF, 1996.
- J. JOUBERT, *Carnets. Tome I*, avant-propos J.-P. CORSETTI, préf. A. BEAUNIER et A. BELLESSORT, Gallimard, 1938.
- J. KEPLER, *Astronomi Opera omnia – Volumen I*, Francfort-sur-le-Main et Erlangen, 1858.
- H. KINOSHITA, *La diffusion culturelle internationale : Les enjeux de la politique de prêts d'œuvres et d'expositions du MNAM-CCI (Centre Pompidou) pendant la période 2000-2007*, thèse sous la direction de B. DUFRÊNE, Avignon, 2011.
- LA METTRIE, *L'Homme machine*, Paris, 1865.
- M. LACROIX, *L'invention du retour d'Europe. Réseaux transatlantiques et transferts culturels au début du XXe siècle*, Presses de l'Université Laval, 2014.
- X. LAGARDE, *Juste capitalisme. Essai sur la volonté de croissance*, Litec, 2009.
- J.-P. LANDRIEU, *Calculs financiers et évaluations mathématiques en gestion de patrimoine*, préf. J. BATTUT, Éditions Maxima, 1996.
- G. LASSERRE, *Autopsie du désastre – Le monde à l'envers, l'honneur perdu de l'Occident (le Japon à son heure)*, Éditions du Franc-Dire, 1990.
- J. LE GOFF, *La Bourse et la Vie*, Hachette, 1986.
- G. LECOINTRE, *L'après-capital*, préf. G. ROUX DE BÉZIEUX, L'Archipel, 2019.
- A. LECOY DE LA MARCHE, *Anecdotes historiques, légendes et apologues tirés du recueil d'Étienne de Bourbon, dominicain du XIIIe siècle*, Paris, 1877.
- J.-B. LEGAVRE et R. RIEFFEL, *Les 100 mots des sciences de l'information et de la communication*, PUF, 2017.
- P. J. B. LEGRAND D'AUSSY, *Fabliaux ou contes, fables et romans du XIIe et du XIIIe siècle – IV*, 3e éd., Paris, 1829.

- B. LEMENNICIER-BUCQUET, *La morale face à l'économie*, Éditions d'organisation, 2005.
- G. LEROUX, *Le Parfum de la dame en noir*, Éditions Pierre Lafitte, 1910.
- A.-R. LESAGE, *Le Diable boiteux, illustré par Tony Johannot*, Paris, 1840.
- P. MAINE DE BIRAN, *Journal intime (de l'année 1792 à l'année 1817)*, Plon, 1927.
- F. MALLET, *Molière*, Éditions Bernard Grasset, 1990.
- C. MARCHAL, *Physiologie de l'usurier*, Paris, 1841.
- K. MARX, *Le Capital. Livre I. Le développement de la production capitaliste. Traduction de M. Joseph Roy entièrement révisée par l'auteur*, t. I, Éditions sociales, 1969.
- A. MATTELART, *Histoire de l'utopie planétaire. De la cité prophétique à la société globale*, La Découverte, 2009.
- A. MATTELART, *Diversité culturelle et mondialisation*, La Découverte, 2010.
- T. MATTELART, *Le cheval de Troie audiovisuel – Le rideau de fer à l'épreuve des radios et télévisions transfrontières*, Presses universitaires de Grenoble, 1995.
- MOLIÈRE, *Œuvres complètes*, vol. 3, Paris, 1910.
- MONTESQUIEU, *De l'Esprit des lois*, Paris, 1845.
- H. MOWLANA, *La circulation internationale de l'information – Analyse et bilan*, Organisation des Nations Unies pour l'éducation, la science et la culture, 1985.
- D. NISARD (dir.), *Théâtre complet des latins comprenant Plaute, Térence et Sénèque le Tragique*, Paris, 1879.
- M. OUELLET, *La révolution culturelle du capital. Le capitalisme cybernétique dans la société globale de l'information*, Les Éditions Écosociété, 2016.
- S. PARKER, *Le Grand Larousse du corps humain*, Larousse, 2015.
- H. PIGEAT, *Le nouveau désordre mondial de l'information*, Hachette, 1987.
- E. POMPÉRY, *Despotisme ou socialisme*, Paris, 1849.
- J.-Y. PRAX, *Manuel de Knowledge Management : Mettre en réseau les hommes et les savoirs pour créer de la valeur*, 4e éd., Dunod, 2019.
- A. REY, *À mots découverts*, Robert Laffont, 2006.
- L. REYBAUD, *Histoire scientifique et militaire de l'expédition française en Égypte*, vol. X, Paris, 1836.
- S. RICARD, *Théodore Roosevelt et l'Amérique impériale*, Presses universitaires de Rennes, 2016.
- P. RICŒUR, *Soi-même comme un autre*, Éditions du Seuil, 1990.
- J. RIFKIN, *Le New Deal vert mondial*, Les liens qui libèrent, 2019.
- G. ROMEYER-DHERBEY, *Les choses mêmes : la pensée du réel chez Aristote*, L'Âge d'Homme, 1983.
- E. ROUSSE, *Préface aux discours et plaidoyers de M. Chaix d'Est-Ange*, Paris, 1880.
- Saint Basile, *Homélie contre les usuriers traduite et annotée par Édouard Sommer*, Paris, 1853.
- G. SAINT-ÈVRE, *Du feu et de la combustion. Leçon professée le 20 février 1866*, Poitiers, 1866.
- A.-M. SAINT-GILLE, *La « Paneurope » – Un débat d'idées dans l'entre-deux-guerres*, Presses de l'Université de Paris-Sorbonne, 2003.

- Saint Grégoire, *Homélie contre les usuriers traduite et annotée par Édouard Sommer*, Paris, 1853.
- J.-L. SECONDS, *De l'art social ou des vrais principes de la société politique*, Paris, 1792.
- H. SÉE, *Les origines du capitalisme moderne (Esquisse historique)*, Armand Colin, 1926.
- J. SÉMELIN, *La liberté au bout des ondes*, Nouveau Monde éditions, 2009.
- W. SHAKESPEARE, *Le Marchand de Venise, traduit par Léon DAFFRY DE LA MONNOYE*, Paris, 1866.
- STENDHAL, *Lucien Leuwen*, vol. I, Le Divan, 1929.
- G. TARDE, *Les lois de l'imitation*, Paris, 1890.
- B. TEBOUL, *Robotariat, critique de l'automatisation de la société*, Éditions Kawa, 2017.
- R. TESSIER et Y. TELLIER (dir.), *Théories de l'organisation. Tome 3 : Personnes, groupes, systèmes et environnements*, Presses de l'Université du Québec, 1991.
- F. THÉRY, *Construire l'Europe dans les années vingt, 1924-1932*, Institut européen de l'Université de Genève, 1998.
- H. VAIHINGER, *La philosophie du comme si – Système des fictions théoriques, pratiques et religieuses, sur la base d'un positivisme idéaliste – Édition populaire de 1923*, préf. et trad. Ch. BOURIAU, Kimé, 2008.
- J. VERNE, *Hector Servadac : voyages et aventures à travers le monde solaire*, Paris, 1877.
- J. VERNE, *L'Archipel en feu*, Paris, 1884.
- J. VERNE, *Un billet de loterie : le numéro 9672*, Paris, 1886.
- J. VERNE, *Les mirifiques aventures de Maître Antifer*, Paris, 1894.
- VOLTAIRE, *Lettres choisies*, t. I, Paris, 1867.
- M. WEBER, *Le savant et le politique*, Union Générale d'Éditions, 1963.
- M. WEBER, *Économie et société. I. Les catégories de la sociologie*, Pocket, 1995.
- S. WEIL, *L'enracinement*, Gallimard, 1990.
- É. ZOLA, *Les Rougon-Macquart – II. La curée*, Paris, 1872.

ARTICLES ET CONTRIBUTIONS

- A. ACHARD et P. MONTEIL, « Quand les taux d'intérêt deviennent négatifs et bouleversent l'architecture des garanties associées aux transactions sur instruments financiers à terme », *Revue de Droit bancaire et financier*, 2015, n° 5, étude 14.
- F. AGGERI, « Marchés et développement durable », *in* F. AGGERI, O. FAVEREAU et A. HATCHUEL (dir.), *L'activité marchande sans le marché ?*, Presses des Mines, 2010, p. 231.
- S. ALAMOWITCH, « Politique de crédit et souci de l'environnement », *Bulletin du Droit de l'Environnement Industriel*, 2016, n° 63.
- Ph. AMBLARD LAROLPHIE, « Le crédit à Toulouse et dans le Toulousain (1140-1208) », *Annales du Midi*, 1994, n° 106-205, p. 5.
- D. AMMAR, « Preuve et vraisemblance. Contribution à l'étude de la preuve technologique », *RTD civ.*, 1993, p. 499.
- P. ANCEL, « L'exécution par la puissance publique », *RTD civ.*, 1993, p. 135.

- P. ANCEL, « Force obligatoire et contenu obligationnel du contrat », *RTD civ.*, 1999, p. 771.
- P. ANCEL, « La force obligatoire du contrat dans le nouveau droit français des obligations », *in Mélanges offerts à Geneviève Pignarre. Un droit en perpétuel mouvement*, LGDJ, 2018, p. 15.
- J. ANDREAU, « Banque grecque et banque romaine dans le théâtre de Plaute et de Térence », *Mélanges de l'École française de Rome*, 1968, n° 80-2, p. 461.
- L. ANDREU et L. THIBIERGE, « Présentation générale », *AJ contrat*, 2018, p. 252.
- P. ARTUS, « Il se passe sans arrêt quelque chose qui empêche de sortir des taux d'intérêt négatifs », *Revue Banque*, 2020, n° 843, p. 12.
- Association Henri Capitant, « Avant-projet de réforme du droit des contrats spéciaux », *Recueil Dalloz*, 2017, p. 1660.
- Ch. ATIAS, « Restaurer le droit du contrat », *Recueil Dalloz*, 1998, p. 137.
- J. ATTARD, « Analyse du principe de non-ingérence sous l'angle de la protection des droits fondamentaux des cocontractants du banquier », *RTD com.*, 2017, p. 1.
- J.-B. AUBY, « La dette et le souverain », *Droit administratif*, 2011, n° 1, repère 1.
- F. AUCKENTHALER, « Taux d'intérêt négatif – Le monde à l'envers ? », *Revue de Droit bancaire et financier*, 2016, n° 6, étude 33.
- M. AUDIT, « L'imprécision du terme dans le contrat de commodat, revirement de jurisprudence », note sous Cass. 1re civ., 12 novembre 1998, n° 96-19.549, Bull. civ. I, n° 312, *JCP G 1999*, n° 37, II, 10157.
- A. AYNÈS, « Les fonctions du temps », *in Le temps et le droit*, Dalloz, 2014, p. 77.
- A. AYNÈS et J.-D. BRETZNER, « Droit de la preuve », *Recueil Dalloz*, 2016, p. 2535.
- L. AYNÈS et A. BÉNABENT, « Réforme du droit des contrats et des obligations : aperçu général », *Recueil Dalloz*, 2016, p. 434.
- L. C. BACKER, « Economic globalization and the rise of efficient systems of global private lawmaking », *University of Connecticut Law Review*, 2007, vol. 39, p. 1739.
- H. BARBIER, « Les conditions et termes implicites : souvent invoqués, rarement retenus ! », *RTD civ.*, 2015, p. 386.
- H. BARBIER, « La conversion en présomption simple d'une présomption irréfragable établie par une clause de preuve », note sous Cass. com., 6 décembre 2017, n° 16-19.615, Bull. civ. IV, n° 1517, *RTD civ.*, 2018, p. 123.
- J.-J. BARBIÉRI, « Analyse de la jurisprudence récente en matière de prêt à usage », *Droit rural*, 2007, n° 351, comm. 60.
- R. BARON, « Aspects techniques de la technologie blockchain », *in* F. MARMOZ (dir.), *Blockchain et droit*, Dalloz, 2019, p. 7.
- B. BARRAUD, « Les nouveaux défis de la recherche sur les sources du droit », *Revue de la recherche juridique*, 2017, p. 1499.
- D. BAUGARD et A. FABRE, « L'adaptation temporaire du droit des contrats de travail. Loi n° 2020-734 du 17 juin 2020, art. 41 et 52 », *Revue de droit du travail*, 2020, p. 536.
- G. BEAUSSONIE, « Loi n° 2013-711 du 5 août 2013 portant diverses dispositions d'adaptation dans le domaine de la justice en application du droit de l'Union

européenne et des engagements internationaux de la France », *Revue de science criminelle et de droit pénal comparé*, 2013, p. 861.
- M. BEHAR-TOUCHAIS, « Le banquier et la caution face à la défaillance du débiteur », *RTD civ.*, 1993, p. 737.
- F. BELLIVIER et C. NOIVILLE, « La circulation d'éléments et produits du corps humain : quand la propriété-exclusivité occulte la question de l'accès », *RDC*, 2008, n° 4, p. 1357.
- F. BELLIVIER et C. NOIVILLE, « L'adieu à l'article 1128 du Code civil : l'ordre public suffit-il à protéger le corps humain ? », *RDC*, 2016, n° 3, p. 505.
- A. BÉNABENT, « La Cour de cassation entend-elle décourager le prêt à usage ? », note sous Cass. 1re civ., 19 novembre 1996, n° 94-20.446, Bull. civ. I, n° 407, *Recueil Dalloz*, 1997, p. 145.
- L. BENTO DE CARVALHO, « Wwoofing et droit du travail : le bonheur est-il dans le pré ? », *Droit social*, 2016, p. 71.
- L. BENTO DE CARVALHO, « Contrats de travail et petite entreprise », *Les Cahiers Sociaux*, 2018, n° 309, p. 359.
- O. BERG et P. LUTZ, « Taux effectif global, de plus en plus d'incertitudes », *Recueil Dalloz*, 2005, p. 841.
- J.-L. BERGEL, « Différence de nature (égale) Différence de régime », *RTD civ.*, 1984, p. 255.
- J. BERLIOZ et C. RIBAUCOURT, « Mors est timenda. Mort, morts et mourants dans la prédication médiévale : l'exemple de l'Alphabet des récits d'Arnold de Liège (début du XIVe siècle) », *in* D. ALEXANDRE-BIDON et C. TREFFORT (dir.), *À réveiller les morts – La mort au quotidien dans l'Occident médiéval*, préf. J. DELUMEAU, Presses universitaires de Lyon, 1993, p. 17.
- J. BERLIOZ, « La foudre au Moyen Âge », *in* B. BENNASSAR (dir.), *Les catastrophes naturelles dans l'Europe médiévale et moderne*, Presses universitaires du Mirail, 1996, p. 165.
- J. BERLIOZ, P. COLLOMB et M.-A. POLO DE BEAULIEU, « La face cachée de Thomas de Cantimpré – Compléments à une traduction récente du Bonum universale de apibus », *Archives d'histoire doctrinale et littéraire du Moyen Âge*, 2001, n° 68, p. 73.
- P. BERLIOZ, « La notion de fourniture de services au sens de l'article 5-1 b) du règlement Bruxelles I », *Journal du droit international*, 2008, n° 3, doctr. 6.
- A. BERTRAND-MIRKOVIC, « La protection de la personne en son corps en droit civil », *Droit de la famille*, 2018, n° 6, 12.
- J.-L. BIGET, « Aspects du crédit dans l'Albigeois à la fin du XIIIe siècle », *Revue du Tarn*, 1972, p. 1.
- G. BIGWOOD, « Les Financiers d'Arras : contribution à l'étude des origines du capitalisme moderne », *Revue belge de Philologie et d'Histoire*, 1924, n° 3-3, p. 465.
- Ph. BIHR, « Le temps de la restitution dans le prêt à usage », *in Mélanges Jean-Luc Aubert. Propos sur les obligations et quelques autres thèmes fondamentaux du droit*, Dalloz, 2005, p. 33.
- C. BILLEN et M. C. HOWELL, « Le crédit au quotidien. Introduction », *Histoire urbaine*, 2018, n° 51, p. 5.

- N. BINCTIN, « Instruments contractuels de mise à disposition des œuvres d'art », *Juris art etc.*, 2015, n° 23, p. 18.
- R. BISMUTH, « L'émergence d'un "ordre public de la dette souveraine" pour et par le contrat d'emprunt souverain ? Quelques réflexions inspirées par une actualité très mouvementée », *Annuaire français de droit international*, 2012, Volume 58, p. 489.
- D. BLANC, « Soixante ans du traité de Rome », *Revue de l'Union européenne*, 2018, p. 252.
- O. BLOCH, « Étymologies franc-comtoises et lorraines », *Romania*, 1912, n° 41-162, p. 171.
- C. BLOT et P. HUBERT, « Causes et conséquences des taux d'intérêt négatifs », *Revue de l'OFCE*, 2016, n° 148, p. 219.
- C. BLOT et P. HUBERT, « Les banques européennes face aux taux négatifs », *Banque & Stratégie*, 2020, n° 390.
- C. BLOUD-REY, « À propos de la précarité du compte courant d'associé : le droit au remboursement immédiat exclurait la fixation judiciaire du terme… », note sous Cass. com., 10 mai 2011, n° 10-18.749, Bull. civ. IV, n° 73, *Recueil Dalloz*, 2011, p. 2383.
- I. BOEV, « Le nouveau règlement, un 5e principe de libre circulation ? », *Dalloz IP/IT*, 2020, p. 223.
- P. BOISLIVEAU, « Un seul délai raisonnable dans le cadre de la fin du prêt à usage sans délai convenu ? », note sous Cass. 1re civ., 2 juillet 2014, n° 13-17.532, Inédit, *Petites affiches*, 2015, n° 30, p. 7.
- J.-D. BOISSONNAT, « Géométrie algorithmique : Des données géométriques à la géométrie des données », Leçon inaugurale dispensée au Collège de France le 23 mars 2017.
- M. BOMPAIRE et A. FURIÓ, « Monnaie, crédit et fiscalité dans le monde rural autour de 1300 – Réflexions introductives », *in* M. BOURIN, F. MENANT et L. TO FIGUERAS (dir.), *Les dynamiques du monde rural dans la conjoncture de 1300 – Échanges, prélèvements et consommation en Méditerranée occidentale*, École française de Rome, 2014, p. 367.
- F. BONNARD, « À propos des emprunts accordés par les établissements de crédit à leurs salariés », *RDC*, 2013, n° 4, p. 1555.
- T. BONNEAU, « Banques et développement durable », *Cahiers de droit de l'entreprise*, 2010, n° 3, dossier 14.
- M. BOONE, « Le crédit financier dans les villes de Flandre (XIVe-XVe siècles) – Typologie des créditeurs et des techniques de financement », *Barcelona Quaderns d'Història*, 2007, n° 13, p. 59.
- A. BORDENAVE, « Esprit de finesse et de géométrie des taux d'intérêt négatifs », *La lettre juridique*, 2016, n° 670.
- J.-S. BORGHETTI, « Les effets du contrat à l'égard des tiers », *in* J. CARTWRIGHT, B. FAUVARQUE-COSSON et S. WHITTAKER (dir.), *La réécriture du Code civil – Le droit français des contrats après la réforme de 2016 avec la traduction en anglais de l'Ordonnance et des modifications introduites en 2018 par la loi de ratification*, Société de législation comparée, 2018, p. 239.
- J.-F. BOUDET, « Essai sur le défaut souverain », *Revue internationale de droit économique*, 2015, n° 3, p. 373.

- M. BOUDOT, « La relativité du contrat – Archéologie d'un concept récent », *in* M. BOUDOT, M. FAURE-ABBAD et D. VEILLON (dir.), *L'effet relatif du contrat*, Presses universitaires juridiques de Poitiers, 2015, p. 47.
- F. BOUGARD, « Le crédit dans l'Occident du Haut Moyen Âge – Documentation et pratique », *in* J.-P. DEVROEY, L. FELLER et R. LE JAN (dir.), *Les élites et la richesse au Haut Moyen Âge*, Turnhout, 2010, p. 439.
- C. BOUIX, « Le juge face au formalisme légal. L'exemple du droit du cautionnement », *Revue de Droit bancaire et financier*, 2013, n° 2, étude 8.
- M.-H. BOULANGER et C. DE TERWANGNE, « Commentaire de la proposition de directive du Conseil relative à la protection des données à caractère personnel (1re partie) », *Lamy Droit de l'informatique*, 1992, n° 40, p. 2.
- M.-H. BOULANGER, C. DE TERWANGNE, T. LÉONARD, S. LOUVEAUX, D. MOREAU et Y. POULLET, « La protection des données à caractère personnel en droit communautaire », *in Le droit communautaire et les réseaux de télécommunication et de télédiffusion : La protection des consommateurs et des entreprises dans la société de l'information*, Bundesanzeiger, 2000, p. 131.
- J.-C. BOULAY, « Réflexion sur la notion d'exigibilité de la créance », *RTD com.*, 1990, p. 339.
- G. BOURDEAUX, « Droit du commerce international », *JCP G 2017*, n° 39, doctr. 1001.
- J. BOURDIER, « Peine et douleurs, la définition sotériologique de l'Au-delà », *TRANS – Revue de littérature générale et comparée*, 2014, n° 17.
- M. BOURGEOIS et L. THIBIERGE, « Droit de la donnée – Plaidoyer pour un régime général », *JCP E 2020*, n° 20, 1207.
- M. BOURGEOIS et L. THIBIERGE, « Droit de la donnée », *JCP E 2020*, n° 21-22, 1211.
- C. BOUTAYEB, « La transformation conceptuelle du marché intérieur », *Revue de l'Union européenne*, 2018, p. 130.
- P. BOUTEILLER, « Le taux effectif global, ou l'illusion d'un instrument d'information et de comparaison », *in* J.-J. DAIGRE et A. GOURIO (dir.), *Droit bancaire et financier. Mélanges AEDBF France VI*, Revue Banque, 2013, p. 161.
- P. BOUTEILLER, « Rémunération de la banque. La rémunération de la banque par l'intérêt », *Revue de Droit bancaire et financier*, 2015, n° 2, 16.
- G. BOYER, « Le crédit à Toulouse avant le XIIIe siècle », *Bulletin de l'Université de Toulouse*, 1948, p. 247.
- S. BRACONNIER, « La confiance dans l'action publique en débat », *JCP G 2017*, n° 28, 787.
- C. BRANCHEREAU, « Vers une lecture environnementale, sociale et de gouvernance du droit des affaires », *Revue Droit & Affaires*, 2019, n° 16, 21.
- C. BRANCHEREAU et Ph. THOMAS, « Finance durable – L'avènement des covenants ESG », *Revue de Droit bancaire et financier*, 2019, n° 5, étude 14.
- B. BRÉHIER, « L'application des taux d'intérêts négatifs », *Revue de Droit bancaire et financier*, 2017, n° 3, dossier 23.
- S. BRISSY, « L'obligation pour l'employeur de donner du travail au salarié », *Droit social*, 2008, p. 434.

- C. BROCHE, « La cession conventionnelle de contrat existe-t-elle ? », *Revue de la recherche juridique*, 2012, p. 1271.
- S. BROS, « Le dualisme du prêt en question », *in Au-delà des codes. Mélanges en l'honneur de Marie-Stéphane Payet*, Dalloz, 2012, p. 101.
- Y. BROUSSOLLE, « La garantie de l'État aux établissements de crédit et sociétés de financement en application de l'article 4 de la loi n° 2020-289 du 23 mars 2020 de finances rectificative pour 2020 », *Petites affiches*, 2020, n° 119, p. 9.
- A. BRUNET, « Le TEG : Un taux d'embrouille généralisée ? », *in Mélanges en l'honneur de Élie Alfandari*, Dalloz, 1999, p. 231.
- S. BRUNET, « Fondation de messes, crédit rural et marché de la terre dans les Pyrénées centrales (XVe-XVIIIe siècle) – Les communautés de prêtres du Val d'Aran », *in* M. BERTHE (dir.), *Endettement paysan et crédit rural dans l'Europe médiévale et moderne*, Presses universitaires du Mirail, 1998, p. 217.
- C.-É. BUCHER, « Le nouveau droit des contrats : un an déjà », *CCC*, 2017, n° 10, alerte 57.
- E. BUISSIÈRE, « Qu'est-ce qu'un corps humain ? (2005) », *in Cours sur le corps*, PhiloSophie, 2008, p. 355.
- F. BURGAT, « La personne : une catégorie juridique souple propre à accueillir les animaux », *in Vers de nouvelles humanités ? L'humanisme juridique face aux nouvelles technologies. Tome 59*, Archives de philosophie du droit, Dalloz, 2017, p. 175.
- B. BURY, « La relance nécessaire : qui porte le risque ? », *Gazette du Palais*, 2020, n° 21, p. 52.
- J.-P. BUYLE, T. MALENGREAU et T. METZGER, « Ouverture de crédit et prêt : De l'importance du moment de la remise », *Journal des tribunaux*, 2019, n° 6758, p. 61.
- X. CABANNES, « Collectivités territoriales et emprunts toxiques : le chemin est long », *RFDA*, 2019, p. 254.
- T. CAHAREL et P. MONTEIL, « Représentation et transmission des titres financiers au temps de la blockchain », *Revue de Droit bancaire et financier*, 2018, n° 4, prat. 4.
- J. CALVO, « Les comptes courants d'associés – Aspects juridiques et fiscaux », *Petites affiches*, 1998, n° 8, p. 4.
- J.-M. CANAC et M. TELLER, « De la rule of law à la rule by code – La blockchain, un projet faustien ? », *in Études en la mémoire de Philippe Neau-Leduc. Le juriste dans la cité*, LGDJ, 2018, p. 181.
- É. A. CAPRIOLI, « Sécurité des systèmes d'information. Règlement européen sur la libre circulation des flux de données à caractère non personnel », *Communication Commerce électronique*, 2019, n° 3, comm. 20.
- É. A. CAPRIOLI, « Mythes et légendes de la blockchain face à la pratique », *Dalloz IP/IT*, 2019, p. 429.
- D. CARAMALLI, « Réforme du soutien abusif de crédit – Le point de vue du praticien », *Petites affiches*, 2005, n° 76, p. 6.
- É. CARPANO, « La dynamique dérégulatoire de l'entrave dans le marché intérieur », *Revue de l'Union européenne*, 2018, p. 140.

- S. CARRE, « Libre circulation des données, propriété et droit à l'information : à propos du règlement UE 2018/1807 du 14 novembre 2018 », *Dalloz IP/IT*, 2020, p. 228.
- A. CASADO, « Ordonnance Macron : Recours au prêt de main d'œuvre à but non lucratif », *Les Cahiers Sociaux*, 2017, n° 300, p. 485.
- D. CASTEL, « Une relation triangulaire », *Juris associations*, 2020, n° 617, p. 24.
- G. CATTALANO-CLOAREC, « Le prêt au milieu du gué. Pour une redécouverte du contrat de prêt », *in* L. ANDREU et M. MIGNOT (dir.), *Les contrats spéciaux et la réforme du droit des obligations*, Institut Universitaire Varenne, 2017, p. 279.
- G. CATTALANO-CLOAREC, « Peut-on louer de l'argent ? », *AJ Contrat*, 2018, p. 210.
- A. CAYOL, « La fourniture de services au sens de l'article 5-1 b) du règlement Bruxelles I : De nouvelles précisions », *JCP E 2010*, n° 47, 2009.
- A. CAYOL, « Avant la naissance et après la mort – L'être humain, une chose digne de respect », *Cahiers de la Recherche sur les Droits Fondamentaux*, 2011, n° 9, p. 117.
- A. CHAIGNEAU et E. NETTER, « Introduction », *in* A. CHAIGNEAU et E. NETTER (dir.), *Les biens numériques*, CEPRISCA, 2015, p. 5.
- É. CHARPENTIER, « Un paradoxe de la théorie du contrat : l'opposition formalisme/consensualisme », *Les Cahiers de Droit*, 2002, n° 2, p. 275.
- F. CHARTRAIN, « Neuf cents créances des Juifs du Buis (1327-1344) », *Cahiers de la Méditerranée*, 1986, Hors-série n° 9, p. 11.
- L. CHATAIN, « Quel prix d'acquisition pour des parts numérotées ? », *Droit fiscal*, 2017, n° 46, comm. 542.
- J.-P. CHAZAL, « De la signification du mot "loi" dans l'article 1134 alinéa 1er du code civil », *RTD civ.*, 2001, p. 265.
- A. CHÉDEVILLE, « Le rôle de la monnaie et l'apparition du crédit dans les pays de l'ouest de la France du XIe au XIIIe siècle », *Cahiers de civilisation médiévale*, 1974, n° 68, p. 305.
- F. CHÉNEDÉ, « La cause de l'obligation dans le contrat de prêt réel et dans le contrat de prêt consensuel – À propos de 2 arrêts de la première chambre civile du 19 juin 2008 », note sous Cass. 1re civ., 19 juin 2008, n° 06-19.056, Bull. civ. I, n° 175, et note sous Cass. 1re civ., 19 juin 2008, n° 06-19.753, Bull. civ. I, n° 174, *Recueil Dalloz*, 2008, p. 2555.
- F. CHÉNEDÉ, « La cause est morte… vive la cause ? », *CCC*, 2016, n° 5, dossier 4.
- D. CHILSTEIN, « La notion de bien confrontée aux choses dépourvues de valeur – L'exemple des biens à valeur vénale négative », *in* L. LEVENEUR (dir.), *Les « nouveaux » biens*, Dalloz, 2020, p. 39.
- J. CLAUSTRE-MAYADE, « Donner ou prêter ? – Un dossier des accords du Parlement de Paris au début du XVe siècle », *Hypothèses*, 2002, n° 5, p. 259.
- J. CLAUSTRE-MAYADE, « Vivre à crédit dans une ville sans banque (Paris XIVe-XVe siècle) », *Le Moyen Âge*, 2013, n° 3-4, p. 567.
- J. CLAUSTRE-MAYADE, « Du crédit à la dette – Remarques sur l'apport de la documentation judiciaire à l'histoire économique du Moyen Âge », *in* D. BARTHÉLEMY et J.-M. MARTIN (dir.), *Richesse et croissance au Moyen Âge – Orient et Occident*, ACHCByz, 2014, p. 225.

- A. COCATRE-ZILGIEN, « Euratom et Marché commun devant le Parlement français », *Annuaire français de droit international*, 1957, Volume 3, p. 517.
- É. COCHARD et J. COURCIER, « Les covenants de demain seront aussi environnementaux et sociaux ! », *Revue Banque*, 2015, n° 789, p. 71.
- Y. COHEN-HADRIA, « Blockchain : révolution ou évolution ? La pratique qui bouscule les habitudes et l'univers juridique », *Dalloz IP/IT*, 2016, p. 537.
- M. COLLET, « La dette publique : Questions de droit », *RFDA*, 2019, p. 241.
- M. COLLETTE, « Finance durable et collectivités locales : du développement des obligations labellisées à la prise en compte des critères "ESG" dans l'analyse crédit », *Revue française de finances publiques*, 2019, n° 148, p. 245.
- F. COMBESCURE, « Existe-t-il des contrats réels en droit français ? », *Revue critique de législation et de jurisprudence*, 1903, p. 477.
- G. CORNU, « Les définitions dans la loi », *in Mélanges dédiés à Jean Vincent*, Dalloz, 1981, p. 77.
- M. CORNU, « Prêts et dépôts d'œuvres des collections publiques », *Juris art etc.*, 2015, n° 23, p. 28.
- A. COTTEREAU, « Droit et bon droit – Un droit des ouvriers instauré, puis évincé par le droit du travail (France, XIXe siècle) », *Droit social*, 2019, p. 830.
- M. COTTET, « Les conventions sur la preuve », *in Hommage à Robert Le Balle*, Dalloz, 2016, p. 47.
- J. COUARD, « De quelques "choses" aux limites du droit », *in* C. REGAD (dir.), *Aux limites du droit*, Mare & Martin, 2016, p. 199.
- J. COUPPEY-SOUBEYRAN, « Taux négatif : arme de poing ou signal de détresse ? », *Revue d'économie financière*, 2016, n° 121, p. 195.
- J. COUPPEY-SOUBEYRAN et F. TRIPIER, « VI. Après dix ans de politique monétaire non conventionnelle, un retour à la normale est-il possible ? », *in Centre d'études prospectives et d'informations internationales – L'économie mondiale 2020*, La Découverte, 2019, p. 89.
- J. COURCIER, « Transition énergétique et finance verte – Une taxonomie pour quoi faire ? », *Revue Banque*, 2020, n° 841, p. 66.
- G. COUTURIER, « De quoi le salaire est-il la contrepartie ? », *Droit social*, 2011, p. 10.
- F. J. CRÉDOT et Y. GÉRARD, « Encadrement de la responsabilité des créanciers pour soutien abusif », *Revue de Droit bancaire et financier*, 2005, n° 5, 154.
- F.-J. CRÉDOT et T. SAMIN, « Médiateur du crédit », *Revue de Droit bancaire et financier*, 2009, n° 1, comm. 6.
- R. CRÔNE, « Condition de la résiliation d'un contrat de prêt à usage », note sous Cass. 1re civ., 3 février 2004, n° 01-00.004, Bull. civ. I, n° 34, *Defrénois*, 2004, n° 21, p. 1452.
- R. CRÔNE, « Prêt à usage : les mêmes causes produisent les mêmes effets », note sous Cass. 1re civ., 10 mai 2005, n° 02-17.256, Bull. civ. I, n° 204, *Defrénois*, 2005, n° 13, p. 1154.
- C. CUTAJAR, « Les lois du 15 septembre 2017 pour la confiance dans la vie publique : le choix de la transparence et de la prophylaxie », *Recueil Dalloz*, 2018, p. 569.
- D. DA PALMA et M.-A. HOUCKE, « La sécurisation des emprunts structurés souscrits par les personnes morales de droit public », *JCP A 2014*, n° 49, 2339.

- J.-J. DAIGRE, *in Taux d'intérêt négatifs – Douze regards*, Institut Messine, 2016, p. 55.
- N. DAMAS, « Les baux d'habitation à l'épreuve de la loi "Logement et exclusion" du 25 mars 2009 », *in* « Gestion immobilière et "Loi logement et exclusion" », *AJDI*, 2009, p. 274.
- A. DAVID, « Réflexions pour un nouveau schéma de l'homme : but et moyens », *Dialectica*, 1959, vol. 13, p. 281.
- P. DE BAECKE, « La validation législative des contrats conclus dans des conditions irrégulières : Les emprunts toxiques justifiés par un motif impérieux d'intérêt général », *Constitutions*, 2014, p. 360.
- D. DE BÉCHILLON, « Le contrat comme norme dans le droit public positif », *RFDA*, 1992, p. 15.
- J. DE LAROSIERE, « La dette publique : quels enjeux ? », *Revue française de finances publiques*, 2020, n° 149, p. 211.
- M. DE RAVEL D'ESCLAPON, « Le prêt par les associés », *AJ contrat*, 2017, p. 415.
- H. DE VAUPLANE, « Dettes souveraines : la question des dettes "odieuses" », *Revue Banque*, 2011, n° 735, p. 77.
- H. DE VAUPLANE, « Créanciers de dettes souveraines : la vie est dure ! », *Revue Banque*, 2013, n° 759, p. 81.
- H. DE VAUPLANE, « L'annulation des dettes "insoutenables" », *Revue Banque*, 2014, n° 777, p. 20.
- H. DE VAUPLANE, « Le banquier dans l'iconographie européenne à travers les âges », *Revue banque*, 2015, n° 784, p. 18.
- H. DE VAUPLANE, « La personnalité juridique des robots », *in Mélanges en l'honneur de Jean-Jacques Daigre. Autour du droit bancaire et financier et au-delà*, Joly Éditions, 2017, p. 79.
- H. DE VAUPLANE, « Le débat sur la fongibilité du Bitcoin », *Revue Banque*, 2018, n° 825, p. 60.
- H. DE VAUPLANE, « Fongibilité du Bitcoin : l'exemple du "Bitcoin Fork" et des contrats de prêt de Bitcoin », *Revue trimestrielle de droit financier*, 2018, n° 2/3, p. 89.
- H. DE VAUPLANE, « Des titres papiers aux titres digitaux », *Revue d'économie financière*, 2018, n° 129, p. 89.
- H. DE VAUPLANE, « Des titres papiers aux titres digitaux », *in* P. BARBAN et V. MAGNIER (dir.), *Blockchain et droit des sociétés*, Dalloz, 2019, p. 25.
- V. DE VIRIVILLE, « Documents relatifs aux joyaux de Charles VI, roi de France, engagés, par les suggestions de la reine Isabelle de Bavière », *Revue Archéologique*, XIIIe année, n° 2 (octobre 1856 à mars 1857), p. 710.
- V. DE VIRIVILLE, « Documents relatifs aux joyaux de Charles VI, roi de France, engagés, par les suggestions de la reine Isabelle de Bavière », *Revue Archéologique*, XIVe année, n° 2 (octobre 1857 à mars 1858), p. 599.
- C. DE WATRIGANT, « Le remboursement du compte courant d'associé », *Droit des sociétés*, 2001, n° 3, chron. 6.
- N. DECOOPMAN, « La notion de mise à disposition », *RTD civ.*, 1981, p. 300.
- P.-J. DELAGE, « L'animal, la chose juridique et la chose pure », *Recueil Dalloz*, 2014, p. 1097.

- J.-P. DELAHAYE, « Les blockchains : clefs d'un nouveau monde », *Pour la Science*, 2015, n° 449, p. 80.
- C. DELAPORTE-CARRÉ, « La Cour de cassation maintient sa position sur la résiliation unilatérale du commodat à durée indéterminée », note sous Cass. 3e civ., 4 avril 2007, n° 06-12.195, Bull. civ. III, n° 56, *Dalloz actualité*, 24 avril 2007.
- S. DELCENSERIE, « Les médecines non conventionnelles en France, de l'ombre au clair-obscur », *RDSS*, 2008, p. 73.
- Y. DELECRAZ, « L'aide des parents envers les enfants : le financement des études supérieures et la mise à disposition d'un logement », *JCP N 2013*, n° 17, 1114.
- J. DELGA, « De l'éthique d'entreprise et de son cynisme », *Recueil Dalloz*, 2004, p. 3126.
- X. DELPECH, « Un cadre juridique pour la médiation du crédit », *Recueil Dalloz*, 2009, p. 1948.
- X. DELPECH, « Validation sous réserve des conventions portant sur la preuve », note sous Cass. com., 6 décembre 2017, n° 16-19.615, Bull. civ. IV, n° 1517, *Dalloz actualité*, 18 décembre 2017.
- X. DELPECH, « Prêt *in fine* : obligation de mise en garde du banquier », note sous Cass. com., 13 février 2019, n° 17-14.785, Bull. civ. IV, n° 199, *Dalloz actualité*, 3 avril 2019.
- X. DELPECH, « À la une – Crise sanitaire – Aspects juridiques de la nouvelle loi de finances rectificative », *Juris associations*, 2020, n° 619, p. 6.
- X. DELPECH, « Crise sanitaire – Financement – Le prêt garanti par l'État encore sur le métier », *Juris associations*, 2020, n° 620, p. 9.
- X. DELPECH, « Coronavirus : Le mécanisme de prêts garantis par l'État opérationnel », *Dalloz actualité*, 24 mars 2020.
- X. DELPECH, « Coronavirus : précisions pratiques et réglementaires sur le mécanisme de prêt garanti par l'État », *Dalloz actualité*, 23 avril 2020.
- X. DELPECH, « Nouvelles précisions réglementaires sur le prêt garanti par l'État », *Dalloz actualité*, 15 mai 2020.
- M. DEMOULIN et É. MONTERO, « La formation du contrat depuis le Code civil de 1804 : Un régime en mouvement sous une lettre figée », *in* P. WÉRY (dir.), *Le droit des obligations contractuelles et le bicentenaire du Code civil*, La Charte, 2004, p. 61.
- A. DENIZOT, « La réserve civique ou l'art d'enfoncer les portes ouvertes », *RTD civ.*, 2017, p. 503.
- C. DENJEAN, « Le crédit juif dans les campagnes cerdanes de 1260 à 1493 », *in* M. BERTHE (dir.), *Endettement paysan et crédit rural dans l'Europe médiévale et moderne*, Presses universitaires du Mirail, 1998, p. 185.
- C. DENJEAN, « Crédit et notariat en Cerdagne et Roussillon du XIIIe au XVe siècle », *in* F. MENANT et O. REDON (dir.), *Notaires et crédit dans l'Occident méditerranéen médiéval*, École française de Rome, 2004, p. 185.
- C. DENJEAN, « Le commerce et le crédit : une réhabilitation sous condition », *in* M.-M. DE CEVINS et J.-M. MATZ (dir.), *Structures et dynamiques religieuses dans les sociétés de l'Occident latin (1179-1449)*, Presses universitaires de Rennes, 2010, p. 469.

- V. DEPADT-SEBAG, « Les conventions sur la preuve », *in* C. PUIGELIER (dir.), *La preuve*, Economica, 2004, p. 13.
- D. DEROUSSIN, « Retour sur l'obligation et le contrat *re* », *in Études d'histoire du droit privé en souvenir de Maryse Carlin*, La Mémoire du Droit, 2008, p. 273.
- D. DEROUSSIN, « Article 1107 : les contrats réels », *RDC*, 2015, n° 03, p. 734.
- G. DESGENS-PASANAU, « Copier un fichier, c'est le voler ! », note sous Cass. crim., 28 juin 2017, n° 16-81.113, Bull. crim., n° 191, *Dalloz IP/IT*, 2017, p. 663.
- O. DESHAYES, « Gratuité et contrat – L'acte à titre gratuit est-il un contrat ? », *in* N. MARTIAL-BRAZ et C. ZOLYNSKI (dir.), *La gratuité, un concept aux frontières de l'économie et du droit*, LGDJ, 2013, p. 133.
- O. DESHAYES, « Le terme au bénéfice exclusif du créancier », *in Études en l'honneur du Professeur Jérôme Huet*, LGDJ, 2017, p. 139.
- J. DEVÈZE, « La non réforme du droit de la preuve », *JCP G 2017*, n° 14, doctr. 389.
- M. DI MARTINO, « Les prêts de trésorerie garantis par l'État », *Revue des procédures collectives*, 2020, n° 3, prat. 2.
- N. DISSAUX, « Le nouveau discours sur la servitude volontaire », *Recueil Dalloz*, 2018, p. 2353.
- B. DONDERO, « Les smart contracts », *in Le droit civil à l'ère numérique. Actes du colloque du Master 2 Droit privé général et du Laboratoire de droit civil – Paris II – 21 avril 2017*, LexisNexis, 2017, p. 19.
- R. DORANDEU, « Loi pour la confiance dans la vie politique – Game over ? », *Revue Internationale de la Compliance et de l'Éthique des Affaires*, 2017, n° 4, comm. 100.
- T. DORLEAC, « Le banquier et la nouvelle loi de sauvegarde du 26 juillet 2005 », *Petites affiches*, 2006, n° 190, p. 7.
- T. DOUVILLE, « Données non personnelles (libre flux), publication d'un règlement européen », *Recueil Dalloz*, 2019, p. 10.
- R. DRAGO, « La notion d'obligation : droit public et droit privé », *in L'obligation. Tome 44*, Archives de philosophie du droit, Dalloz, 2000, p. 43.
- J. DRENDEL, « Gens d'église et crédit dans la vallée de Trets au XIVe siècle », *Provence historique*, 1994, vol. 175, p. 77.
- J. DRENDEL, « Le crédit dans les archives notariales de Basse-Provence au début du XIVe siècle », *in* F. MENANT et O. REDON (dir.), *Notaires et crédit dans l'Occident méditerranéen médiéval*, École française de Rome, 2004, p. 279.
- W. DROSS, « Enseigner la réforme », *in* « Le nouveau discours contractuel », *RDC*, 2016, n° 3, p. 622.
- F. DRUMMOND, « Loi PACTE et actifs numériques », *Bulletin Joly Bourse*, 2019, n° 4, p. 60.
- G. DUCHANGE, « Le prêt de main-d'œuvre », *JCP S 2017*, n° 41, 1322.
- C. DUPOUEY-DEHAN, « La qualification de contrat de travail », *in* M. NICOD (dir.), *Les affres de la qualification juridique*, Presses de l'Université Toulouse 1 Capitole, 2015, p. 79.
- J. DURET, « Que signifie le "Marché commun" dans une Europe capitaliste ? », *Cahiers internationaux*, 1956, n° 78, p. 19.

- C. ECKERT, « Le contrôle de la dette publique par le Parlement : Un enjeu politique devenu majeur », *Revue française de finances publiques*, 2013, n° 123, p. 3.
- A. EL MEJRI, « Un établissement de crédit peut-il être amené à verser des fonds à l'emprunteur en vertu de taux devenus négatifs ? », *JCP E 2017*, n° 29, 1423.
- G. ENDRÉO, « Taux négatifs, rendements négatifs et émissions obligataires en droit français », *Bulletin Joly Bourse*, 2015, n° 10, p. 461.
- A. ETIENNEY-DE SAINTE MARIE, « Le temps et le contrat », *in Le temps et le droit*, Dalloz, 2014, p. 43.
- A. ETIENNEY-DE SAINTE MARIE, « La résiliation du prêt confrontée à la liberté religieuse – Vers un forçage du contrat tiré des droits fondamentaux ? », note sous Cass. 1re civ., 30 septembre 2015, n° 14-25.709, Bull. civ. I, n° 1028, *Recueil Dalloz*, 2015, p. 2350.
- Y. EUDES, « Le gouvernement des États-Unis accroît sa maîtrise des flux internationaux d'information », *Revue Française d'Études Américaines*, 1985, n° 24-25, p. 249.
- M.-H. FABRE, « L'unité et l'indivisibilité de la République. Réalité ? Fiction ? », *Revue du droit public et de la science politique*, 1982, n° 3, p. 603.
- M. FABRE-MAGNAN, « Le mythe de l'obligation de donner », *RTD civ.*, 1996, p. 85.
- M. FABRE-MAGNAN, « Les nouvelles formes d'esclavage et de traite, ou le syndrome de la ligne Maginot », *Recueil Dalloz*, 2014, p. 491.
- M. FABRE-MAGNAN, « Critique de la notion de contenu du contrat », *RDC*, 2015, n° 3, p. 639.
- B. FAUVARQUE-COSSON, « L'entreprise, le droit des contrats et la lutte contre le changement climatique », *Recueil Dalloz*, 2016, p. 324.
- T. FAVARIO, « La responsabilité des créanciers pour les concours consentis », *Revue des procédures collectives*, 2020, n° 1, dossier 6.
- F. FAVENNEC-HÉRY, « Prêt de main-d'œuvre à but non lucratif : un texte décevant », *Droit social*, 2011, p. 1200.
- J. FERNANDEZ-CUADRENCH, « Crédit juif et solidarité villageoise dans les campagnes barcelonaises au XIIIe siècle », *in* M. BERTHE (dir.), *Endettement paysan et crédit rural dans l'Europe médiévale et moderne*, Presses universitaires du Mirail, 1998, p. 169.
- C. FEUNTEUN, « Point de nullité pour une contrariété à l'intérêt social d'une société à risque limité ! », note sous Cass. com., 16 octobre 2019, n° 18-19.373, Inédit, *JCP E 2020*, n° 3, 1007.
- J. FIERENS, « Critique de l'idée de propriété du corps humain ou Le miroir de l'infâme belle-mère de Blanche-Neige », *Les Cahiers de Droit*, 2001, n° 3, p. 647.
- L. FIN-LANGER et F. PETIT, « Mesures intéressant le financement des entreprises », *Lettre d'actualité des Procédures collectives civiles et commerciales*, 2020, n° 8, alerte 107.
- C. FLEURIOT, « C'est mal parti pour la banque de la démocratie », *Dalloz actualité*, 6 juillet 2017.
- J. FLOUR, « Quelques remarques sur l'évolution du formalisme », *in Le droit privé français au milieu du XXe siècle – Études offertes à Georges Ripert*, t. 1, LGDJ, 1950, p. 93.

- Y. FLOUR et A. GHOZI, « Les conventions sur la forme », *Defrénois*, 2000, n° 15-16, p. 911.
- L. FONTAINE, « Introduction », *in* M. BERTHE (dir.), *Endettement paysan et crédit rural dans l'Europe médiévale et moderne*, Presses universitaires du Mirail, 1998, p. 7.
- V. FORRAY, « Commentaire complémentaire de l'article L. 650-1 du Code de commerce », *RTD com.*, 2008, p. 661.
- V. FORRAY, « À la croisée du droit des obligations et de l'ingénierie financière : remarques sur la nécessité sociale de l'analyse juridique », *Les Cahiers de Droit*, 2016, n° 1, p. 25.
- R. FOSSIER, « Mort-gage et autres prêts en Picardie au XIIe siècle », *in* M. BERTHE (dir.), *Endettement paysan et crédit rural dans l'Europe médiévale et moderne*, Presses universitaires du Mirail, 1998, p. 23.
- J. FRANÇOIS, « La cause et le contrat de prêt d'argent », note sous Cass. com., 7 avril 2009, n° 08-12.192, Bull. civ. IV, n° 54, *Defrénois*, 2009, n° 18, p. 1942.
- J. FRANÇOIS, « La qualification de l'engagement de codébiteur solidaire adjoint », note sous Cass. com., 8 juin 2017, n° 15-28.438, Bull. civ. IV, n° 862, *Recueil Dalloz*, 2017, p. 1689.
- B. FRIEDMAN, « Crise financière : conséquences pour la politique monétaire et la pratique monétaire », *Revue d'économie financière*, 2016, n° 121, p. 59.
- M.-A. FRISON-ROCHE, « La distinction "personne/chose" est-elle en train de disparaître ? », *www.mafr.fr*, 2014.
- M.-A. FRISON-ROCHE, « Penser le monde à partir de la notion de donnée », *in* M.-A. FRISON-ROCHE (dir.), *Internet, espace d'interrégulation*, Dalloz, 2016, p. 7.
- M.-A. FRISON-ROCHE, « Les conséquences régulatoires d'un monde repensé à partir de la "donnée" », *in* M.-A. FRISON-ROCHE (dir.), *Internet, espace d'interrégulation*, Dalloz, 2016, p. 183.
- M.-A. FRISON-ROCHE, « La disparition de la distinction de jure entre la personne et les choses : gain fabuleux, gain catastrophique », *Recueil Dalloz*, 2017, p. 2386.
- B. FRYDMAN et G. LEWKOWICZ, « Les codes de conduite, source du droit global ? », *in* Y. CARTUYVELS, H. DUMONT, Ph. GÉRARD, I. HACHEZ, F. OST et M. VAN DE KERCHOVE (dir.), *Les sources du droit revisitées. Volume 3. Normativités concurrentes*, Publications des Facultés universitaires Saint-Louis, 2012, p. 179.
- A. FURIÓ, « Endettement paysan et crédit rural dans la péninsule ibérique au Bas Moyen Âge », *in* M. BERTHE (dir.), *Endettement paysan et crédit rural dans l'Europe médiévale et moderne*, Presses universitaires du Mirail, 1998, p. 139.
- A. FURIÓ, « Crédit, endettement et justice : prêteurs et débiteurs devant le juge dans le royaume de Valence du XIIIe au XVe siècle », *in* J. CLAUSTRE-MAYADE (dir.), *La dette et le juge. Juridiction gracieuse et juridiction contentieuse du XIIIe au XVe siècle (France, Italie, Espagne, Angleterre, Empire)*, Éditions de la Sorbonne, 2006, p. 19.
- E. GAGNA, « Que nous disent des taux d'intérêt négatifs ? », *Revue Banque*, 2020, n° 839-840, p. 11.
- A. GAILLIARD, « Sacraliser la nature plutôt que la personnifier (ou les mirages de la personnification) », *Recueil Dalloz*, 2018, p. 2422.

• J.-C. GALLOUX, « Réflexions sur la catégorie des choses hors du commerce : l'exemple des éléments et des produits du corps humain en droit français », *Les Cahiers de Droit*, 1989, n° 4, p. 1011.
• L. GAMET, « L'Église catholique, le travail et les travailleurs », *Droit social*, 2018, p. 293.
• D. GARDES, « Le bénévolat, un "véritable" travail ? Aspects juridiques », *Empan*, 2009, n° 74, p. 136.
• D. GARDES, « Travail gratuit et droit(s) du travail », *Droit social*, 2019, p. 584.
• C. GARREAU, « La saisie-attribution, la procédure collective et la date de naissance des créances contractuelles », *RTD com.*, 2004, p. 413.
• R. GASSIN, « La structure juridique de l'opération de recherche biomédicale », *in La recherche biomédicale. Loi du 20 décembre 1988*, PUAM, 1989, p. 29.
• H.-P. GASSMAN, « Vers un cadre juridique international pour l'informatique et autres nouvelles techniques de l'information », *Annuaire français de droit international*, 1985, Volume 31, p. 747.
• J. GATÉ, « Le corps humain – Bien public hors du commun », *in Bien public, bien commun. Mélanges en l'honneur d'Étienne Fatôme*, Dalloz, 2011, p. 147.
• C. GAU-CABÉE, « Quand le droit de la crise affranchit le faible : contribution à l'histoire de l'endettement des particuliers », *in* J. LARRIEU (dir.), *Crise(s) et droit*, Presses de l'Université Toulouse 1 Capitole, 2012, p. 207.
• J. GAUDEMET, « La codification justinienne », *Revue française d'administration publique*, 1997, n° 82, p. 233.
• J. GAUDEMET, « Naissance d'une notion juridique. Les débuts de l'"obligation" dans le droit de la Rome antique », *in L'obligation. Tome 44*, Archives de philosophie du droit, Dalloz, 2000, p. 19.
• Ph. GAUDRAT, « Forme numérique & propriété intellectuelle », *RTD com.*, 2001, p. 96.
• Ph. GAUDRAT, « Prêt public & droit de location : l'art et la manière », *RTD com.*, 2008, p. 752.
• F. GAUDU, « Travail et activité », *Droit social*, 1997, p. 119.
• J.-L. GAULIN, « Les registres de bannis pour dettes à Bologne au XIIIe siècle – Une nouvelle source pour l'histoire de l'endettement », *Mélanges de l'École française de Rome*, 1997, n° 109-2, p. 479.
• J.-L. GAULIN et F. MENANT, « Crédit rural et endettement paysan dans l'Italie communale », *in* M. BERTHE (dir.), *Endettement paysan et crédit rural dans l'Europe médiévale et moderne*, Presses universitaires du Mirail, 1998, p. 35.
• P.-Y. GAUTIER, « Des ricochets profitables, provoqués par le droit des sociétés sur les autres contrats spéciaux : à propos des concepts "d'immixtion" et de "contrôle" », *RTD civ.*, 1994, p. 881.
• P.-Y. GAUTIER, « Toute la Cour de cassation n'est pas acquise au revirement : sur le droit de l'emprunteur de conserver ou non la chose aussi longtemps que bon lui semble », note sous Cass. 3e civ., 4 mai 2000, n° 98-11.783, Bull. civ. III, n° 97, *RTD civ.*, 2000, p. 596.
• P.-Y. GAUTIER, « Résiliation unilatérale du contrat de prêt à usage, ou comment le droit commun n'est pas forcément approprié », note sous Cass. 1re civ., 3 février 2004, n° 01-00.004, Bull. civ. I, n° 34, *RTD civ.*, 2004, p. 312.

- P.-Y. GAUTIER, « Halte à la déformation des catégories : le bail n'est pas un contrat de services (suite) », note sous Cass. 1re civ., 19 juin 2019, n° 18-10.424, Bull. civ. I, n° 590, *RTD civ.*, 2019, p. 605.
- T. GENICON, « Notions nouvelles et notions abandonnées, réflexion sur une révolution des mots », *RDC*, 2015, n° 3, p. 625.
- F. GÉNY, « La Technique législative dans la Codification civile moderne (à propos du centenaire du Code civil », *in Le Code civil – 1804-1904 – Livre du centenaire*, t. II, Paris, 1904, p. 989.
- I. GHEORGHE-BADESCU, « Le nouveau règlement général sur la protection des données », *Revue de l'Union européenne*, 2016, p. 466.
- A. GHOZI, « Contrat de prêt de somme d'argent : l'intérêt négatif en débat », *Recueil Dalloz*, 2017, p. 965.
- A. GHOZI, « Le contrat de prêt à intérêt négatif : variations », *in Mélanges en l'honneur de Jean-Jacques Daigre. Autour du droit bancaire et financier et au-delà*, Joly Éditions, 2017, p. 397.
- L. GIARD, « Les parties détachées du corps humain. Des choses et des biens dans la conception contemporaine du droit », *JURISdoctoria*, 2014, n° 11, p. 43.
- H.-J. GILOMEN, « L'endettement paysan et la question du crédit dans les pays d'Empire au Moyen Âge », *in* M. BERTHE (dir.), *Endettement paysan et crédit rural dans l'Europe médiévale et moderne*, Presses universitaires du Mirail, 1998, p. 99.
- M. GOBERT, « Réflexions sur les sources du droit et les "principes" d'indisponibilité du corps humain et de l'état des personnes : À propos de la maternité de substitution », *RTD civ.*, 1992, p. 489.
- E. GORAY, « Les technologies du multimédia », *in* L. GOFFINET et M. NOIRHOMME-FRAITURE (dir.), *Multimédia*, Presses universitaires de Namur, 1995, p. 19.
- O. GOUT, « Le changement climatique et le contrat, perspective de droit interne », *in* M. HAUTEREAU-BOUTONNET et S. PORCHY-SIMON (dir.), *Le changement climatique, quel rôle pour le droit privé ?*, Dalloz, 2019, p. 109.
- S. GOYARD-FABRE, « La chose juridique dans l'idéalisme moderne », *in Les biens et les choses en droit. Tome 24*, Archives de philosophie du droit, Sirey, 1979, p. 151.
- C. GRIMALDI, « La preuve en droit des contrats », *in* L. CADIET, C. GRIMALDI et M. MEKKI (dir.), *La preuve, regards croisés*, Dalloz, 2015, p. 79.
- C. GRIMALDI, « Proposition de modification de l'article 1589 du Code civil : La promesse synallagmatique de contrat, abrogation de l'alinéa 1er et article à créer (C. civ., art. 1124-1) », *RDC*, 2017, n° 1, p. 213.
- M. GRIMALDI, « Le contrat et les tiers », *in Mélanges en l'honneur de Philippe Jestaz. Libres propos sur les sources du droit*, Dalloz, 2006, p. 163.
- P. GRISET, « Fondation et empire – L'hégémonie américaine dans les communications internationales 1919-1980 », *Réseaux*, 1991, n° 49, p. 73.
- F. GRUA, « Le prêt d'argent consensuel », *Recueil Dalloz*, 2003, p. 1492.
- T. GRÜNDLER, « La République française : une et indivisible ? », *Revue du droit public*, 2007, n° 2, p. 445.
- P. GRUSON, « Le financement de la dette publique française 2020-2030 : Pourquoi émettre des titres à zéro coupon de longue maturité ? », *Revue française de finances publiques*, 2020, n° 149, p. 187.

• C. GRZEGORCZYK, « Le concept de bien juridique : L'impossible définition ? », *in Les biens et les choses en droit. Tome 24*, Archives de philosophie du droit, Sirey, 1979, p. 259.
• D. GUÉVEL, « Les chaînes de blocs déjà dépassées ? », *Recueil Dalloz*, 2018, p. 409.
• J.-M. GUIEU, « Le militantisme européen, une approche générationnelle (des années 1920 au début des années 1950) », *Histoire@Politique*, 2010, n° 10, p. 3.
• Q. GUIGUET-SCHIELÉ, « Les présomptions et fictions (dis)qualificatives », *in* M. NICOD (dir.), *Les affres de la qualification juridique*, Presses de l'Université Toulouse 1 Capitole, 2015, p. 203.
• C. GUILLERÉ, « Notariat et crédit – Gérone et ses campagnes dans les années 1330-1340 », *in* F. MENANT et O. REDON (dir.), *Notaires et crédit dans l'Occident méditerranéen médiéval*, École française de Rome, 2004, p. 207.
• N. HAGE-CHAHINE, « La notion d'obligation dans le projet d'ordonnance portant réforme du droit des contrats, du régime général et de la preuve des obligations », *Petites affiches*, 2015, n° 219, p. 7.
• M. HAUTEREAU-BOUTONNET, « Le contrat environnemental », *Recueil Dalloz*, 2015, p. 217.
• F. HÉAS, « Statut du stagiaire, obligations des organismes de formation et des entreprises d'accueil », *Revue de droit du travail*, 2015, p. 112.
• L. HECKETSWEILER, « L'intérêt, le dividende – Des fruits ? Quelques réponses de droit comparé dans le temps », *Revue de Droit bancaire et financier*, 2017, n° 2, étude 8.
• Ph. HEIM, *in Taux d'intérêt négatifs – Douze regards*, Institut Messine, 2016, p. 85.
• L. HENNEBEL et G. LEWKOWICZ, « La contractualisation des droits de l'homme – De la pratique à la théorie du pluralisme politique et juridique », *in* G. LEWKOWICZ et M. XIFARAS (dir.), *Repenser le contrat*, Dalloz, 2009, p. 221.
• J. HENRIOT, « De l'obligation comme chose », *in Les biens et les choses en droit. Tome 24*, Archives de philosophie du droit, Sirey, 1979, p. 235.
• Ph. HENWOOD, « Administration et vie des collections d'orfèvrerie royales sous le règne de Charles VI », *Bibliothèque de l'École des Chartes*, 1980, n° 138, p. 179.
• M.-A. HERMITTE, « Le droit est un autre monde », *Enquête, anthropologie, histoire, sociologie*, 1999, n° 7, p. 17.
• D. HIEZ, « La nature juridique de la dation en paiement », *RTD civ.*, 2004, p. 199.
• D. HIEZ, « Extension du bénéfice du prêt de main-d'œuvre aux organismes à but non lucratif », *RTD com.*, 2018, p. 406.
• P. HOANG, « L'octroi abusif de crédit s'invite à la table de l'exclusion de responsabilité de l'article L. 650-1 du Code de commerce », *Recueil Dalloz*, 2012, p. 2034.
• J.-C. HONLET, « Adaptation et résistance de catégories substantielles de droit privé aux sciences de la vie », *in Le droit saisi par la biologie. Des juristes au laboratoire*, LGDJ, 1996, p. 263.
• M. C. HOWELL, « Un réseau de crédit à Ypres au XIIIe siècle », *Histoire urbaine*, 2018, n° 51, p. 19.
• J. HUET, « Des documents de sortie d'ordinateur peuvent-ils faire preuve de l'utilisation d'une carte de paiement au moyen d'un code confidentiel ? », note sous

Cass. 1re civ., 8 novembre 1989, n° 86-16.196 et n° 86-16.197, Bull. civ. I, n° 342, *Recueil Dalloz*, 1990, p. 327.
- M. HUSSON, « Le capitalisme contemporain et Marx », *Droit social*, 2008, p. 232.
- C. ILGMANN et M. MENNER, « Negative nominal interest rates – History and current proposals », *International Economics and Economic Policy*, 2011, n° 8, p. 383.
- H. ISAAC, « La donnée numérique, bien public ou instrument de profit », *Pouvoirs*, 2018, n° 164, p. 75.
- P. ISMARD, « Dénombrer et identifier les esclaves dans l'Athènes classique », *in* R. GUICHARROUSSE, P. ISMARD, M. VALLET et A.-E. VEÏSSE (dir.), *L'identification des personnes dans les mondes grecs*, Éditions de la Sorbonne, 2019, p. 51.
- M.-L. IZORCHE, « Emprunter et retenir ne vaut », note sous Cass. 1re civ., 19 novembre 1996, n° 94-20.446, Bull. civ. I, n° 407, *CCC*, 1997, n° 10-11, chron n° 8.
- A. JACK, « Les conventions relatives à la personne physique », *Revue critique de législation et de jurisprudence*, 1933, p. 362.
- J.-P. JACQUÉ, « La Convention pour la protection des personnes à l'égard du traitement informatisé des données à caractère personnel », *Annuaire français de droit international*, 1980, Volume 26, p. 773.
- Ph. JACQUES, « D'adage en général et de l'interprétation stricte en particulier », *RTD civ.*, 2008, p. 431.
- C. JAMIN, « L'incertaine qualification de l'ouverture de crédit », note sous Cass. com., 21 janvier 2004, n° 01-01.129, Bull. civ. IV, n° 13, *Recueil Dalloz*, 2004, p. 1149.
- C. JAMIN, « Éléments d'une théorie réaliste des contrats réels », *in Droit et actualité – Études offertes à Jacques Béguin*, LexisNexis, 2005, p. 381.
- Ph. JESTAZ, « Source délicieuse (Remarques en cascades sur les sources du droit) », *RTD civ.*, 1993, p. 73.
- Ph. JESTAZ, « Définir le droit… ou l'observer », *RTD civ.*, 2017, p. 775.
- E. JEULAND, « L'énigme du lien de droit », *RTD civ.*, 2003, p. 455.
- M.-N. JOBARD-BACHELLIER, « Existe-t-il encore des contrats réels en droit français ? – Ou la valeur des promesses de contrat réel en droit positif », *RTD civ.*, 1985, p. 1.
- É. JOLIVET-ROCHE, « L'usurier et le banquier : discours et représentations autour de la loi de 1807 », *Histoire, économie & société*, 2015, n° 1, p. 30.
- L. JOSSERAND, « La personne humaine dans le commerce juridique », *Dalloz. Recueil Hebdomadaire*, 1932, n° 1, p. 1.
- N. JOUBERT, « Les choses de peu », *in Recueil de leçons de 24 heures : Agrégation de droit privé et de sciences criminelles 2015*, LGDJ, 2015, p. 199.
- L. JOUSSERANDOT, « L'usurier », *in Les Français peints par eux-mêmes*, t. II, Paris, 1861, p. 102.
- M. JULIENNE, « Les crypto-monnaies : régulation et usages », *Revue de Droit bancaire et financier*, 2018, n° 6, étude 19.
- M. JULIENNE, « Les actifs numériques, entre droit et technologie », *Bulletin Joly Bourse*, 2020, n° 1, p. 64.

- M. JULIENNE, « Premières vues sur les crypto-actifs », *in* L. LEVENEUR (dir.), *Les « nouveaux » biens*, Dalloz, 2020, p. 109.
- P. KAMINA, « Le livre numérique », *Communication Commerce électronique*, 2000, n° 12, chron. 23.
- N. KANAYAMA, « Donner et garantir – un siècle après ou une autre histoire », *in Le contrat au début du XXI*e *siècle. Études offertes à Jacques Ghestin*, LGDJ, 2001, p. 473.
- J. KAYSER, « La conférence des Nations unies pour la liberté de l'information », *Politique étrangère*, 1848, n° 3, p. 245.
- N. KILGUS, « Prêt à taux d'intérêt négatif, regards franco-suisse », note sous Cass. 1re civ., 25 mars 2020, n° 18-23.803, Bull. civ. I, n° 212, *JCP G 2020*, n° 29, 883.
- N. KILGUS, « La gratuité en droit de la consommation – Quelques réflexions sur la nature onéreuse du crédit », *AJ contrat*, 2020, p. 465.
- J. KLEIN, « Le rythme juridique du temps », *in Le temps et le droit*, Dalloz, 2014, p. 67.
- J. KLEIN, « Contrats sur la preuve : sur la portée de l'interdiction d'établir une présomption irréfragable », note sous Cass. com., 6 décembre 2017, n° 16-19.615, Bull. civ. IV, n° 1517, *RDC*, 2018, n° 2, p. 205.
- J. KLEIN, « Repenser le contrat à l'ère numérique », *Revues des Juristes de Sciences Po*, 2019, n° 17, 8.
- O. KLEIN, « La crise financière – Enseignements et perspectives », *Revue d'économie financière*, 2015, n° 117, p. 277.
- O. KLEIN, « La politique de taux bas et de taux négatifs – Raisons et conséquences pour les banques », *Revue d'économie financière*, 2017, n° 125, p. 279.
- H.-H. KOTZ et J. LE CACHEUX, « Introduction », *Revue d'économie financière*, 2016, n° 121, p. 11.
- D. KUSMAN, « Les hôpitaux et le crédit dans le duché de Brabant (XIIIe-XIVe-XVe siècles) », *in* M. PAULY (dir.), *Institutions de l'assistance sociale en Lotharingie médiévale*, Publications du CLUDEM, 2008, p. 355.
- D. KUSMAN, « Le rôle de l'Église comme institution dans la contractualisation des opérations de crédit en Brabant (XIIIe-XVe siècle) », *in* F. AMMANNATI (dir.), *Religione e istituzioni religiose nell'economia europea. 1000-1800*, Firenze University Press, 2012, p. 227.
- X. LABBÉE, « La gueule de l'autre », *Recueil Dalloz*, 2006, p. 801.
- X. LABBÉE, « Les reliques sacrées sont hors du commerce », *JCP G 2012*, n° 50, 1322.
- X. LABBÉE, « Le corps humain, ses organes et ses produits, source renouvelée de convoitise », *in* L. LEVENEUR (dir.), *Les « nouveaux » biens*, Dalloz, 2020, p. 63.
- C. LABRUSSE-RIOU, « Aux frontières du contrat : l'expérimentation biomédicale sur des sujets humains », *in* J. CLAM et G. MARTIN (dir.), *Les transformations de la régulation juridique*, LGDJ, 1998, p. 335.
- J. LACHAUD, « Le contrat de mise à disposition », *Gazette du palais*, 1997, p. 572.

- T. LACOMME, « Gager sa dette avec le mobilier liturgique : Thibaud IV de Champagne, l'abbaye de Saint-Denis et la collégiale Saint-Étienne de Troyes (XIIIe siècle) », *E-CRINI*, 2017, n° 9, p. 1.
- M. LAGELÉE-HEYMANN, « Le "raisonnable" dans le nouveau droit des contrats », *RDC*, 2018, n° 03, p. 473.
- T. LAHALLE, « Le corps humain en droit du travail », *Petites affiches*, 2018, n° 188, p. 7.
- H. LALOU, « 1382 contre 1165 ou la responsabilité délictuelle des tiers à l'égard d'un contractant et d'un contractant à l'égard des tiers », *Dalloz. Recueil Hebdomadaire*, 1928, n° 32, p. 69.
- M. LAMOUREUX, « Le bien énergie », *RTD com.*, 2009, p. 239.
- M. LAMOUREUX, « Les limites des clauses de preuve », *Revue Lamy Droit civil*, 2010, n° 71.
- J.-P. LANGLADE-O'SUGHRUE, « La résiliation d'un commodat à durée indéterminée », note sous Cass. 1re civ., 12 novembre 1998, n° 96-19.549, Bull. civ. I, n° 312, *Recueil Dalloz*, 1999, p. 414.
- G. LARDEUX, « Commentaire du titre IV bis nouveau du livre III du code civil intitulé "De la preuve des obligations" ou l'art de ne pas réformer », *Recueil Dalloz*, 2016, p. 850.
- G. LARDEUX, « La liberté contractuelle en matière probatoire entre sécurité juridique et vérité judiciaire », note sous Cass. com., 6 décembre 2017, n° 16-19.615, Bull. civ. IV, n° 1517, *Recueil Dalloz*, 2018, p. 327.
- C. LASSALAS, « Le juriste se trouva fort dépourvu quand l'ère de la bioéconomie fut venue », *Petites affiches*, 2017, n° 259, p. 6.
- J. LASSERRE CAPDEVILLE, « Que reste-t-il au XXIe siècle du devoir de non-ingérence du banquier ? », *Banque & Droit*, 2005, n° 100, p. 11.
- J. LASSERRE CAPDEVILLE, « La médiation du crédit aux entreprises », *in* J.-L. VALLENS (dir.), *Crise du crédit et entreprises, les réponses du droit*, Lamy, 2010, p. 231.
- J. LASSERRE CAPDEVILLE, « Les évolutions jurisprudentielles du droit applicable au taux effectif global », *Petites affiches*, 2012, n° 225, p. 10.
- J. LASSERRE CAPDEVILLE, « Le bitcoin », *JCP E 2014*, n° 3, 25.
- J. LASSERRE CAPDEVILLE, « Sécurisation des contrats de prêts structurés souscrits par les personnes morales de droit public : présentation de la loi du 29 juillet 2014 », *AJ Collectivités Territoriales*, 2014, p. 400.
- J. LASSERRE CAPDEVILLE, « Analyse de la loi n° 2014-844 du 29 juillet 2014 relative à la sécurisation des contrats de prêts structurés souscrits par les personnes morales de droit public », *AJ Collectivités Territoriales*, 2014, p. 490.
- J. LASSERRE CAPDEVILLE, « La banque face au risque de condamnation », *JCP G 2014*, n° 39, doctr. 976.
- J. LASSERRE CAPDEVILLE, « Quelle utilité pour l'article L. 650-1 du Code de commerce ? », *in Mélanges en l'honneur de Jean-Luc Vallens*, Joly Éditions, 2017, p. 81.
- J. LASSERRE CAPDEVILLE, « Les aspects bancaires de la loi pour la confiance dans la vie politique », *JCP E 2017*, n° 40, 698.
- J. LASSERRE CAPDEVILLE, « Covid-19 – Soutien et aides des banques en faveur des entreprises », *JCP E 2020*, n° 15-16, 1165.

- J. LASSERRE CAPDEVILLE, « Prêts garantis par l'État : Les premières difficultés », *JCP E 2020*, n° 17, act. 275.
- J. LASSERRE CAPDEVILLE, « Soutien et aides des banques en faveur des entreprises dans le contexte du coronavirus », *Revue de Droit bancaire et financier*, 2020, n° 2, étude 4.
- J. LASSERRE CAPDEVILLE, « Un prêteur ne saurait, en principe, verser une rémunération à un emprunteur suite à l'application d'un indice devenu négatif », note sous Cass. 1re civ., 25 mars 2020, n° 18-23.803, Bull. civ. I, n° 212, *Recueil Dalloz*, 2020, p. 1501.
- M. LATINA, « Les mesures du temps », *in Le temps et le droit*, Dalloz, 2014, p. 87.
- M. LATINA, « L'obligation de ponctualité de la SNCF est une obligation de résultat », note sous Cass. 1re civ., 14 janvier 2016, n° 14-28.227, Bull. civ. I, n° 24, *RDC*, 2016, n° 3, p. 462.
- J.-M. LATTES, « Subordination juridique et morale dans l'entreprise », *in* J. KRYNEN (dir.), *Le Droit saisi par la Morale*, Presses de l'Université des sciences sociales de Toulouse, 2005, p. 257.
- S.-Y. LAURENT, « La fin du secret international ? », *Politique Internationale*, 2016, n° 153, p. 219.
- L. LAWSON-BODY, « Réflexions sur la distinction entre le terme extinctif et le terme suspensif », *Petites affiches*, 2002, n° 169, p. 3.
- E. LAZAYRAT, J.-P. MARGUÉNAUD et J. ROCHFELD, « La distinction des personnes et des choses », *Droit de la famille*, 2013, n° 4, étude 5.
- J. LE BOURG, « De l'importance de la qualification du contrat dans l'obtention d'une indemnité d'expropriation pour cause d'utilité publique », note sous Cass. 3e civ., 12 janvier 2011, n° 09-16.549, Inédit, *Petites affiches*, 2011, n° 77, p. 17.
- P. LE CANNU, « Le prêt d'une clientèle civile à une société », note sous Cass. com., 12 novembre 1986, n° 85-10.617, Bull. civ. IV, n° 210, *Bulletin Joly Sociétés*, 1987, n° 3, p. 161.
- G. LE DANTEC, « Crédit et source notariale à Cavaillon (XIVe-XVe siècles) – Essai de typologie », *in* F. MENANT et O. REDON (dir.), *Notaires et crédit dans l'Occident méditerranéen médiéval*, École française de Rome, 2004, p. 307.
- Y. LE TARGAT, « TEG en matière de crédit immobilier : regard critique d'un praticien sur une jurisprudence très (trop ?) favorable aux banques », *Gazette du Palais*, 2016, n° 17, p. 64.
- A. LECA, « Corpus id est persona ? Réflexions à propos de la situation juridique du corps humain », *Les cahiers de droit de la santé du sud-est*, 2004, n° 2, p. 37.
- H. LÉCUYER, « Le contrat : acte de prévision », *in L'avenir du droit. Mélanges en hommage à François Terré*, Dalloz, 1999, p. 643.
- H. LEFEBVRE et N. MURADOVA, « Le taux effectif global (TEG) dans les prêts à finalité professionnelle », *JCP E 2014*, n° 26, 1353.
- D. LEGEAIS, « Loi n° 2014-844 du 29 juillet 2014 relative à la sécurisation des contrats de prêts structurés souscrits par les personnes morales de droit public », *RTD com.*, 2014, p. 669.
- D. LEGEAIS, « L'intérêt », *RTD com.*, 2016, p. 825.
- D. LEGEAIS, « L'avènement d'une nouvelle catégorie de biens – Les actifs numériques », *RTD com.*, 2019, p. 191.

- D. LEGEAIS, « Coronavirus. Conséquences de la crise de la Covid-19 », *RTD com.*, 2020, p. 431.
- M. LÉGER, « Avant-propos. Comprendre et analyser une anomalie qui devient la norme », *in Taux d'intérêt négatifs – Douze regards*, Institut Messine, 2016, p. 5.
- B. LEMENNICIER-BUCQUET, « Le corps humain : propriété de l'État ou propriété de soi ? », *Droits - Revue française de théorie juridique*, 1991, n° 13, p. 111.
- M. LEPPIN et J. NAGEL, « Les mesures de politique monétaire non conventionnelles et leur impact sur les marchés », *Revue d'économie financière*, 2016, n° 121, p. 97.
- S. LEQUETTE, « La durée », *in Recueil de leçons de 24 heures : Agrégation de droit privé et de sciences criminelles 2015*, LGDJ, 2015, p. 227.
- L. LESAGE et B. NUYTTEN, « Formation des contrats – Regards sur les notions de consensualisme et de formalisme », *Defrénois*, 1998, n° 8, p. 497.
- L. LEVENEUR, « Durée indéterminée du contrat, la nouvelle jurisprudence s'affermit et se précise », note sous Cass. 1re civ., 29 mai 2001, n° 99-13.594, Bull. civ. I, n° 153, *CCC*, 2001, n° 10, comm. 131.
- L. LEVENEUR, « Durée indéterminée : revirement complet de jurisprudence et retour à la case départ ! », note sous Cass. 1re civ., 3 février 2004, n° 01-00.004, Bull. civ. I, n° 34, *CCC*, 2004, n° 4, comm. 53.
- L. LEVENEUR, « Durée indéterminée, l'unité règne en jurisprudence », note sous Cass. 3e civ., 19 janvier 2005, n° 03-16.623, Bull. civ. III, n° 12, *CCC*, 2005, n° 6, comm. 103.
- L. LEVENEUR, « Le droit civil à l'heure des règlements européens », *CCC*, 2018, n° 3, repère 3.
- V. LEVY-GARBOUA et É. MONNET, « Les taux d'intérêt en France : une perspective historique », *Revue d'économie financière*, 2016, n° 121, p. 35.
- G. LEWKOWICZ et M. XIFARAS, « Repenser le contrat – Droit et philosophie face aux nouvelles pratiques contractuelles », *in* G. LEWKOWICZ et M. XIFARAS (dir.), *Repenser le contrat*, Dalloz, 2009, p. 1.
- R. LIBCHABER, « Chronique de jurisprudence civile générale », note sous Cass. 1re civ., 27 novembre 2001, n° 99-10.633, Bull. civ. I, n° 297, *Defrénois*, 2002, n° 4, p. 259.
- R. LIBCHABER, « Le travail du négatif en droit – La question de l'intérêt dans le prêt », *RDC*, 2017, n° 03, p. 446.
- M. LIBERA, « Les traités de Rome en leur temps », *Revue de l'Union européenne*, 2017, p. 617.
- J.-P. LIEUTIER, « L'article 1900 du Code civil – Exemple de comblement d'une lacune contractuelle par le juge », *Revue de la recherche juridique*, 2012, p. 227.
- G. LOISEAU, « Typologie des choses hors du commerce », *RTD civ.*, 2000, p. 47.
- G. LOISEAU, « Pour un droit des choses », *Recueil Dalloz*, 2006, p. 3015.
- G. LOISEAU, « L'immatériel et le contrat », *in Mélanges en l'honneur du Professeur Gilles Goubeaux*, LGDJ, 2009, p. 353.
- G. LOISEAU, « Le contrat de don d'éléments et produits du corps humain, un autre regard sur les contrats réels », *Recueil Dalloz*, 2014, p. 2252.
- G. LOISEAU, « La tyrannie de la transparence », *Recueil Dalloz*, 2015, p. 153.

- A. LOURIMI, « Fiscalité de l'open finance, le traitement fiscal des intérêts de prêts sur actifs numériques », *Droit fiscal*, 2019, n° 30-35, 345.
- A. LUCAS, « Le contrat de mise à disposition d'une œuvre de l'esprit », *in Mélanges en l'honneur de François Collart Dutilleul*, Dalloz, 2017, p. 491.
- F.-X. LUCAS, « Appréciation de la fongibilité de médicaments », note sous CA Rennes, 23 octobre 2018, n° 16/02091, *L'ESSENTIEL Droit des entreprises en difficulté*, 2019, n° 4, p. 1.
- P. LUTZ, « TEG – Réflexions d'un praticien », *Revue de Droit bancaire et financier*, 2014, n° 6, étude 23.
- P. LUTZ, « Un TEG exact », *Revue de Droit bancaire et financier*, 2017, n° 3, étude 13.
- G. LYON-CAEN, « L'obligation implicite », *in L'obligation. Tome 44*, Archives de philosophie du droit, Dalloz, 2000, p. 109.
- E. MACKAAY, « Les biens informationnels ou le droit de suite dans les idées », *Informatica e diritto*, 1986, n° 3, p. 45.
- J.-E. MAES-AUDEBERT, « La réception juridique de la conception marxienne de la force de travail », *Droit & Philosophie*, 2018, vol. 10 (« Marx et le droit »), p. 169.
- A. MAFFRE-BAUGÉ, « La mise à disposition des biens des musées », *Tourisme et Droit*, 2007, n° 93, p. 23.
- K. MAGNIER-MERRAN, « Observations sur l'impact du Covid-19 en droit bancaire et financier », *AJ contrat*, 2020, p. 183.
- Ph. MALAURIE, « Respecter la vie humaine : œuvre de Dieu ou de la Nature ? », *Petites affiches*, 2002, n° 243, p. 35.
- M. MALAURIE-VIGNAL, « Engagements en droit de la concurrence, droit souple ou droit autoritaire ? », *CCC*, 2011, n° 1, repère 1.
- C. MALECKI, « La finance durable », *Revue de Droit bancaire et financier*, 2013, n° 3, 29.
- N. MALLET-POUJOL, « Appropriation de l'information : l'éternelle chimère », *Recueil Dalloz*, 1997, p. 330.
- J. MARCHAND, « Réflexions sur le principe de transparence », *Revue du droit public*, 2014, n° 3, p. 677.
- Y. MARJAULT, « Les covenants dans les opérations de capital investissement à l'épreuve de la gestion de fait », *Revue des sociétés*, 2019, p. 503.
- P.-G. MARLY, « La fongibilité des produits pharmaceutiques : Étude et inquiétude », note sous Cass. com., 15 mars 2005, n° 03-20.332, Inédit, *Recueil Dalloz*, 2005, p. 1718.
- D. R. MARTIN, « Du titre et de la négociabilité », *Recueil Dalloz*, 1993, p. 20.
- D. R. MARTIN, « Du billet au porteur », note sous Cass. com., 15 janvier 2002, n° 99-15.370, Bull. civ. IV, n° 10, *Recueil Dalloz*, 2003, p. 341.
- D. R. MARTIN, « De l'intérêt », *in* « Nouveaux comptes & intérêts négatifs », *Banque & Droit*, 2016, p. 26.
- D. R. MARTIN, « La baudruche de l'intérêt négatif est crevée ! », note sous Cass. 1re civ., 25 mars 2020, n° 18-23.803, Bull. civ. I, n° 212, *Banque & Droit*, 2020, n° 191, p. 3.
- J. MARTIN, « Validation des emprunts structurés des personnes publiques pour défaut de TEG », *Revue de Droit bancaire et financier*, 2014, n° 5, comm. 165.

- J. MARTIN, « Emprunts et hôpital public », *RDSS*, 2015, p. 99.
- I. MARTINACHE, « L'efficacité des politiques monétaires non conventionnelles », *Idées économiques et sociales*, 2018, n° 192, p. 6.
- J. MARTINET, « Le contentieux des taux négatifs dans les crédits immobiliers aux particuliers », *in* B. BRÉHIER et J.-J. DAIGRE (dir.), *Droit bancaire et financier. Mélanges AEDBF France VII*, Revue Banque, 2018, p. 37.
- N. MATHEY, « Être dans le commerce », *CCC*, 2015, n° 1, repère 1.
- N. MATHEY et J. STOUFFLET, « Loi sur la sauvegarde des entreprises du 26 juillet 2005. Commentaire des dispositions applicables aux concours financiers », *Revue de Droit bancaire et financier*, 2006, n° 1, dossier 1.
- G. MATHIEU, « Taux effectif global, usure et crédit aux entreprises », *Gazette du Palais*, 2000, n° 321, p. 2.
- T. MATTELART, « Les enjeux de la libre circulation de l'information », *Revue française des sciences de l'information et de la communication*, 2014, n° 5.
- L. MAUREL, « Le livre numérique en bibliothèque », *in* A. CHAIGNEAU et E. NETTER (dir.), *Les biens numériques*, CEPRISCA, 2015, p. 69.
- W. MAXWELL, « Le règlement UE 2018/1807 du 14 novembre 2018 sur le libre flux des données à caractère non personnel », *Recueil Dalloz*, 2019, p. 528.
- M. MEKKI, « La gestion contractuelle du risque de la preuve », *RDC*, 2009, n° 2, p. 453.
- M. MEKKI, « Écologisation du droit civil des biens à l'aune de la Charte de l'environnement », note sous Conseil constitutionnel, 7 mai 2014, n° 2014-394 QPC, *JCP G 2014*, n° 26, 761.
- M. MEKKI, « Le contrat et l'environnement – Postface », *in* M. HAUTEREAU-BOUTONNET (dir.), *Le contrat et l'environnement*, PUAM, 2014, p. 533.
- M. MEKKI, « Les mystères de la blockchain », *Recueil Dalloz*, 2017, p. 2160.
- M. MEKKI, « Le contrat, entre liberté et solidarité », *in* A. SUPIOT (dir.), *Face à l'irresponsabilité : la dynamique de la solidarité*, Collège de France, 2018, p. 93.
- F. MENANT, « Notaires et crédit à Bergame à l'époque communale (XIe siècle – XIIIe siècle) », *in* F. MENANT et O. REDON (dir.), *Notaires et crédit dans l'Occident méditerranéen médiéval*, École française de Rome, 2004, p. 31.
- F. MENANT, « Pour une histoire de l'information sur le crédit rural au Moyen Âge. Esquisse de problématique et études de cas en Italie du Nord (aux XIIe - XIVe siècles) », *in* C. BOUDREAU, K. FIANU, C. GAUVARD et M. HÉBERT (dir.), *Information et société en Occident à la fin du Moyen Âge*, Éditions de la Sorbonne, 2004, p. 135.
- A. MENDOZA-CAMINADE, « Le commodat à durée indéterminée : vers une solution définitive ? », note sous Cass. 1re civ., 29 mai 2001, n° 99-13.594, Bull. civ. I, n° 153, *JCP E 2002*, n° 12, 496.
- V. MERCIER, « L'éco-prêt à taux zéro, nouvel outil financier de protection de l'environnement », *L'ESSENTIEL Droit de l'immobilier et urbanisme*, 2009, n° 05, p. 4.
- V. MERCIER, « Finance durable – La finance durable : un oxymore ? », *Revue de Droit bancaire et financier*, 2015, n° 4, 43.

- V. MERCIER, « Finance durable – Financement durable. Quelle régulation juridique pour le prêt responsable ? », *Revue de Droit bancaire et financier*, 2019, n° 5, étude 12.
- J. MESTRE, « La vérité est-elle juridiquement disponible ? », note sous Cass. com., 6 décembre 2017, n° 16-19.615, Bull. civ. IV, n° 1517, *Revue Lamy Droit civil*, 2018, n° 158.
- J. MESTRE, « Performance et raison d'être en droit des contrats », *in Penser le droit de la pensée. Mélanges en l'honneur de Michel Vivant*, Dalloz, 2020, p. 879.
- M. MIGNOT, « La nature juridique du paiement », *in* J. LASSERRE CAPDEVILLE et M. MIGNOT (dir.), *Le paiement*, L'Harmattan, 2014, p. 9.
- M. MIGNOT, « Commentaire article par article de l'ordonnance du 10 février 2016 portant réforme du droit des contrats, du régime général et de la preuve des obligations (I) », *Petites affiches*, 2016, n° 41, p. 8.
- M. MIGNOT, « Commentaire article par article de l'ordonnance du 10 février 2016 portant réforme du droit des contrats, du régime général et de la preuve des obligations (VIII) », *Petites affiches*, 2016, n° 80, p. 4.
- M. MIGNOT, « Commentaire article par article de l'ordonnance du 10 février 2016 portant réforme du droit des contrats, du régime général et de la preuve des obligations (X) », *Petites affiches*, 2016, n° 91, p. 10.
- E. MILHAUD, « L'organisation économique de la paix », *in Recueil des cours de l'Académie de droit international*, t. 15 (année 1926), Paris, 1928, p. 277.
- L. MIROT, « Études lucquoises – Galvano Trenta et les joyaux de la Couronne », *Bibliothèque de l'École des Chartes*, 1940, n° 101, p. 116.
- P. MISTRETTA, « La durée du prêt : entre pouvoir du juge et liberté contractuelle », *JCP G 2000*, n° 23, doctr. 234.
- K. P. MITKIDIS, « Sustainability clauses in international supply chain contracts – Regulation, enforceability and effects of ethical requirements », *Nordic Journal of Commercial Law*, 2014, n° 1, p. 1.
- K. P. MITKIDIS, « Using private contracts for climate change mitigation », *Groningen Journal of International Law*, vol. 2, 2014, p. 54.
- C. MOATTI, « Reconnaissance et identification des personnes dans la Rome antique », *in* G. NOIRIEL (dir.), *L'identification. Genèse d'un travail d'État*, Belin, 2007, p. 27.
- G. MOËC, « La monétisation qui s'annonce », *Banque & Stratégie*, 2020, n° 390.
- I. MOINE-DUPUIS, « Chose hors commerce », *in* M. CORNU-VOLATRON, F. ORSI et J. ROCHFELD (dir.), *Dictionnaire des biens communs*, PUF, 2017.
- B. MOREAU, « La médiation du crédit aux entreprises dans les grandes lignes », *Gazette du Palais*, 2010, n° 65, p. 9.
- J. MOREAU, M. MOREAU et O. POINDRON, « Contrat de prêt : un taux variable peut-il devenir négatif ? », *Revue de Droit bancaire et financier*, 2016, n° 5, étude 24.
- J. MOREAU et O. POINDRON, « La réforme du TEG ou les malheurs de la vertu », *Revue de Droit bancaire et financier*, 2019, n° 6, étude 16.
- J. MOREAU, O. POINDRON et B. WERTENSCHLAG, « Emprunts toxiques : le taux légal (n')est (pas) mort… vive le taux légal ! », *JCP A 2014*, n° 49, 2338.

- R. MORTIER et P. J. SAINT-AMAND, « Pourquoi la numérotation d'actions est possible », *JCP N 2015*, n° 44, 1191.
- R. MORTIER et P. J. SAINT-AMAND, « Pourquoi la numérotation d'actions est utile », *JCP N 2015*, n° 44, 1192.
- N. MOULIGNER, « Le contrat réel dans l'évolution du droit des contrats », *Revue de la recherche juridique*, 2004, p. 2233.
- C. MOULY-GUILLEMAUD, « La sentence "nul ne peut se constituer de preuve à soi-même" ou le droit de la preuve à l'épreuve de l'unilatéralisme », *RTD civ.*, 2007, p. 253.
- Ph. MOURON, « La libre circulation des données est devenue la cinquième liberté consacrée dans le droit de l'union européenne », *Revue européenne des médias et du numérique*, 2019, n° 49, p. 5.
- J. MOURY, « La responsabilité du fournisseur de "concours" dans le marc de l'article L. 650-1 du Code de commerce », *Recueil Dalloz*, 2006, p. 1743.
- R. MUELLER, « Les prêteurs juifs de Venise au Moyen Âge », *Annales. Économies, Sociétés, Civilisations*, 1975, n° 6, p. 1277.
- P. MURAT, « Décès périnatal et individualisation juridique de l'être humain », *RDSS*, 1995, p. 451.
- G. NAHON, « Le crédit et les Juifs dans la France du XIIIe siècle », *Annales. Économies, Sociétés, Civilisations*, 1969, n° 5, p. 1121.
- C. NEIRINCK, « L'indisponibilité du corps humain », *in* G. KOUBI (dir.), Propriété & Révolution, Éditions du CNRS, 1990, p. 263.
- C. NEIRINCK, « L'embryon humain ou la question en apparence sans réponse de la bioéthique », *Petites affiches*, 1998, n° 29, p. 4.
- C. NEIRINCK, « L'embryon humain – Une catégorie juridique à dimension variable ? », *Recueil Dalloz*, 2003, p. 841.
- C. NEIRINCK, « Le corps humain », *in* D. TOMASIN (dir.), *Qu'en est-il de la propriété ? L'appropriation en débat*, Presses de l'Université des sciences sociales de Toulouse, 2007, p. 117.
- C. NEIRINCK, « La personnalité juridique et le corps », *in* X. BIOY (dir.), *La personnalité juridique*, Presses de l'Université Toulouse 1 Capitole, 2013, p. 57.
- K. NERI, « L'Aquarius et l'assistance en mer : quelle(s) obligation(s) pour l'Italie ? », *Recueil Dalloz*, 2018, p. 1376.
- S. NEUVILLE, « Les prestataires de services de communication de données », *in* B. BRÉHIER et J.-J. DAIGRE (dir.), *Droit bancaire et financier. Mélanges AEDBF France VII*, Revue Banque, 2018, p. 107.
- C. NICOD et J.-F. PAULIN, « La subordination en cause », *Semaine Sociale Lamy*, 2011, n° 1494.
- L. NICOLAS-VULLIERME, « Le "délai raisonnable" ou la mesure du temps », *Petites affiches*, 2005, n° 1, p. 3.
- C. NOBLOT, « Terme du commodat à durée indéterminée – Retour à la case départ », note sous Cass. 1re civ., 3 février 2004, n° 01-00.004, Bull. civ. I, n° 34, *Recueil Dalloz*, 2004, p. 903.
- C. NOBLOT, « Philosophie du droit. L'opposition des activités intellectuelles et matérielles en droit privé », *JCP G 2010*, n° 3, doctr. 69.
- C. NOBLOT, « L'industrie législative : Réflexions sur la marchandisation du droit contemporain », *Petites affiches*, 2019, n° 012, p. 3.

- K. NORDENSTRENG, « Free Flow Doctrine in Global Media Policy », *in Global Handbooks in Media and Communication Research. The Handbook of Global Media and Communication Policy*, Wiley-Blackwell, 2014, p. 79.
- P. NOUAL, « Le prêt des collections publiques en eaux troubles », *Juris art etc.*, 2014, n° 11, p. 40.
- P. NOUAL, « La circulation des collections publiques : l'invitation au voyage des œuvres d'art », *in* L. CONDÉ (dir.), *Variations juridiques sur le thème du voyage*, Presses de l'Université Toulouse 1 Capitole, 2015.
- C. NOUEL, « L'Europe, patrie des entreprises qui incarnent un capitalisme responsable », *Bulletin Joly Sociétés*, 2020, n° 11, p. 54.
- E. NOVOTNY, « Transborder data flows and international law. A framework for policy-oriented inquiry », *Stanford Journal of International Law*, 1980, n° 16, p. 150.
- N. OCHOA, *Le principe de libre-circulation de l'information*, 2016.
- B. OPPETIT, « L'endettement et le droit », *in Mélanges en hommage à André Breton et Fernand Derrida*, Dalloz, 1991, p. 295.
- B. OPPETIT, « L'ambivalence de l'argent », *in L'argent et le droit. Tome 42*, Archives de philosophie du droit, Dalloz, 1998, p. 19.
- L. PAILLER, « Les conventions sur les présomptions », *AJ contrat*, 2019, p. 378.
- M. PALMER, « L'internationale agencière – La couverture de l'international d'après les archives d'AFP, d'AP, de Thomson-Reuters », *Le Temps des Médias*, 2013, n° 20, p. 108.
- S. PARICARD, « Qu'en est-il du droit de la recherche médicale ? », *in* J. LARRIEU (dir.), *Qu'en est-il du droit de la recherche ?*, Presses de l'Université Toulouse 1 Capitole, 2009, p. 65.
- T. PASQUIER, « Le travail gratuit saisi par le droit du travail », *in* N. MARTIAL-BRAZ et C. ZOLYNSKI (dir.), *La gratuité, un concept aux frontières de l'économie et du droit*, LGDJ, 2013, p. 223.
- J.-M. PASTOR, « Le gouvernement annonce trois lois pour redonner confiance dans la vie démocratique », *AJDA*, 2017, p. 1141.
- M. PEISSE, « Crédits immobiliers à taux négatifs… Est-ce réellement positif ? », *Gazette du Palais*, 2019, n° 30, p. 48.
- A. PÉRAUD, « La Comédie humaine comme mise en texte de l'imaginaire social du crédit », *in* A. AGLAN, O. FEIERTAG et Y. MAREC (dir.), *Les Français et l'argent – Entre fantasmes et réalités*, Presses universitaires de Rennes, 2011, p. 235.
- A. PÉRAUD, « "La panacée universelle, le crédit" – Divers exemples d'inscription narrative du crédit dans la littérature du premier XIXe siècle », *Romantisme*, 2011, n° 151, p. 39.
- A. PERIN-DUREAU, « Mention du taux effectif global – Étude d'une mesure à l'efficacité et à la cohérence discutables ; 1re partie – Étendue de la mesure », *Revue de Droit bancaire et financier*, 2016, n° 5, étude 28.
- A. PERIN-DUREAU, « Mention du taux effectif global – Étude d'une mesure à l'efficacité et à la cohérence discutables ; 2e partie – Sanction du dispositif », *Revue de Droit bancaire et financier*, 2016, n° 6, étude 29.
- H. PÉRINET-MARQUET, « Propos conclusifs », *RDI*, 2017, p. 596.
- J.-P. PETIT, « Les taux d'intérêt négatifs ne sont pas une anomalie ! », *Revue Banque*, 2019, n° 832, p. 8.

• S. PIEDELIÈVRE, « Vers la disparition des contrats réels ? », note sous Cass. 1re civ., 28 mars 2000, n° 97-21.422, Bull. civ. I, n° 105, *Recueil Dalloz*, 2000, p. 482.
• G. PIGNARRE, « À la redécouverte de l'obligation de praestare », *RTD civ.*, 2001, p. 41.
• G. PIGNARRE, « L'obligation de donner à usage dans l'avant-projet Catala », *Recueil Dalloz*, 2007, p. 384.
• L.-F. PIGNARRE, « Les effets du contrat. Réflexion sur l'obligatoire et l'obligationnel », *in La réforme du droit des contrats*, Presses de la Faculté de Montpellier, 2015, p. 53.
• S. PIMONT, « À propos du moment de la délivrance », note sous Cass. com., 12 novembre 2008, n° 07-19.676, Bull. civ. IV, n° 192, *RDC*, 2009, n° 2, p. 599.
• S. PIMONT, « L'obligation civile, entre droit et économie. Des nombres aux normes », *in Mélanges offerts à Geneviève Pignarre. Un droit en perpétuel mouvement*, LGDJ, 2018, p. 705.
• S. PIRON, « Le devoir de gratitude : émergence et vogue de la notion d'antidora au XIIIe siècle », *in* D. QUAGLIONI, G. TODESCHINI et G. M. VARANINI (dir.), *Credito e usura fra teologia, diritto e amministrazione – Linguaggi a confronto (sec. XII-XVI)*, École française de Rome, 2005, p. 73.
• M.-C. PONTHOREAU, « La directive 95/46 CE du 24 octobre 1995 relative à la protection des personnes physiques à l'égard du traitement des données à caractère personnel et à la libre circulation de ces données », *RFDA*, 1997, p. 125.
• D. PORACCHIA, « Le prêt à usage, un contrat perpétuel ? », note sous Cass. 1re civ., 19 novembre 1996, n° 94-20.446, Bull. civ. I, n° 407, *Petites affiches*, 1998, n° 10, p. 18.
• D. PORACCHIA, « À propos de la durée du prêt à usage », note sous Cass. 1re civ., 12 novembre 1998, n° 96-19.549, Bull. civ. I, n° 312, *Droit et Patrimoine*, 1999, n° 75.
• D. PORACCHIA, « De l'intérêt social à la raison d'être des sociétés », *Bulletin Joly Sociétés*, 2019, n° 06, p. 40.
• J.-M. POUGHON, « L'individu : propriétaire de son corps ? Une réponse entre scolastique juridique et réalisme économique », *L'Europe des libertés*, 2003, n° 11.
• M. POUMARÈDE, « La vente immobilière au prisme de l'avant-projet de réforme du droit des contrats spéciaux », *RDI*, 2017, p. 560.
• D. POUSSON, « L'identité informatisée », *in* J. POUSSON-PETIT (dir.), *L'identité de la personne humaine. Étude de droit français et de droit comparé*, Bruylant, 2002, p. 371.
• J.-B. PREVOST, « La fabrique des données : à propos du codage numérique du droit et de ses limites », *Gazette du Palais*, 2019, n° 03, p. 81.
• S. PRIGENT, « Le dualisme dans l'obligation », *RTD civ.*, 2008, p. 401.
• P. PUIG, « Prêt d'argent, les contrats réels existent encore », note sous Cass. 1re civ., 7 mars 2006, n° 02-20.374, Bull. civ. I, n° 138, *RDC*, 2006, n° 3, p. 778.
• P. PUIG, « Prêt à usage et précaire : y a-t-il lieu de distinguer ? », note sous Cass. 1re civ., 3 mai 2006, n° 05-16.966, Inédit, *RDC*, 2007, n° 2, p. 403.
• P. PUIG, « Prêt consensuel – Cause encore et toujours… », note sous Cass. 1re civ., 19 juin 2008, n° 06-19.753, Bull. civ. I, n° 174, *RDC*, 2009, n° 1, p. 188.

- P. PUIG, « L'autorité des rapports relatifs aux ordonnances », *RTD civ.*, 2017, p. 84.
- E. PUTMAN, « Le temps et le droit », *Droit et Patrimoine*, 2000, n° 78.
- Y. QUEINNEC, « Le contrat durable – Pour une conciliation contractuelle effective des enjeux économiques, sociaux et environnementaux », *AJ contrat*, 2020, p. 121.
- L. QUIGNON, « Un regard d'économiste sur les taux d'intérêt négatifs », *in* « Nouveaux comptes & intérêts négatifs », *Banque & Droit*, 2016, p. 28.
- E. QUILLATRE et J.-B. THOMAS-SERTILLANGES, « Libre circulation des données à caractère personnel au sein du marché intérieur et de l'espace de liberté sécurité justice : vers une diversification des instruments de régulation ? », *Petites affiches*, 2011, n° 24, p. 3.
- M.-A. RAKOTOVAHINY, « Regards critiques sur l'institutionnalisation du "droit de ne pas payer ses dettes" ou la consécration du non-paiement », *in* M. HECQUARD-THÉRON et J. KRYNEN (dir.), *Regards critiques sur quelques (r)évolutions récentes du droit. Tome II – Réformes-Révolutions*, Presses de l'Université des sciences sociales de Toulouse, 2005, p. 491.
- R. RAMBAUD, « Confiance dans la vie politique – La révolution attendra... », *AJDA*, 2017, p. 2237.
- R. RAMBAUD, « Mais où est passée la banque de la démocratie ? », *AJDA*, 2018, p. 1577.
- D. RAMELET, « La rémunération du capital à la lumière de la doctrine traditionnelle de l'Église catholique », *Catholica*, 2005, n° 86, p. 13.
- R.-M. RAMPELBERG, « L'obligation romaine : perspective sur une évolution », *in L'obligation. Tome 44*, Archives de philosophie du droit, Dalloz, 2000, p. 51.
- O. REDON, « Quatre notaires et leurs clientèles à Sienne et dans la campagne siennoise au milieu du XIIIe siècle (1221-1271) », *Mélanges de l'École française de Rome*, 1973, n° 85-1, p. 79.
- C. REFFAIT, « Avant-propos », *Romantisme*, 2011, n° 151, p. 3.
- A.-C. RÉGLIER, « L'obligation de restituer dans le prêt à usage à durée indéterminée », *Droit et Patrimoine*, 2009, n° 185.
- K. REYERSON, « Notaires et crédit à Montpellier au Moyen Âge », *in* F. MENANT et O. REDON (dir.), *Notaires et crédit dans l'Occident méditerranéen médiéval*, École française de Rome, 2004, p. 241.
- T. REVET, « L'objet du contrat de travail », *Droit social*, 1992, p. 859.
- T. REVET, « La prise d'effets du contrat », *RDC*, 2004, n° 1, p. 29.
- T. REVET, « Le corps humain est-il une chose appropriée ? », *RTD civ.*, 2017, p. 587.
- J.-F. RIFFARD, « Le banquier, le compte et le contrôle : retour sur une notion fondamentale, mais négligée », *Revue de droit bancaire et financier*, 2018, n° 6, dossier 40.
- G. RIPERT, « Chronique : Le droit de ne pas payer ses dettes », *Dalloz. Recueil Hebdomadaire*, 1936, n° 28, p. 57.
- D. ROBINE, « L'article L. 650-1 du Code de commerce, un "cadeau" empoisonné ? », *Recueil Dalloz*, 2006, p. 69.

- D. ROBINE, « L'article L. 650-1 du Code de commerce : Un Janus à deux visages », *in Mélanges en l'honneur du Professeur Paul Le Cannu. Le droit des affaires à la confluence de la théorie et de la pratique*, LGDJ, 2014, p. 621.
- J. ROCHFELD, « Les modes temporels d'exécution du contrat », *RDC*, 2004, n° 1, p. 47.
- P. RODIÈRE, « Le salaire dans les écrits de Gérard Lyon-Caen », *Droit social*, 2011, p. 6.
- F. ROSA, « Les techniques de mise à disposition alternatives à l'embauche : Quels risques juridiques ? », *Juris tourisme*, 2019, n° 219, p. 20.
- G. ROUHETTE, « Regard sur l'avant-projet de réforme du droit des obligations », *RDC*, 2007, n° 4, p. 1371.
- M. ROUSSILLE, « Le bitcoin, objet juridique non identifié », *Banque & Droit*, 2015, n° 159, p. 77.
- M. ROUSSILLE, « Taux négatif – Une banque condamnée à appliquer une formule prévue au contrat ! », note sous TGI Strasbourg, référé, 5 janvier 2016, n° 15/00764, n° 15/00765, n° 15/00766, n° 15/00767 et n° 15/00768, *Gazette du Palais*, 2016, n° 21, p. 64.
- M. ROUSSILLE, « Condamnation d'une banque à payer une somme à son emprunteur sur la base de taux négatifs : est-ce bien raisonnable ? », note sous TI Montpellier, 9 juin 2016, n° 11-16-000424, *Gazette du Palais*, 2016, n° 33, p. 60.
- M. ROUSSILLE, « Les produits structurés, produits à haut risque », *JCP E 2018*, n° 38, 1462.
- M. ROUSSILLE, « Prêt garanti par l'État, dispositif exceptionnel de soutien aux entreprises face à la crise sanitaire », *Gazette du Palais*, 2020, n° 21, p. 81.
- R. ROUTIER, « De l'irresponsabilité du prêteur dans le projet de loi de sauvegarde des entreprises », *Recueil Dalloz*, 2005, p. 1478.
- R. ROUTIER, « Le cantonnement de la responsabilité pour soutien abusif – Commentaire de l'article L. 650-1 du Code de commerce », *Gazette du Palais*, 2005, n° 253, p. 33.
- R. ROUTIER, « L'article L. 650-1 du Code de commerce : un article "détonnant" pour le débiteur et "détonant" pour le contribuable ? », *Recueil Dalloz*, 2006, p. 2916.
- F. ROUVIÈRE, « L'obligation comme garantie », *RTD civ.*, 2011, p. 1.
- F. ROUVIÈRE, « Traiter les cas semblables de façon identique – Un aspect méthodologique de l'idée de justice », *Jurisprudence. Revue critique*, 2012, p. 89.
- F. ROUVIÈRE, « Critique des fonctions et de la nature des fictions », *in* A.-B. CAIRE (dir.), *Les artifices du droit : les fictions. Actes du colloque du 20 mai 2014*, Centre Michel de l'Hospital, 2015, p. 83.
- F. ROUVIÈRE, « L'homme et la bête : De l'être au devoir-être ? », *RTD civ.*, 2017, p. 765.
- F. ROUVIÈRE, « Robots et mères-porteuses : la confusion des personnes et des choses », *RTD civ.*, 2018, p. 261.
- T. SAMIN et S. TORCK, « Taux d'intérêt négatif, obligation de restitution de l'emprunteur, rémunération du prêteur et marge commerciale de la banque – Zéro est arrivé ou zéro pointé ? », note sous CA Chambéry, 20 septembre 2018, n° 16/02665, n° 16/02667 et n° 16/02668, *Revue de Droit bancaire et financier*, 2018, n° 6, comm. 153.

- T. SAMIN et S. TORCK, « Les prêts à taux d'intérêt négatif devant la Cour de cassation », note sous Cass. 1re civ., 25 mars 2020, n° 18-23.803, Bull. civ. I, n° 212, *Revue de Droit bancaire et financier*, 2020, n° 4, comm. 74.
- R. SAVATIER, « Conclusion générale », *in Travaux de l'Association Henri Capitant. Le corps humain et le droit (Journées Belges : 1975)*, Tome XXVI, Dalloz, 1977, p. 515.
- É. SAVAUX, « Obligations, protection du consommateur et responsabilité notariale », note sous Cass. 1re civ., 19 juin 2008, n° 06-19.056, Bull. civ. I, n° 175, et note sous Cass. 1re civ., 19 juin 2008, n° 06-19.753, Bull. civ. I, n° 174, *Defrénois*, 2008, n° 17, p. 1967.
- É. SAVAUX et R.-N. SCHÜTZ, « Quelques enseignements sur le contrat de prêt fournis par la restitution de la chose », *in Au-delà des codes. Mélanges en l'honneur de Marie-Stéphane Payet*, Dalloz, 2012, p. 493.
- G. SCARCIA, « La typologie des actes de crédit – Les mutua des Lombards dans les registres notariés du XIVe siècle », *in* F. MENANT et O. REDON (dir.), *Notaires et crédit dans l'Occident méditerranéen médiéval*, École française de Rome, 2004, p. 149.
- M. SCHERMAN, « Le crédit : une obligation de tous les jours (ou presque) – Aperçus depuis une économie urbaine de la fin du Moyen Âge (Trévise au XVe siècle) », *Histoire urbaine*, 2018, n° 51, p. 111.
- P. SCHMELZING, « Eight centuries of global real interest rates, R-G and the "suprasecular" decline – 1311-2018 », *Bank of England Working Paper*, 2020, n° 845.
- P. R. SCHOFIELD, « L'endettement et le crédit dans la campagne anglaise au Moyen Âge », *in* M. BERTHE (dir.), *Endettement paysan et crédit rural dans l'Europe médiévale et moderne*, Presses universitaires du Mirail, 1998, p. 69.
- M. SÉNÉCAL, « Numérisation généralisée de la société, un processus inachevé ? », *in* É. GEORGE (dir.), *Numérisation de la société et enjeux sociopolitiques. II. Numérique, information et recherche*, ISTE Éditions, 2019, p. 219.
- A. SÉRIAUX, « Réflexions sur les délais de grâce », *RTD civ.*, 1993, p. 789.
- A. SÉRIAUX, « Le prêt sans la cause, un prêt sans cause ? », *in* V. ÉGÉA, G. LARDEUX et A. SÉRIAUX (dir.), *Le droit spécial des contrats à l'épreuve du nouveau droit commun. Actes du colloque du 16 décembre 2016 à Aix-Marseille Université*, PUAM, 2017, p. 43.
- J.-B. SEUBE, « La durée du prêt à usage : revirement de jurisprudence », note sous Cass. 1re civ., 3 février 2004, n° 01-00.004, Bull. civ. I, n° 34, *RDC*, 2004, n° 3, p. 714.
- P. SIMLER, « Les animaux, « êtres vivants doués de sensibilité » : et après ? », *JCP G 2020*, n° 18, 544.
- S. SLEE et J.-L. SOULIER, « La protection des données à caractère personnel et de la vie privée dans le secteur des communications électroniques. Perspective française », *Revue internationale de droit comparé*, 2002, vol. 2, p. 663.
- A. SLIM, « PIB, économie de la drogue et territoires. L'intégration de l'économie de la drogue dans le calcul du PIB et ses conséquences », *EchoGéo*, 20 novembre 2018.
- J. SOHNLE, « La représentation de la nature devant le juge : Plaidoyer pour une épistémologie juridique du "fictif" », *in La représentation de la nature devant*

le juge. Approches comparative et prospective, Vertigo – La revue électronique en sciences de l'environnement, 2015, Hors-série n° 22.

- B. SOUSI-ROUBI, « Variations sur la date », *RTD civ.*, 1991, p. 69.
- Y. STRICKLER, « Droit des biens : évitons la dispersion », *Recueil Dalloz*, 2007, p. 1149.
- A. SUPIOT, « Du bon usage des lois en matière d'emploi », *Droit social*, 1997, p. 229.
- C. TARDIEU, « La bonne orthographe du mot taxinomie. Un concept important dont l'orthographe est malmenée », *PALEO*, 2011, n° 22, p. 331.
- T. TAURAN, « Les potentialités de la notion de prestation ou les services rendus par une notion mûrie par le droit civil », *Revue de la recherche juridique*, 2007, p. 631.
- A. TERREN et Ph. THOMAS, « Les covenants des contrats de dette font-ils naître un risque de gestion de fait pour les créanciers financiers ? », *Revue de droit bancaire et financier*, 2015, n° 4, étude 11.
- J.-L. THÉBAUD, « Le diable est dans les détails », *Le Portique*, 2003, n° 12.
- L. THÉZARD, « De l'influence des travaux de Pothier et du chancelier d'Aguesseau sur le droit civil moderne », *Revue historique de droit français et étranger*, 1866, n° 12, p. 5 (début) et p. 229 (suite et fin).
- C. THIBIERGE, « Sources du droit, sources de droit : une cartographie », *in Libres propos sur les sources du droit. Mélanges en l'honneur de Philippe Jestaz*, Dalloz, 2006, p. 519.
- C. THIBIERGE, « Nature juridique et force normative de la déclaration de Saint-Quentin ? », *Petites affiches*, 2008, n° 168, p. 40.
- C. THIBIERGE, « Les "normes sensorielles" », *RTD civ.*, 2018, p. 567.
- L. THIBIERGE, « Les effets du contrat », *AJ contrat*, 2018, p. 266.
- M. THIOYE, « L'élargissement du cercle des "parties" dans le bail d'habitation », *AJDI*, 2002, p. 432.
- O. THOLOZAN, « La réification du corps humain en droit civil français », *Les cahiers de droit de la santé du sud-est*, 2004, n° 2, p. 11.
- Y. THOMAS, « La valeur des choses – Le droit romain hors la religion », *Annales. Histoire, Sciences Sociales*, 2002, n° 6, p. 1431.
- N. THOMASSIN, « La date de naissance des créances contractuelles », *RTD com.*, 2007, p. 655.
- S. TISSEYRE, « Le renouvellement du formalisme en droit commun des contrats », *in* N. LAURENT-BONNE et S. TISSEYRE (dir.), *Le formalisme. Sources et technique en droit privé positif*, LGDJ, 2017, p. 97.
- J.-Ph. TRICOIT, « La nature juridique du médiateur du crédit », *Gazette du Palais*, 2010, n° 65, p. 15.
- J. TURCZYNSKI, « Le soutien abusif », *Petites affiches*, 2007, n° 57, p. 30.
- É. UMBERTO GOÛT, « Conditions d'existence et conditions de validité, une distinction inutile ? », *Petites affiches*, 2018, n° 172-173, p. 6.
- E. VAN DER VLUGT, « Vers l'union économique européenne », *Le Monde Nouveau*, 15 avril 1926.
- A. VAN LAER, « Transmission électronique des données : la Communauté européenne face au Big Brother américain (1976-1981) », *in* P. FRIDENSON et P. GRISET (dir.), *Entreprises de haute technologie, État et souveraineté depuis 1945*, Institut de la gestion publique et du développement économique, 2013, p. 299.

- J. VANDERLINDEN, « Contribution en forme de mascaret à une théorie des sources du droit au départ d'une source délicieuse », *RTD civ.*, 1995, p. 69.
- S. VANUXEM, « Les choses saisies par la propriété. De la chose-objet aux choses-milieux », *Revue Interdisciplinaire d'Études Juridiques*, 2010, n° 64, p. 123.
- S. VANUXEM, « Du propriétaire-souverain au propriétaire-habitant », *in* F. SIIRIAINEN et Y. STRICKLER (dir), *Volonté et biens. Regards croisés*, L'Harmattan, 2013, p. 93.
- S. VANUXEM, « La propriété comme faculté d'habiter la terre », conférence donnée au Collège de France, le 16 février 2017, dans le cadre du séminaire « Les usages de la terre » de Philippe Descola.
- S. VANUXEM, « Chose », *in* M. CORNU-VOLATRON, F. ORSI et J. ROCHFELD (dir.), *Dictionnaire des biens communs*, PUF, 2017.
- S. VANUXEM, « Biens », *in* F. COLLART DUTILLEUL, V. PIRONON et A. VAN LANG (dir.), *Dictionnaire juridique des transitions écologiques*, Institut Universitaire Varenne, 2018.
- J.-M. VARAUT, « Indépendance », *in* L. CADIET (dir.), *Dictionnaire de la justice*, PUF, 2004, p. 622.
- V. VARET, « Droit d'auteur et dématérialisation », *in Études en l'honneur du Professeur Jérôme Huet*, LGDJ, 2017, p. 377.
- R. VERDIER, « Itinéraire d'un juriste humaniste dans la science des normes », *L'Année sociologique*, 2007, vol. 57, p. 353.
- É. VERGÈS, « Droit de la preuve : une réforme en trompe-l'œil », *JCP G 2016*, n° 17, 486.
- N. VIGNAL, « Le droit commun des contrats au service de la rupture du commodat à durée indéterminée », note sous Cass. 1re civ., 3 février 2004, n° 01-00.004, Bull. civ. I, n° 34, *Revue Lamy Droit civil*, 2004, n° 4.
- P. VILLENEUVE, « Moralisation de la vie publique : les mots pour le dire. À propos de l'avis du Conseil d'État, 12 juin 2017 », *JCP A 2017*, n° 28, act. 493.
- P. VILLENEUVE, « Les lois pour la confiance dans la vie politique, l'esprit et la lettre – À propos des lois ordinaire et organique du 15 septembre 2017 », *JCP A 2017*, n° 46, 2276.
- C. VIOLANTE, « Les prêts sur gage dans la vie économique et sociale de Milan au XIe siècle », *Cahiers de civilisation médiévale*, 1962, n° 18, p. 147.
- C. VIOLANTE, « Les prêts sur gage dans la vie économique et sociale de Milan au XIe siècle (fin) », *Cahiers de civilisation médiévale*, 1962, n° 20, p. 437.
- J.-L. VULLIERME, « La chose, le bien et la métaphysique », *in Les biens et les choses en droit. Tome 24*, Archives de philosophie du droit, Sirey, 1979, p. 31.
- T. WELTER, « Un nouveau recueil franciscain d'Exempla de la fin du XIIIe siècle », *Études franciscaines*, 1930, n° 241, p. 432.
- Ph. YOLKA, « Propriété communale VS. Liberté syndicale », note sous Cass. 1re civ., 3 juin 2010, n° 09-14.633, Bull. civ. I, n° 127, *JCP A 2010*, n° 28, 2230.
- F. ZENATI, « L'immatériel et les choses », *in Le droit et l'immatériel. Tome 43*, Archives de philosophie du droit, Dalloz, 1999, p. 79.
- M. ZERNER, « La question du crédit dans les campagnes du Comtat Venaissin au début du XVe siècle », *in* M. BERTHE (dir.), *Endettement paysan et crédit rural dans l'Europe médiévale et moderne*, Presses universitaires du Mirail, 1998, p. 199.

JURISPRUDENCE

1884

- Cass. civ., 30 juillet 1884, *Revue de la législation des mines*, 1885, n° 1, p. 205.

1912

- CA Paris, 24 décembre 1912, *Gazette du Palais*, 1913, n° 44.

1960

- Cass. 1re civ., 8 novembre 1960, Bull. civ. I, n° 480.

1966

- Cass. 1re civ., 9 mai 1966, Bull. civ. I, n° 272.

1974

- Cass. 1re civ., 20 novembre 1974, n° 72-13.117, Bull. civ. I, n° 311.

1977

- Cass. 1re civ., 12 juillet 1977, n° 75-11.925, Bull. civ. I, n° 330.

1980

- Cass. 3e civ., 15 janvier 1980, n° 78-15.312, Inédit.

1981

- Cass. 1re civ., 20 juillet 1981, n° 80-12.529, Bull. civ. I, n° 267, *RTD civ.*, 1982, p. 427, note Ph. RÉMY ; *Les grands arrêts de la jurisprudence civile*, t. 2, 13e éd., Dalloz, 2015, n° 284-285, note H. CAPITANT, F. CHÉNEDÉ, Y. LEQUETTE et F. TERRÉ.

1982

- Cass. com., 25 janvier 1982, n° 79-13.116, Inédit.
- Cass. com., 15 juillet 1982, n° 81-10.535, Inédit.

1983

- Cass. 1re civ., 19 janvier 1983, n° 81-15.105, Bull. civ. I, n° 29.

1984

- Cass. 3e civ., 9 juillet 1984, n° 83-12.223, Bull. civ. III, n° 135.

1986

- Cass. 1re civ., 27 mai 1986, n° 84-12.135, Bull. civ. I, n° 139.

1987

- Cass. 3e civ., 16 décembre 1987, n° 86-14.417, Inédit, *JCP G 1989*, II, 21184, note B. BOCCARA.

1988

- CA Rouen, 29 juin 1988, JurisData n° 1988-045245.
- Cass. 1re civ., 15 novembre 1988, n° 86-16.467, Inédit.

1989

- Cass. 1re civ., 10 mai 1989, n° 87-10.875, Bull. civ. I, n° 191.
- Cass. 1re civ., 8 novembre 1989, n° 86-16.196 et n° 86-16.197, Bull. civ. I, n° 342, *RTD civ.*, 1990, p. 79, note J. MESTRE ; *JCP G 1990*, n° 46, II, 21576, note G. VIRASSAMY ; *Recueil Dalloz*, 1990, p. 327, note J. HUET ; *Recueil Dalloz*, 1990, p. 369, note C. GAVALDA ; *RTD com.*, 1990, p. 78, note M. CABRILLAC et B. TEYSSIÉ ; *Recueil Dalloz*, 1991, p. 38, note M. VASSEUR.

1992

- CA Bordeaux, 10 juin 1992, JurisData n° 1992-043630.
- Cass. com., 3 novembre 1992, n° 90-19.304, Bull. civ. IV, n° 336, *RTD com.*, 1993, p. 143, note M. CABRILLAC et B. TEYSSIÉ.

1993

- Cass. 1re civ., 3 février 1993, n° 89-18.467, Bull. civ. I, n° 62, *JCP G 1994*, n° 15, II, 22239, note V. MORGAND-CANTEGRIT ; *Recueil Dalloz*, 1994, p. 248, note A. BÉNABENT ; *RTD civ.*, 1994, p. 125, note P.-Y. GAUTIER.

1995

- Cass. 1re civ., 10 janvier 1995, n° 92-18.013, Bull. civ. I, n° 26, *Defrénois*, 1995, n° 11, p. 746, chron. Ph. DELEBECQUE.

1996

- Cass. com., 5 mars 1996, n° 93-20.778, Bull. civ. IV, n° 75, *Recueil Dalloz*, 1996, p. 327, note R. LIBCHABER ; *Recueil Dalloz*, 1997, p. 343, note O. TOURNAFOND.
- Cass. 1re civ., 19 novembre 1996, n° 94-20.446, Bull. civ. I, n° 407, *Les grands arrêts de la jurisprudence civile*, t. 2, 13e éd., Dalloz, 2015, n° 287-288, note H. CAPITANT, F. CHÉNEDÉ, Y. LEQUETTE et F. TERRÉ ; *Recueil Dalloz*, 1997, p. 145, note A. BÉNABENT ; *Petites affiches*, 1998, n° 10, p. 18, note D. PORACCHIA ; *CCC*, 1997, chron n° 8, note M.-L. IZORCHE.

1997

- Cass. 1re civ., 3 juin 1997, n° 95-10.593, Bull. civ. I, n° 181, *Defrénois*, 1998, n° 2, p. 125, note S. PIEDELIÈVRE ; *RDI*, 1997, p. 614, note F. SCHAUFELBERGER et H. HEUGAS-DARRASPEN ; *Recueil Dalloz*, 1998, p. 245, note H. HEUGAS-DARRASPEN.
- Cass. com., 24 juin 1997, n° 95-20.056, Bull. civ. IV, n° 207, *Bulletin Joly Sociétés*, 1997, n° 10, p. 871, note B. SAINTOURENS ; *Recueil Dalloz*, 1998, p. 178, note J.-C. HALLOUIN ; *JCP N 1998*, n° 13, p. 490, note J.-P. GARÇON ; *RTD com.*, 1998, p. 153, note C. CHAMPAUD et D. DANET ; *JCP G 1997*, n° 50, II, 22966, note P. MOUSSERON ; *Defrénois*, 1998, n° 10, p. 667, note J. HONORAT.

1998

- Cass. 1re civ., 27 mai 1998, n° 96-17.312, Bull. civ. I, n° 186, *Petites affiches*, 1999, n° 141, p. 23, note V. DEPADT-SEBAG ; *Defrénois*, 1998, n° 17, p. 1054, note Ph. DELEBECQUE ; *Recueil Dalloz*, 1999, p. 28, note M.-N. JOBARD-BACHELLIER ; *Defrénois*, 1999, n° 1, p. 21, note S. PIEDELIÈVRE ; *Recueil Dalloz*, 1999, p. 194, note M. BRUSCHI ; *Recueil Dalloz*, 2000, p. 50, note J.-P. PIZZIO.
- Cass. 1re civ., 12 novembre 1998, n° 96-19.549, Bull. civ. I, n° 312, *Defrénois*, 1999, n° 13-14, p. 802, note A. BÉNABENT ; *Recueil Dalloz*, 1999, p. 414, note J.-P. LANGLADE-O'SUGHRUE ; *JCP G 1999*, n° 37, II, 10157, note M. AUDIT ; *RTD civ.*, 1999, p. 128, note P.-Y. GAUTIER ; *Droit et Patrimoine*, 1999, n° 69, note P. CHAUVEL ; *Droit et Patrimoine*, 1999, n° 75, note D. PORACCHIA ; *CCC*, 1999, n° 2, comm. 22, note L. LEVENEUR.

1999

- Cass. 3e civ., 3 février 1999, n° 97-10.399, Bull. civ. III, n° 31, *Bulletin Joly Sociétés*, 1999, n° 5, p. 577, note A. COURET ; *RTD com.*, 1999, p. 456, note M.-H. MONSÈRIÉ-BON ; *RDI*, 1999, p. 265, note J.-C. GROSLIÈRE.
- Cass. com., 9 mars 1999, n° 96-14.259, Bull. civ. IV, n° 56, *Recueil Dalloz*, 2000, p. 769, note J. BEAUCHARD.
- Cass. 1re civ., 17 novembre 1999, n° 97-16.749, Bull. civ. I, n° 311, *CCC*, 2000, n° 3, comm. 42, note L. LEVENEUR.

2000

- Cass. 1re civ., 28 mars 2000, n° 97-21.422, Bull. civ. I, n° 105, *Defrénois*, 2000, n° 11, p. 720, note J.-L. AUBERT ; *Revue de Droit bancaire et financier*, 2000, n° 3, 100, note F.-J. CRÉDOT et Y. GÉRARD ; *JCP G 2000*, n° 17, II, 10296, conclusions J. SAINTE-ROSE ; *RTD com.*, 2000, p. 991, note M. CABRILLAC ; *CCC*, 2000, n° 7, comm. 106, note L. LEVENEUR ; *Recueil Dalloz*, 2000, p. 482, note S. PIEDELIÈVRE ; *Recueil Dalloz*, 2000, p. 358, note Ph. DELEBECQUE ; *Recueil Dalloz*, 2002, p. 640, note D. R. MARTIN ; *Recueil Dalloz*, 2000, p. 239, chron. J. FADDOUL ; *Recueil Dalloz*, 2001, p. 1615, chron. M.-N. JOBARD-BACHELLIER.
- Cass. 3e civ., 4 mai 2000, n° 98-11.783, Bull. civ. III, n° 97, *RTD civ.*, 2000, p. 596, note P.-Y. GAUTIER ; *CCC*, 2000, n° 10, comm. 141, note L. LEVENEUR ; *Recueil Dalloz*, 2001, p. 3154, note M.-L. MATHIEU-IZORCHE.

2001

- Cass. 1re civ., 2 mai 2001, n° 98-21.187, Inédit.
- Cass. 1re civ., 29 mai 2001, n° 99-13.594, Bull. civ. I, n° 153, *Recueil Dalloz*, 2002, p. 30, note J. SAINTE-ROSE ; *CCC*, 2001, n° 10, comm. 131, note L. LEVENEUR ; *JCP E 2002*, n° 12, 496, note A. MENDOZA-CAMINADE.
- Cass. com., 10 juillet 2001, n° 98-11.536, Inédit, *Revue de Droit bancaire et financier*, 2001, n° 6, 220, note D. LEGEAIS.
- Cass. 1re civ., 27 novembre 2001, n° 99-10.633, Bull. civ. I, n° 297, *Droit de la famille*, 2002, n° 1, comm. 9, note B. BEIGNIER ; *JCP G 2002*, n° 13, II, 10050,

note S. PIEDELIÈVRE ; *Revue Lamy droit des affaires*, 2002, n° 45, note M.-A. RIBEYRE ; *Defrénois*, 2002, n° 15, p. 1019, note G. CHAMPENOIS ; *Defrénois*, 2002, n° 4, p. 259, note R. LIBCHABER.

2002

- Cass. 1re civ., 4 juin 2002, n° 99-15.672, Bull. civ. I, n° 159, *RTD com.*, 2003, p. 154, note B. BOULOC.

2003

- Cass. com., 24 juin 2003, n° 00-17.478, Inédit.

2004

- Cass. com., 21 janvier 2004, n° 01-01.129, Bull. civ. IV, n° 13, *Petites affiches*, 2004, n° 28, p. 5, rapport M. COHEN-BRANCHE ; *Recueil Dalloz*, 2004, p. 498, note V. AVENA-ROBARDET ; *RDI*, 2004, p. 367, note H. HEUGAS-DARRASPEN ; *Recueil Dalloz*, 2004, p. 1149, note C. JAMIN ; *RDC*, 2004, n° 3, p. 743, note D. HOUTCIEFF ; *JCP G 2004*, n° 16, II, 10062, note S. PIEDELIÈVRE ; *RTD com.*, 2004, p. 352, note D. LEGEAIS ; *Revue de Droit bancaire et financier*, 2004, n° 3, 108, chron. F.-J. CRÉDOT et Y. GÉRARD ; *Revue de Droit bancaire et financier*, 2004, n° 2, étude 10014, note D. R. MARTIN.
- Cass. 1re civ., 3 février 2004, n° 01-00.004, Bull. civ. I, n° 34, *JCP E 2004*, n° 23, 831, note M. GARNIER ; *Recueil Dalloz*, 2004, p. 903, note C. NOBLOT ; *RTD civ.*, 2004, p. 312, note P.-Y. GAUTIER ; *CCC*, 2004, n° 4, comm. 53, note L. LEVENEUR ; *Procédures*, 2004, n° 5, comm. 108, note J. JUNILLON ; *RDC*, 2004, n° 3, p. 714, note J.-B. SEUBE ; *Defrénois*, 2004, n° 21, p. 1452, note R. CRÔNE ; *Revue Lamy Droit civil*, 2004, n° 4, note N. VIGNAL ; *RDC*, 2004, n° 3, p. 647, note Ph. STOFFEL-MUNCK ; *Droit et Patrimoine*, 2004, n° 125, note P. CHAUVEL.
- Cass. 1re civ., 22 juin 2004, n° 01-14.165, Bull. civ. I, n° 175, *CCC*, 2004, n° 11, comm. 153, note L. LEVENEUR.
- Cass. 3e civ., 30 juin 2004, n° 02-17.491, Bull. civ. III, n° 133.
- Cass. 1re civ., 28 septembre 2004, n° 03-10.810, Bull. civ. I, n° 214, *Revue des sociétés*, 2005, p. 371, note D. LEGEAIS ; *Bulletin Joly Sociétés*, 2005, n° 5, p. 586, note M.-L. COQUELET ; *RDC*, 2005, n° 3, p. 691, note I. DAURIAC ; *JCP G 2005*, n° 7, doctr. 114, note A.-S. BARTHEZ.
- Cass. com., 3 novembre 2004, n° 01-17.491, Inédit, *Droit des sociétés*, 2005, n° 2, comm. 24, note F.-G. TRÉBULLE.
- Cass. 2e civ., 18 novembre 2004, n° 00-19.693, Bull. civ. II, n° 501, *Revue de Droit bancaire et financier*, 2005, n° 1, 5, note F.-J. CRÉDOT et Y. GÉRARD ; *Revue de Droit bancaire et financier*, 2005, n° 1, 23, note S. PIEDELIÈVRE ; *RTD com.*, 2005, p. 154, note D. LEGEAIS.

2005

- Cass. 3e civ., 19 janvier 2005, n° 03-16.623, Bull. civ. III, n° 12, *RTD com.*, 2005, p. 589, note B. BOULOC ; *CCC*, 2005, n° 6, comm. 103, note L. LEVENEUR ; *Recueil Dalloz*, 2005, p. 2439, note Y. DAGORNE-LABBE.

- Cass. 1re civ., 10 mai 2005, n° 02-17.256, Bull. civ. I, n° 204, *RTD com.*, 2006, p. 187, note B. BOULOC ; *CCC*, 2005, n° 10, comm. 163, note L. LEVENEUR ; *Recueil Dalloz*, 2005, p. 2439, note Y. DAGORNE-LABBE ; *Defrénois*, 2005, n° 13, p. 1154, note R. CRÔNE.

2006

- Cass. 1re civ., 7 mars 2006, n° 02-20.374, Bull. civ. I, n° 138, *Revue Lamy Droit civil*, 2006, n° 33, chron. M.-P. VIRET ; *RDC*, 2006, n° 3, p. 778, chron. P. PUIG ; *CCC*, 2006, n° 7, comm. 128, note L. LEVENEUR ; *Recueil Dalloz*, 2007, p. 753, chron. D. R. MARTIN ; *JCP G 2006*, n° 27, II, 10109, note S. PIEDELIÈVRE ; *RTD com.*, 2006, p. 460, note D. LEGEAIS.
- Cass. 3e civ., 7 mars 2006, n° 04-18.506, Inédit, *AJDI*, 2006, p. 489.
- Cass. 1re civ., 3 mai 2006, n° 05-16.966, Inédit, *RDC*, 2007, n° 2, p. 403, note P. PUIG.
- Cass. 1re civ., 27 juin 2006, n° 04-20.769, Inédit.
- Cass. 1re civ., 27 juin 2006, n° 05-16.905, Inédit, *CCC*, 2006, n° 11, comm. 221, note L. LEVENEUR ; *Recueil Dalloz*, 2007, p. 753, chron. D. R. MARTIN.
- Cass. 1re civ., 5 juillet 2006, n° 04-12.588, Bull. civ. I, n° 358, *RTD com.*, 2006, p. 887, note D. LEGEAIS ; *RTD civ.*, 2007, p. 105, note B. FAGES et J. MESTRE ; *Recueil Dalloz*, 2007, p. 50, note J. GHESTIN ; *Recueil Dalloz*, 2007, p. 753, chron. D. R. MARTIN.
- Cass. 1re civ., 24 octobre 2006, n° 05-20.114, Inédit.
- Cass. com., 14 novembre 2006, n° 05-15.851, Inédit, *RTD com.*, 2007, p. 140, note C. CHAMPAUD et D. DANET.

2007

- Cass. 3e civ., 4 avril 2007, n° 06-12.195, Bull. civ. III, n° 56, *Recueil Dalloz*, 2007, p. 2757, chron. A.-C. MONGE et F. NÉSI ; *Dalloz actualité*, 24 avril 2007, note C. DELAPORTE-CARRÉ.

2008

- Cass. 1re civ., 19 juin 2008, n° 06-19.753, Bull. civ. I, n° 174, *JCP E 2008*, n° 30, 1964, note D. LEGEAIS ; *RTD com.*, 2008, p. 602, note D. LEGEAIS ; *Recueil Dalloz*, 2008, p. 2363, spéc. n° 6, chron. P. CHAUVIN et C. CRETON ; *JCP G 2008*, n° 38, II, 10150, note A. CONSTANTIN ; *Recueil Dalloz*, 2008, p. 1825, note X. DELPECH ; *Dalloz actualité*, 24 juin 2008, note X. DELPECH ; *L'ESSENTIEL Droit des contrats*, 2008, n° 03, p. 2, note G. PILLET ; *Gazette du Palais*, 2008, n° 292, p. 13, note S. PIEDELIÈVRE ; *Recueil Dalloz*, 2008, p. 2555, note F. CHÉNEDÉ ; *JCP E 2008*, n° 49, 2461, spéc. n° 1, chron. C. LASSALAS ; *CCC*, 2008, n° 11, comm. 255, note L. LEVENEUR ; *RDC*, 2009, n° 1, p. 188, note P. PUIG ; *RDC*, 2008, n° 4, p. 1129, note Y.-M. LAITHIER ; *Defrénois*, 2008, n° 17, p. 1967, note É. SAVAUX.
- Cass. 1re civ., 19 juin 2008, n° 06-19.056, Bull. civ. I, n° 175, *Recueil Dalloz*, 2008, p. 2363, spéc. n° 5 s., chron. P. CHAUVIN et C. CRETON ; *Defrénois*, 2008, n° 17, p. 1967, note É. SAVAUX ; *RDC*, 2009, n° 1, p. 183, note P. PUIG ; *Recueil Dalloz*, 2008, p. 2555, note F. CHÉNEDÉ ; *RTD com.*, 2008, p. 603, note

D. LEGEAIS ; *Dalloz actualité*, 30 juin 2008, note X. DELPECH ; *Recueil Dalloz*, 2008, p. 1827, note X. DELPECH.

- Cass. 1re civ., 30 octobre 2008, n° 07-12.638, Inédit, *L'ESSENTIEL Droit des contrats*, 2008, n° 06, p. 6, note O. DESHAYES ; *JCP G 2009*, n° 16-17, doctr. 138, note J. GHESTIN.

2009

- Cass. 1re civ., 18 février 2009, n° 08-11.234, Inédit, *RDC*, 2009, n° 3, p. 1138, note P. PUIG.
- Cass. com., 7 avril 2009, n° 08-12.192, Bull. civ. IV, n° 54, *Recueil Dalloz*, 2010, p. 1043, chron. D. R. MARTIN ; RTD com., 2009, p. 598, note D. LEGEAIS ; *Recueil Dalloz*, 2009, p. 2080, note V. AVENA-ROBARDET ; *JCP G 2009*, n° 39, 273, spéc. n° 13, note J. GHESTIN ; *JCP G 2009*, n° 27, 77, note J. LASSERRE CAPDEVILLE ; *Recueil Dalloz*, 2009, p. 2080, note J. GHESTIN ; *L'ESSENTIEL Droit des contrats*, 2009, n° 06, p. 3, note O. DESHAYES ; *Gazette du Palais*, 2009, n° 255, p. 8, note B. BURY ; *Defrénois*, 2009, n° 18, p. 1942, note J. FRANÇOIS ; *Dalloz actualité*, 22 avril 2009, note V. AVENA-ROBARDET ; *JCP E 2009*, n° 44-45, 2020, spéc. n° 14 s., chron. J. STOUFFLET.
- CJCE, 4e chambre, 23 avril 2009, n° C-533/07, *Europe*, 2009, n° 6, comm. 263, note L. IDOT ; *Revue Lamy droit des affaires*, 2009, n° 39, note G. CAVALIER ; *RDC*, 2009, n° 4, p. 1558, note É. TREPPOZ ; *Procédures*, 2009, n° 8-9, comm. 276, note C. NOURISSAT ; *Recueil Dalloz*, 2009, p. 2384, chron. S. BOLLÉE ; *Recueil Dalloz*, 2010, p. 1585, chron. F. JAULT-SESEKE.
- Cass. 1re civ., 25 juin 2009, n° 08-11.931, Inédit.
- Cass. com., 8 décembre 2009, n° 08-16.418, Inédit, *Droit des sociétés*, 2010, n° 3, comm. 42, note M.-L. COQUELET ; *L'ESSENTIEL Droit des contrats*, 2010, n° 2, p. 7, note D. GALLOIS-COCHET ; *RTD com.*, 2010, p. 359, note C. CHAMPAUD et D. DANET ; *Revue des sociétés*, 2010, p. 37, note A. LIENHARD ; *Gazette du Palais*, 2010, n° 112, p. 16, note B. DONDERO et A.-F. ZATTARA-GROS.

2010

- Cass. 1re civ., 14 janvier 2010, n° 08-13.160, Bull. civ. I, n° 6, *Recueil Dalloz*, 2010, p. 620, note J. FRANÇOIS ; *Recueil Dalloz*, 2010, p. 2092, spéc. n° 5, chron. C. CRETON ; *Recueil Dalloz*, 2010, p. 2671, note I. GELBARD-LE DAUPHIN ; *Recueil Dalloz*, 2010, p. 620, note V. AVENA-ROBARDET ; *Recueil Dalloz*, 2011, p. 1643, note D. R. MARTIN ; *Dalloz actualité*, 22 janvier 2010, note V. AVENA-ROBARDET ; *RDI*, 2010, p. 203, note H. HEUGAS-DARRASPEN ; *RTD com.*, 2010, p. 763, note D. LEGEAIS ; *Revue de Droit bancaire et financier*, 2010, n° 2, comm. 45, note X. LAGARDE ; *JCP G 2010*, n° 14, 380, note N. DISSAUX ; *JCP G 2010*, n° 18, doctr. 516, spéc. n° 17, chron. Y.-M. SERINET ; *JCP E 2010*, n° 21, 1496, spéc. n° 9, chron. R. ROUTIER ; *Gazette du Palais*, 2010, n° 35, p. 27, note C. BERLAUD ; *Petites affiches*, 2011, n° 17, p. 19, note A. CAYOL ; *L'ESSENTIEL Droit des contrats*, 2010, n° 03, p. 1, note O. DESHAYES ; *Gazette du Palais*, 2010, n° 42, p. 19, chron. S. PIEDELIÈVRE ; *Gazette du Palais*, 2010, n° 98, p. 17, chron. D. HOUTCIEFF.
- Cass. 1re civ., 20 janvier 2010, n° 08-13.930, Inédit.

- Cass. com., 26 janvier 2010, n° 08-12.591, Bull. civ. IV, n° 22, *Dalloz actualité*, 5 février 2010, note X. DELPECH ; *Revue de Droit bancaire et financier*, 2010, n° 3, comm. 83, note F. J. CRÉDOT et T. SAMIN ; *JCP E 2010*, n° 27-28, 1656, note J.-B. SEUBE ; *RDI*, 2010, p. 202, note H. HEUGAS-DARRASPEN ; *JCP G 2010*, n° 18, doctr. 516, note P. GROSSER.
- Cass. 1re civ., 25 février 2010, n° 09-11.302, Inédit.
- Cass. com., 7 avril 2010, n° 09-11.033, Inédit.
- Cass. 1re civ., 20 mai 2010, n° 09-65.835, Inédit, *Revue de droit des transports*, 2010, n° 10, comm. 194, note Ph. DELEBECQUE ; *Revue générale du droit des assurances*, 2010, n° 3, p. 801, note F. TURGNÉ ; *CCC*, 2010, n° 8-9, comm. 201, note L. LEVENEUR.
- Cass. com., 26 mai 2010, n° 09-14.055, Inédit, *JCP E 2010*, n° 47, 2008, spéc. n° 17, chron. A. SALGUEIRO ; *Revue de Droit bancaire et financier*, 2010, n° 6, comm. 204, note F.-J. CRÉDOT et T. SAMIN.
- Cass. 1re civ., 3 juin 2010, n° 09-14.633, Bull. civ. I, n° 127, *AJ Collectivités Territoriales*, 2010, p. 84, note G. LE CHATELIER ; *RTD civ.*, 2010, p. 557, note B. FAGES ; *JCP A 2010*, n° 28, 2230, note Ph. YOLKA ; *JCP A 2011*, n° 27, 2239, chron. C. CHAMARD-HEIM ; *JCP E 2010*, n° 51-52, 2134, note Ph. GRIGNON ; *JCP G 2010*, n° 40, doctr. 983, chron. P. GROSSER ; *AJDI*, 2011, p. 233, note F. DE LA VAISSIÈRE ; *JCP G 2010*, n° 47, 1146, note M. MEKKI ; *L'ESSENTIEL Droit de l'immobilier et urbanisme*, 2010, n° 07, p. 4, note L. MAURIN ; *Recueil Dalloz*, 2010, p. 1554, note G. FOREST.
- Cass. 3e civ., 21 septembre 2010, n° 09-67.605, Inédit, *RTD civ.*, 2010, p. 784, note B. FAGES.

2011

- Cass. com., 10 mai 2011, n° 10-18.749, Bull. civ. IV, n° 73, *Revue Lamy droit des affaires*, 2011, n° 62, note A. CERATI-GAUTHIER ; *Dalloz actualité*, 24 mai 2011, note X. DELPECH ; *Revue Lamy Droit civil*, 2011, n° 84 ; *JCP E 2011*, n° 34, 1575, note R. MORTIER ; *Recueil Dalloz*, 2011, p. 2383, note C. BLOUD-REY ; *L'ESSENTIEL Droit des contrats*, 2011, n° 9, p. 6, note G. GUERLIN ; *RTD com.*, 2011, p. 575, note A. CONSTANTIN ; *Bulletin Joly Sociétés*, 2011, n° 10, p. 754, note J. LASSERRE CAPDEVILLE ; *JCP G 2011*, n° 42, doctr. 1141, note P. GROSSER ; *Gazette du Palais*, 2011, n° 160, p. 14, note B. DONDERO et A.-F. ZATTARA-GROS.
- Cass. 3e civ., 27 septembre 2011, n° 11-10.127, Inédit.
- Cass. 3e civ., 22 novembre 2011, n° 10-27.556, Inédit, *RTD com.*, 2012, p. 186, note B. BOULOC.

2012

- Cass. 3e civ., 2 mai 2012, n° 11-18.927, Inédit, *AJDI*, 2012, p. 421.
- CA Versailles, 11 octobre 2012, n° 10/05550, *Bulletin Joly Sociétés*, 2013, n° 3, p. 220, note V. ALLEGAERT ; *Gazette du Palais*, 2013, n° 054, note S. LEROND ; *Droit des sociétés*, 2013, n° 2, comm. 28, note D. GALLOIS-COCHET.
- Cass. 1re civ., 14 novembre 2012, n° 11-25.900, Inédit, *RTD com.*, 2013, p. 134, note B. BOULOC.

2013

- Cass. 1re civ., 10 juillet 2013, n° 12-18.082, Inédit.
- Cass. com., 1 octobre 2013, n° 12-25.392, Inédit, *Gazette du Palais*, 2013, n° 313, chron. B. BURY.

2014

- Cass. soc., 22 janvier 2014, n° 12-23.565 et n° 12-23.566, Inédit, *Recueil Dalloz*, 2014, p. 1115, note P. LOKIEC.
- Cass. 1re civ., 19 février 2014, n° 12-35.275, Inédit.
- Cass. 1re civ., 13 mai 2014, n° 13-10.221, Inédit, *RTD com.*, 2014, p. 686, note B. BOULOC.
- Cass. 1re civ., 18 juin 2014, n° 12-29.116 et n° 13-13.312, Inédit.
- Cass. 1re civ., 2 juillet 2014, n° 13-17.532, Inédit, *AJDI*, 2015, p. 38, note F. DE LA VAISSIÈRE ; *Petites affiches*, 2015, n° 30, p. 7, note P. BOISLIVEAU.
- Cass. 3e civ., 16 septembre 2014, n° 13-20.148, Inédit.

2015

- Cass. 1re civ., 9 avril 2015, n° 11-21.877, Inédit, *RTD com.*, 2015, p. 351, note B. BOULOC.
- Cass. 1re civ., 1 juillet 2015, n° 14-18.709, Inédit, *AJDI*, 2016, p. 35, note F. DE LA VAISSIÈRE.
- Cass. 1re civ., 30 septembre 2015, n° 14-25.709, Bull. civ. I, n° 1028, *AJDI*, 2015, p. 838, note F. DE LA VAISSIÈRE ; *RTD com.*, 2015, p. 738, note B. BOULOC ; *JCP A 2016*, n° 3, 2018, note M. PHILIP-GAY ; *Dalloz actualité*, 14 octobre 2015, note N. KILGUS ; *Recueil Dalloz*, 2015, p. 2350, note A. ETIENNEY-DE SAINTE MARIE ; *JCP G 2015*, n° 46-47, doctr. 1261, spéc. n° 1, chron. G. LOISEAU ; *Gazette du Palais*, 2016, n° 01, p. 38, note D. HOUTCIEFF ; *Defrénois*, 2016, n° 02, p. 74, note J.-B. SEUBE ; *Petites affiches*, 2016, n° 4, p. 8, note A. GARRAUD.

2016

- TGI Strasbourg, référé, 5 janvier 2016, n° 15/00764, n° 15/00765, n° 15/00766, n° 15/00767 et n° 15/00768, *Droit et Patrimoine*, 2016, n° 261, chron. J.-P. MATTOUT et A. PRÜM ; *Gazette du Palais*, 2016, n° 21, p. 64, note M. ROUSSILLE ; *Revue de Droit bancaire et financier*, 2016, n° 2, comm. 54, note F.-J. CRÉDOT ; *L'ESSENTIEL Droit bancaire*, 2016, n° 03, p. 6, note J. LASSERRE CAPDEVILLE.
- CA Versailles, 29 mars 2016, n° 14/00494.
- Cass. com., 24 mai 2016, n° 14-25.921 et n° 14-28.111, Bull. civ. IV, n° 489, *RTD com.*, 2016, p. 539, note B. BOULOC ; *Droit des sociétés*, 2016, n° 10, comm. 168, note R. VABRES ; *Gazette du palais*, 2016, n° 32, p. 22, note D. HOUTCIEFF ; *JCP G 2016*, n° 38, 986, note D. HOUTCIEFF.
- Cass. 3e civ., 26 mai 2016, n° 14-28.082, Inédit, *AJDI*, 2016, p. 620 ; *Defrénois*, 2016, n° 21, p. 1139, note F. ROUSSEL.
- TI Montpellier, 9 juin 2016, n° 11-16-000424, *Gazette du Palais*, 2016, n° 25, p. 19, note J. LASSERRE CAPDEVILLE ; *L'ESSENTIEL Droit bancaire*, 2016, n° 8,

p. 1, note S. PIEDELIÈVRE ; *Gazette du Palais*, 2016, n° 33, p. 60, note M. ROUSSILLE.

- Cass. 1re civ., 13 juillet 2016, n° 15-20.804, Inédit, *JCP N 2017*, n° 8, 1109, note M. STORCK.
- CJUE, 3e chambre, 10 novembre 2016, n° C-174/15, *Communication Commerce électronique*, 2017, n° 1, comm. 3, note G. LOISEAU ; *JCP E 2017*, n° 35, 1457, chron. M.-E. LAPORTE-LEGEAIS ; *Dalloz IP/IT*, 2017, p. 42, note S. DORMONT ; *L'ESSENTIEL Droit de la propriété intellectuelle*, 2017, n° 1, p. 1, note A. LUCAS ; *Communication Commerce électronique*, 2017, n° 2, comm. 10, note C. CARON ; *Europe*, 2017, n° 1, comm. 27, note A. RIGAUX ; *RTD com.*, 2017, p. 79, note F. POLLAUD-DULIAN ; *RTD civ.*, 2017, p. 173, note P.-Y. GAUTIER ; *Juris art etc.*, 2016, n° 41, p. 12, note É. SCARAMOZZINO ; *Recueil Dalloz*, 2017, p. 747, note Ch. ALLEAUME ; *Cahiers de la documentation*, 2016, n° 4, p. 34, note S. DUSOLLIER ; *Légipresse*, 17 janvier 2017, n° 345, note T. PETELIN.
- Cass. 3e civ., 17 novembre 2016, n° 15-22.751, Inédit, *Droit rural*, 2017, n° 451, comm. 71.
- TGI Thonon-les-Bains, 30 novembre 2016, n° 16/01055 et n° 16/01056, *L'ESSENTIEL Droit bancaire*, 2017, n° 01, p. 4, note J. LASSERRE CAPDEVILLE ; *Droit et Patrimoine*, 2017, n° 267, chron. J.-P. MATTOUT et A. PRÜM ; *Recueil Dalloz*, 2017, p. 2176, chron. H. SYNVET ; *Revue de Droit bancaire et financier*, 2017, n° 2, comm. 45, note T. SAMIN et S. TORCK.

2017

- Cass. com., 1 mars 2017, n° 14-25.426, Inédit, *RDC*, 2017, n° 3, p. 529, note A. TENENBAUM ; *Gazette du Palais*, 2017, n° 22, p. 85, note J. MOREL-MAROGER ; *Recueil Dalloz*, 2017, p. 1011, chron. F. JAULT-SESEKE.
- CA Colmar, 8 mars 2017, n° 16/00309 et n° 16/00310, *RTD civ.*, 2017, p. 387, note H. BARBIER ; *Recueil Dalloz*, 2017, p. 965, note J. LASSERRE CAPDEVILLE ; *JCP E 2017*, n° 18, 1246, chron. N. MATHEY ; *L'ESSENTIEL Droit bancaire*, 2017, n° 04, p. 1, note J. LASSERRE CAPDEVILLE ; *JCP E 2017*, n° 30-34, 1446, chron. M. CORREIA et J. LASSERRE CAPDEVILLE.
- CJUE, 3e chambre, 15 juin 2017, n° C-249/16, *Dalloz actualité*, 22 juin 2017, note F. MÉLIN ; *RTD com.*, 2017, p. 743, note A. MARMISSE-D'ABBADIE D'ARRAST ; *L'ESSENTIEL Droit bancaire*, 2017, n° 8, p. 7, note N. MATHEY ; *Recueil Dalloz*, 2017, p. 2054, chron. S. BOLLÉE ; *Europe*, 2017, n° 8-9, comm. 334, note L. IDOT ; *Procédures*, 2017, n° 8-9, comm. 191, note C. NOURISSAT.
- Cass. 1re civ., 22 juin 2017, n° 16-19.864, Inédit, *Responsabilité civile et assurances*, 2017, n° 11, comm. 278, note H. GROUTEL.
- TGI Paris, 25 septembre 2017, n° 17/57373 et n° 17/57374, *JCP E 2018*, n° 10, 1121, chron. M. CORREIA et J. LASSERRE CAPDEVILLE.
- CA Aix-en-Provence, 9 novembre 2017, n° 16/21286.
- Cass. 2e civ., 23 novembre 2017, n° 16-22.620, Bull. civ. II, n° 1511, *Dalloz actualité*, 30 novembre 2017, note F. MÉLIN ; *RTD com.*, 2018, p. 389, note J. MOURY ; *Revue générale du droit des assurances*, 2018, n° 1, p. 52, note L. MAYAUX ; *Revue de Droit bancaire et financier*, 2018, n° 1, comm. 11, note N. LEBLOND ; *Recueil Dalloz*, 2018, p. 757, chron. O. BECUWE et N. TOUATI ; *Recueil Dalloz*, 2018, p. 270, note T. DE RAVEL D'ESCLAPON et M. STORCK ;

Revue des sociétés, 2018, p. 392, note J.-M. MOULIN ; *JCP E 2018*, n° 38, 1461, spéc. n° 14, note P.-G. MARLY ; *JCP G 2018*, n° 22, doctr. 624, spéc. n° 16, note L. MAYAUX ; *Bulletin Joly Bourse*, 2018, n° 1, p. 47, note G. ENDRÉO ; *L'ESSENTIEL Droit des assurances*, 2017, n° 11, p. 5, note P.-G. MARLY ; *Bulletin Joly Sociétés*, 2018, n° 1, p. 37, note A. COURET ; *Petites affiches*, 2018, n° 11, p. 4, note F. PERROTIN ; *L'ESSENTIEL Droit des contrats*, 2018, n° 1, p. 7, note S. PELLET ; *Petites affiches*, 2018, n° 39, p. 12, note A. ARANDA VASQUEZ.

- Cass. com., 6 décembre 2017, n° 16-19.615, Bull. civ. IV, n° 1517, *Revue Lamy Droit civil*, 2018, n° 158, note J. MESTRE ; *L'ESSENTIEL Droit des contrats*, 2018, n° 1, p. 1, note M. LATINA ; *Gazette du Palais*, 2018, n° 1, p. 34, note D. HOUTCIEFF ; *Dalloz actualité*, 18 décembre 2017, note X. DELPECH ; *RTD civ.*, 2018, p. 123, note H. BARBIER ; *CCC*, 2018, n° 3, comm. 40, note L. LEVENEUR ; *Recueil Dalloz*, 2018, p. 327, note G. LARDEUX ; *Recueil Dalloz*, 2019, p. 157, chron. A. AYNÈS ; *Recueil Dalloz*, 2018, p. 371, note M. MEKKI ; *AJ contrat*, 2018, p. 37, note T. DOUVILLE ; *RDC*, 2018, n° 2, p. 205, note J. KLEIN.

2018

- Cass. com., 14 mars 2018, n° 16-26.678, Inédit, *L'ESSENTIEL Droit bancaire*, 2018, n° 5, p. 2, note J. LASSERRE CAPDEVILLE ; *JCP E 2018*, n° 47, 1596, spéc. n° 5, chron. N. MATHEY.
- Cass. com., 14 mars 2018, n° 16-27.815, Inédit, *L'ESSENTIEL Droit bancaire*, 2018, n° 5, p. 3, note M. MIGNOT ; *JCP E 2018*, n° 47, 1596, spéc. n° 6, chron. D. SENANEDJ ; *L'ESSENTIEL Droit des assurances*, 2018, n° 05, p. 7, note M. LEROY.
- Cass. 3e civ., 3 mai 2018, n° 16-16.558, Inédit, *JCP N 2018*, n° 40, 1300, note P. STORCK ; *JCP E 2019*, n° 13, 1145, chron. J.-C. PAGNUCCO ; *Droit des sociétés*, 2018, n° 8-9, comm. 140, note H. HOVASSE ; *Bulletin Joly Sociétés*, 2018, n° 07-08, p. 428, note J.-F. BARBIÈRI.
- Cass. 1re civ., 16 mai 2018, 16-25.561, Inédit, *AJDI*, 2018, p. 515.
- Cass. com., 24 mai 2018, 17-10.119, Inédit, *L'ESSENTIEL Droit des entreprises en difficulté*, 2018, n° 07, p. 6, note T. FAVARIO ; *Gazette du Palais*, 2018, n° 32, p. 69, note É. CASIMIR ; *Droit des sociétés*, 2019, n° 2, comm. 20, note R. MORTIER ; *Revue des procédures collectives*, 2018, comm. 203, note A. MARTIN-SERF.
- Cass. 1re civ., 27 juin 2018, n° 17-14.823, Inédit.
- CA Besançon, 10 juillet 2018, n° 17/01227, *L'ESSENTIEL Droit bancaire*, 2018, n° 09, p. 4, note J. LASSERRE CAPDEVILLE.
- Cass. com., 19 septembre 2018, n° 16-21.443, Inédit, *Gazette du Palais*, 2019, n° 02, p. 65, note A.-S. SIEW-GUILLEMIN.
- CA Chambéry, 20 septembre 2018, n° 16/02665, n° 16/02667 et n° 16/02668, *L'ESSENTIEL Droit bancaire*, 2018, n° 11, p. 2, note J. LASSERRE CAPDEVILLE ; *Revue de Droit bancaire et financier*, 2018, n° 6, comm. 153, note T. SAMIN et S. TORCK ; *JCP E 2019*, n° 31-35, 1398, chron. M. CORREIA et J. LASSERRE CAPDEVILLE.
- Cass. soc., 28 novembre 2018, n° 17-20.079, Bull. civ. V, n° 1737, *Dalloz actualité*, 12 décembre 2018, note M. PEYRONNET ; *Gazette du Palais*, 2019, n° 02, p. 81, note L. VECCHIONI-BEN CHEIKH ; *Gazette du Palais*, 2019,

n° 03, p. 15, note P. LE MAIGAT ; *Gazette du Palais*, 2018, n° 43, p. 48, note C. BERLAUD ; *JCP E 2019*, n° 16, 1204, chron. G. DUCHANGE ; *JCP E 2019*, n° 3, 1031, note B. BOSSU ; *JCP G 2018*, n° 51, 1347, note N. DEDESSUS-LE-MOUSTIER ; *JCP G 2019*, n° 3, 46, note V. ROCHE ; *JCP S 2019*, n° 5, 1026, note N. ANCIAUX ; *JCP S 2018*, n° 49, 1398, note G. LOISEAU ; *Droit social*, 2019, p. 57, note L. BENTO DE CARVALHO et S. TOURNAUX ; *Droit social*, 2019, p. 185, tribune C. RADÉ ; *Communication Commerce électronique*, 2019, n° 1, comm. 2, note G. LOISEAU ; *Énergie – Environnement – Infrastructures*, 2019, n° 1, comm. 5, note Ph. DELEBECQUE ; *AJ contrat*, 2018, p. 497, note X. DELPECH ; *AJ contrat*, 2019, p. 46, note L. GAMET ; *RDC*, 2019, n° 03, p. 40, note J. HUET ; *Lettre d'actualité des Procédures collectives civiles et commerciales*, 2019, n° 1, alerte 4, note L. FIN-LANGER ; *Semaine Sociale Lamy*, 2018, n° 1841, note B. GOMES ; *Recueil Dalloz*, 2018, p. 2409, note N. BALAT ; *Recueil Dalloz*, 2019, p. 963, chron. P. LOKIEC ; *Recueil Dalloz*, 2019, p. 177, note M.-C. ESCANDE-VARNIOL ; *Recueil Dalloz*, 2019, p. 326, note F. SALOMON ; *Recueil Dalloz*, 2019, p. 169, avis C. COURCOL-BOUCHARD ; *L'ESSENTIEL Droit des entreprises en difficulté*, 2019, n° 02, p. 7, note G. DEDESSUS LE MOUSTIER ; *L'ESSENTIEL Droit de la distribution et de la concurrence*, 2019, n° 03, p. 7, note L. GAMET ; *Bulletin Joly Travail*, 2019, n° 01, p. 7, note S. MSADAK ; *Bulletin Joly Travail*, 2019, n° 01, p. 15, note J. ICARD ; *Revue de droit du travail*, 2019, p. 36, note M. PEYRONNET ; *Revue de droit du travail*, 2019, p. 101, note K. VAN DEN BERGH ; *Revue de droit du travail*, 2018, p. 812, avis C. COURCOL-BOUCHARD, et obs. T. PASQUIER ; *Dalloz IP/IT*, 2019, p. 186, note J. SÉNÉCHAL ; *RDSS*, 2019, p. 170, note M. BADEL ; *Juris tourisme*, 2019, n° 215, p. 12, note C. MINET-LETALLE.

- CA Chambéry, 6 décembre 2018, n° 17/01697.

2019

- CA Lyon, 27 juin 2019, n° 17/06229.
- Cass. com., 9 octobre 2019, n° 18-13.286, Inédit, *RTD com.*, 2019, p. 969, note B. BOULOC ; *L'ESSENTIEL Droit des contrats*, 2019, n° 11, p. 4, note G. GUERLIN.

2020

- T. com. Nanterre, 26 février 2020, JurisData n° 2020-002798, *AJ contrat*, 2020, p. 296, note J. MOREAU ; *Communication Commerce électronique*, 2020, n° 6, comm. 52, note É. A. CAPRIOLI ; *Revue Banque*, 2020, n° 843, note S. OUDJHANI-ROGEZ ; *Revue Banque*, 2020, n° 844, note P. STORRER ; *Revue Lamy Droit civil*, 2020, n° 182, chron. F. JULIENNE ; *Gazette du Palais*, 2020, n° 21, p. 61, note S. MOREIL ; *JCP E 2020*, n° 19, 1201, note M. JULIENNE ; *JCP E 2020*, n° 21-22, 1211, spéc. n° 32 s., chron. M. BOURGEOIS et L. THIBIERGE ; *Revue Lamy Droit de l'Immatériel*, 2020, n° 168, note G. MARRAUD DES GROTTES ; *Les Échos*, 5 mars 2020, note É. BENHAMOU ; *La lettre juridique*, 2020, n° 817, note J. LASSERRE CAPDEVILLE ; *Revue de Droit bancaire et financier*, 2020, n° 3, étude 7, note D. LEGEAIS ; *L'ESSENTIEL Droit bancaire*, 2020, n° 04, p. 1, note N. MATHEY.

- Cass. soc., 4 mars 2020, n° 19-13.316, Bull. civ. V, n° 374, *Gazette du Palais*, 2020, n° 20, p. 71, note R. MARTINIERE ; *Semaine Sociale Lamy*, 2020, n° 1899, note F. CHAMPEAUX ; *Droit social*, 2020, p. 374, note P.-H. ANTONMATTEI ; *Recueil Dalloz*, 2020 p. 490 ; *Juris tourisme*, 2020, n° 229, p. 11, note X. DELPECH ; *Droit social*, 2020, p. 439, note K. VAN DEN BERGH ; *Dalloz actualité*, 01 avril 2020, note N. DIAZ et G. SAINT MICHEL ; *Revue de droit du travail*, 2020, p. 328, note L. WILLOCX ; *Droit social*, 2020, p. 550, chron. R. SALOMON ; *AJ contrat*, 2020, p. 227, note T. PASQUIER ; *Petites affiches*, 2020, n° 114, p. 21, note M. RICHEVAUX ; *Recueil Dalloz*, 2020, p. 1136, chron. S. VERNAC ; *Lettre d'actualité des Procédures collectives civiles et commerciales*, 2020, n° 7, alerte 96 ; *Bulletin Joly Travail*, 2020, n° 04, p. 16, note J. ICARD ; *Gazette du Palais*, 2020, n° 13, p. 49, note C. BERLAUD ; *JCP S 2020*, n° 12, 1080, note G. LOISEAU ; *Jurisprudence Sociale Lamy*, 2020, n° 500, note Ch. RADÉ ; *Droit Administratif*, 2020, n° 5, alerte 63 ; *Communication Commerce électronique*, 2020, n° 4, comm. 33, note G. LOISEAU ; *Gazette du Palais*, 2020, n° 18, p. 20, note G. DUCHANGE ; *L'ESSENTIEL Droit de la distribution et de la concurrence*, 2020, n° 5, p. 6, note L. GAMET ; *JCP S 2020*, n° 18, 2014, note R. SALOMON.
- Cass. 1re civ., 25 mars 2020, n° 18-23.803, Bull. civ. I, n° 212, *JCP G 2020*, n° 29, 883, note N. KILGUS ; *Recueil Dalloz*, 2020, p. 1501, note J. LASSERRE CAPDEVILLE ; *L'ESSENTIEL Droit des contrats*, 2020, n° 07, p. 1, note G. CATTALANO ; *Revue Banque*, 2020, n° 846, p. 44, note A. GOURIO ; *Banque & Droit*, 2020, n° 191, p. 3, note D. R. MARTIN ; *L'ESSENTIEL Droit bancaire*, 2020, n° 7, p. 1, note N. MATHEY ; *Revue de Droit bancaire et financier*, 2020, n° 4, comm. 74, note T. SAMIN et S. TORCK ; *Dalloz actualité*, 11 juin 2020, note J.-D. PELLIER ; *Gazette du Palais*, 2020, n° 30, p. 33, note S. PIEDELIÈVRE ; *Recueil Dalloz*, 2020, p. 2085, chron. D. R. MARTIN ; *RTD com.*, 2020, p. 691, note D. LEGEAIS ; *JCP E 2021*, n° 2, 1010, note M. HOUSSI ; *JCP E 2020*, n° 29, 1297, chron. M. CORREIA et J. LASSERRE CAPDEVILLE ; *RDC*, 2020, n° 04, p. 32, note R. LIBCHABER ; *RDI*, 2020, p. 667, note J. BRUTTIN.

ENCYCLOPÉDIES JURIDIQUES

- J. AMAR, « Traite des êtres humains », *JurisClasseur Code pénal*, 18 janvier 2016.
- Y. AUBRÉE, « Contrat de travail : existence ; formation », *Répertoire de droit du travail*, mars 2020.
- J.-R. BINET, « Protection de la personne – Le corps humain », *JurisClasseur Code civil*, 24 juin 2016.
- H. BOUCARD, « Responsabilité contractuelle », *Répertoire de droit civil*, juillet 2020.
- M. BOURGEOIS et M. MOINE, « Les défis contractuels du Cloud Computing », *JurisClasseur Communication*, 1 mai 2020.
- C. BRENNER et S. LEQUETTE, « Acte juridique », *Répertoire de droit civil*, février 2019.
- Y. BUFFELAN-LANORE et J.-D. PELLIER, « Condition », *Répertoire de droit civil*, juillet 2020.

- D. CARREAU et C. KLEINER, « Dettes d'État », *Répertoire de droit international*, janvier 2019.
- C. CASTETS-RENARD, « La protection des données personnelles dans les relations internes à l'Union européenne », *Répertoire de droit européen*, octobre 2019.
- N. CAYROL et F. GRUA, « Article 1874. Distinction entre le prêt à usage et le prêt de consommation », *JurisClasseur Code civil*, 6 novembre 2019.
- N. CAYROL et F. GRUA, « Prêt à usage. Obligations du prêteur », *JurisClasseur Code civil*, 6 novembre 2019.
- N. CAYROL et F. GRUA, « Prêt de consommation, ou prêt simple », *JurisClasseur Code civil*, 6 novembre 2019.
- G. CHABOT, « Fonds libéral. Location et commodat », *JurisClasseur Entreprise individuelle*, 13 octobre 2016.
- G. CHABOT, « Mise en demeure », *Répertoire de procédure civile*, décembre 2019.
- A. DARSONVILLE, « Traite des êtres humains », *Répertoire de droit pénal et de procédure pénale*, janvier 2017.
- A. DE GUILLENCHMIDT-GUIGNOT, « Typologie des contrats », *JurisClasseur Contrats-Distribution*, 16 août 2016.
- N. DISSAUX, « Contrat : formation », *Répertoire de droit civil*, septembre 2020.
- F. FERRAND, « Preuve », *Répertoire de procédure civile*, décembre 2019.
- L. FLAMENT, « Stages », *JurisClasseur Travail Traité*, 19 novembre 2018.
- N. FRICERO, « Droit à l'exécution en Europe », *JurisClasseur Voies d'exécution*, 10 février 2017.
- B. GRIMONPREZ, « Mise en demeure », *Répertoire de droit civil*, mai 2018.
- Y. GUENZOUI et C. HANNOUN, « Terme », *Répertoire de droit civil*, décembre 2019.
- G. LARDEUX, « Preuve : règles de preuve », *Répertoire de droit civil*, juin 2019.
- M. LATINA, « Contrat : généralités », *Répertoire de droit civil*, février 2020.
- D. LEGEAIS, « Blockchain », *JurisClasseur Commercial*, 1 janvier 2020.
- R. LIBCHABER, « Biens », *Répertoire de droit civil*, décembre 2019.
- M. MIGNOT, « Régime général des obligations - Pluralité de sujets de l'obligation - Principe de division », *JurisClasseur Code civil*, 28 février 2017.
- M. MIGNOT, « Modalités de l'obligation. Obligations à terme », *JurisClasseur Code civil*, 11 mai 2017.
- J.-F. PAULIN, « Stages et stagiaires », *Répertoire de droit du travail*, décembre 2017.
- J. PENNEAU et E. TERRIER, « Corps humain – Bioéthique », *Répertoire de droit civil*, décembre 2019.
- B. PETIT et S. ROUXEL, « Classification des contrats », *JurisClasseur Code civil*, 31 août 2019.
- Y. PICOD, « Obligations », *Répertoire de droit civil*, janvier 2019.
- G. PIGNARRE, « Prêt », *Répertoire de droit civil*, mai 2018.
- J. ROCHFELD, « Cause », *Répertoire de droit civil*, juin 2016.
- D. SINDRES, « Compétence judiciaire, reconnaissance et exécution des décisions en matière civile et commerciale - Compétence - Règles ordinaires de compétence -

Option de compétence en matière contractuelle - Article 7, §1, du règlement (UE) n° 1215/2012 », *JurisClasseur Droit international*, 22 juin 2018.
- D. VEAUX et P. VEAUX-FOURNERIE, « Contrats de mise à disposition », *JurisClasseur Contrats-Distribution*, 20 juin 2013.

RAPPORTS

- Administrateur général des données (AGD), *La donnée comme infrastructure essentielle. Rapport au Premier ministre sur la donnée dans les administrations. 2016-2017*, La Documentation Française, 2018.
- Association Sherpa, « Les entreprises transnationales et leur responsabilité sociétale », 2009.
- Boston Consulting Group, *La vague responsable, le nouveau défi des entreprises françaises*, 2019.
- F. CHOLLEY, P.-M. DUHAMEL, D. PILLET, P. SAUVEPLANE, M. SPORTICHE et G. VANDERHEYDEN, *Accord plurilatéral sur le commerce des services et partenariat transatlantique pour le commerce et l'investissement – Enjeux numériques des négociations*, 2016.
- CNIL, *Rapport au président de la République et au Parlement. 1982 – 1983*, La Documentation Française, 1984.
- Comité Médicis et Institut Montaigne, *Le capitalisme responsable : une chance pour l'Europe*, septembre 2020.
- Conseil d'État, *Le numérique et les droits fondamentaux*, La Documentation Française, 2014.
- Conseil économique et social, « La France face au défi des biotechnologies, quels enjeux pour l'avenir ? », 1999.
- Conseil supérieur du travail social, *Le partage d'informations dans l'action sociale et le travail social*, Presses de l'EHESP, 2013.
- Y. DÉTRAIGNE et A.-M. ESCOFFIER, *Rapport d'information relatif au respect de la vie privée à l'heure des mémoires numériques*, 27 mai 2009.
- Direction de l'information scientifique et technique du CNRS, *Livre blanc : Une Science ouverte dans une République numérique*, OpenEdition Press, 2016.
- T. GOMART, J. NOCETTI et C. TONON, *L'Europe : Sujet ou objet de la géopolitique des données ?*, Études de l'Institut français des relations internationales, 2018.
- Haut comité juridique de la place financière de Paris (HCJP), *Rapport sur la problématique des taux d'intérêts négatifs*, 30 mars 2017.
- C. JEANNEAU, *L'âge du web décentralisé*, Digital New Deal Foundation, 2018.
- NN Investment Partners, « One-fifth of listed companies globally make positive impact », 25 mars 2019.

ARTICLES DE PRESSE

- C. ALVAREZ, « Danone, EDF et Philips ont choisi de soumettre leurs taux de crédit à leurs performances environnementales et sociales », *Novethic*, 28 février 2018.
- C. BACH, « Crédits à impact : un nouveau produit au service de la finance verte », *La lettre d'Option Droit & Affaires*, 21 mars 2018.
- A. BAUER, « Marée noire de l'Erika : la pression sur TotalFina s'intensifie », *Les Échos*, 30 décembre 1999.
- G. BENOIT, « Comment les taux négatifs bouleversent les règles », *Les Échos*, 17 décembre 2015.
- G. BENOIT, « Taux négatifs – Un quart de la dette d'État mondiale est désormais touché », *Les Échos*, 4 février 2016.
- C. BERTRAND, « Prêter aux entreprises contre des créations d'emplois », *La Croix*, 16 février 2020.
- Ph. BOIS, « Intérêts négatifs, la révolution silencieuse », *Les Échos*, 23 mai 2016.
- V. BOUQUET, « L'emprunt à impact, ou l'art de conjuguer performances financière et extrafinancière », *Les Échos*, 16 juin 2020.
- J. COSSARDEAUX, « Le confinement réduirait chaque jour les rejets de CO2 de 58 % en Europe », *Les Échos*, 4 avril 2020.
- I. COUET, « Incendies de Californie : la guerre entre seigneurs de Wall Street s'intensifie… », *Les Échos*, 26 septembre 2019.
- G. DE CALIGNON, « La vague de suicides chez France Télécom devient une affaire judiciaire », *Les Échos*, 12 avril 2010.
- P. DE GASQUET, « Marée noire : comment l'image de BP a sombré », *Les Échos*, 29 juin 2010.
- J. DE LA BROSSE, « La finance verte peut-elle sauver le monde ? », *Le Monde*, 20 octobre 2019.
- L. DE LONGEAUX, « Quels enseignements tirer des opérations récemment réalisées en matière de financement responsable ? », *Les Échos*, 2 septembre 2018.
- C. DESJARDINS, « Les mots-clés de la finance durable », *Les Échos*, 21 janvier 2020.
- C. DESJARDINS, « La durabilité s'impose dans le monde financier », *Les Échos*, 21 janvier 2020.
- C. DESJARDINS, « Bel améliore ses conditions d'emprunt grâce à ses performances extrafinancières », *Les Échos*, 21 janvier 2020.
- C. DESJARDINS, « Jean-Werner de T'Serclaes : Il y a un lien entre l'impact sociétal et la performance des entreprises », *Les Échos*, 21 janvier 2020.
- C. DESJARDINS, « Les risques ESG ont un impact sur le risque de crédit », *Les Échos*, 28 janvier 2020.
- T. FEAT et A. LEFEBVRE, « Les financements « à impact » séduisent les corporates », *Option Finance*, 19 juin 2020, n° 1564, p. 15.
- I. FEUERSTEIN, « Les airbags de Takata à l'origine du plus grand rappel de l'histoire », *Les Échos*, 19 mai 2015.
- C. FOUQUET, « Samsung : un million de Galaxy Note 7 rappelés aux Etats-Unis », *Les Échos*, 16 septembre 2016.

- C. FOUQUET, « Note 7 : Samsung attaqué en justice en Corée du Sud et aux Etats-Unis », *Les Échos*, 19 octobre 2016.
- A. GARABEDIAN, « Le virage ESG du monde d'après », *L'AGEFI Hebdo*, 9 avril 2020, p. 5.
- E. GRASLAND, « La marée noire a déjà coûté 350 millions de dollars à BP », *Les Échos*, 11 mai 2010.
- E. GRASLAND, « Marée noire, l'agence Fitch abaisse la note de BP de six crans d'un coup », *Les Échos*, 16 juin 2010.
- R. GUEUGNEAU, « "Note 7" : Samsung, une marque fragilisée juste avant les fêtes de Noël », *Les Échos*, 11 octobre 2016.
- A. HAVERLAND, « Engagements à crédits… vertueux », *L'Usine Nouvelle*, 19 avril 2018.
- B. HÉRAUD, « L'emprunt à impacts, nouveau chouchou des entreprises et de leurs banques », *Novethic*, 5 mars 2019.
- F. JOIGNOT, « PG&E, la première faillite liée au réchauffement climatique ! », *Le Monde*, 17 février 2019.
- V. LE BILLON, « Marée noire : BP versera 19 milliards à la justice américaine », *Les Échos*, 2 juillet 2015.
- V. LE BILLON, « Dix années après, la marée noire de Deepwater Horizon laisse encore des traces », *Les Échos*, 20 avril 2020.
- B. LE MAIRE, « L'entreprise a aussi un rôle social et environnemental », *Les Échos*, 10 avril 2018.
- B. LE MAIRE, « Le capitalisme du XXe siècle n'est plus viable », *La Croix*, 5 mai 2019.
- A. LEFEBVRE, « Le crédit « à impact » séduit les entreprises », *Option Finance*, 17 juin 2019, n° 1515, p. 14.
- F. LEMAIRE et D. PLIHON, « Le poison des taux d'intérêt négatifs », *Le Monde diplomatique*, novembre 2019.
- C. LESNES, « En Californie, l'électricien PG&E ou le capitalisme de la loi de la jungle », *Le Monde*, 19 décembre 2019.
- N. MACDONALD-BROWN et S. MACLENNAN, « Quelle a été la performance des entreprises durables durant la crise du Covid-19 ? », *Globalix*, 20 mai 2020.
- G. MARADAN, « Il est urgent que la relance économique intègre les objectifs de neutralité carbone », *Le Monde*, 2 mai 2020.
- B. MÉNARD, « Pour TotalFina, l'addition de la marée noire s'élèverait déjà à 700 millions de francs », *Les Échos*, 24 janvier 2000.
- N. MOLFESSIS, « Le médiateur du crédit : un modèle à inventer », *Les Échos*, 20 novembre 2008.
- A. MOUTOT, « La Californie confrontée à l'incendie le plus meurtrier de son histoire… », *Les Échos*, 13 novembre 2018.
- A. MOUTOT, « Incendies californiens : l'électricien PG&E essaye de limiter les risques », *Les Échos*, 23 juillet 2019.
- Ph. MUDRY, « De l'utilité de l'activisme », *L'AGEFI Hebdo*, 28 juin 2018, p. 5.
- S. POULLENNEC, « Les crédits verts se développent à pas comptés », *Les Échos*, 24 janvier 2018.
- V. RIOCHET, « La moisson verte des financements », *L'AGEFI Hebdo*, 24 janvier 2019, p. 32.

- L. ROBEQUAIN, « Marée noire : BP va s'acquitter d'une amende historique… », *Les Échos*, 16 novembre 2012.
- Y. ROUSSEAU, « Vague de suicides chez un sous-traitant d'Apple en Chine », *Les Échos*, 26 mai 2010.
- Y. ROUSSEAU, « Dix millions de voitures rappelées pour des airbags défectueux ! », *Les Échos*, 24 juin 2014.
- Y. ROUSSEAU, « Le groupe Takata s'enfonce dans la crise des airbags défectueux », *Les Échos*, 12 novembre 2014.
- Y. ROUSSEAU, « Tétanisé par le scandale des airbags explosifs, le géant japonais Takata dépose le bilan », *Les Échos*, 26 juin 2017.
- H. I. SCHILLER, « Libre circulation de l'information et domination mondiale », *Le Monde diplomatique*, septembre 1975.
- H. I. SCHILLER, « Vers un nouveau siècle d'impérialisme américain », *Le Monde diplomatique*, août 1998.
- J.-M. VITTORI, « Les taux d'intérêt baissent… depuis un demi-millénaire », *Les Échos*, 28 janvier 2020.

INDEX

Les chiffres renvoient aux numéros des paragraphes.

P

R

S

T

U

TABLE DES MATIÈRES

Structures éditoriales du groupe L'Harmattan

L'Harmattan Italie
Via degli Artisti, 15
10124 Torino
harmattan.italia@gmail.com

L'Harmattan Hongrie
Kossuth l. u. 14-16.
1053 Budapest
harmattan@harmattan.hu

L'Harmattan Sénégal
10 VDN en face Mermoz
BP 45034 Dakar-Fann
senharmattan@gmail.com

L'Harmattan Cameroun
TSINGA/FECAFOOT
BP 11486 Yaoundé
inkoukam@gmail.com

L'Harmattan Burkina Faso
Achille Somé – tengnule@hotmail.fr

L'Harmattan Guinée
Almamya, rue KA 028 OKB Agency
BP 3470 Conakry
harmattanguinee@yahoo.fr

L'Harmattan RDC
185, avenue Nyangwe
Commune de Lingwala – Kinshasa
matangilamusadila@yahoo.fr

L'Harmattan Congo
219, avenue Nelson Mandela
BP 2874 Brazzaville
harmattan.congo@yahoo.fr

L'Harmattan Mali
ACI 2000 - Immeuble Mgr Jean Marie Cisse
Bureau 10
BP 145 Bamako-Mali
mali@harmattan.fr

L'Harmattan Togo
Djidjole – Lomé
Maison Amela
face EPP BATOME
ddamela@aol.com

L'Harmattan Côte d'Ivoire
Résidence Karl – Cité des Arts
Abidjan-Cocody
03 BP 1588 Abidjan
espace_harmattan.ci@hotmail.fr

Nos librairies en France

Librairie internationale
16, rue des Écoles
75005 Paris
librairie.internationale@harmattan.fr
01 40 46 79 11
www.librairieharmattan.com

Librairie des savoirs
21, rue des Écoles
75005 Paris
librairie.sh@harmattan.fr
01 46 34 13 71
www.librairieharmattansh.com

Librairie Le Lucernaire
53, rue Notre-Dame-des-Champs
75006 Paris
librairie@lucernaire.fr
01 42 22 67 13

www.ingramcontent.com/pod-product-compliance
Lightning Source LLC
LaVergne TN
LVHW011158061026
849535LV00003B/774